中国人民大学中国管理学系列教材

总主编　易靖韬

中国企业战略管理

宋华等 编著

中国人民大学出版社
·北京·

总　序

为深入贯彻习近平总书记 2016 年 5 月 17 日在哲学社会科学工作座谈会和 2022 年 4 月 25 日在中国人民大学考察时的重要讲话精神，着力建构中国自主的知识体系，中国人民大学商学院在多年教学和科研成果积累的基础上，启动了中国人民大学中国管理学系列教材建设工程。

一、建设中国管理学系列教材的必要性

随着社会经济的快速发展，我国现行高等学校工商管理教材的局限性逐渐显露，不能适应新时代新形势的要求。一是工商管理教材中的基本理念不够完善。不少教材参照英美流行教材，更多关注股东利益，将“股东财富最大化”“公司价值最大化”等财务目标直接作为企业的目标，缺少社会主义核心价值观的融入，其局限性逐步凸显。二是党和国家大政方针、我国法律体系的内容不够突出。现有不少教材注重引进美国、日本等管理理论，较少提及我国制度背景和相关法律法规，结果可能削弱学生对我国制度背景、相关法律和经济实践的理解和认识，进而影响其专业胜任能力，不利于增强“四个自信”。三是与我国企业实践和传统文化的结合不够紧密。在吸收借鉴西方管理理论和实践的同时，本土教材对中国企业管理实践和经验的总结提炼不够，对我国社会主义经济建设所取得的伟大成就体现不足，也未能深入挖掘中国优秀传统文化中的管理思想。四是缺乏基于学科史的辩证分析。许多教材缺乏学科理论、学科史的梳理与总结，不利于学

生理清学科发展脉络，培养创新思维。

面对新时代新发展理念和中国企业管理实践提出的新要求，有必要对我国工商管理教育的现状进行反思，着力建设面向未来的工商管理系列教材。

二、中国管理学系列教材的主要特点

中国人民大学中国管理学系列教材以习近平新时代中国特色社会主义思想为指导，面向鲜活的工商管理实践的挑战，基于中国的发展理念、法律制度、文化传统和原创学术成果与管理实践，融汇东西方管理思想、方法和案例，打造面向未来的管理学科体系和教材体系，力求使教材品质符合“建构中国自主的知识体系”的要求。

1．用习近平新时代中国特色社会主义思想铸魂育人

系列教材全面贯彻习近平新时代中国特色社会主义思想，结合工商管理学科独特优势和资源，突出原著原文，注重引导学生在学习学科专业知识过程中加深对习近平新时代中国特色社会主义思想的理解和认识，力求实现有机融合。

2．贯彻理论逻辑、历史逻辑和实践逻辑三个逻辑相统一的马克思主义方法论

习近平总书记指出，“只有坚持不忘本来、吸收外来、面向未来，坚定文化自信，才能提出体现中国立场、中国智慧、中国价值的理念、主张、方案”。系列教材不仅系统阐述学科基础理论，而且注重从中国传统文化和学科发展史中汲取养料，帮助学生弄清楚知识点的来龙去脉，建立交叉贯通的知识结构网络。同时，基于中国优秀企业的管理实践，系列教材力求提炼总结具有中国特色的管理规律，向世界贡献中国的管理智慧和管理理论。

3．体现党和国家的大政方针及宪法法治教育

系列教材注重把宪法法治意识的培养放在突出位置，尽可能明确学科知识点与法律法规的对应关系，帮助学生建立学法、用法的学习惯性。系列教材秉持“法律是道德的底线”的理念，在涉及法律知识的管理学课程中，注重结合相关法律法规开展理论分析和案例研讨，培养学生的底线意识、合规意识。

4．注重多种教学方法的创新和运用

系列教材倡导交叉学科教学，将经济学、管理学、政治学、法学等学科的知识和方法贯通起来，同时强调案例教学和思辨教学，设计了大量鲜活的企业管理案例和研究问题，引导学生进行批判性思考，提升学生的专业学习效果和实际管理能力。

三、着力建构中国自主的知识体系

立德树人是教育的根本任务。教材应该是科研成果的重要载体。中国人民大学商学院以“成为最懂中国管理的世界一流商学院”为愿景，一贯主张管理研究要面向中国共产党治国理政需要、面向中国真实管理问题，研究成果要力争服务国家重大战略、服务立德树人根本任务、服务中国式现代化伟大实践，教学成果多次荣获高等教育国家级教

学成果奖。习近平总书记“把论文写在祖国的大地上”的重要讲话精神，更是激励着我们加倍努力投身于建构中国自主的知识体系。

中国人民大学中国管理学系列教材建设是中国人民大学商学院贯彻落实新时代党中央、国务院一系列教育教学改革指导精神，在教材建设领域推动的又一重大创新举措。真诚地欢迎理论界和实务界同人继续与我们一道集思广益，共同投身于建构中国自主的知识体系的伟大事业。

中国人民大学中国管理学系列教材

总主编　易靖韬

于中国人民大学明德楼

前　言

在全球化日益加深的背景下，战略管理已经成为企业管理者必须掌握的核心能力之一。随着全球经济一体化以及市场竞争的日趋激烈，企业需要更加敏锐地捕捉市场动态，并据此制定符合自身发展需求的战略规划。本书不仅探讨了企业在复杂多变的商业环境中如何获得竞争优势，而且深入分析了中国企业在独特的经济、文化和制度环境下进行的战略选择及其成功经验。本书通过翔实的案例研究和理论探讨，展现了中国企业在全球化挑战中所体现的独特智慧与创新精神。

本书特别强调制度环境与文化因素对企业战略制定与实施的影响，为读者提供了全面而独到的视角，帮助读者在全球化浪潮中探索适合中国企业发展的路径。例如，我们在中国的战略管理实践中见证了许多成功的典范：海尔集团以用户为核心的网络化战略展示了其对客户需求的深刻理解和快速响应；华为通过持续调整其全球战略布局来应对国际市场的变化；阿里巴巴凭借数字化平台的崛起成为全球数字经济的重要力量；京东通过不断革新其平台战略保持竞争力；等等。这些企业不仅是全球市场的积极参与者，而且是行业趋势的引领者。它们的成功案例证明了中国企业在全球化背景下的灵活性和创新能力，也为其他寻求成长的企业提供了宝贵的经验。

因此，《中国企业战略管理》不仅仅是一本传统意义上的管理教材，还是对中国情境下战略管理理论本土化实践与创新的重要尝试。通过对具体案例的深度剖析，结合中国经济、文化和制度的特点，本书旨在培养学生的全局观和批判性思维能力，使他们能够在复杂的商业环境中做出明智的决策。同时，鼓励学生借鉴并发扬中国企业在全球竞争中的最佳实践，为中国乃至世界的企业管理贡献新的思路和方法。这样的学习过程，不仅可以提升个人的职业技能，还能为中国企业在国际舞台上赢得更大的发展空间。

本书精心设计了五篇内容，每篇都结合中国企业的实际情况，旨在帮助读者深入理解和掌握中国企业战略管理的核心要义，全面了解并应用战略管理的基本原理。第一篇是分析篇（第 1～3 章），探讨企业如何制定愿景，明确长期发展的方向。对于中国企业而言，战略管理特别强调与国家政策和社会需求相结合。在这个部分，我们将运用 PEST 和 SWOT 等外部环境分析工具，结合中国企业面临的独特挑战，解读中国企业如何在不确定的环境中找到最佳的生存与发展路径。通过这一篇的学习，读者能够理解中国企业在特定背景下的战略选择及其背后的逻辑。第二篇是制定篇（第 4～8 章），重点探讨中国企业如何根据内外部环境制定出富有中国特色的企业战略。例如，国有企业如何在国家“走出去”战略的推动下迅速占领国际市场？民营企业如何通过创新驱动，在数字经济中找到新的增长点？通过案例分析和理论探讨，我们希望读者能深刻理解中国企业如何通过灵活调整战略，结合中国特色的资源优势与制度环境，实现业务的多元化与全球化扩展。第三篇是实施篇（第 9～11 章），探讨中国企业如何通过公司治理、绩效管理等手段确保战略的有效执行。战略的成功不仅仅在于制定，还在于如何有效地实施。中国企业在执行力方面具有显著优势，在这一篇中，结合实际案例分析，读者将了解中国企业如何在快速发展的经济环境中灵活进行战略调整，以保持长久的竞争力。第四篇是探索篇（第 12～13 章），探讨数字化和创新在中国企业战略中的重要性。中国的互联网企业不仅引领了全球数字经济的潮流，还通过不断的科技创新改变了商业模式。通过深入讨论大数据、人工智能等新技术对战略制定与执行的影响，读者将了解到中国企业如何在全球数字经济浪潮中勇立潮头，并探索出一条通往未来的道路。第五篇是案例分析篇，四个综合案例分别对应前四篇内容，旨在以实际案例来帮助读者理解中国企业战略的分析、制定、实施、探索。

本书凝聚了中国人民大学商学院企业管理系团队的集体智慧。具体分工如下：导论部分由宋华负责，第 1 章由徐京悦负责，第 2 章由付彦负责，第 3 章由姚建明负责，第 4 章由何文龙负责，第 5 章由刘刚负责，第 6 章由王汝曦负责，第 7 章由贾行之负责，第 8 章由邓子梁负责，第 9 章由李晓光负责，第 10 章由赵晶负责，第 11 章由朱春玲负责，第 12 章由王阳雯负责，第 13 章由郭海负责，四篇综合案例由赵晶、徐京越、宋华负责，全书由宋华统稿。此外，要特别感谢战略管理领域的众多研究学者，书中许多理论思想汲取了他们的智慧。同时，要向中国人民大学商学院思政中心的同事以及中国人民大学出版社的各位编辑表达深深的感激之情，他们给予了我们巨大的支持。

中国企业战略管理的探索，是一条需要持续创新的道路。这本教材旨在帮助读者掌握战略管理的基础理论和知识，更重要的是，通过丰富的中国企业案例分析，引导读者深入理解中国企业特有的战略决策过程，并培育出既具有全球视野又融合本土智慧的战略思维。书中仍存在疏漏与不足，恳请广大读者不吝赐教。

目　录

第四篇 04

探索篇

第五篇 05

案例分析篇

导 论

高屋建瓴：战略管理与战略管理思想

故凡攻伐之为道也，计必先定于内，然后兵出乎境。计未定于内，而兵出乎境，是则战之自胜，攻之自毁也。

——《管子·七法》

我们要求有一些人望星空，一杯咖啡吸收宇宙能量，然后产生思想家、战略家。我们需要站在公司的角度，去思考整体资产、架构管理的人，这就是领袖。

——任正非

学习目标

- 掌握企业战略管理的内涵
- 了解中国企业战略管理有别于国外企业战略管理的表现
- 了解企业战略管理思想与理论的演变历程
- 掌握战略管理过程

引导案例

海尔卡奥斯：全球智能制造战略

中国没有几家制造企业如海尔这般，已完整经历了五个战略发展阶段：名牌战略、多元化战略、国际化战略、全球化战略、网络化战略。网络化战略适应互联网和物联网时代用户的个性化需求得以释放、用户需求信息更加透明的状况。用户对企业的要求不再像以前一样。这个网络化发展的时代，正是践行工业 4.0 和中国制造 2025 的发展阶段。信息技术（IT）则是承接和保障企业战略落地的载体和工具，海尔的 IT 也随着海尔集团的五个战略发展阶段而不断迭代、更新。从2013年到2017年，海尔打造了8个互联工厂，并拥有了很多生产线，如冰箱、空调、模具、电机等，在这些领域，都打造了自己的智能制造样板工厂。

网络化战略之根基：卡奥斯智能制造云平台

海尔网络化战略中，最重要的就是海尔卡奥斯（COSMOPlat）智能制造云平台。海尔卡奥斯智能制造云平台定位于引领全球的工业互联网平台，成为全球第三极，承载了企业和用户相连、企业和资源相连、用户和资源相连这样一个三边的市场矩阵关系。

海尔卡奥斯与德国的平台有所不同。在工业4.0时代，德国以Predix为基础平台，主要是制造以及资产管理的供应生态系统，为大型、中型的资产提供服务，是B2B平台；西门子的MindSphere是工厂管理与服务工业生态系统，对象是个体用户。而海尔的卡奥斯是大规模定制工业生态系统，既是B2B平台，也是B2C平台，所以它是第三极的。该平台与美国的平台亦不一样。

海尔卡奥斯分为四层架构，包括模式层、应用层、平台层、资源层。

第一层是模式层，即商业模式。海尔将自己几十年来沉淀的制造模式以及工业互联网模式、家电定制模式，沉淀在平台上并期望引领其他相关行业。

第二层是应用层。包含4类应用以及200多个小的软件即服务（SaaS）等。

第三层是平台层。平台层是海尔卡奥斯最核心的技术层面，是一个核心的平台即服务（PaaS）大平台，把物联网、互联网、大数据等技术放在这个平台上，形成了一个开放的大的PaaS平台，具备分布式、模块化、开放式的微服务架构，可与第三方公有云或者私有云进行对接、部署和开发。

第四层是资源层。海尔卡奥斯是一个物联平台，可将软件资源、平台资源、服务资源等都聚集在这个平台上，共同打造工业互联网平台。

差异化能力的锻造

海尔卡奥斯拥有无与伦比的差异化能力：

首先是对模式的颠覆。海尔卡奥斯拥有三大核心能力：第一，它可以支持用户深度参与企业全流程的大规模定制的平台；第二，它是一个零距离地让用户和企业全流程互联互通的平台；第三，它是开放、共创、共赢的平台。

其次是对数据价值的挖掘。海尔卡奥斯目前已经聚集了海量数据，有1.5亿用户在平台上与海尔相关的资源做交互。

最后是开放生态、共创共赢。海尔聚集了国内外很多资源一起来打造这个平台，很多资源也都在这个平台上开放。

因此，海尔卡奥斯是一个真正开放、共创共赢、聚集海量资源的差异化平台。

智能制造战略："三联""三化"的大规模定制

用户是开放的，信息是透明的，而需求越来越多地具有个性化特征。因此，海尔理解的智能制造就是大规模定制，颠覆传统的大规模制造。海尔卡奥斯智能制造的最佳方案具体表现在两个方面："三联"和"三化"。

"三联"是指联制造、联网器、联全流程。

第一是联制造，需要将企业变成一个节点，通过用户连接内外所有的资源，来共同满足用户个性化的需求。也就是说，海尔卡奥斯打破了传统的先生产库存再把产品卖给用户的模式，变成根据用户的个性化需求，全流程满足用户的平台。此外，智能制造的核心是联用户，是由物联空间变成对企业实现产销合一。制造全要素，如人、物、单等与用户互联，精准响应用户需求。海尔有一个透明的工厂，用户下一个定制的订单，就可以实时看到订单在海尔的生产过程、交付过程、物流以及其他用户使用的一些体验。这些对用户是开放的，提供了一个在互联网和物联网下的诚信体系，未来互联网的模式就是诚信体系。

第二是联网器，海尔把产品变成网器，具备自动通信的功能，通过网器和用户进行互联互通。例如冰箱是为了对食物进行储存，当网器跟用户实时连接，用户使用冰箱的数据以及习惯都会通过云平台传到后台大数据系统，从而可以实时给用户做提醒、诊断和服务。同时，掌握了用户的生活场景之后，也可以后续为用户提供更多的围绕冰箱的服务。

第三是联全流程，从用户的需求到用户的定制、用户的订单、生产的过程、交付的过程以及到家以后通过网器使用的体验，都可以对用户全流程开放。另外，在这个过程中，用户的整个需求也跟企业所有的相关资源，比如设计、设备、生产、物流等各方面的利益相关方联合在一起，实现全流程的无缝连接。

“三化”是指柔性化、数字化和智能化。

柔性化，即不仅要满足个性化的定制需求，还要快速地满足，那就要有一个柔性精益的生产线。为了解决个性化和规模化的矛盾，海尔把产品分成了不变模块和可变模块，用一个生产线来满足用户的不变模块，可变模块就是用户提出的需求。比如一个体现个性的张扬的红色冰箱，便可以通过可变模块来快速满足客户的需求。

数字化，即使用现在的IT技术来满足用户的需求。当用户下单的时候，订单通过卡奥斯可以瞬间传到生产线以及其他提供相应用户服务的供应商、设计商、物流商等处，所有环节会同时看到用户订单的需求。

智能化，即海尔的智能产品都带网器，具备自控制、自学习、自优化的功能，海尔将整个产品的设计、制造、生产、发货的过程信息都连在一起，通过数据模型来实现智能化。比如，一个家庭的空调使用习惯可通过网器把数据发送到云平台，通过云平台建设模型，把用户的习惯再返回到空调当中，这个空调便根据用户的使用习惯来自动调节温度、湿度，为用户提供服务。再如，用户对于空调的静音需求非常大，基于此，海尔的胶州空调生产线对每天产生的4 000万组生产大数据进行分析后，发现了空调在生产过程中产生噪声的点和设备的位置点，一旦空调有噪声，设备便可以自动锁定噪声点，从而让下线的每一台空调的噪声都达标，这个应用在国内是独一无二的。

颠覆性的战略运营模式

智能制造带给企业的直接效果是什么？第一是高精度，用户定制的订单占比已达到10%，再加上渠道定制的订单，定制订单已占到57%；而生产效率提升了60%，因为整个过程是信息共享的、即时的，整个现金流量周期是－10天。而要支持卡奥斯这么复杂的系统化工程，需要颠覆性的战略运营模式。传统的模式是当建一个生产系统时，从基础设施即服务（IaaS）、PaaS到SaaS都是垂直系统，当业务有需求的时候，要改造起来非常麻烦。因此，当平台需要变成一个互联工厂和智能系统时，就需要响应互联网环境下用户的快速需求，改变传统的模式，为此海尔建立了一个互联互通大中台、分布式、微服务的模式。

具体方案是：把企业需要的互联互通技术开发能力、框架的运维监控能力以及企业的公共能力都放在大的 PaaS 层。在开发方面，采用了维护的架构，把一个流程分成一个个小的模块，当业务有任何变化的时候，只需更改其中一个小的模块，而不至于影响其他模块的应用。另外，企业的用户中心、产品中心也在 PaaS 层建立。

海尔卡奥斯是为实现工业革命以来第三次具有划时代意义的变革而努力走向国际的一个实践，海尔卡奥斯是开放共享的平台，通过各方共同努力，开放生态，实现共创共赢。

资料来源：网络化战略：海尔的全球化智能制造实践．（2017 - 08 - 02）．https：//www. sohu. com/a/161692094_246648.

在企业管理理论的发展过程中，战略管理理论是继传统的经验管理、科学管理、现代管理理论之后兴起的一种重要管理思想浪潮，其兴起与特定的时代背景紧密相关。自 20 世纪 60 年代以来，全球范围内生产力迅速提升，经济、社会和科技领域发生了巨大的变革，且变革速度日益加快，变革与发展成为当前和未来时代的主题。在这样快速变化的背景下，企业所面临的经营环境多变，不确定性持续增加。企业迫切需要寻求一种与外部环境相适应的灵活性和协同性，希望在动态的发展过程中实现与环境的协调和统一，并获得各种相关因素间的协同利益。这使得企业发展的重心逐渐由扩展业务转向培养应变能力，企业的管理重点也由具体的业务管理转向面向整体和长期利益的管理。正是这样的需求和挑战，导致了战略管理理论的出现和发展。

战略管理理论强调了企业需要在不断变化的环境中制定长远规划和目标，优化资源配置，以确保企业在竞争中取得优势，实现持续发展。它不再仅关注短期的利益追求，而是更加注重企业长远的定位和发展方向。在战略管理的框架下，企业需要审时度势，灵活应对市场的变化，培养适应性和创新能力，以在竞争激烈的商业环境中立于不败之地。战略管理为企业提供了一种更加符合时代背景和企业需求的管理思想，为企业的持续发展和获得竞争优势提供了有力的指导和支持。因此，战略管理理论的兴起是对时代要求的积极回应，也是管理学发展中的重要里程碑。

企业战略管理理论的出现和快速发展不仅丰富了企业管理理论体系，也为企业的长期发展提供了一种指导性的工具。当今世界的经济格局和市场环境发生了巨大变化，信息技术的进步彻底改变了企业的经营方式。这些变化为企业战略的形成或调整带来了许多新的机遇和挑战。企业战略管理作为一门重要的管理科学，其框架和体系在西方商业社会长期发展中逐步形成。而在中国，企业在传承传统思想的基础上，通过学习借鉴国外的企业战略工具，不断丰富实践和创新，也逐步形成了自身的战略管理特色。这种结合中西方思想的做法，既不完全照搬国外的经验方法，也非凭空而起，这种借鉴创新使得中国企业在全球竞争中展现出独特的优势。

中国企业的战略管理有别于国外企业的战略管理，主要表现在如下三个方面：

一是独特的战略管理情景所形成的独特战略。中国独特的制度环境和文化环境为中国企业战略的形成提供了独特的优势。改革开放以来，中国成功地实现从计划经济体制向社会主义市场经济体制的转变。改革开放为企业提供了广阔的市场和多元化的发展机遇。同时，政府对企业的支持和引导也在一定程度上影响着企业战略的形成。中国政府鼓励创新、鼓励企业走出去，并在关键领域推动国际合作，这为中国企业制定具有全球视野的战略提供了支持。借助这些制度因素，资源配置不完善以及经营风险大的问题，通过政府的协调和统筹，得到了有效解决，实现了资源的快速有效配置，使企业能够“集中力量办大事”，诸如一些国之大器的创新以及重大工程项目的进展都是这一制度优势的例证。此外，中国独特的文化环境也对企业战略的形成产生了重要影响。中国传统文化强调“仁义礼智信”，强调团队协作和长期价值观念。这些文化特征渗透到企业经营中，形成了讲求信誉、重视长期合作的企业文化。这种价值观念使得中国企业更注重与利益相关方的良好合作关系，注重维护企业形象和信誉。中国拥有庞大的劳动力资源和丰富的科技人才，这为企业的战略形成提供了丰富的人才储备和技术支持。中国企业在制定战略时，可以更加灵活地调动人力和技术资源，提升企业的竞争力和创新能力。

二是独特的发展路径所形成的独特战略。中国企业在形成独特的企业战略的过程中，充分运用了“二次创新”，逐步实现由“线性”学习向“线性”应用，再到“非线性扩展”的过程，最终形成了面向“无人区”的“原始创新”技术能力。中国企业一开始通过学习和吸收先进的技术和管理经验，进行“线性”学习。这时，企业主要关注技术引进、学习和应用，从国内外先进企业学习和借鉴成功的技术和管理模式，逐步形成一定的技术积累和管理经验。随后，企业逐步将学到的技术进行“线性”应用，即在现有业务领域内进行应用和拓展。这时，企业开始逐步掌握技术的核心要素，将其应用于产品研发、生产制造和市场销售等方面，实现技术和业务的有效结合。在“线性”应用的基础上，企业开始尝试“非线性扩展”，即将已有的技术和经验运用到新的业务领域。这一阶段，企业开始探索新的市场需求，挖掘技术的潜在价值，并将其应用于多个领域和产品线，实现业务的多元化和创新发展。最终，通过不断探索和创新，企业逐渐形成了面向“无人区”的“原始创新”技术能力。在这一阶段，企业不仅在已有领域保持领先地位，还能够主动发现并掌握新的技术趋势，超越现有的技术边界，成为行业的领先者和创新驱动者。这种路径使得中国企业逐渐形成了独特的技术和创新能力，为企业战略的发展奠定了坚实基础。

三是独特的要素应用和组合所形成的独特战略。互联网技术和数字化的创造性应用，促进了京东、阿里巴巴等平台的发展，推动了组织的革新。虽然互联网技术和数字技术并非中国企业所独有，但是中国企业在这些要素的积极实践和组合型创新应用上，为企业战略带来了优势和宝贵经验。一方面，通过数字化贯穿线上线下各个环节，中国企业创造了数字经营和生活场景，使得企业和消费者之间形成了更紧密的连接。消费者可以在互联网平台上进行商品浏览和选购，并通过数字支付完成交易，实现线上购物和线下取货的无缝衔接。这种多点交互的经营模式使得企业能够更好地了解消费者需求，精准推送产品和服务，提高用户满意度。另一方面，通过数字技术的应用，中国企业形成了全面的数据分析能力。企业可以利用大数据分析、人工智能等技术手段，深入了解消费者的购买习惯和偏好，从而进行个性化营销和定制化服务。这种数据驱动的经营模式使得企业能够更加高效地运营和管理，优化资源配置，实现精益求精的经营效果。此外，中国企业在互联网技术和数字技术的应用上形成了全球化战略。通过互联网，企业可以跨越地域和国界，拓展海外市场，与全球合作伙伴建立良好的合作关系。这种全球化战略使得企业能够更好地融入全球产业链，实现更广泛的合作共赢。

上述特征使得中国企业在探索战略管理的过程中，既需要把握全球战略管理中共性的要素，也需要结合中国自身的环境特点以及企业的特质创造性地形成、实施战略。

第1节　企业战略概述

一、企业战略思想的产生与发展

战略是组织全局性、长远性的谋划和规划，是管理者为实现组织目标所制定的政策和决策。战略的重要性在于它为组织提供了方向和指导，帮助组织在复杂多变的环境中做出明智的决策，实现长期发展目标。在中国古代思想中，战略思想被广泛地探讨和表述，体现在众多典籍中。《孙子兵法》是中国古代最重要的军事著作之一，集中体现了战略思想。《孙子兵法》强调战争的谋略和策略，强调在战场上的智慧和运筹帷幄的重要性。其中的“兵者，国之大事，死生之地，存亡之道，不可不察也”强调了战略的重要性，认为战争是事关国家生死存亡的大事，需要认真审慎地应对。《孙子兵法》还强调了灵活应变和不拘一格的战略原则。“知彼知己者，百战不殆”等著名论述，强调了在战争中了解敌情我情的重要性。先秦诸子百家的其他著作也对战略进行了讨论。例如《韩非子》中提出了“兵法”和“用兵”等思想，强调了政治与军事的关联性，认为战争必须从政治出发，要统筹兼顾，以达到最终胜利的目标。综合来看，中国古代思想中关于战略的表述充分体现了智慧和战略思考。这些古代智者的思想在今天仍然具有重要的指导意义。

“企业战略”的概念是随着产业革命和经济发展而逐渐形成的。企业管理经历了从生产管理到经营管理再到战略管理的发展。生产管理与早期简单的卖方市场相对应，这时还不存在以竞争战略为核心的战略管理思想产生的客观条件。随着生产厂家的不断增多，市场产品越来越丰富，企业生产的产品种类也越来越多，市场开始由卖方市场转变为买方市场，企业要考虑的问题由生产管理向经营管理转变。企业经营管理以市场为中心，以消费者的需求为重心，营销、生产等企业职能得到了平衡发展。事实上，1960年以前，企业管理领域还没有明确提出“战略”一词。当时商学院的课程中使用“企业经营政策”，并认为“经营政策”是职能管理的整合。经营政策的意义在于在一个更加宽阔的视野中把企业看作一个整体——将各种职能的专业知识整合起来。由于社会生产力水平的提高，科学技术的高速发展，竞争日益激烈，企业外部环境更加复杂，企业经营难度增大，许多企业加深了对生存竞争的认识，产生了研究和运用战略的需要，于是就提出了企业战略。进入20世纪60年代，企业管理领域正式提出“战略”一词，1965

年安索夫（Ansoff）出版了成名作《公司战略》，“战略”这个概念就进入了企业领域，从此，制定和实施企业战略被看作企业成功的关键，逐步普及起来。

二、企业战略的定义

大部分学者认为第一个为企业战略下定义的人是钱德勒（Chandler）。1962 年，美国管理学家钱德勒出版了《战略与结构》一书，首先将“战略”用于公司管理。他在《战略与结构》一书中，将企业战略定义为“确定企业基本长期目标，选择行动途径和为实现这些目标进行资源分配”。钱德勒的同事安德鲁斯（Andrews）为战略下了一个类似的定义。安德鲁斯认为：“企业战略是关于企业使命和目标的一种模式，以及为达到这些目标所制定的主要政策和计划；通过这样的方式，战略界定了企业目前从事什么业务和将要从事什么业务，企业目前是一种什么类型和将要成为什么类型。”根据这个定义，战略管理者必须设计一系列企业经营领域的目标和计划，以及达到这些目标的方法。

奎因（Quinn）是美国达特茅斯学院的管理学教授。他认为，战略是一种模式或计划，它将一个组织的主要目的、政策与活动按照一定的顺序结合成一个紧密的整体。

安索夫被誉为“战略计划与战略管理之父”。他认为战略是组织行为导向的各种决策规则，主要将产品与市场范围、增长向量、竞争优势以及协同作用这四方面连接起来。

波特（Porter）在产业经济学理论的基础上，对竞争战略进行了较为深入的研究。他的成名作《竞争战略》（1980）将战略定义为“公司为之奋斗的一些终点（目标）与公司为达到它们而寻求的方法（政策）的结合物”。随后，他又在 1996 年发表的《战略是什么》一文中将战略的本质看作选择，即选择一套与竞争对手不同的活动，以提供独特的价值。企业的这种独特定位能够有效避免由企业间的相互模仿所导致的过度竞争。

20 世纪 80 年代以来，随着社会环境的变化、竞争的加剧，战略管理日益引起企业和学者的关注，理论上有了很大的发展。明茨伯格（Mintzberg）认为，人们在不同场合以不同方式赋予企业战略不同的内涵，说明人们可以根据需要接受各种不同的战略定义。他把各种不同的定义归纳为“5P”，即战略是计谋（ploy），战略是计划（plan），战略是模式（pattern），战略是定位（position），以及战略是观念（perspective）。“战略是计谋”指战略是威胁和战胜竞争者的计策和谋略；“战略是计划”指战略是有意识的、正式的、预先安排的行动程序，计划在先，行动在后，这是早期的战略观念；“战略是模式”指战略是一段时期内一系列行动的模式，而模式意味着企业行动的一致性，这种一致性可能是也可能不是正式计划或建立目标的结果；“战略是定位”指战略是一个组织在环境中所处的位置，是特殊产品在特殊市场的定位，这一定义与波特对战略的定义一致；“战略是观念”指战略体现组织中人们对客观世界固有的认识方式，这种共享的认识或者思维方式通过共同思考和行动连接起来。战略的这五个方面是基于企业在战略发展过程中不同的侧重点提出来的，既相互独立又相互联系，共存于企业发展的复杂过程中。可以看到，这五个方面彼此之间存在着一定的内在联系，不同之处是各自的侧重点不同，但它们之间在某种程度上有替代和重叠，如定位型战略可代替计划型战略。但在大多数情况下，它们之间是互补的，使战略定义趋于完善。因此，只能说每个战略定义有其特殊性，而不能说哪种战略定义更为重要。

三、企业战略的特征

本书认为企业战略是设立远景目标并对实现目标的途径进行的总体性、指导性谋划，属宏观管理范畴，因而具有全局性、前瞻性、长期性、动态性、风险性五大特征。

（一）全局性

战略是以企业的全局为对象，根据企业总体发展要求制定的。战略所规定的是企业的全局性行动方略，着眼于企业的总体发展，追求总体协同效果。孟子认为万物一体；《鬼谷子·符言》提出，“以天下之目视者，则无不见；以天下之耳听者，则无不闻；以天下之心思虑者，则无不知”，即看事物不仅要看其本身，而且要将事物和其他事物联系起来全面地看。《孙子兵法》中有“兵无常势，水无常形”等论述，强调了战争的全局性。孙子认为，战争不仅仅是一个局部的冲突，它涉及整个国家和社会的安全和稳定。在战争的谋划和决策中，必须从全国的角度来考虑，统筹全局，统一各方力量。虽然战略必须考虑和包括局部活动，但局部活动要服务于全局性战略活动的要求，对战略的实施发挥有效的支持作用。有时，为了保障全局性战略活动，局部活动必须适时调整。例如，为了实现数字化转型战略，企业需要在经营管理的方方面面实现数字化：基础管理数字化，包括行政管理、事务性管理和人力资源管理的数字化；生产环节数字化，在设计、加工等方面实现数字化；营销环节数字化，如利用电商和支付平台，整合线上线下渠道；服务环节数字化，如智能财务和会计功能的实现；等等。

（二）前瞻性

企业战略界定了企业的经营方向、远景目标，明确了企业的经营方针和行动指南，并筹划了实现目标的前瞻性措施、对策，在企业经营管理活动中起着导向的作用。孙子的“庙算”和曹操的“欲攻敌，必先谋”都是对战略前瞻性的反映。特别是企业为了顺应经济和社会的发展趋势所提出的战略，为企业的发展道路和运作策略指明了方向。比如，2018 年我国明确提出了“新型基础设施建设”（简称新基建）。狭义的新基建指以科技创新、产业升级为核心领域的配套基础设施建设，主要涉及 5G 及相关电子信息领域配套设施（如物联网/车联网、人工智能（AI）、大数据中心、云计算等）；传统基础设施的信息智能改造领域（如智慧城市等）；新能源新材料及其应用领域配套设施（如光伏、生物质能、垃圾发电等）；无人化配套设施（如无人机、无人配送物流系统等）；太空新基建；等等。广义的新基建除狭义新基建外，还包括存量规模相对大部分传统基建行业较小但未来增量空间较大的领域，实际上即传统基建领域新兴细分子行业，包括交通运输短板领域（轨道交通、冷链物流）、能源行业短板领域（核电、特高压）、环保基建、市政建设短板领域、民生基建、特色小镇、文旅配套设施等。显然，顺应新基建政策发展的要求和趋势，很多企业将数字化变革战略作为未来发展的方向，从而指明了企业需要在较长时期内借助新基建的战略机遇，加速企业数字化变革，以实现数字化商业模式创新、转型、升级，通过数字技术平台/数字装备、数字化运营、数字化服务、数字化生态、数字化创新来实现企业数字化转型目标。

（三）长期性

战略规定了企业在今后相对长一段时间的发展方向和工作重点。一般而言，战略应当至少对企业未来 3～5 年的发展做出谋划。必要时，可以考虑对企业未来 10 年或者更长一段时间的发展方向做出全局性谋划。“生于忧患，死于安乐”的思想要求人们有忧患意识，做事有长远的谋划。“人无远虑，必有近忧”明确地指出了运筹谋划要有长期性。不论战略本身涉及的时间跨度多长，企业的战略必须有利于企业未来数十年、上百年或者更长时间的发展，必须致力于将企业塑造成长寿公司。战略是企业在一个较长时期的发展方向和目标，是企业谋取长远发展的反映。例如，2020 年以来，国企改革三年行动全面发力、多点突破、纵深推进。从中国特色现代企业制度更加成熟定型，到三项制度改革大范围破冰破局，再到国有经济布局结构实现全方位整体性优化，改出了新活力、高效率、好机制。面向未来，党的二十大报告提出，“深化国资国企改革，加快国有经济布局优化和结构调整，推动国有资本和国有企业做强做优做大，提升企业核心竞争力”“完善中国特色现代企业制度，弘扬企业家精神，加快建设世界一流企业”，赋予了国资国企新的使命和任务。综上所述，政策性指引对于国有企业的战略制定和调整具有重要的推动作用。这些指引将帮助企业明确长远发展目标，推动转型和创新，优化资源配置，加强资产管理，进而推动国有企业在竞争激烈的市场环境中实现长期的持续发展。

（四）动态性

战略是灵活的，需要根据环境变化和组织内外部情况的变化进行调整和修正。它不是一成不变的，而是随着时间和情况的变化不断演进。我国古代战略思想最独到之处或最具创新性的地方之一就是战略的动态性或战略的权变，它包含着战略的适应性和战略的柔性。这是我国古代辩证思想的一个重要成果。老子的“无有入无间，吾是以知无为之有益”（《道德经·四十三章》）体现出权变思想的萌芽。孟子提出了通达权变的观点。管子基于对自然界和人类社会发展中兴亡盛衰的认识，提出“随时而变，因俗而动”（《管子·正世》）。我国兵家的权变思想不但体现在战术层面，而且在战略层面也有所体现。“五行无常胜，四时无常位，日有短长，月有死生”（《孙子兵法》）。“终而复始，日月是也；死而更生，四时是也。声不过五，五声之变，不可胜听也。色不过五，五色之变，不可胜观也。味不过五，五味之变，不可胜尝也。战势不过奇正，奇正之变，不可胜穷也”（《孙子兵法》）。这些思想都是强调战略需要根据环境适时调整，只有这样，组织才能获得发展。例如，随着经济政策的转型，国企必须深入推进实质性改革，以适应新的政策环境，并主动接受公平竞争政策的规制。这意味着国企需要根据公平竞争政策的要求，提升整体经济效率和实现社会福利的最大化。同时，国企要适应公平竞争政策规制的规律和进展，重点突出改革方向，更加关注完善国有资产管理体制，特别要聚焦“管资本”和混合所有制改革这两大主攻方向，通过有针对性地重点突破，带动全面改革，从专项试点逐步向综合改革迈进。此外，国企还需坚持政企分开和政资分开，克服可能制约竞争和影响公平的政策和体制障碍。国有企业必须加快改革进程，主动适应新的政策环境和规制，以确保其在新的公平竞争政策环境下更加健康、有效地发展，为经济持续发展和社会福利最大化做出更大的贡献。

（五）风险性

企业战略管理具有一定的风险性特征，这主要体现在以下几个方面：（1）不确定性风险。战略决策涉及长远的未来，外部环境变化和不确定因素较多，如市场需求、竞争态势、技术进步、政策变化等，这些不确定因素可能会影响战略的有效性和实施效果。（2）竞争风险。战略决策往往涉及市场竞争，竞争对手的动态调整、新进入者的出现都可能对企业战略产生影响，导致企业失去竞争优势。（3）技术风险。在面对技术进步和创新时，企业需要选择合适的技术路线和战略方向，但技术的成功应用和市场认可不是完全确定的，存在技术开发失败的风险。（4）金融风险。战略实施需要大量资金投入，但市场融资条件和利率波动等金融因素会对企业的战略决策和实施产生影响，可能导致资金链断裂。（5）政策风险。政策环境的变化可能对企业战略产生重大影响，政府政策的调整、监管变化等都可能对企业战略的规划和执行造成干扰。（6）组织风险。战略的实施涉及组织结构和文化的调整，组织变革不顺利可能导致战略执行困难。综上所述，企业战略管理的风险性特征体现在不确定性、竞争、技术、金融、政策和组织等多个方面，企业在制定和执行战略时需要充分认识和应对这些风险，寻找适合的风险管理策略，确保战略的成功实施和目标的实现。在《孙子兵法》中，孙子强调要重视和应对战争风险。他指出：“知彼知己者，百战不殆；不知彼而知己，一胜一负；不知彼不知己，每战必殆。”这一论述强调了战略制定过程中对敌方和己方情况充分了解的重要性。此外，《孙子兵法》也强调对战略风险的主动应对。在战争中，必须灵活应变，采取巧妙的战略手段，利用对方的弱点，规避对方的优势，实现目标。这样的战略应对可以降低战争风险，增加胜利的可能性。

四、企业战略管理的内涵

对于企业战略管理，学术界存在两种不同的理解：一种是狭义的战略管理，另一种是广义的战略管理。狭义的战略管理认为，企业战略管理是对企业战略的制定、实施、控制和修正进行的管理。广义的战略管理则认为，企业战略管理是运用战略对整个企业进行管理。本书认为，企业战略管理是由企业战略的制定、实施、评估与控制所形成的一个完整的、相互联系的管理过程。它是对分析、制定、实施、评估和控制企业战略的全部活动的总称，是一个全面的、复杂的管理过程，是一门综合性、多功能决策的科学和艺术。企业战略管理的要点如下。

（1）它是一项综合性的管理活动。企业战略管理不仅指制定战略，还包括战略的实施、评估、控制等管理活动，包括企业适应环境和环境影响企业的过程。

（2）它是一个无止境的管理过程。企业战略管理不是一次性的管理工作，企业战略管理关心的是企业长期稳定和快速发展。它是一个不断循环往复、不断完善、不断创新的过程，是螺旋式上升的过程。

（3）它是决策的科学和艺术。企业战略管理既是一门决策的科学，又是一门决策的艺术。说它是科学，是因为它是反映企业战略管理客观规律的系统化的知识；说它是艺术，是因为这门科学的真正价值就在于应用、在于实践——只要将其付诸实践，就必然会呈现出不同的风格、不同的模式和不同的效果，这也就是艺术性的不同表现形式。

在理解上述要点时，需要理解战略管理以下几个方面的内涵。

（1）企业应该把未来的生存和发展问题作为制定战略的出发点和归宿。也就是说，一个好的战略应有助于企业实现长期生存和发展的目标。而要做到这一点，企业不仅要了解所处行业的过去和现在，还要关注行业内外环境因素及其将来发展变化的趋势，从而把握自身的未来。在当今政治、经济和其他外部环境因素迅速变化的时代，仅凭过去的经验和传统的分析方法已不能满足企业建立持久竞争优势的要求，失去对未来动态的充分估计和把握，企业将失去目标和方向；反之，则可能抓住有利的时机，建立自身的竞争优势，从而获得快速发展。

（2）企业战略管理应该是在经营活动之前有目的、有意识制定的，应体现一种主动性。尽管有人对这种事先筹划的科学性和有效性提出质疑，且实际生活中不乏战略自然形成的先例，但正像很多人愿意采用理性主义的处理方法一样，我们认为系统分析和理性判断对战略的形成仍然是必要的。没有这样事先的科学分析，战略的形成过程在高层管理水平不够的情况下可能是混乱的。同时，某些关键决策可能变得易于受个别管理人员选择偏好和流行时尚的影响，而且对直觉和经验的过分强调有可能使人陷入新的神秘主义的泥潭。

（3）企业战略管理是为了获得持久竞争优势而对外部机会和威胁以及内部优势和劣势的主动反应。战略不是凭空产生的，它的制定建立在对影响企业的内外部环境因素的全面了解和分析基础上，也就是说，它强调从内外部环境分析入手来构建自身的竞争优势，寻求有利的竞争地位，强调企业对环境的适应性。因此，在外部环境分析过程中，企业必须了解所在行业的吸引力大小、未来的发展趋势以及主要竞争对手的特点，它们既可以给企业带来重要的机会，也可以给企业带来严重的威胁；在分析内部条件和资源时，特别要注意评价企业的竞争能力、优劣势，以便确定企业具备什么样的核心竞争能力并弥补自身的劣势。

（4）战略管理的实质是帮助企业建立和维持持久的竞争优势，即帮助企业保持一种强大而灵活的态势。这意味着战略不仅有助于管理人员处理可预见的事件，而且有助于他们处理突发的和难以预见的事件。事实上，由于管理人员很难预料各种重要影响因素之间相互作用的方式和程度，也很难预料竞争对手的反应，同时对企业本身战略调整的时机和方法很难把握，因此，战略应为企业提供若干可以实现企业目标的途径，以应付外部环境可能出现的例外情况。更进一步说，像军事战略谋求“进可以攻，退可以守”一样，企业战略应使企业在市场竞争中保持一定的灵活性和机动性，获得良好的市场扩张和收缩通道。为此，企业的战略目标不宜过分具体化和数量化，有时可能仅仅表现为一种战略意向。

从企业战略和企业战略管理的分析可以知道，企业战略实质上是一种“谋划或方案”，而战略管理是对企业战略的一种“管理”，具体地说就是对企业的谋划或方案的制定、实施、评估与控制。明确这二者之间的关系与区别是相当重要的，对企业界来说，有助于更好地加强战略管理；对于理论界而言，则有助于改变目前很多人将这二者混淆的状况。

第 2 节　企业战略管理思想与理论发展

战略管理思想和理论的演变始终与经营环境和市场的变化紧密相连。不同的战略管理思想都围绕如何契合外部环境的变化和发展，制定和实施竞争战略，获得竞争优势这一核心问题而展开。正是这一特点和规律，使国内外企业形成了不同的发展轨迹和道路，其中既有共通之处，也有各自独特的发展脉络。

一、国外企业战略管理思想与理论演变历程

从国外企业战略管理思想和理论演变的时间顺序来看，经历了四个阶段。

(一) 萌芽阶段：20 世纪 30 年代

20 世纪 20 年代末到 30 年代初美国出现经济大萧条，从宏观上罗斯福政府对经济实施管制，从微观上管理学者开始研究造成企业效率下降的因素。1938 年，巴纳德（Barnard）在《经理人员的职能》一书中首次将组织理论从管理理论和战略中分离出来。巴纳德认为，把战略因素局限于管理活动和交易活动的某些方面是没有必要的，在需要做出决策的任何情况下，企业组织应该遵循的原则都是相同的，都必须考虑到战略因素。此外，巴纳德在该书中还提出管理科学的重点在于创造组织的效率，其他管理工作则应注重组织的效能，使组织与环境相适应。这种有关组织与环境匹配的主张成为现代战略分析方法的基础。

环境的突然改变激发了理论研究的需要，企业管理学家联系企业实践做出反应和采取行动，开始研究导致企业效率下降的战略因素，由此推动了战略管理理论的发展。

(二) 传统战略管理理论形成期：20 世纪 60 年代到 80 年代

进入 20 世纪 60 年代，全球竞争加剧，人们认识到未来是不可预测的，环境是不确定、不连续的，这就从根本上动摇了战略管理理论关于未来可以计划、可以预测的思想。这时，以环境变化分析为中心的战略管理理论占据了主导地位。1965 年，安索夫出版的著作《公司战略》成为现代企业战略理论研究的起点。从此以后，很多学者积极投身企业战略理论的研究，在这一时期出现了三个比较有影响力的理论学派：设计学

派、计划学派和学习学派。

设计学派的代表人物钱德勒、安德鲁斯和克里斯滕森（Christensen）等认为，战略规划是一个有意识控制的思想过程，战略的规划和控制由企业的高层管理者负责。企业战略应当清晰、简明，易于理解和贯彻。良好的战略应该具有创造性和灵活性，有充足的弹性以适应环境的变化。特别是1962年钱德勒《战略与结构》一书的出版，正式揭开了现代企业战略研究的序幕。在该书中，钱德勒较为全面地分析了环境、战略与组织结构之间的相互关系。20世纪60年代，安德鲁斯和克里斯滕森使用单向法形成了战略规划的基本理论体系，其实质是如何匹配公司能力与竞争环境的商机。

计划学派的领军人物安索夫在1965年出版的《公司战略》一书中提出了“战略四要素说”，即战略的构成要素包括产品与市场范围、增长向量、协同作用和竞争优势。安索夫把企业战略分为企业总体战略与竞争战略两大类，并第一次为管理者提供了完整的战略规划步骤。总的来看，该学派的主要观点为：战略制定是一个有意识控制的规范化过程，应通过目标、项目、预算的层层分解保证战略实施过程的顺利完成。

学习学派认为，战略是通过渐进学习和自然选择而形成的，可以在组织的各个层次出现，并且战略的形成与贯彻落实是相互交织在一起的。其中有代表性的观点有：鲍尔（Bower）和伯格尔曼（Burgelman）的突破思维定式观点，明茨伯格的自然选择形成战略观点，以及维克（Weick）的总结经验教训形成战略观点。

总的来看，三个理论学派的核心思想是一致的，均认为企业的本质是产品与业务的组合，企业的战略管理必须通过精心的战略规划与设计使企业适应外部环境的变化，战略规划与实施要求企业的组织结构进行必要的调整，战略管理主要由企业高层管理人员来负责。这些思想主张企业组织结构、企业战略与企业外部环境相适应，为以后的战略管理研究奠定了基础，被称为古典战略理论。但是，这些思想过分强调企业外部环境的重要性，主张企业被动地适应环境，缺乏对企业内部条件的分析。

（三）竞争战略理论阶段：20世纪80年代到90年代早期

经济的迅速发展、市场竞争的日益激烈，使得企业战略管理理论的研究重点转移到企业竞争方面。20世纪80年代以后，三大竞争战略理论流派开始形成：行业结构学派、核心能力学派与战略资源学派。

行业结构学派的代表人物当属波特。20世纪80年代，波特先后出版了《竞争战略》（1980）和《竞争优势》（1985）等著作，提出了战略定位的观点，实现了产业组织理论和企业竞争战略的创新性兼容，促成了战略制定与实施过程的有机统一。波特认为影响产业竞争结构的五种力量决定着产业吸引力的大小；基于产业分析，提出了三种可供选择的基本竞争战略；提出了实现这些战略的价值链分析方法；进行了进攻性战略和防御性战略分析。

20世纪90年代以后，企业竞争的成功与否，日益取决于企业对市场趋势的预测能力和对顾客需求变化的反应能力。企业战略管理的核心已经不在于对产品与市场的组合定位，而在于建立难以模仿的组织行为与反应能力。企业竞争形势使得管理学家日益重视对企业内部条件的分析，核心能力学派应运而生。核心能力学派的原理思想强调以企业生产、经营行为和过程中的特有能力为出发点来制定和实施企业竞争战略。该学派的普拉哈拉德（Prahalad）和哈默尔（Hamel）等人认为，企业本质上是一个能力的集合体，在企业众多的能力之中，核心能力是最关键、最根本的能力。识别、培育、拓展和运用核心能力开拓市场是企业长期竞争优势的关键因素。企业能力储备决定企业的经营范围，特别是企业多元化经营的深度与广度。该学派认为，企业在长期发展中，依托并利用其资源，形成了难以被其他企业模仿和复制的、使企业在市场竞争中保持竞争优势并能取得主动的、能给企业带来持久丰厚利润的独特能力，即核心能力，这是企业形成持续竞争优势的源泉。

早在 20 世纪 80 年代中期，战略资源学派的一些观点就已经出现。经过 80 年代后期和 90 年代初的发展，战略资源学派逐渐成为竞争战略研究领域占主导地位的理论流派。该学派主要代表人物科利斯（Collis）和蒙哥马利（Montgomery）等人把对战略资源的强调作为其理论出发点，将“资源”定义为“企业所拥有的资产和技能的总和”，并把企业看作各种资源的不同组合，特别是一系列独特资源的组合，认为一个企业要获得上佳的经营业绩，就必须具备有竞争力的异质资源，并把这些资源运用到竞争战略中去。战略资源学派认为，企业能否获得超额利润和保持持久竞争优势取决于其掌握的独特资源的多少以及在特定竞争环境中对这些资源的配置方式，取决于企业掌握的独特资产与能力的存量与流量。企业的卓越业绩最终取决于对有竞争力的稀缺资源的巧妙配置。

尽管行业结构学派与稍后出现的核心能力学派和战略资源学派在企业战略研究的方法和侧重点上各有不同，但由于它们把复杂多变的环境和买方市场作为战略研究的时代背景，把市场竞争作为战略研究的主要内容，把以谋求建立和维持企业的竞争优势作为战略目标，因而可以将它们统称为竞争战略理论。而且，这些战略管理理论大多建立在对抗竞争的基础上，都侧重于讨论竞争和竞争优势，它们在研究企业战略时，大都假定整个产业结构是比较稳定的、可识别的以及可预见的，同时认为战略分析旨在使人们关注业已存在的稳定的产业组织，其实质就是在已结构化的产业内寻求企业生存和发展的空间。

（四）战略生态理论阶段：20 世纪 90 年代后期至今

20 世纪末 21 世纪初，产业环境日益动态化，技术创新加快，竞争日益全球化，顾客需求日益多样化，企业逐渐认识到，想要发展，无论是增强自己的能力，还是拓展新的市场，都得与其他公司共同创造消费者感兴趣的新价值，必须培养以发展为导向的协作性经济群体。在此背景下，通过不断创新来超越竞争开始成为企业战略管理研究的新焦点，企业战略生态理论应运而生并呈现出两大趋势，即商业生态系统研究以及战略网络研究，它们分别把企业的利益相关者群体和外部生存环境作为商业生态系统和战略网络系统。

生态学作为研究生物与环境辩证统一关系的科学，对企业战略管理理论与战略思维的发展具有重要指导价值。1996 年，穆尔（Moore）出版了《竞争的衰亡：商业生态系统时代的领导与战略》一书，首次提出和定义了“商业生态系统”概念，认为商业生态系统就是以组织和个人的相互作用为基础的经济联合体，包括供应商、主要生产者、竞争者和其他利益相关者，并从现代生态学的角度透视整个商业活动，由系统论反思竞争含义，认为在商业活动中共同进化是一个比竞争或合作更为重要的概念，打破了传统的以行业划分为前提的战略理论的限制，架构了基于共同进化模式的企业战略全新设计思路。拉兹洛（Laszlo）将广义进化论的思想应用于企业管理，并提出“进化重构”与共同进化管理的思想和方法。达夫特（Daft）利用种群生态学的概念，论述了组织间冲突与协作、组织生态系统演化以及正在出现的学习型组织等，拓宽了原有组织理论的固有疆界，并预示这是企业未来战略和结构设计的前沿课题。1988 年，加里洛（Jarillo）在《战略网络》一文中把企业网络思想引入战略研究，强调企业的网络及其关系网络在企业战略中的作用，并将战略网络定义为：有独特性但又相互联系的营利组织之间的长期性的、有目的的组织安排，以使网络内部组织获得或保持竞争优势。他认为战略网络是企业竞争优势之源，是介于市场组织和企业内部层级组织之间的一种中间型组织模式，是一种平等、独立的协作关系。在此基础上，诺利亚（Nohria）认为企业是多元关系的联结，企业网络是社会网络的重要组成部分，企业的行为和战略必须是根据其所在的网络特性及其本身在这个网络中的角色、位置来决定的。伯特（Burt）则认为网络是信息和控制收益的通道，不同的网络结构有不同的报酬率，形成有价值的社会资本，企业网络及其关系是企业拥有的资源。古拉蒂（Gulati）把战略网络定义为由那些具有持久性的、对进入其中具有战略意义的节点构成的组织，包括战略联盟、合资企业、长期的买卖伙伴和由一群相似节点构成的组织，它是嵌入公司内的各种社会关系的整体安排，他强调战略网络对企业行为和业绩的重要影响，必须将战略网络观念整合于战略研究之中。

从本质上来说，无论是商业生态系统还是战略网络方面的研究，其逻辑都是基于生态学思维范式，都是为了适应网络经济的发展和战略环境复杂性升级而对战略管理理论进行的创新。因此，可以将其统称为战略生态理论。战略生态理论超越了传统战略思维的藩篱，即行业固定不变、过分关注直接竞争对手、把公司看作“独立、自治的实体”以及仅仅考虑自身利益。它强调在制定和实施企业战略中充分考虑整个商业生态系统及其成员的利益，强调瞄准广阔的环境机会，争取建立有利的或占优势的新的战略生态系统，这个战略生态系统可能由延伸到几个不同行业的企业所构成，它们将与同类或非同类战略生态系统竞争，并扩展到其他行业。战略生态观要求领导者超越传统组织和文化的界限，形成跨越公司、行业和国家界限的竞争观点，有助于指导企业选择更科学的战略行为和竞争手段，有利于建立企业对战略环境的长期适应性和生态进化能力，但是缺乏对战略生态评价、战略生态规划、战略生态建设和战略生态管理等问题的深入系统研究，因而这一新战略范式目前还存在可操作性较差、难以指导企业具体实践等问题。

二、中国企业战略管理思想与理论演变历程

改革开放 40 多年来，中国的经济发展取得了举世瞩目的成就，毫无疑问，从制造者到智造者，从跟随者到引领者，企业的成长与进步在其中发挥了举足轻重的作用。纵观 40 多年的发展，中国企业战略管理思想与理论演变历程可分为四个阶段。

（一）萌芽和产生阶段（1978—1991年）

改革开放之前，中国企业处于计划经济体制下，缺乏经营自主权。企业无法自主制定、实施和评价战略，这限制了企业的发展和创新能力。

改革开放后，中国企业逐步获得了自主权，为企业战略管理的实践、研究创造了条件。一系列重要会议的召开推动了企业体制改革和自主权的扩大。1978年在全国科学大会上邓小平重申科学技术是生产力。随后，国务院发布了《关于扩大国营工业企业经营管理自主权的若干规定》，开始探索企业体制改革，进一步扩大了企业的自主权。1982年《中华人民共和国宪法》明确规定国营企业和集体经济组织在一定前提下有经营管理的自主权，为企业自主发展提供了法律保障。党的十二届三中全会通过的《中共中央关于经济体制改革的决定》提出要扩大企业自主权、增强企业活力，推动了企业自主权的扩大。随后颁布的一系列规定和条例，如《国务院关于加强工业企业管理若干问题的决定》《全民所有制工业企业承包经营责任制暂行条例》，进一步推动了企业自主权的扩大。这些政策的实施和措施的推进，为中国企业提供了更大的自主权，使得企业能够更加自主地制定经营战略，增强了企业的活力和竞争力。企业自主权的扩大也为中国企业战略管理的发展和创新带来了新的机遇和挑战。

在中国企业实践中，政策的支持和鼓励推动了战略管理的起步。首先，以国有企业为核心的扩大企业自主权改革试点开始启动，这为企业战略管理的发展提供了契机。其次，随着企业自主权的逐步扩大和改革的深化，承包制、租赁制、股份制等企业经营管理体制得到普及和发展，促进了企业的灵活性和创新性。最后，为了增强企业对战略问题的意识和重视程度，以及借鉴国内外领先企业的管理经验，各类企业管理协会相继成立。

在学术研究领域，与企业实践相适应，许多学者开始探讨中国企业的体制改革和管理问题。早在1978年，钱学森等在《文汇报》上发表了一篇系统阐述管理科学理念的文章《组织管理的技术——系统工程》。1979年，蒋一苇提出将企业作为生产、市场和产权主体的“企业本位论”思想，为中国企业战略管理思想和理论的开创和后续发展奠定了基础。同时，众多学者开始介绍西方企业战略管理的概念、理论和方法。新的管理学研究会和学术期刊开始出现，为中国企业战略管理研究提供了良好的交流平台，为战略管理领域的蓬勃发展创造了条件。这些学术研究不仅丰富了战略管理理论体系，也为中国企业战略管理实践提供了借鉴和指导。随着时间的推移，独具特色的中国企业战略管理理论体系和实践路径逐渐形成。

（二）发育和确立阶段（1992—2001年）

从1992年邓小平南方谈话开始，一系列新的重要会议和政策不仅推动了中国改革开放深入发展，也对中国企业战略管理实践和研究起到了积极的推动作用。政策的支持和鼓励扩大了企业的自主权，企业进一步参与市场竞争，激发了对企业战略管理理论和人才的需求。新的试点和改革推动中国企业尤其是国有企业步入新的发展阶段，强化了企业的管理规范，增加了企业的活力。企业也响应政策变化，组建了专门的战略管理或战略规划部门，推动了中国企业自身战略管理经验的积累。中国企业家开始在世界级平台上分享中国企业的管理之道，提升了中国企业战略管理的认可度。同时，对企业战略管理的需求促成了中国企业战略管理咨询行业的兴起，吸引国外知名战略咨询机构进入中国市场，推动中国企业对国内外优秀企业战略管理实践的研究和学习。

在学术研究与学科发展方面，企业战略管理实践的进一步发展催生了对战略管理理论和人才的更大需求，也推动了战略管理学术研究与学科的发展进步。学术界不仅系统介绍了西方企业战略管理的理论和工具，还开始结合中国的实践思考企业战略问题。战略管理作为独立领域的学科地位逐步明确，学科体系不断完善，推动了战略管理学科的健康发展。这一时期，学术界不断深化对战略管理领域的研究，为中国企业战略管理的实践提供了理论支持和指导，为学科的独立发展打下了坚实基础。

（三）成长和国际化阶段（2002—2017 年）

经过 20 多年的发展，中国企业战略管理有了较大的进展，其独立的实践和研究领域的地位已经确立，管理、研究和教育人才队伍日益壮大。2002 年党的十六大宣告中国社会主义市场经济体制初步建立，由此中国企业战略管理也进入了新的成长期。《中华人民共和国国民经济和社会发展第十个五年计划纲要》（2001）、《中共中央关于完善社会主义市场经济体制若干问题的决定》（2003）、《中央企业发展战略和规划管理办法（试行）》（2004）等推动企业战略管理迎来快速成长和发展的高潮。

以 2001 年中国正式加入世界贸易组织为开端，“走出去”战略成为国家战略，中国企业战略管理也步入以国际化为重要特征的发展时期。2002 年，党的十六大报告指出“实施‘走出去’战略是对外开放新阶段的重大举措”；之后，《中华人民共和国国民经济和社会发展第十一个五年规划纲要》（2006）和党的十七大报告（2007）等进一步对“走出去”战略进行了深化和拓展；2013 年中国首次提出共建“一带一路”倡议，2015 年发布《推动共建丝绸之路经济带和 21 世纪海上丝绸之路的愿景与行动》，推进“走出去”战略的实施。

在企业实践上，中国企业国际化发展的意识和认识进一步增强，并广泛参与到更加激烈、复杂和多变的国际竞争中。首先，自 21 世纪初开始，中国连续举办了一系列的企业管理国际论坛，比如中国高新企业发展国际论坛、环球企业家高峰论坛等，这有力地拓展了中国企业全球化竞争的思维和视野。

其次，大量的中国企业陆续“扬帆出海”，进入了更广阔的全球市场，并且逐步成为国际市场和国际竞争中的重要力量与组成部分。包括联想集团、海尔集团和吉利控股集团等在内的两万多家中国企业进行了对外直接投资，海外并购和绿地投资规模等均实现了大幅增长。

最后，在“走出去”参与国际竞争的过程中，中国企业更加注重全方位与国际接轨。比如，中国企业不但更加强调效率和效益，而且开始越来越多地履行社会责任；同时企业更加重视学习和遵循国际标准，大批企业实施了 ISO 9001、ISO 14001、SA 8000 等国际标准体系认证，这推动了企业竞争能力的提升。

与中国企业实践相适应，这一时期的战略管理呈现出井喷式的发展，主要表现为如下三点：一是中国现象成为国际企业战略管理研究的热点，中国情景、中国要素等成为企业战略管理研究的重要组成部分。诸如中国独特的制度因素如何转化为企业的核心能力，并取得相应的战略绩效，以及中国文化在企业战略管理中发挥了什么样的作用等都成为战略研究的重要内容。二是中国企业国际化成为研究的关注点，学者对中国企业的国际化行为和全球化战略进行了深入研究，探讨了中国企业“走出去”的动机、战略选择、国际市场进入方式、并购行为等，以理解中国企业在国际竞争中的角色和地位。特别是随着中国企业海外扩张的增加，跨文化管理成为国际研究者关注的焦点。他们研究中国企业如何在不同文化背景下有效管理跨国团队和处理跨国业务。三是对国有企业的战略创新和发展进行了大量研究。国有企业作为中国经济发展的重要力量，其战略发展成为研究关注的焦点，这一时期的研究主要集中在：(1) 国企改革与战略转型。研究者对国企改革的战略选择和转型路径进行了深入研究。他们探讨了国企在市场经济环境下如何实现战略转型，加强自主创新、提高竞争力，以适应新的经济形势和市场竞争。(2) 混合所有制改革。20 世纪 90 年代，中国开始推动混合所有制改革，允许非国有资本进入国有企业。研究者对混合所有制改革的战略意义和影响进行了研究。他们研究了混合所有制企业的治理结构和经营模式，以及非国有资本对国企战略管理的影响。(3) 市场化运作与战略决策。在市场经济条件下，国企需要更加注重市场化运作和战略决策。研究者研究了国企市场化战略的制定与执行，探讨了国企如何在竞争激烈的市场环境中找到自己的位置和优势，实现战略目标。(4) 国企国际化战略。在中国企业“走出去”战略的推动下，国有企业也开始积极参与国际竞争。研究者对国企的国际化战略进行了研究，探讨了国企如何在国际市场中开展业务，应对国际竞争挑战，实现全球化布局。(5) 国企创新与技术转型。在全球经济竞争中，创新和技术转型对企业的发展至关重要。研究者研究了国企创新战略和技术转型的实践，探讨了国企如何提高自主创新能力，引进和吸收国际先进技术，推动技术转型。(6) 政府引导与国企战略。政府在国企战略管理中扮演着重要角色。研究者探讨了政府如何通过产业政策和管理手段来指导国企战略制定与实施等，促进国企健康发展。这些研究为国有企业在新的经济形势下实现战略转型和可持续发展提供了重要的理论和实证支持。

（四）创新和持续发展阶段（2018 年至今）

2018 年以后，中国企业的战略发展进入了创新突破的转折期。此前，党的十九大报告已明确提出深化供给侧结构性改革，“加快建设制造强国，加快发展先进制造业，推动互联网、大数据、人工智能和实体经济深度融合，在中高端消费、创新引领、绿色低碳、共享经济、现代供应链、人力资本服务等领域培育新增长点、形成新动能”。这一时期，党的二十大报告更是提出“加快实施创新驱动发展战略”，“强化企业科技创新主体地位”。在这一背景下，我国出台了诸多政策文件，为中国企业提供了清晰的发展方向和政策支持，鼓励企业积极投身创新和技术发展的浪潮，加强科技创新，提高产品和服务质量，培育新的增长动能，促进经济持续高质量发展。同时，这些文件也对企业进行了引导和规范，使企业能够在全球化的市场竞争中脱颖而出，实现更高水平的发展。

从企业实践看，这一时期企业的战略越来越向数字化、平台化、价值化、韧性化方向发展。首先是企业数字化战略的兴起和发展。中国企业战略的数字化发展具有以下特点：(1) 强调数字化转型。越来越多的中国企业意识到数字化转型对于提升竞争力和适应市场变化的重要性。企业开始积极投入资源，加快推进数字化转型，将传统业务与数字技术融合，以提高效率、降低成本、改进决策。(2) 人工智能与大数据广泛应用。人工智能和大数据成为企业数字化发展的核心驱动力。通过收集和分析大数据，企业能够更好地了解客户需求、预测市场趋势，以及优化产品设计和供应链管理等。(3) 云计算和物联网技术普及。云计算和物联网技术的普及使得企业可以更灵活地处理数据和信息，实现数据共享和协同办公，同时提升企业的运营效率和灵活性。(4) 加强数字化营销和客户关系管理。企业开始利用数字技术开展更加精准的营销活动，通过数字渠道与客户进行交流，建立更紧密的客户关系，并根据客户反馈进行产品和服务优化。(5) 创新商业模式。数字化催生了新的商业模式和服务方式。例如，共享经济的兴起和数字平台的建设，使得企业能够更好地与消费者和供应商进行连接，实现资源的共享和优化利用。(6) 强调网络安全。随着数字化的发展，企业面临越来越多的网络安全风险。因此，企业开始重视网络安全防护，加强数据保护和隐私管理，以确保企业信息和客户数据的安全。(7) 产业数字化升级。各个行业都在积极推动数字化升级。制造、金融、零售等行业都在加速数字化转型，以提高生产效率和服务质量。总体而言，中国企业在数字化发展方面取得了长足进步，数字技术已经成为企业战略的重要组成部分。随着数字技术的不断发展，企业数字化发展的趋势更加明显，对企业的管理和发展模式将产生深远的影响。

其次是企业平台战略的兴起。越来越多的中国企业开始意识到构建多元化平台对于实现全面发展和创新具有重要意义。企业不再局限于单一的业务领域，而是积极探索跨行业、跨领域的合作，打造综合性平台，以满足用户多样化的需求。企业战略平台倡导开放共享和协同创新的理念，鼓励不同企业、机构和个人在平台上进行资源共享和合作。通过开放的数据和服务接口，实现多方参与，促进创新和价值创造。此外，企业平台战略强调生态共建共享，意味着平台提供者不再是唯一的参与者，而是与用户、合作伙伴、开发者等形成协同合作的生态系统。这种合作生态可以促进平台功能和服务的不断扩展和完善。平台战略生态化发展推动技术创新的融合。人工智能、云计算、大数据、物联网等新兴技术与平台相结合，可以为企业提供更智能、高效的解决方案，进一步提升企业的竞争力。平台战略生态化发展也推动不同产业之间、产业与金融之间的融合。企业突破传统产业的边界，在平台的带动下实现产业之间、产业与金融之间的交叉和融合，促进新业态的发展。

再次，强调企业战略的价值化。随着信息技术的发展，中国企业开始重视数字化知识管理。通过建立知识库、知识分享平台和智能化知识搜索工具，企业能够更有效地收集、整理、传播和应用知识，提高战略决策的智能化水平。同时，中国企业越来越注重数据的收集和分析，以数据为基础进行战略决策。数据驱动的决策模式使企业能够更准确地了解市场、客户需求和竞争对手动态，从而优化战略选择和实施效果。与此同时，企业开始将创新置于核心位置，以创新驱动价值创造。通过持续创新产品、服务和业务模式，企业能够不断提高竞争力，实现可持续发展。企业战略价值化导向还表现在企业更加关注社会责任和可持续发展。企业开始积极承担社会责任，致力于环保、碳减排等领域，不仅赢得了社会认可，还推动了企业长期稳健发展。

最后，组织韧性正在成为企业战略发展的关键。组织韧性战略是指组织为了应对不确定性、挑战和风险采取的一系列措施和战略规划，以增强组织的适应性、稳健性和创新性，保持业务连续性和可持续发展。2020 年以来，受新冠疫情的影响，逆全球化思潮涌现，如何有效应对外部环境变化、不断优化和完善战略规划，以确保组织在变革和竞争中持续取得成功成为众多企业关注的问题。

与企业战略实践相吻合，理论研究在这一时期也在数字化战略、平台战略、价值战略以及组织韧性战略方面进行了卓有成效的探索，并在一定程度上相互交织，形成了全面推动企业战略管理研究的新趋势。数字化为平台化提供了技术基础，平台化为价值化提供了合作机会，价值化为韧性化提供了发展方向。综合利用这些战略特点，企业能够更好地适应变化，迎接未来的挑战，实现持续创新和增长。在新时代，企业战略管理研究需要不断调整和优化，以适应快速变化的市场环境和不断涌现的新技术，保持竞争优势并实现可持续发展。

第 3 节　战略管理过程与本书框架

企业经营战略管理是一个具有复杂性、系统性和动态性的过程，在这个过程中充满了不确定性因素，需要企业经营战略管理者对其进行有计划、分阶段、有步骤的安排，使之形成一定的系统模式。战略管理是围绕战略形成和实施而开展的一组活动、一组工作，它是一个连续循环的过程。战略管理的目的是提高战略的成功率，主要包括战略分析、战略制定、战略实施、战略评估与控制四个步骤。战略管理过程见图 0－1。

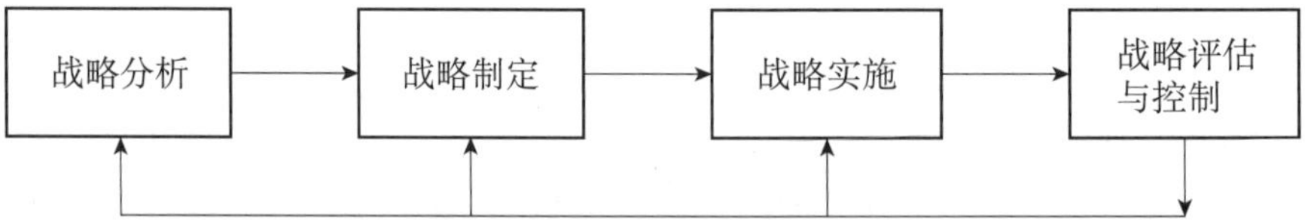

图 0－1　战略管理过程

资料来源：亨格，惠伦．亨格 & 惠伦战略管理：原书第 11 版．北京：中国人民大学出版社，2009.

一、战略分析

战略分析主要是通过对外部和内部的环境进行扫描来了解企业所面临的机会、威胁、优势、劣势，并基于此进行综合分析，为战略制定提供依据。环境扫描是指获取关于事件、趋势以及组织与环境关系的信息，这些信息有助于高层管理者识别、理解战略性机会与威胁，明确企业未来的发展路径。由于组织与外部环境之间存在信息不对称，而且组织所处的环境的变化具有不确定性，因此，需要通过环境扫描来获得有关情报，从而减少在决策过程中对事物认识或判断的不确定性和信息不对称，从信息、知识和情报的层次上保证企业战略的制定和实施。环境扫描使得决策者理解外部环境和环境中不同领域之间的相互联系，并能将这种理解用于战略规划和决策过程。需要分析的战略环境主要包括以下几个方面：

（一）企业外部环境分析

1. 宏观环境分析

这主要包括对宏观的政治和法律、经济、社会文化和人口、技术以及自然等环境的分析。面对国内和国际宏观环境的变动，2020 年 5 月 23 日，习近平总书记在参加全国政协十三届三次会议的经济界委员联组会时强调，“要科学分析形势、把握发展大势，坚持用全面、辩证、长远的眼光看待当前的困难、风险、挑战”。在国内宏观经济环境方面，我国正处在转变发展方式、优化经济结构、转换增长动力的攻关期，经济发展前景好，但也面临着结构性、体制性、周期性问题相互交织所带来的困难和挑战，我国经济运行面临较大压力。在国际宏观经济环境方面，我国面临着世界经济深度衰退、国际贸易和投资大幅萎缩、国际金融市场动荡、国际交往受限、经济全球化遭遇逆流、一些国家保护主义和单边主义盛行、地缘政治风险上升等不利局面。显然，企业需要深刻认识到宏观环境带来的挑战和威胁，同时有效地捕捉机会，制定出适合企业的发展战略。

2. 行业环境分析

这主要包括对行业内竞争者的竞争态势、行业潜在进入者的威胁、替代品的威胁、上游供应商的议价能力和下游购买者的议价能力的分析，以及对行业内战略群体的构成与竞争状况的分析等。特别是产业政策的引导，会极大地改变行业发展环境，既可能使特定的行业衰落，也可能促进行业的发展。例如，2024 年工业和信息化部、国务院国有资产监督管理委员会、中华全国工商业联合会印发的《制造业企业数字化转型实施指南》提及：“推动制造业企业数字化转型是一项系统工程，要以企业发展实际为出发点、以解决企业痛点难点问题为目标、以提升全要素生产率为导向、以场景数字化为切入点，综合考虑技术成熟度、经济可行性、商业模式可持续性，精准识别数字化转型优先领域和重点方向。深化新一代信息技术融合应用，加快产业模式和企业组织形态变革，提升企业核心竞争力，促进形成新质生产力。”

3. 利益相关者分析

这主要分析对企业施加影响或受企业影响的利益相关者，既包括企业内部的股东、管理者和员工，也包括企业外部的供应商、客户、竞争者、社区和政府等。传统的股东利益至上的管理理念，促使企业对利润无止境的追逐，导致社会经济衰退、市场混乱、环境污染、生态失衡以及资源浪费等诸多问题。另外，社会自身机能的失调常常引发贫困与失业、社会不公、人口过度膨胀、地区与城市之间发展不平衡等有碍社会和谐与可持续发展的问题。利益相关者分析引导着公司治理方法的改变，公司治理开始更多地关注利益相关者，不仅调节股东与经理层的关系、大股东与中小股东的关系，而且调节股东和其他利益相关者的关系，如债权人利益的保护、社区利益的保护等。公司治理旨在形成一种制度，以保护各方的利益，提高企业的效率，实现企业利益最大化。企业社会责任是指企业在市场经济条件下有目的、有计划地主动承担对各方面利益相关者的责任，实现企业与社会的和谐与可持续发展。企业应把对社会和环境的高度关注融入企业的正常运营，使可持续发展和企业社会责任成为所有经营活动中不可或缺的组成部分。

此外，还可进行竞争者分析，主要包括竞争者的确定、竞争者的战略目标分析、竞争者的现行战略分析、竞争者的假设及其能力分析等。

外部环境给企业带来一定的机遇和威胁，它是企业发展的外部条件。企业只能在外部环境的变化中求得生存与发展。企业高层管理者进行外部环境分析的目的就是：了解哪些因素会对企业的未来活动产生影响；认清这些因素的性质，积极的因素称为机会，它对企业是有利的，消极的因素称为威胁，它对企业是不利的；决定对这些不同性质的因素采取何种对策。

（二）企业内部环境分析

企业内部环境分析主要包括企业资源、能力和核心竞争力分析，比如财务资源分析、人力资源状况分析、管理能力分析、生产运作分析、市场营销能力分析、企业文化分析以及独特竞争力分析等。对这些方面的因素进行系统的分析，可以了解企业的现状及其优势与不足。

（三）企业内外部环境综合分析

这是指在企业外部和内部环境分析的基础上，运用战略研究的各种方法确定企业所面临的外部环境中的机会与威胁、内部资源中的优势与劣势，为企业的战略方针、目标等战略管理要素的确定提供必要的信息。

战略分析为制定战略提供了基础。此外，很有必要了解企业现行战略和现行目标在方向及发展结果上的一致程度，了解现行战略是否能够应付组织环境变化。现行战略不可能与战略分析所描述的结果完全相符，而不符合程度通常就是战略制定者面临的战略问题。有时对战略的调整程度较小，有时则需要做出大幅度的变动。

二、战略制定

战略制定是基于公司对内外部环境的分析以及自身优势和劣势的权衡而开发长期计划。主要包括：确定企业使命和愿景、确定战略目标、开发战略和制定政策。

（一）确定企业使命和愿景

企业的使命是指企业的基本定位，是企业存在的根本理由和目的，回答的是“我是谁”的问题。使命触及的是人们“做一些有价值的事情”的渴望，并通过企业组织的形式共同去完成单个人无法完成的事情——创造和提供有价值的产品或服务，从而为社会做出贡献。明确的使命为企业确立了一个经营的基本指导思想和方向，为企业战略目标的确定以及战略方案的制定提供了依据。

企业愿景是在汇集全体员工的共同心愿的基础之上，对企业未来美好远景和蓝图的展望，是企业追求的一种理想境界和未来期望达到的一种状态，是对“我要到哪里去”“我们希望成为怎样的企业”的持久性回答和承诺。愿景反映了组织远大的目标和追求，是需要花较长的时间来实现的目标。

确定使命和愿景，不仅可以为企业制定战略和实施战略提供明确的指导方针，为企业内部资源的配置提供基础和标准，而且可以使企业的管理者和员工对企业的现状和未来有明确的认识，从而尽心竭力地为实现企业的使命和愿景做出贡献。当然，企业使命和愿景不可能是一成不变的，只有根据环境的变化不断调整和改进，才能使企业充满活力。

（二）确定战略目标

企业要制定正确的战略，仅仅有企业使命和愿景还不够，还必须把企业使命、愿景与企业经营活动相结合，确定战略目标。战略目标是企业按照企业使命和愿景的要求，依据企业内外条件状况，所确定的对企业发展方向和前途有决定性影响的、企业在战略期内所要取得的成果。战略目标的性质和内容取决于企业的种类和性质、企业战略的类型和性质。因此，企业每次制定战略都要进行战略目标决策。长期目标和短期目标对企业都十分重要，正确地处理企业长期目标和短期目标的关系是每一个企业在制定战略时都必须慎重考虑的问题。

（三）开发战略

企业战略是企业会如何实现其使命和战略目标的综合性总计划，旨在将竞争优势最大化，或者竞争劣势最小化。企业通常需要考虑三个层次的战略（见图 0－2）。

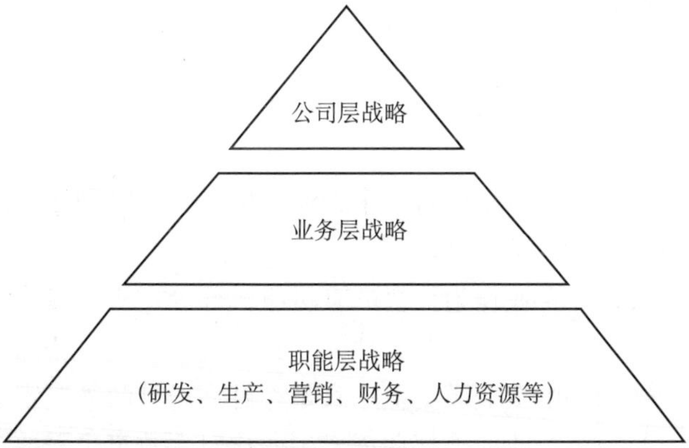

图 0－2　企业战略层次

1. 公司层战略

公司层战略（corporate-level strategy）的研究对象是一个由一些相对独立的业务或单位组合成的企业整体。公司层战略是一个企业的整体战略，是企业最高管理层指导和控制企业一切行为的最高行动纲领。概括地说，公司层战略主要强调两个方面的问题：一是

“我们应该做什么业务”，即确定企业的使命与任务、产品及市场领域；二是“我们怎样去管理这些业务”，即在企业不同的战略单位之间如何分配资源以及采取何种策略等。

2. 业务层战略

业务层战略（business-level strategy）是在公司层战略指导下企业内部各经营业务部门的战略。业务层战略的重点是提升各经营单位所提供的产品和服务在它所从事的行业中或在某一特定的细分市场中的竞争地位，它涉及企业在自己的经营领域中扮演什么角色以及在经营单位内如何分配资源的问题。从企业外部来看，业务层战略的目的是使企业在某一特定的经营领域取得较好的成果；寻求竞争优势；划分消费者群体；使自己的产品区别于竞争对手的产品；实现企业的市场定位；使企业市场经营活动适应环境变化的要求。从企业内部来看，业务层战略是为了对那些影响企业竞争成败的市场因素的变化做出正确的反应，需要协调和统筹安排企业经营中的生产、销售、财务、研究与开发等活动。

3. 职能层战略

职能层战略（functional-level strategy）是为贯彻、实施和支持公司层战略与业务层战略而在企业特定的职能管理领域制定的战略。职能层战略一般可分为营销战略、人力资源战略、财务战略、生产战略、研发战略等。与公司层战略和业务层战略相比，职能层战略更为详细、具体且更具可操作性。实际上，职能层战略是公司层战略、业务层战略与预期战略目标之间的一座桥梁。

在一个企业内部，企业战略的各个层次相互配合、相互联系，各战略层次都构成了其他战略层次得以发挥作用的环境和条件。

（四）制定政策

政策是连接战略制定和战略实施的决策的一般准则，反映了决策层的战略方向，也为执行人员提供了具体、可操作的指引内容。公司通过政策确保全体员工的决策和行动都支持企业的使命、愿景、战略目标和战略。

企业政策的制定受以下因素影响。

（1）政府的管制。如竞争法规、劳动法规、产品标准、会计惯例、工资标准、环境保护等。

（2）竞争对手行为。竞争对手会对一个企业产生影响，特别是在人事政策方面，如员工工资、员工利益以及工作条件等。

（3）社会风俗与文化。企业作为社会的有机组成部分，必然受到社会风俗与文化的直接或间接影响。

（4）企业传统。例如一个企业历史上一直是稳健型，其政策制定必然会受影响。

（5）环境变动。当一个企业内外部环境发生变化时，政策也需要重新评估。

三、战略实施

战略实施是战略管理过程第三阶段的活动。战略制定阶段所确定的战略在这一阶段被转化为具体的组织行动，保障企业实现预定目标。新战略的实施常常要求一个组织在组织结构、经营过程、能力建设、资源配置、企业文化、激励制度、治理机制等方面做出相应的调整和采取相应的行动。

战略实施首先需要解决资源规划问题，即实施一项战略所需要的资源条件：需要承担的关键任务是什么，在经营资源的配置方面需要进行什么样的变化和调整，何时进行调整，由谁来负责等。战略实施还涉及组织结构的调整，即对现行组织进行相应的设计与调整，以实现组织结构与战略的相互匹配。在战略实施中究竟应该采取何种组织结构，取决于企业的具体条件和战略的类型等要素，必须以权变、动态的观点看待战略与组织的匹配问题。

除此之外，新的战略还需要新的管理体系来支撑。一方面也许所有员工都知道战略的重要性，但不知道如何去运作，这就需要具体的实施步骤和操作程序指导所有员工如何去做；另一方面不可能寄希望于所有员工都有实施现行战略的主观能动性，从企业的角度看，必须通过制度优化来保证员工的积极行动与战略的有效实施。

四、战略评估与控制

战略评估与控制是监控公司行动和绩效结果以比较实际绩效与期望绩效的过程。一般来说，战略评估与控制可以划分为四个步骤。

（一）建立业绩标准

评估是为了确保企业战略的有效实施与企业使命和目标的顺利达成，因此业绩标准的制定必须以企业使命与目标为前提。企业目标是战略评价的主要关键点，相应地，对实现目标有重大影响的因素与环节也是应该加以控制的关键点。业绩标准可分为定量标准与定性标准。常用的衡量标准包括销售增长率、投资报酬率、销售额、净利润、市场占有率、产品质量、顾客满意度等。

（二）衡量实际业绩

设定业绩评价的标准是为了衡量战略实施的实际业绩。因此，管理者的主要工作就是根据所确定的评价内容与标准，对企业运作的实际业绩进行测评，从而为战略监控提供最基础的数据。实际业绩的衡量取决于有关信息的准确性与及时性，要求有关部门建立信息档案，推进检查汇报制度，并对战略工作的关键点进行重点评价与监控。

（三）进行差异分析

通过将实际业绩与预定的业绩标准进行比较，对实际业绩进行评估，并判断企业战略管理过程是否存在偏差，找出产生偏差的原因，从而制定相应对策以消除偏差。若无偏差，战略管理过程将照原计划进行；若存在偏差，就需要了解偏差是否在业绩标准容许的偏差范围内。实际情况与目标之间的偏差若大到足以引起注意的程度或超出容许的偏差范围，则需要分析偏差出现的原因，以便为相应措施的出台提供依据。

（四）采取纠偏行动

在深入分析偏差产生的原因的基础上，管理者要根据不同的原因，采取不同的措施。在采取纠偏行动时，找出导致战略实施偏差的责任人是非常重要的，只有明确谁对这些问题负责，才可采取措施，真正消除这些偏差。

战略控制要求企业始终能确保战略方向的正确性，同时强调开放性、全局性，以及稳定性与灵活性的统一。战略控制的开放性指企业战略活动过程必须考虑外部环境的变化与影响；战略控制的全局性指战略控制是对战略实施过程的整体控制，所依据的标准是企业的使命与总体目标；战略控制的稳定性与灵活性的统一指战略控制既要保证战略实施的稳定性，又要对战略变革进行管理，具有适度的灵活性。

五、全书逻辑框架

按照战略管理的过程模型，全书共有 13 章，逻辑框架主要分为五个部分：分析篇、制定篇、实施篇、探索篇和案例分析篇。每个部分涵盖了企业战略管理的不同方面。以下是全书的逻辑框架以及涉及的关键问题：

第一篇分析篇，主要探索企业如何根据自身的愿景，详尽分析内外部环境和要素，为实现良好的战略制定奠定坚实基础。主要包括：

第 1 章　志存高远：企业愿景规划

——如何制定和规划企业的愿景，明确企业的长期目标和愿景？

第 2 章　审时度势：外部分析

——如何对外部环境进行全面分析，了解市场趋势、竞争对手和行业动态？

第 3 章　知己知彼：内部分析

——如何对企业内部资源、能力和优势进行全面评估，识别潜在的竞争优势和短板？

第二篇制定篇，探索企业如何基于资源能力以及利用良好的机会，制定相应的业务战略和公司战略，形成竞争优势。包括：

第 4 章　互争雄长：业务层战略

——如何制定不同业务领域的战略，确保业务的竞争力和可持续发展？

第 5 章　大展宏图：公司层战略

——如何制定整体公司层面的战略，确保企业整体战略目标的实现？

第 6 章　取长补短：并购和重组战略

——如何规划并实施并购战略，拓展企业的业务领域和市场份额？

第 7 章　合纵连横：战略联盟

——如何建立战略联盟，发挥联盟合作伙伴的优势，实现资源共享和优势互补？

第 8 章　享誉四海：全球化战略

——如何制定和实施全球化战略，进军国际市场，扩大企业的全球影响力？

第三篇实施篇，主要关注战略制定后的实施、评估和修正。战略绩效不仅取决于良好的战略制定，还取决于战略的执行以及相应的管理。包括：

第 9 章　知行合一：战略执行与控制

——如何确保制定的战略得到有效执行，控制战略执行的进度和结果？

第 10 章　正理平治：公司治理

——如何建立有效的公司治理机制，保障企业管理层的决策权和监督权的平衡？

第 11 章　高瞻远瞩：战略领导力

——如何培养和发展具有战略视野和领导力的企业领导者，确保战略目标的实现？

第四篇探索篇，主要介绍在新经济环境下企业战略创新发展。新经济的发展，特别是数字化的发展为企业战略创新提供了新的机遇和发展路径。包括：

第 12 章　智能互联：数字化战略

——如何应对数字化时代的挑战，将数字技术融入战略管理，实现数字化转型？

第 13 章　独具匠心：战略创业与创新

——如何鼓励创新和创业精神，推动企业不断创新，开拓新市场和业务领域？

第五篇案例分析篇，以四个综合案例帮助理解中国企业战略的分析、制定、实施、探索等内容。

聚焦中国 0-1

央企聚焦 15 个方向发展战略性新兴产业

国务院国资委部署推进央企产业焕新行动和未来产业启航行动，聚焦新一代移动通信、人工智能、生物技术、新材料等 15 个重点产业领域方向，推动央企加快布局和发展战略性新兴产业。

国务院国资委将立足于国资央企特色，充分发挥连接宏观经济和微观经营主体的独特优势，拿出战略性新兴产业发展的“国资央企解决方案”。央企要全力以赴发展战略性新兴产业，在科学论证基础上尽快形成体系化布局，坚持长期主义、稳定投入，边发展、边突破、边布局，强化与产业链上各类所有制企业的协同合作，做好重大投资、产业并购、技术研发、标准制定等工作，抓紧打造一批具有国际竞争力的战略性新兴产业集群和产业领军企业。

案例分析

树根互联的数字化战略

树根互联技术有限公司（以下简称树根互联）是由三一重工物联网技术及运营核心团队基于自主研发形成的工业互联网大数据平台，以开放的股权结构、互联网化的运作模式全新打造的一家工业互联网公司。它与华为企业云合作，致力于帮助客户实现以最小投入、在最短时间内打通物联网应用最后一公里，为客户提供基于机器或设备的数据分析、故障预测、产品设计、运营支持及商业模式创新等工业互联网领域一站式解决方案，从而实现智慧制造和生产服务。例如，工程机械行业产品和服务同质化日趋严重，工程机械往往在环境复杂的建筑工地作业，设备运营管理的好坏直接影响客户的收入。

而复杂的机械设备对操作及维修保养技术往往要求较高，目前国内外各大厂商仅通过有限的技术人员提供服务，遭遇诸多问题：巡检人员繁忙而无法及时响应、巡检周期长；无法进行售后维护数据采集、售后分析困难；故障排除滞后；等等。面对上述挑战，树根互联依托工业互联网平台，借助全球定位系统（GPS）、地理信息系统（GIS）、无线射频识别（RFID）等技术，配合嵌入式智能终端、车载终端、智能手机等硬件设施，构造设备数据采集与分析机制、智能调度机制、服务订单管理机制、业绩可视化报表。同时，基于工业互联网平台的大数据 PaaS 能力，树根互联可以实现装备工况数据的存储、分析和应用，有效监控和优化工程机械运行工况、运行路径等参数与指标，提前预测预防故障与问题，智能调度内外部服务资源，为客户提供智慧型服务。具体讲，树根互联为生产企业提供了如下数字化服务：

第一，实时数据采集与回传。实时采集各品类设备机器运行的各项参数，如地理位置信息、耗油量信息、设备运行状况信息等，将数据存储，并实时分析。

第二，远程监控、分析、诊断。对设备工况数据，如设备运行轨迹、历史工况、机群管理、设备实时监控等进行分析，解决设备与日常管理运营问题。通过对设备整体或零部件运行状态、异常情况、磨损程度等技术参数的大数据分析，支持客户随时随地对设备进行监控和管理。管理设备作业状况，对设备作业量（总工作时间、油耗、发动机转速等）进行统计，方便客户的工作安排、成本控制。通过获取和分析设备的实时诊断数据，深入了解客户需求，实现用户使用状况与产品生命周期的监控，为客户提供及时的设备非正常状态提醒，预防损失，也为服务工程师维修提供依据。

第三，智能故障诊断。对设备运行数据进行实时采集与处理分析，根据已设定的规则进行非法操作报警、设备异常报警、偏离预定位置报警等，进行故障远程诊断、维护，并与智能服务平台一键智能派工服务相整合。

第四，故障预测。基于大数据存储与分析平台中的数据，通过设备使用数据、工况数据、主机及配件性能数据、配件更换数据等，进行设备故障、服务、配件需求的预测，为主动服务提供技术支撑，延长设备使用寿命，降低故障率。

第五，资产管理。设备锁机/解锁管理：实现系统远程锁机/解锁、多级别的锁机控制、锁机流程管理、锁机历史记录管理等。设备维保管理：实现根据自定义参数制订合理的保养计划并提供精准的保养提醒和记录等。设备档案管理：实现设备图册管理、设备配件管理、操作保养手册管理、设备基础信息管理等。

第六，机群管理。客户对拥有的不同品类设备进行集中管理；已购机用户、有设备需求用户、项目承建方等可以在平台上进行需求管理，用户可以发布设备使用需求，项目承建方可以发布设备需求并以虚拟项目形式对项目中涉及的设备进行机群管理，主动推送相关信息。

资料来源：宋华．数字供应链．北京：中国人民大学出版社，2022.

思考题

1. 树根互联为什么要采用数字化战略？
2. 树根互联实施数字化战略的主要资源和能力有哪些？

本章小结

本章集中讨论了企业战略的基本定义、企业战略的特征，以及企业战略管理的内涵。本章对比分析了国外企业战略管理思想与理论的演变历程以及中国企业战略管理思想与理论的演变历程，从而既能够从国际视角了解企业战略管理的形成、发展以及未来的趋势，又能够结合中国国情，解析中国企业特定的战略管理发展情景、路径和创新要素。最后，本章简要介绍了战略管理的四个步骤，即战略分析、战略制定、战略实施以及战略评估与控制，并且基于此框架，介绍了本书的整体架构。

思考题

1. 什么是企业战略？
2. 企业战略的特征有哪些？
3. 企业战略有哪几个层次？这几个层次之间的关系怎样？
4. 简述企业战略管理思想与理论的演变历程。

参考文献

[1] Burt R S. Structural Holes. Cambridge：Harvard University Press，1995.

[2] Chandler A D. Strategy and Structure：Chapters in the History of American Industrial Enterprise. Cambridge：MIT Press，1962.

[3] Gulati R，Nohria N，Zaheer A. Strategic Networks. Strategic Management Journal，2000，21 (3)：203－215.

[4] Ansoff H I. Corporate Strategy. New York：McGraw-Hill，1965.

[5] Jarillo J C. On Strategic Networks. Strategic Management Journal，1988，9 (1)：31－41.

[6] Nohria N，Eccles R G. Networks and Organizations：Structure，Form and Action. Boston：Harvard Business School Press，1992.

[7] 明茨伯格，阿尔斯特兰德，兰佩尔．战略历程：原书第 2 版．北京：机械工业出版社，2012.

[8] 惠伦，亨格．战略管理与企业政策：第 8 版．北京：清华大学出版社，2005.

[9] 科利斯，蒙哥马利．公司战略：基于资源论的观点．北京：机械工业出版社，2006.

[10] 欧文·拉兹洛，克里斯托弗·拉兹洛．管理的新思维：第三代管理思想．北京：社会科学文献出版社，2001.

[11] 达夫特．组织理论与设计精要．北京：机械工业出版社，1999.

[12] 穆尔．竞争的衰亡：商业生态系统时代的领导与战略．北京：北京出版社，1999.

[13] 谢洪明，刘跃所．战略网络、战略生态与企业的战略行为．科学管理研究，2005 (1)：33－36

［14］徐二明，李维光．中国企业战略管理四十年（1978—2018）：回顾、总结与展望．经济与管理研究，2018（9）：3－16.

［15］颜光华，刘震宇．中国古代管理思想与现代企业战略管理．华东理工大学学报（社会科学版），2003（3）：42－45.

［16］吴晓波，李思涵．中国企业从“二次创新”到“原始创新”的超越追赶之路．清华管理评论，2020（Z2）：119－127.

第一篇

分析篇

第1章

志存高远：企业愿景规划

凡事豫则立，不豫则废。

——《礼记·中庸》

事前反复研究，慎之又慎；一旦做出决策，必须坚决执行，不容含糊。

——张瑞敏

学习目标

- 掌握使命的定义和基本特征，了解提炼使命需要关注的方面
- 掌握愿景的定义和特征，熟悉愿景表述的四种常见类型
- 掌握战略目标的定义、战略目标的展开，了解如何测量战略目标

引导案例

三联保卫战

生活·读书·新知三联书店（简称三联书店）是一家历史悠久的出版社，它的前身是邹韬奋、胡愈之、徐伯昕、李公朴、艾思奇、钱俊瑞等人在上海创办的三家出版发行机构（生活书店、读书出版社和新知书店）。1948年，三家机构在香港合并而成生活·读书·新知三联书店。1951年，三联书店并入人民出版社。1986年，三联书店恢复独立建制，成为国家出版局直属的综合性出版社。三联书店以出版高品位的人文社科著作为独特的文化品牌，受到读者的信赖。

20世纪80年代以来，出版界面临着巨大的市场诱惑，但三联人坚持初衷，始终保持其图书的品位和特色，同时在开拓市场方面做了积极的探索，成立了三联读者俱乐

部，创办了《三联生活周刊》《爱乐》等杂志。然而，自2003年底以后，三联书店的运营出现了与“三联传统”不协调之处。

2004年3月，三联书店一号两刊的违规操作被公开。三联书店主要负责人的违规操作行为引起了公愤，并引发了中国文化界一场长达半年的轰轰烈烈的“三联保卫战”。14位三联书店员工在互联网上发布了致全体三联人的公开信，表达了他们对三联书店现状及前景的担忧。4月，三联书店针对主要负责人的问题开了多次社委会专题会议。绝大多数委员坚决反对主要负责人推行的以教材教辅、地图和小说为主的“新三联”路线，认为这种做法给三联书店的品牌、形象带来了“严重的负面影响”。

4月底，中国42家民营书店联名递呈了“致北京三联书店暨中国出版集团的公开信”。公开信写道：“近期各界盛传‘内争’情状，主要为政者取财无道、任人唯亲、嫉贤妒能、恣意妄为，使三联七十余年之基业，有堕隳之虞，宇内一片哗然，我等亦深感痛切。我辈虽以贾书为业，然亦颇以传播文化为己任，私意与三联休戚一体，唇亡齿寒，敢不直言以告?”这是中国民营书店第一次联合起来，对一家国有出版社的负责人说“不”。

杨绛、季羡林等作家和学者知道三联书店的困境后，在很短的时间里不约而同地写回忆老三联的文章，以另一种方式表达他们的焦虑和期待，引起了很大反响。杨绛回忆老三联时说：“我和钱钟书把书交三联出版，是因为三联是我们熟悉的老书店，品牌好。三联有它的特色：不官不商，有书香。我们喜爱这点特色。”

三联书店的主管部门——中国出版集团对三联书店的问题进行了广泛调查。2004年9月，尘埃落定，主要负责人汪某被调离三联书店。

资料来源：焦叔斌．三联书店与南方科技大学．中国人民大学商学院案例库，2017.

在不断变化的经营环境中，为了持续健康地发展，企业必须进行变革，但并不是所有的变革都会带来积极的效果。相反，如果贸然改变企业应该长期坚持和保持稳定的因素，或者变革的方式不当，就有可能将企业引入失败的泥潭。从三联书店的案例中我们发现，作为一家具有悠久历史和光荣传统的出版机构，三联书店始终秉承“竭诚为读者服务”的宗旨，恪守“人文精神，思想智慧”的理念，用“一流、新锐”的标准出版人文社科领域的图书，在知识界和广大读者中享有盛誉，被誉为“中国知识分子的精神家园”。虽然市场的变化使得一贯坚持自己的定位和品位的三联书店面临经营困境，但这并不意味着一切面向市场的变革和调整都是适宜的。当三联书店经过长期积淀形成的定位和文化特质，即杨绛先生所说的“不官不商，有书香”被商业化的举措所侵害时，不仅三联书店自己的员工，甚至读者和经销商都站出来试图保卫他们心目中的三联书店，希望三联书店能够保持其弥足珍贵的文化特质和独特定位。

真正优秀的企业知道哪些因素应该保持不变，哪些因素可以灵活改变，尽管它们的经营战略和运营活动总是不断地调整以适应变化的世界，但是它们都保持着稳定的使命、愿景和价值观等。这种在不断发展的过程中保持其核心要素不变的能力，是其成为精英企业的原因。

创立于1669年（清康熙八年）的同仁堂，自1723年（清雍正元年）为清廷提供御药，历经八代皇帝，长达 188 年。1949 年中华人民共和国成立，饱经沧桑的同仁堂获得了新生。1992 年，中国北京同仁堂（集团）公司组建成立，并于 2001 年改制为国有独资公司。在 300 多年的发展历程中，同仁堂始终坚持"同修仁德，济世养生"的初心，坚持"全心全意为人民健康服务"的宗旨，将"修合无人见，存心有天知""炮制虽繁必不敢省人工，品味虽贵必不敢减物力""但愿世间人无病，哪怕架上药生尘"等古训内化为企业行为准则，造就了同仁堂"配方独特、选料上乘、工艺精湛、疗效显著"的制药特色，奠定了同仁堂质量和诚信文化的根基。

优秀的企业都是相似的，它们往往具备共同的特质。哈佛商学院的一项持续六年的研究表明，那些能够持续成功的公司都具备在"稳定"和"变革"之间进行协调的不可多得的能力，这种能力与企业愿景规划密切相关。企业愿景规划是指企业在应该保留什么、应该发展什么方面的谋划，涉及使命、愿景、战略目标等与企业长期发展相关的主题。

第 1 节　使　命

一、什么是使命

使命是一个组织的基本定位，是组织存在的根本原因，回答的是"我是谁"的问题。比如，薪火相传悠悠百年的北京稻香村始终坚持"承中华智慧，融现代精神，弘扬中国食品文化，为社会创造价值"的企业使命，没有把赚钱作为企业存在的根本原因。关于这一点，惠普公司创始人之一戴维·帕卡德在 1960 年就给出了明确的回答。他在给员工做的演讲中指出：使命触及的是一种赚钱之外的、组织存在的更深层的理由。这种更深层的理由源自人们内心中"做一些有价值的事情"的渴望。当人们无法通过个人力量来满足这些渴望时就会联合起来，以组织的形式来满足这些渴望。从这个角度来说，组织存在的根本原因不是赚钱，而是完成单个人无法完成的事情——创造一种产品、提供一种服务，从而为社会做出贡献。

当然，这不是说利润不重要，利润对于每个企业都是非常重要的，但是对于那些真正优秀的企业来说，利润不是目的。吉姆·柯林斯在《基业长青》一书中说："利润就像人体需要的氧气、食物、水和血液一样，这些东西不是生命的目的。但是没有它们，就没有生命。"因此，正如生命的意义不会是氧气、食物、水和血液一样，组织存在的根本原因也绝不是利润本身，利润只是组织存在的必要条件，也是组织经营的结果。

任何组织都有使命，比如大学的使命是培养人才，医院的使命是救死扶伤。使命界定了一个组织现在和未来在做什么以及不做什么方面所做的选择，同时也是组织对社会的公开承诺。明确的使命能够为组织的战略决策乃至日常的运营决策提供指南，也能够吸引有共同使命感的人才进入组织，从而将组织凝聚成一个整体。相反，缺乏明确使命的企业看似无所不能、无所不为，在长期的发展中，却会因不能聚焦而使业务变得散乱，无法培养出核心竞争力，也无法在竞争中取胜，甚至会分崩离析。

由此，我们可以认识到使命的重要性。但是，组织的领导者不一定对自己的使命有清晰的认识。很多创业者都是机会驱动型的领导者，在创业之初对于“我是谁”“我为什么存在”等根本问题没有认真的思考或者清晰的认识。这种状况在其商业探索的早期可能不会产生太大的影响，但是随着业务的开展，对这些根本问题必须给予足够的关注。一项研究表明，创业叙事是创业者获得外部资源的关键机制。所谓创业叙事就是有关创业者及其创业企业的故事，它并不是简单地讲事实，而是以有诉求的方式编排和表述事实。创业叙事包含三个递进式的问题：我们是谁？我们要到哪里去？我们如何去？这三个问题恰恰回答的就是使命、愿景以及战略的问题。这也说明了在创业之初就明确以上根本问题的重要性。

当然，在商界也有很多高瞻远瞩的领导者，他们很早就对自己的使命有清晰的认识，在条件不充分的情况下，发挥企业家精神，通过艰苦卓绝的努力向着自己的理想进发。比如吉利的创始人李书福，很早就有“造中国的高级轿车”的梦想。为了实现这个梦想，李书福一路摸爬滚打。他先在冰箱行业赚了第一桶金，但之后在海南的房地产大潮中栽了跟头，后来进入摩托车领域，取得初步的成功。凭借在摩托车领域积累的资源和能力，1997 年吉利正式进入汽车领域，但是由于条件所限，只能从低端汽车入手。一直到 2010 年，吉利集团收购了有“全球最安全汽车”美誉的沃尔沃，李书福才看到了梦想照进现实的曙光。可以说，是清晰的使命驱动着吉利集团不断地变革和创新，逐步从名不见经传的地方民营企业成长为国际知名企业，也逐步扭转了其服务于低端市场的企业形象。

二、使命的基本特征

为了更准确地理解使命，我们需要进一步挖掘其基本特征。研究发现，使命具备以下三个基本特征。

（一）使命是一种永远的追求，指引着企业前进的方向

使命是对组织经久不衰的特征的界定，它超越了产品生命周期、技术突破、管理时尚。使命与企业具体的目标或者战略不同，你可以达到目标或者实现战略，但是往往不可能完全实现使命。使命是企业永远的追求，像北斗星一样指引着企业前进。

以小米公司为例，创立于 2010 年 4 月的小米是一家以智能手机、智能硬件和物联网平台为核心的消费电子及智能制造公司。在成立之初，雷军和他的创始人团队就有一个宏大的理想：改变商业世界中普遍低下的运作效率。小米致力于推动一场深刻的商业效率革命：把每一份精力都专心投入做好产品，让用户付出的每一分钱都足有所值。在此基础上，小米公司将使命界定为“始终坚持做感动人心、价格厚道的好产品，让全球每个人都能享受科技带来的美好生活”。创业仅 7 年时间，小米的年收入就突破了千亿元。2018 年，小米的业务遍及全球 80 多个国家和地区，并在港交所上市。2019 年，小米登榜世界 500 强，排在第 468 位，成为最年轻的《财富》世界 500 强公司。

（二）使命本身不变化，但它激励着变化

随着环境条件的变化，企业不可能用同样的产品、战略、运营方式等完成使命指引它要做的事情。正如旅途上的跋涉者，会遇到风霜雨雪、山川河流，只有不断地调整以适应环境的变化，才能确保自己一直沿着北斗星指引的方向前行。所以，从这个角度来看，使命本身不变化这一事实，恰恰意味着企业不可能停止变革和发展。

以阿里巴巴为例，创立于 1999 年的阿里巴巴于 2014 年 9 月 19 日正式在美国纽约证券交易所挂牌交易。在招股说明书中，创始人马云向公众系统地阐释了阿里巴巴的使命、愿景、商业模式以及治理结构等关乎企业大政方针的议题。马云说，阿里巴巴是一家真正践行使命的公司，15 年来，阿里巴巴坚守“让天下没有难做的生意”这一使命，帮助中小企业解决生存、成长和发展的问题。在使命的指引下，阿里巴巴创建了 1688、淘宝网、天猫等多个电商平台；推出支付宝，为买卖双方提供对交易资金的第三方担保；开展金融服务，为个人消费者和中小企业提供贷款；建立独立的征信系统——芝麻信用，帮助全社会解决信用和信任问题；等等。可以想见，未来阿里巴巴还将不断推出新的业务，实现新的目标，“让天下没有难做的生意”这一使命将一直激励阿里巴巴不断创新、持续发展。

（三）使命是人们在组织中工作的理想动力

根据马斯洛的需要层次理论，每个人内心都有自我实现的需要。而这种自我实现的需要就是对做有价值的事情的渴望，这种渴望是组织力量的源泉。组织中拥有强烈的自我实现需要的员工越多，组织就越有力量。当自我实现的需要得到满足时，员工内在的满足感最强。所以，激发员工自我实现的需要的举措是最好的激励方式，而使命恰恰就扮演了这个角色。

使命是企业的自我定位，界定了企业将为社会创造何种价值，也是企业对将要为社会做出何种贡献的承诺。这一承诺是企业中有共同理想的员工共同做出的，朝着这个方向所做的每一次努力都是员工在自我实现的路上迈出的坚实一步，具有激动人心和引以为豪的特质，能够激励员工持续地努力，为组织和社会做出贡献。因此，使命是人们在组织中工作的理想动力。

三、提炼使命需要关注的方面

明确的使命将对企业的战略决策甚至日常的运营决策起到指导作用，也有利于将组织凝聚成一个整体，所以采用有组织的、适当的方式提炼出企业使命是非常重要的。提炼企业使命时可以采用全员讨论或者核心小组讨论的方式，也可以二者结合，目的是通过抽丝剥茧的方式把蕴含在企业深处的核心理念提炼出来。但是在提炼过程中要注意以下三个方面的内容。

（一）提炼使命时应该发挥创造力

必须要明确的一点是，企业的使命从创立之初就蕴含在企业中，通常会随着企业的

发展而发展，它如同基因一样决定了企业的独特性。因此，提炼企业的使命不是通过观察外部环境，而是通过反观内部文化来进行。在提问的时候，不要问“我们应该拥有什么与众不同的使命”，而应该问“我们真正充满激情地想要做的事情是什么”。也就是说，提炼使命时需要做的事情是“发现”，而不是“创造”。

（二）应该通过使命提炼彰显差异性

提炼使命的目的不是让外部人员对使命过目不忘，而是激励内部人员。只要能够激发内部人员的积极性，吸引并留住和企业理念一致的人，就达到目的了。因此，我们经常会发现不同企业的使命会有相同之处。比如惠普和索尼都强调为大众做出技术贡献，因为这是对其公司员工有意义、有激励作用的表述，能够激发员工的激情。所以，尽管表述类似，但并不妨碍这两家公司都有很好的使命陈述。当然，尽管都强调技术贡献，但惠普和索尼的业务领域还是有很大的差异，这是由它们选择的目标市场以及擅长的领域不同决定的。

（三）应该从产品或服务的角度来界定使命

使命界定的是一个企业经久不衰的特征，是企业应保持长期稳定的因素，而产品或服务则会随着市场、环境、顾客等因素的变化而快速调整。所以，如果从产品或服务的角度来界定使命，企业的视野就会受到限制，很难做到高瞻远瞩。历史上很多有实力的铁路公司最后失败了，就是因为它们将自己的视野局限于铁轨，在陆路以及水路交通快速发展的情况下，执着于原有的业务领域而丧失了发展机会。放眼望去这样的例子在各个行业都不鲜见。

聚焦中国 1-1

中国知名企业的使命陈述

中国宝武钢铁集团：共建产业生态圈，共创绿色新未来。

阿里巴巴：让天下没有难做的生意。

吉利：让世界充满吉利。

第2节　愿　景

一、什么是愿景

愿景是组织未来期望达到的一种状态，是组织对“我要到哪里去”这一问题的思考。愿景反映了组织远大的目标和追求，是需要花10年、20年甚至更长时间来实现的目标。通常，这一目标不是枯燥的数字，而是具有生动的、可视化的特征。具体来说，好的愿景应该包括以下两个部分。

（一）10～30 年的大胆的目标

这种目标常被称为“BHAG”，即宏伟、艰难而大胆的目标（big，hairy，audacious goals）。为什么愿景应当设置大胆的目标，而不是现实的目标呢？首先，愿景是为了企业长远的未来而设置的目标，不应该基于现有的经营能力和现有的环境条件来设置。从长远来看，人们通常会低估未来的变化，所以需要在设置目标的时候大胆一些。其次，愿景应该具有吸引力，让人们感觉到激动人心，愿意为之付出持久的努力。不应该设置“蹦一蹦就够得着”的现实的目标，因为现实的目标无法激发员工的潜力，也不能成为员工努力的动力。

（二）生动形象的描述

除了大胆的目标之外，愿景还应该包括生动形象的描述，即用一种形象生动、引人入胜和具体明确的描述来说明实现 BHAG 之后的图景。这样的图景非常重要，因为它把大胆的目标变成人们头脑中生动形象的画面，从而让员工易于理解，也更能够打动和吸引他们。著名的美国黑人民权领袖马丁·路德·金在演讲中非常善于用生动形象的描述来激励民众。在题为《我有一个梦想》的演讲中，马丁·路德·金没有采用逻辑论证的方式说明为黑人争取民权的正当性，而是用一连串的排比句描绘了黑人得到公平对待后的美好图景，在听众中引起了广泛共鸣，也吸引了大批民众支持和参与他所领导的运动。

二、愿景的特征

愿景应具备以下几个特征。

（一）愿景应当具有高度的想象力并给人以巨大的鼓励

确立愿景需要领导者具有远见卓识，给人们指明奋斗的目标和前景。在这种情况下，组织实现愿景的过程如同攀登一座高山，虽然很有挑战性，但是由于人们知道登顶后会看到什么，因此能够为了实现目标而付出持久的努力。所以，判断愿景好坏的重要标准是：愿景是否能够让企业员工感到激情澎湃？愿景是否能让他们坚信自己通过努力能美梦成真？愿景是否能够在组织中获得广泛的认可，并且有持久的推动力？总之，生动的愿景本身应该非常激动人心，能够持续不断地激励组织。

（二）愿景的提出是一个创造性的过程

与使命不同，愿景是经过 10～30 年的努力可以实现的目标，是面向未来的。因此，这一目标需要从超越企业现有资源和能力、超越现有市场环境的角度来确定，它不是一个内省的过程，而是面向未来大胆设想的过程。这样提出来的愿景并无对错之分，只要能够起到持续激励的作用，它就是一个好的愿景。

（三）制定愿景需要有一点儿“不切实际”的胆量

BHAG 能够激发人们的潜能。20 世纪 50 年代，索尼还是一个很小的而且资金严重匮乏的公司，但是它宣称其致力于“改变日本产品在世界上的劣质形象”。这在当时看起来是非常不自量力的，索尼自己也知道实现这个目标的难度，于是决定用 50 年的时间来完成这项任务。经过艰苦卓绝的努力，仅仅 20 年后索尼就实现了这一目标。

（四）一个愿景变为现实后要及时地转向下一个愿景

我们可以把愿景视为一座要攀登的高山，一旦登上顶峰之后，就应该向另一座山峰进军，切莫犯“我们成功了”综合征，认为可以躺在成功的温室里休息。这种自满的状态会使组织失去前进的动力，从而在竞争中丧失优势地位。所以，企业领导者在一个愿景变为现实之后应该提出新的激动人心的愿景，引导和激励人们在愿景的指引下继续攀登，持续做出自己的贡献。

三、愿景的表述类型

愿景通常有四种表述类型，企业可以根据自己的情况选择适宜的类型。

（一）目标型

这种类型的愿景既可以是定量的表述，也可以是定性的表述。比如 20 世纪初福特汽车公司提出了“使汽车大众化”的愿景；20 世纪 50 年代波音公司提出了“在民用飞机领域成为举足轻重者，并把世界带入喷气式时代”的愿景；2017 年华为公司提出“把数字世界带入每个人、每个家庭、每个组织，构建万物互联的智能世界”的新愿景；小米公司的愿景是“和用户交朋友，做用户心中最酷的公司”。以上例子都是定性表述的目标型愿景，也是最常见的一种类型。定量的表述则会有具体的数字目标。

（二）共同敌人型

这种类型的愿景容易激发组织的斗志，比如菲利普・莫里斯公司在 20 世纪 50 年代提出“击败 RJR，成为全球烟草公司中排名第一的公司”；耐克公司在 20 世纪 60 年代提出“击败阿迪达斯”；本田公司在 20 世纪 70 年代提出“我们将打败雅马哈”。这样的表述都是将本行业最强大的竞争对手设定为敌人，以此激发全体员工的斗志。

（三）角色榜样型

这种类型的愿景适合蒸蒸日上的组织，如斯坦福大学在 20 世纪 40 年代提出要“做西部的哈佛”。这种愿景用榜样来展示企业未来打算成为的样子，具有生动和鲜明的特质，容易激发员工的积极性。

（四）内部转型型

这种类型的愿景适合已经创立但需要转型的大型组织。比如通用电气在 20 世纪 80 年代时因官僚主义严重而步履维艰，1981 年杰克・韦尔奇临危受命，决定大刀阔斧地改造这家濒临破产的企业。为此，杰克・韦尔奇提出了如下愿景："在我们所服务的每一个市场中名列前茅。通过企业变革，使我们不但拥有大型公司的实力，还具有小型企业的灵活性。"为此，杰克・韦尔奇提出了"数一数二"战略，并采取群策群力等措施努力在通用电气内部推动转型，打造具有"街头杂货铺式温馨气氛"的大型企业集团。

聚焦中国 1-2

中国知名企业的愿景表述

京东：成为全球最值得信赖的企业。

万科：以人民的美好生活为己任、以高质量发展领先领跑，做伟大新时代的好企业。

美的：科技尽善，生活尽美。

方太：成为一家伟大的企业。

第 3 节　战略目标

彼得・德鲁克在其《管理的实践》一书中指出：任何一个绩效和结果对企业的生存和兴旺有着直接和举足轻重影响的领域都需要目标。如果一个领域没有目标，这个领域的工作就会被忽视。这一原则同样适用于使命和愿景。使命和愿景如果只是写在纸上，就不会给组织带来积极的变化。组织要把明日的理想化为今日的行动，就必须有一套系统的方法论，将其纳入组织的目标体系之中并付诸实施。为此，德鲁克提出了"目标管理"这一综合管理方法，指出管理者应在组织使命和愿景的指导下确定战略目标，并对其进行有效分解，使其转变为各个部门乃至每个人的分目标。在此基础上，根据分目标的完成情况对下级进行考核、评价和奖惩。

组织的目标体系可以看成由自上而下的多个层次的目标所构成的等级结构，如图 1-1 所示。处于顶层的是组织的使命和愿景，这是战略目标制定的出发点。然后是分领域目标，通常包括财务目标和战略目标。之下是分系统目标，即组织的各个分系统如事业部、子公司的目标。再下是分部门目标，即各分系统所属的各部门的目标。最后是组织成员的个人目标。相邻两层目标之间构成了一种目标-手段的关系，下一层次的目标是上一层次目标得以实现的手段。

除了呈现自上而下的等级结构的特点之外，组织的目标体系还具有时间维度，即可分为长期目标和短期目标。长期目标通常是 3～5 年的规划，促使管理者思考如何使组织在

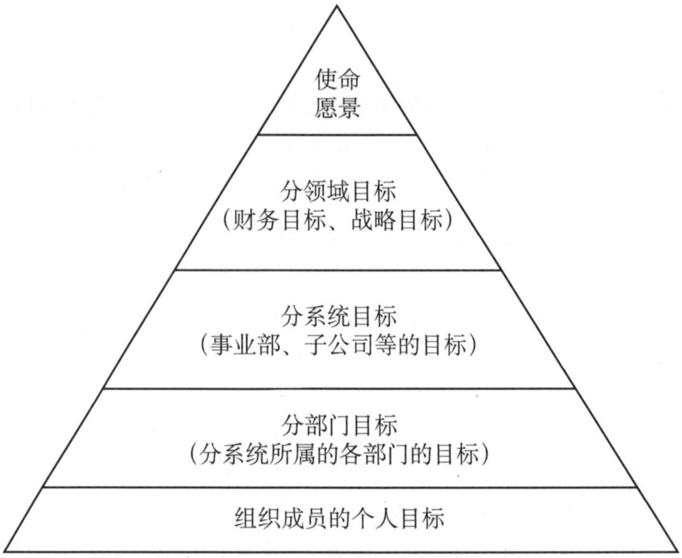

图 1-1　组织目标体系的等级结构

未来的发展过程中表现得更好；短期目标通常是季度或年度的规划，主要关注在当前这一时期如何提升绩效并满足股东期望。组织的长期目标和短期目标之间只有形成相互协调的整体关系，才能使组织的活动取得成效。如果必须要在长期目标和短期目标中进行取舍，长期目标应该优先，除非在特定情况下实现某个或某些短期目标具有独特的重要性。

一、什么是战略目标

组织中通常有两种不同类型的目标：一种是和财务绩效相关联的目标，称为财务目标（financial objectives），传达了管理者对于财务绩效的期望；另一种是和战略绩效相关联的目标，称为战略目标（strategic objectives），反映了组织对市场地位和竞争地位的期望。需要明确的是，组织设立的财务目标和战略目标都应该包括短期和长期的绩效目标。表 1-1 展示了常见的财务目标和战略目标的示例。

表 1-1　财务目标和战略目标的示例

财务目标	战略目标
年收益率增长率	达到一定的市场份额
年税后利润增长率	比竞争对手的总成本低
年每股收益增长率	在产品性能、质量或顾客服务方面战胜关键的竞争对手
年度分红增长率	新产品销售的收益占总销售额的比例
利润率增长率	技术能力比竞争对手强大
资产回报率或净资产收益率增长率	产品线比竞争对手广泛
充足的内部现金流	销售及分销能力比竞争对手强大
提高债券及信贷评级水平	领先于竞争对手向市场推出新的或改进的产品

资料来源：汤普森，彼得拉夫，甘布尔，等．战略管理：概念与案例：原书第 19 版．北京：机械工业出版社，2015.

具体来说，战略目标是指与能够增强和巩固企业总体市场地位和竞争优势的成果相关的目标，包括获得更大的市场份额，在产品质量、顾客服务或产品创新方面压倒竞争对手，使整体成本低于竞争对手，提高公司在市场上的声誉，建立技术上的领导地位，获得持久的竞争优势，抓住成长机会，等等。

二、战略目标的类型

由于不同行业和不同组织各有特点，战略目标的类型会有所差异，但设定目标的某些考虑因素却是广泛适用的。为了制定出适当的战略目标，组织通常必须考虑以下七个领域：

（一）产品或服务的绩效

这一领域的目标是与产品或服务的特征相联系的，它决定了组织对顾客的需要做出反应的方式，如产品的质量、服务的及时性等。这些产品或服务特征直接影响产品或服务的销路，在很大程度上决定着组织的销售收入。

（二）竞争地位

衡量组织成功与否的一个标准是它在市场中的竞争地位，因此竞争地位已成为战略目标的重要组成部分。与其他目标不同，竞争地位目标是根据竞争情况来设定的。例如：与前五名竞争者的产品相比较，我们的所有产品在推出一年内都要成为“同业之最”。在全球化的市场条件下，竞争地位方面的目标是动态的“靶子”，不断地快速移动，这要求组织在设定目标时要用动态的观点，密切关注竞争对手并不断调整目标。

（三）顾客满意与忠诚

确立具体的顾客满意方面的目标有助于组织持续关注顾客。但是，这类目标的设立要求组织准确把握当前的顾客满意/不满意水平，并且知道哪些因素对顾客满意有影响。此外，组织还要明确顾客最重要的需要是什么，从而可以通过调整战略和实施方案更有效地满足顾客需要。除了设立顾客满意的目标之外，组织还需要设立顾客忠诚的目标。顾客忠诚表现为顾客对一个特定供应商的产品的反复购买行为。忠诚的顾客维护成本低，可以为组织持续带来收益，因此应当设定目标并对实现情况进行持续跟踪。

（四）业务过程绩效

业务过程绩效的目标与跨职能的过程（process）绩效相关，例如，新产品研发、供应链管理、信息技术等组织过程都是跨职能的。这类目标通常与运营效率直接相关，如生产效率的提高、运转周期的缩短、运营成本的下降等。这些业务过程通常也是组织中的关键过程，在很大程度上决定了整个组织的绩效。比如，良好的业务流程能够保证顾客的需要得到迅速有效的满足，而顾客满意则会带来财务收益和市场地位的提高等综合绩效的改善。

（五）创新能力

德鲁克将组织中的创新分成三种类型：产品和服务的创新、市场与消费者行为及价值的创新以及各种技能和活动的创新。这三种创新分别称为产品创新、社会创新和管理创新。为了持续提升创新能力，组织需要设立创新方面的战略目标。需要明确的是，创新能力的目标通常很难像产品或者市场地位目标那样清晰、明确，但也需要具体并且可测量，例如，开发实现竞争地位目标所需的新产品或新服务。

（六）学习与成长

平衡计分卡的提出者卡普兰和诺顿认为，为了持续满足顾客的需求，组织除了要关注财务表现之外，还必须重视非财务方面的组织运作能力，如产品创新、客户关系、内部流程以及学习与成长。其中的学习与成长层面确立了企业实现长期成长和业绩改善所需的基础框架，包括人力资源、信息系统和组织程序三个要素。通过对这三个要素的分析，组织能够发现其实际能力和取得突破性业绩所需能力之间的差距。为此，组织需要在这三个方面设定目标，并持续投资于人力资源能力的提升、信息技术和系统的优化以及组织程序的完善。

（七）社会责任

任何组织都不是存在于真空中的，而是存在于特定的社会和经济环境之中。因此，从长远发展的角度看，组织必须考虑自身经营对社会的影响，承担起对顾客以及社会的责任。事实上，很多公司都在试图超越法律法规的要求，为自己树立一种负责任的社会形象。如设立慈善和教育方面的目标，参与社区福利和城市振兴等方面的工作。

三、战略目标的展开

组织战略目标需要分解到短期目标上，并体现在组织的年度经营计划当中，最终落实到实现目标的行动和资源上，这一系统化的过程被称为组织的战略计划活动。战略计划活动是明确实现战略目标的途径的一种系统化的方法。一旦一个组织确定了战略目标，有效的战略计划活动就能够帮助其制订出年度经营计划，包括必要的年度目标，还有实现目标所需要的资源及行动方案。图 1－2 是典型的战略计划活动的过程。

如图 1－2 所示，确定组织的使命和愿景是战略计划活动的起点，使命为组织确定了基本定位和发展方向，愿景为组织设定了远大的目标。为了确保使命和愿景的实现，就要把它转化为明确的、可测量的战略目标。在此基础上通过内外部分析，确定实现目标的路径，即战略。组织通常会选择少数几个关键战略来支撑使命、愿景和战略目标的实现。战略制定后就涉及战略实施活动，需要落实到具体的部门、资源和行动计划上。

由此可见，战略目标在战略计划活动中扮演着重要的角色。为了确保战略目标的实现，组织需要进行战略目标的展开。这里的展开意味着将目标分解为子目标并将之分配

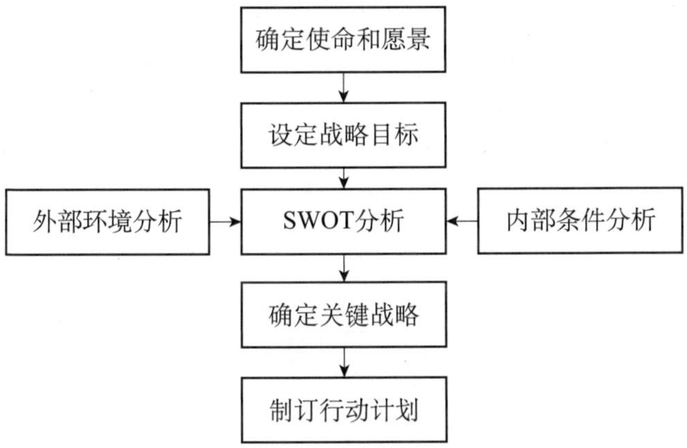

图 1－2　典型的战略计划活动的过程

到较低层次上去。在展开时必须注意这样一些细节：实现这些目标需要采取哪些行动？谁来采取这些行动？需要哪些资源？如何确保日程安排合理并进行关键点的控制？通过以上分解，战略目标最终会分配给跨职能的团队、职能部门以及个人，如图 1－3 所示。需要注意的是，战略目标的分解要达到两个重要目的：第一，能够明确要采取的具体行动；第二，委派了完成上述行动的具体责任人。

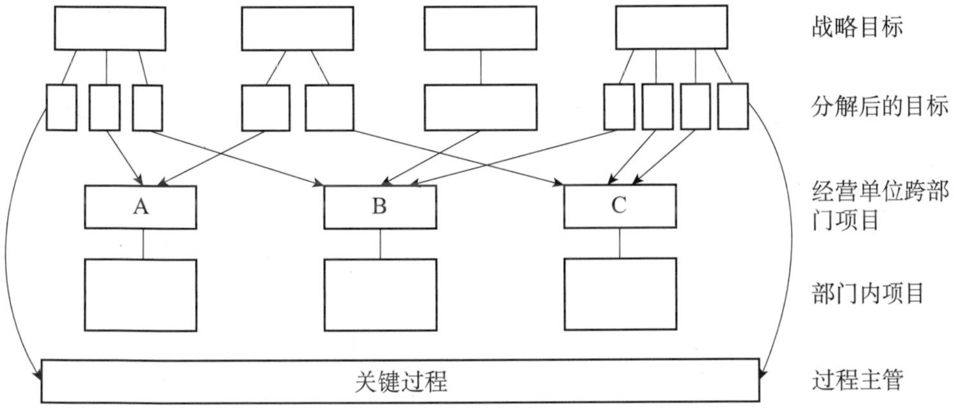

图 1－3　战略目标展开示意图

资料来源：朱兰，戈弗雷，霍格斯图尔，等．朱兰质量手册：第 5 版．北京：中国人民大学出版社，2003.

四、战略目标的测量

一旦确定了战略目标并进行了分解，组织就需要建立关键的绩效测量指标，从而对照战略计划来监测进展，而且绩效的测量必须以一种有组织的方式进行。好的绩效测量系统需要具备以下特性：

第一，测量指标与组织的战略目标、愿景和使命有着紧密的联系；

第二，测量指标包含对顾客的考虑，即测量指标应关注组织内外部顾客的需要；

第三，关键过程中的少数关键指标的测量方便、及时，可满足管理决策的需要；

第四，能够识别浪费行为和不良质量成本。

比如，对于新产品开发方面的战略目标，组织可以采用成功投放市场的产品数量或比率、新产品开发活动的投资回报率、开发一种产品的成本与它所替代的产品的成本比较、新产品带来的收益所占百分比、产品按时投放市场的百分比等指标来测量。对于生产运营方面的战略目标，则可以通过库存周转天数、按时交货百分比、一次通过率、不良质量成本等指标来测量。

案例分析

雷军的梦想

2014 年，在硝烟弥漫的智能手机竞技场上，小米手机以 6 080 万台的销量和 14.97%的市场份额超越了世界著名品牌三星和苹果，也超越了中国企业华为和中兴，成为中国市场智能手机的王者，而此时的小米还只是一家成立四年的中国民营企业。2017 年小米进入了第二个高速增长阶段，营收突破 1 000 亿元。2019 年小米营收突破 2 000 亿元，成为最年轻的《财富》世界 500 强企业，排在第 468 位。2020 年、2021 年、2022 年，小米在《财富》世界 500 强的排名持续提升，分别为第 422 位、第 338 位和第 266 位，成为排名上升最快的中国科技公司。

雷军其人

雷军，1969 年出生于湖北仙桃，18 岁考入武汉大学计算机系。大四和同学创办三色公司，出产金山汉卡，后被盗版，半年后公司解散。这是雷军的第一次创业，以失败告终。大学毕业后雷军只身闯荡北京，加入金山软件，不久出任北京金山软件总经理，1998 年升任金山软件首席执行官（CEO），时年 29 岁。2003 年，金山软件落在了所在领域的后面。2007 年底，雷军辞去 CEO 职务，成为天使投资人，开始从大势出发，从更大的视角来观察和思考互联网，并在移动互联网、电商、社交等多个领域投出多个业界知名的案例：拉卡拉、凡客诚品、YY、乐淘等。在这次创业过程中，雷军认定移动互联网蕴含着下一波创业的大机会。基于这样的认识，雷军决定做智能手机。

小米诞生

2010 年 4 月，雷军创办了小米。雷军认为，智能手机的生态已经不是简单地做硬件，而是要通过硬件、软件、系统的融合，打造用户体验。因此，必须有合适的团队。为此，在创业初期，雷军主要的精力花在组建创始人团队上。凭借着多年的人脉，雷军在软件圈和互联网行业中召集到了强大的团队，团队当中的七个人来自摩托罗拉、微软、谷歌等著名企业。此后不久，小米获得了第一笔风险投资。有了人，有了钱，下一步就是决定做什么产品以及怎么做。雷军说：“对小米来说，最大的挑战是如何持续不断地做出让用户尖叫的产品，做出用户愿意推荐给朋友的产品。”经过讨论，创始人团队一致认为应在“专为中国人习惯设计”上下功夫，首先全面改进手机的操作系统。

MIUI 操作系统

2010 年 8 月，移动操作系统 MIUI 上线，旨在带给用户更为贴心的安卓智能手机体验，定位为“为发烧而生”。MIUI 的设计方式非常独特，不是传统意义上的研发团队自主研发，而是用户参与产品研发。创始人团队通过多种方式在手机论坛中寻找手机极客和“发烧友”，了解他们的喜好，并邀请他们参与 MIUI 的研发和反馈。此外，小米成立了一个专门的数据挖掘团队，以更精准地定义核心用户群及其需求，并且根据他们的需求，每周对 MIUI 系统进行更新。从 2010 年 8 月首个内测版发布到 2014 年 5 月，MIUI 全球用户数突破 5 000 万，进行了 3 000 余项功能改进，提供 26 种语言版本，适配 223 款机型。MIUI 构建了包括游戏中心、主题商店、应用商店、小米商城、多看阅读、云服务、米币系统、MIUI 账号体系在内的生态圈，并通过不断迭代完善功能，圈进了足量的 MIUI 用户。2015 年 2 月，MIUI 全球激活用户突破 1 亿。2016 年 5 月，MIUI 全球联网激活用户数超过 2 亿，用户遍及全球 156 个国家和地区。

极致设计

MIUI 的初步成功增强了小米团队的信心。2010 年 10 月，小米手机研发正式启动，2011 年 8 月 16 日，小米手机 1 正式发布。在发布会上，雷军宣布，小米手机 1 采用了 1.5GHz 双核处理器等顶级配置，售价仅 1 999 元。2011 年 12 月 18 日，小米手机 1 第一次正式网络售卖，5 分钟内备货 30 万台售罄。随后，小米公司不断推出更高配置和性能的手机。2012 年 8 月，小米手机 2 发布；2013 年 7 月，红米手机 1 发布；2013 年 9 月，小米手机 3 发布；2014 年 3 月，红米 Note 发布。这五款手机都是真正的爆款产品。小米手机 1 售出 790 万台，小米手机 2 售出 1 752 万台，小米手机 3 售出 1 441 万台；红米手机 1 售出 4 460 万台，红米 Note 售出 2 743 万台。正是这些爆款产品，使小米的营收曲线蹿升。

其后，小米不断在手机领域进行创新，引领全球智能手机的发展潮流。2016 年 10 月 25 日，小米 MIX 全面屏概念手机发布，开启了智能手机的全面屏时代。2018 年 5 月 31 日，小米正式发布小米 8 透明探索版，这是全球首款压感屏幕指纹识别手机、安卓首款“Face ID”手机、全球首款双频全球定位系统（GPS）手机。2019 年 9 月 24 日，小米正式首发 MIX Alpha 5G 环绕屏概念手机，这是一款探索未来手机形态的颠覆性产品，屏占比高达 180.6%。2022 年 7 月 4 日，小米集团宣布影像战略升级，提出全新理念“超越人眼，感知人心”，并发布与徕卡合作的首款产品小米 12S 系列。

生态展开

雷军说：“从创业起，小米要做的并不是手机，而是个人移动计算中心。”只是在这个时代，个人移动计算中心恰好是手机。2012 年 11 月，小米发布了被称为小米科技迄今为止最发烧的数码产品——小米盒子。2013 年 9 月，小米推出一款全新 47 英寸 3D 智能电视——小米电视。2013 年底，小米启动了生态链计划，在短短的一两年时间里，小米移动电源、小米手环、小米空气净化器等爆款产品就成为全球市场份额冠军。另外，贯穿各类产品、服务的技术平台也建了起来。2012 年，云平台团队成立，小米云服务立项。2013 年 11 月，小米大数据业务开启。2014 年，小米发布 IoT 模组，正式启动 IoT 平台业务，迅速成为全球最大的消费级 IoT 平台。2021 年小米手机全球出货量达 1.9 亿台，市场占有率为 14.1%，创历年新高，小米电视出货量连续三年稳居中国第一、全球前五，集团业务已进入全球逾 100 个国家和地区。

雷军说：“小米的梦想是让每个人都能享受科技带来的美好生活。小米的目标是做让每个人都能买得起的优质科技产品，做让国民骄傲的国民品牌，并希望成为让国民骄傲的国际品牌！小米的征程才刚刚开始！”

思考题

1. 雷军为什么在智能手机领域创业？他的梦想是什么？
2. 你认为小米能够高速发展并且持续成功的关键因素是什么？
3. 从雷军和小米的案例中，你能获得什么启示？

本章小结

在不断变化的经营环境中，企业需要进行适应性的变革和调整，这样才能持续健康地发展。但是真正优秀的企业知道哪些因素应该根据环境的变化进行适应性的调整，哪些因素应该保持稳定。作为企业文化的核心，企业的使命和愿景是应当持续保持稳定的因素。

使命是一个组织的基本定位，是组织存在的根本原因，回答的是“我是谁”的问题。组织存在的根本原因不是赚钱，而是完成单个人无法完成的事情——创造一种产品，提供一种服务，从而为社会做出贡献。使命是指引组织前进的北斗星，本身不变化，却能够持续激励企业产生变化。使命往往是不可能完全实现的。

愿景是组织未来期望达到的一种状态，是组织对“我要到哪里去”这一问题的思考。愿景反映了组织远大的目标和追求，是需要花 10 年、20 年甚至更长的时间来实现的目标。好的愿景应该包括两个部分：10～30 年的大胆的目标；生动形象的描述。好的愿景能够持续不断地激励组织前进。

战略目标是指与能够增强和巩固企业总体市场地位和竞争优势的成果相关的目标，包括获得足够的市场份额，在产品质量、顾客服务或产品创新方面超过竞争对手，使整体成本低于竞争对手，提高公司在市场上的声誉，建立技术上的领导地位，获得持久的竞争优势，抓住成长机会，等等。由于不同行业和不同组织各有特点，战略目标的类型会有所差异，但设定目标的某些考虑因素却是广泛适用的，包括产品或服务的绩效、竞争地位、顾客满意与忠诚、业务过程绩效、创新能力、学习与成长、社会责任。

为了确保战略目标的实现，组织需要进行战略目标的展开，即将目标分解为子目标并将之分配到较低层次上去。在展开时必须注意这样一些细节：实现这些目标需要采取哪些行动？谁来采取这些行动？需要哪些资源？如何确保日程安排合理并进行关键点的控制？通过以上分解，战略目标最终会分配给跨职能的团队、职能部门以及个人。一旦确定了战略目标并进行了分解，组织就需要建立关键的绩效测量指标，从而对照战略计划来监测进展，而且绩效的测量必须以一种有组织的方式进行。

思考题

1. 什么是使命？使命具有哪些基本特征？
2. 在进行使命提炼时，需要注意哪些方面的内容？
3. 什么是愿景？愿景具有哪些特征？

4. 愿景表述有哪些类型？
5. 简述组织目标体系的等级结构。
6. 什么是战略目标？战略目标和财务目标有什么区别？
7. 企业通常会针对哪些具体的经营领域来制定战略目标？
8. 简述一个典型的战略计划活动的过程。
9. 什么是战略目标展开？战略目标展开时要注意哪些问题？
10. 战略目标如何测量？

参考文献

[1] 李原，孙健敏．变革．北京：中国人民大学出版社，2004.

[2] 焦叔斌，杨文士．管理学．4 版．北京：中国人民大学出版社，2014.

[3] 德鲁克．管理的实践．北京：机械工业出版社，2006.

[4] 皮尔斯二世，鲁滨逊．战略管理：制定、实施和控制：第 8 版．北京：中国人民大学出版社，2005.

[5] 汤普森，彼得拉夫，甘布尔，等．战略管理：概念与案例：原书第 19 版．北京：机械工业出版社，2015.

[6] 朱兰，戈弗雷，霍格斯图尔，等．朱兰质量手册：第 5 版．北京：中国人民大学出版社，2003.

[7] 仇宝华，徐德明．基于动态视角的企业家思想体系与企业实践互动过程研究：以李书福演化发展式企业家思想为例．中国人力资源开发，2016（14）.

[8] 雷军．小米创业思考．北京：中信出版社，2022.

[9] 范海涛．一往无前．北京：中信出版社，2020.

第2章

审时度势：外部分析

知彼知己，胜乃不殆；知天知地，胜乃不穷。

——《孙子兵法》

明者因时而变，知者随事而制。

——《盐铁论》

学习目标

- 学会运用 PEST 分析法了解宏观环境及中国宏观环境状况
- 学会运用五力模型分析法了解行业竞争结构和盈利潜力
- 了解战略群体分析法
- 了解利益相关者分析法以及企业社会责任模型

引导案例

阿里云拨云见日

2018 年，《阿里云的这群疯子》一文在网上热传，让人看到了阿里云十年来发展的艰辛和一群人为梦想而拼搏的精神。阿里云能走到今天，时代机遇和战略远见不可或缺。

2008 年，中国互联网从多年沉寂中迎来发展的高峰。始于 2009 年的双十一活动，更见证了网购的蓬勃发展。阿里巴巴旗下的淘宝和支付宝用户激增，根据 2018 年淘宝数据，当年全国有超过 6 亿人在淘宝上购物。庞大的用户在带来生意的同时，也增加了后台数据处理的难度。几亿用户在淘宝的下单、支付和商品交易，都要依靠强大的计算力。

在早期，在企业信息技术（IT）架构中，购买国外成熟的设备和系统是众多中国企业的唯一选择。阿里巴巴旗下的淘宝和支付宝使用的主要是“IOE”标配：IBM 的小型机、Oracle 的商业数据库和 EMC 的集中式存储。马云之前并没有想到，随着用户数据激增，阿里巴巴增长的最大瓶颈竟是 IT 基础设施。研发新的技术架构刻不容缓——它要既经济又好用，能同时调度数千台计算机，组成一个巨大无比的“大脑”。由此，“阿里云”首次出现在公司高层话语中。2008 年 9 月，微软亚洲研究院前副院长王坚加盟阿里巴巴，任首席架构师，负责从零开始建立云计算系统，该系统被命名为“飞天”。

针对淘宝网在大规模数据计算方面的需求，团队制订了云梯计划：云梯 1 计划以现有开源软件为基础来研发数据计算系统；云梯 2 计划以飞天为基础，自主研发一套数据计算系统。

王坚每天给团队“画饼”，描绘云计算的前景。在他的鼓舞下，马云逐渐发现，云计算的价值比之前想象的要大得多：云计算系统的计算力既可以服务于阿里巴巴自身业务，也可以批发零售给无数中小企业，为未来企业建设一整套基础设施，这正好与阿里巴巴的使命“让天下没有难做的生意”相吻合。

但当时，很多人对云计算的前景不太看好。在 2010 年 3 月的中国 IT 领袖峰会上，针对云计算的未来，百度李彦宏说：“云计算是新瓶装旧酒，没有新东西。”腾讯马化腾则说：“云计算是一个比较超前的概念。可能过几百年、一千年后，到‘阿凡达’时代，确实有可能。”只有不懂技术的马云力挺云计算：“云计算是一种数据的处理、存储和分享机制。我们自己公司对云计算是充满信心和希望的。”

希望常常会遭遇现实严酷的考验。公司一边搭建云梯 1 和云梯 2 两套系统，一边在淘宝内部实验。2009 年秋，IT 架构升级项目在淘宝网正式启动。同年，胡晓明任新创的阿里金融总裁，马云要求他将阿里金融与阿里云绑在一起，用阿里云的技术架构支撑阿里金融的服务——算是给阿里云找了个内部用户。但金融不像别的业务，容不下丝毫的数据错误，阿里云飞天系统层出不穷的错误“害”苦了阿里金融，工程师必须派人 24 小时盯着系统，以防酿成大错；同时被“坑”的还有淘宝网。

由于多年努力无果，王坚的团队成员纷纷辞职，“阿里云要被撤掉”的消息四处传开，当传到马云耳中，马云对着阿里巴巴集团所有人坚决地说：“我每年给阿里云投 10 亿元，投个 10 年，做不出来再说。”

要想成功肩负起阿里巴巴的底层计算系统，就必须有能力独自调度 5 000 台服务器。2012 年底，以开源软件为基础的云梯 1 计划实现了 4 000 台集群调度，而纯自研的云梯 2 还在 1 500 台集群的数量徘徊。2013 年，难题再次摆在王坚面前，他必须在云梯 1 和云梯 2 之间做出选择，他最终选择了难度更大的自主研发飞天系统。这次抉择看似兵行险招，却让所有人坚定了方向，各路技术大牛纷至沓来。阿里云成为中国第一家拥有完整云计算能力的企业。2015 年 1 月，12306 网站将车票查询业务放到阿里云计算平台上，成为国家重要基础设施上云的一个关键节点。如今，整个云的生态在中国逐步建立起来，阿里云、华为云、腾讯云、百度云、金山云群雄割据，大数据驱动的理念成为社会的共识。

2022财年，阿里云营收达约1 002亿元，冲破千亿元大关，包括为阿里巴巴自身提供服务获得的收入约256亿元和对外提供服务获得的收入约746亿元；利润达11.46亿元，是自创立以来首个实现盈利的财年。据IDC报告，全球云计算市场规模从2010年的680亿美元增至2020年的3 120亿美元，亚马逊占24.1%，微软占16.6%。这将是一块巨大的蛋糕，阿里云的这群“疯子”有望拨云见日。

资料来源：史中．阿里云的这群疯子．（2018－10－17）．http：//tech.sina.com.cn/csj/2018－10－17/doc-ihmhafis1268353.shtml；Worldwide Public Cloud Services Market Totaled ＄312 Billion in 2020 with Amazon Web Services and Microsoft Vying for the Top Position Overall，According to IDC.（2021－05－13）.https：//www.businesswire.com/news/home/20210513005338/en/.

正如引导案例所示，企业需要跟随时代和环境的变化，不断寻找新的战略方向。阿里云的内部创业者之所以被称为“疯子”，是因为在早期云计算过于超前，很多人尚无法看清其发展前景，或者认为短期内云计算尚无机会。在此情况下，阿里巴巴不惜持续投入资金、吸引顶尖人才，开启了阿里云业务从0到1的自主研发和艰难创新之路。由此可见，战略领导者的一项重要任务就是在纷繁复杂的不确定性环境中，在政策调整、经济发展、社会变迁和技术变革等环境变化中，去芜存菁，用前瞻性眼光去把握外部环境的未来趋势，并把外部机会变为企业发展的战略契机。马云对王坚团队的力挺，不仅仅是出于个人的信任，更多是源于其对未来云计算市场前景的前瞻性眼光，他能够敏锐地觉察到云计算的价值不仅在于服务于阿里巴巴自身业务，还在于可以面向无数中小企业，未来将带来巨大的市场价值。阿里云是马云对未来的战略布局，而这一布局坚持了十年，曙光初现。

企业战略的有效性离不开对外部环境和内部条件的有效分析和诊断。企业外部环境涉及影响企业绩效的各种外部环境因素，通常包括宏观环境、行业环境和利益相关者等多个方面。本章主要介绍几种外部环境分析方法，帮助企业更好地把握外部环境所带来的机会和威胁。

第1节　宏观环境分析

一、宏观环境分析的含义

宏观环境是指影响行业及行业内企业的、更广泛的各种外部环境因素或趋势。它一般通过对行业环境的影响来间接影响企业，从而影响企业的战略规划与实施。

宏观环境分析是指分析外部宏观环境的变化和趋势及其影响，识别其中给行业及行业内企业带来机会或威胁的主要外部力量，从而为企业战略管理决策提供支持的过程。为便于分析，人们通常对宏观环境因素做进一步细分，因细分因素的不同形成了不同的宏观环境分析方法，其中较为常见的是PEST分析法。

PEST分析法将宏观环境细分为政治、经济、社会和技术环境，每个环境因素又包含许多更具体的要素或变量，通过对各细分环境的变化和趋势的分析，识别和判断对行业及行业内企业的竞争力带来重要影响的环境因素。

二、PEST 分析法

（一）政治因素

政治因素主要指那些制约和影响企业组织、利益相关者及其相互关系的政治要素和法律系统。包括国家的政治制度和体制、国家的权力机构、政治团体、政治形势、政府的稳定性、重大政治事件等政治要素，以及国家的执法机构、法律运行体系、方针政策、法律法规（比如反垄断法、环保法、外贸法、就业法）等法律要素。

比如，2008 年可口可乐收购汇源果汁因未通过我国商务部的反垄断审查而搁浅，这成为汇源果汁走下坡路的分水岭，这个曾被可口可乐拟以近 180 亿港元收购的民族品牌，因后续经营不善，在 2018 年被曝出巨额债务，随后开启了化解债务危机的重整之路。

如战略聚焦 2－1 所示，《关于推动平台经济规范健康持续发展的若干意见》和《反垄断法》的修订，为我国平台企业带来了新的规范和监管要求，企业需要着眼长远进行战略调整和应对。

战略聚焦 2－1

平台经济的规范发展

2021 年 12 月 24 日，国家发展改革委等 9 部门联合印发《关于推动平台经济规范健康持续发展的若干意见》，指出“平台经济是以互联网平台为主要载体，以数据为关键生产要素，以新一代信息技术为核心驱动力、以网络信息基础设施为重要支撑的新型经济形态”，为推动平台经济规范健康持续发展提出了若干意见：完善治理规则，包括修订《反垄断法》，完善数据安全法、个人信息保护法配套规则等；加强金融领域监管，包括强化支付领域监管，规范平台数据使用等；探索数据和算法安全监管；赋能制造业转型升级，包括支持平台企业依托市场、数据优势，赋能生产制造环节，带动传统行业整体数字化转型；推动农业数字化转型；等等。

2022 年 6 月 24 日，第十三届全国人大常委会第三十五次会议表决通过关于修改《反垄断法》的决定，自 2022 年 8 月 1 日起施行。这是《反垄断法》自 2008 年实施以来的首次修改。其中，增加了“经营者不得利用数据和算法、技术、资本优势以及平台规则等从事本法禁止的垄断行为”“具有市场支配地位的经营者不得利用数据和算法、技术以及平台规则等从事前款规定的滥用市场支配地位的行为”等条款。

以上意见和法规的出台，有助于避免出现平台经济无序扩张、商业模式和金融创新有余而技术创新和支持实体经济有限的现象，以及治理“二选一”“大数据杀熟”等滥用市场支配地位、算法合谋、用户数据买卖、机器换人、数字鸿沟等乱象，实现平台经济规范健康发展。

资料来源：关于推动平台经济规范健康持续发展的若干意见．(2022-01-18)．https：//www.ndrc.gov.cn/xwdt/tzgg/202201/t20220119_1312327.html?code=&state=123；全国人民代表大会常务委员会关于修改《中华人民共和国反垄断法》的决定．(2022-06-25)．中国政府网．

战略聚焦 2-2 “双减”政策下新东方的转型

如战略聚焦 2-2 所示，“双减”政策的推行给教培行业带来了较大冲击，教培行业需要快速进行战略转型。

（二）经济因素

经济因素主要是指企业所处经济体的特征和发展方向，包括经济状况、经济结构和发展趋势以及国家经济体制、宏观经济政策等。衡量这些要素的经济指标有国内生产总值（GDP）、国民生产总值（GNP）、经济增长率、通货膨胀率、利率、汇率、人均可支配收入、恩格尔系数、贸易逆差或顺差、预算赤字或盈余、储蓄率、货币供给、税收等。一般来说，企业更愿意在稳定的、增长潜力大的经济环境中竞争。

（三）社会因素

社会因素主要是指企业所处的社会文化和人口环境因素的形成和变化趋势。社会文化因素涉及一个社会的态度和价值取向，包括社会结构、社会阶层、社会风俗和习惯、消费观念和结构、文化传统及各种亚文化等。人口因素涉及一个社会的人口规模和结构，包括人口总数、人口增长率、地理分布、年龄结构、收入分布和人口迁移等。人口规模制约着个人或家庭消费品的市场规模。人口的地理分布决定了消费者的地区分布，消费者的地区分布越广，消费者的需求就越多样化。年龄结构影响着以特定年龄层为对象的产品的市场规模，随着年龄构成比例的变化，市场规模将发生变化。如战略聚焦 2-3 所示，中国近年来人口红利的逐步消失和人口老龄化趋势是值得关注的重要现象。

战略聚焦 2-3 中国的人口老龄化

（四）技术因素

技术因素主要是指企业所处环境中的科技发展状况与变化趋势及与之直接相关的要素的集合，包括科技总体水平、技术突破和变革、技术变迁，以及影响科技发展和应用的国家科技体制、科技政策、研发支出、专利保护、新技术的商品化等。随着科技发展，新技术、新能源、新材料等的出现与应用，企业需要做出相应的战略决策，以获得新的竞争优势。比如，互联网、云计算、人工智能和机器人等技术的发展和变化，正在影响和改变人们的生活和企业的经营。

除了 PEST 分析法之外，还有其他宏观环境分析方法，但大都离不开政治、经济、社会、技术这几个主要因素。此外，自然环境和全球化因素也颇受关注。

自然环境因素是指企业所处的生态环境和相关自然资源，主要涉及土地、森林、河流、海洋、能源、水源等自然资源，以及环境保护、生态平衡等的发展变化。如何有效利用自然资源和有效保护生态环境，也是企业需要考虑的。如战略聚焦 2－4 所示，“双碳”目标的提出，体现了中国积极应对全球气候变化、走绿色低碳发展道路、推动全人类共同发展的坚定决心，也对中国企业如何绿色环保地发展提出了更高要求。

战略聚焦 2－4

为“双碳”目标而努力

2020 年 9 月 22 日，国家主席习近平在第 75 届联合国大会一般性辩论上宣布中国二氧化碳排放力争于 2030 年前达到峰值，努力争取 2060 年前实现碳中和。2021 年 9 月 22 日，《中共中央 国务院关于完整准确全面贯彻新发展理念做好碳达峰碳中和工作的意见》指出，实现碳达峰、碳中和，是以习近平同志为核心的党中央统筹国内国际两个大局作出的重大战略决策，是着力解决资源环境约束突出问题、实现中华民族永续发展的必然选择，是构建人类命运共同体的庄严承诺。把碳达峰、碳中和纳入经济社会发展全局，以经济社会发展全面绿色转型为引领，以能源绿色低碳发展为关键，加快形成节约资源和保护环境的产业结构、生产方式、生活方式、空间格局，坚定不移走生态优先、绿色低碳的高质量发展道路，确保如期实现碳达峰、碳中和。

资料来源：中共中央 国务院关于完整准确全面贯彻新发展理念做好碳达峰碳中和工作的意见．(2021－10－24). http：//www. gov. cn/zhengce/2021－10/24/content_5644613. htm.

全球化使得国家间的依赖程度增加，企业有必要对本国及其他国家的政治、经济、社会和技术等状况进行分析。对全球化因素的分析不仅对跨国经营型企业，而且对本土企业至关重要。次贷危机、欧债危机、英国脱欧等全球性经济和政治事件，不仅给当事国，而且给全球各国企业带来了极大的不确定性。

对企业宏观环境的分析可以使企业识别外部因素的重大变化和趋势，识别所面临的机会和威胁。此外，企业还必须对行业环境进行深入的分析。

第 2 节　行业环境分析

一、行业环境分析的含义

行业环境是指业内企业共同面临的、直接影响业内企业的竞争行为和反应的外部环境因素。

行业环境分析是指分析外部行业环境的变化和趋势及其影响，了解行业的经济特性、整体竞争格局、影响业内企业竞争行为和竞争优势的驱动因素以及行业未来的盈利潜力。常见的分析方法包括五力模型分析法和战略群体分析法。五力模型分析法主要针对整个行业的竞争结构展开分析；战略群体分析法则主要针对行业内部结构，把行业内企业划分为不同的战略群体进行分析。

二、行业竞争结构分析：五力模型分析

（一）五力模型分析的基本逻辑与价值

1. 五力模型分析的基本逻辑

五力模型最初由哈佛商学院的战略学者迈克尔·波特教授提出，是在传统的产业组织理论的结构-行为-绩效（SCP）模型基础上发展而来。在 SCP 模型的逻辑体系中，市场结构影响企业在市场中的行为，而企业行为又影响绩效。在此基础上，波特提出了五种竞争力量的结构性分析框架，即五力模型，如图 2-1 所示。

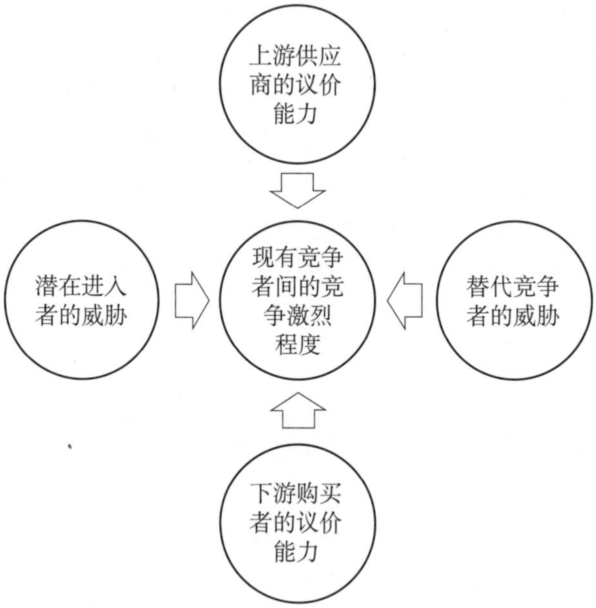

图 2-1　五力模型

五力模型分析的基本逻辑如下：在一个行业里，存在五种基本竞争力量，包括现有竞争者间的竞争激烈程度、潜在进入者的威胁、替代竞争者的威胁、上游供应商的议价能力以及下游购买者的议价能力，这五种竞争力量的状况会引发行业竞争结构的变化，从而决定着行业内部竞争的激烈程度，最终影响着行业整体及业内企业的盈利潜力。

2. 五力模型分析的价值

对于参与一个或多个行业竞争的企业而言，其所处的行业环境是外部环境中的关键部分。行业的竞争状况强烈地影响着竞争规则的确立以及可供企业选择的潜在战略。五力模型分析一方面有助于企业了解所处行业的竞争激烈程度以及行业吸引力和未来盈利潜力，从而留在有吸引力的行业或退出竞争过于激烈的行业；另一方面，有助于了解五种竞争力量对行业竞争格局的具体影响，发现竞争压力来源，为企业进行战略定位和减轻竞争压力提供支持，从而有针对性地运用自身优势、规避劣势，做出战略应变，影响行业竞争格局，建立竞争优势。

此外，五力模型分析提供了一种易于理解和应用的结构性分析框架，可用以评价行业吸引力和解释行业之间绩效的差异性，有助于理解为什么有的行业能够获取超额利润，而有的行业却获利微薄。

五力模型分析还扩展了传统竞争分析的范围，不是简单地强调现有竞争者，还强调延伸的竞争，既让企业对来自替代竞争者的威胁有充分的认知，又首次把上下游关系放到了一个很高的位置，给予了充分的关注。这些都有助于更全面地把握行业竞争格局，更好地做出战略应对。

（二）五种竞争力量分析

1. 现有竞争者间的竞争激烈程度

现有竞争者间的竞争激烈程度分析主要分析行业内现有企业之间的竞争的激烈程度。现有竞争者之间的竞争越激烈，行业的利润水平和吸引力可能就越小。

竞争抗衡是竞争者之间为了谋求优势市场地位而采取的一系列竞争性行动和反应。企业之间形成竞争抗衡主要是因为企业感到了竞争的压力或看到了改变其竞争地位的机会。当企业感受到竞争对手的行动将带来较大压力时，会采取防御性行动加以抵制或反击；当企业想要超越竞争对手、提升竞争地位时，会采取主动性或进攻性行动以抢占市场等。

竞争抗衡手段可以区分为价格战和非价格竞争两种形式，后者包括广告战、引进新产品以及增加对消费者的服务等。如果竞争抗衡或反击行动逐步升级，那么行业内所有企业都可能卷入。在价格弹性较小的行业中，最具破坏性的竞争形式就是价格战。当企业纷纷降低价格、牺牲利润来换取市场份额时，竞争激烈，可能导致两败俱伤。这种现有竞争者间的激烈竞争将使行业内企业的处境更糟，行业平均利润水平降低，整体盈利空间缩小。相比而言，非价格竞争形式虽然也需要企业进行大量的投入，却可能扩大市场需求或提高产品差异性，使所有企业受益，并使行业平均利润维持在一定水平，带来双赢或多赢的局面。

通常，影响现有竞争者间竞争激烈程度的因素主要有：

（1）行业结构或集中度。当行业中有众多势均力敌的竞争对手时，竞争会更加激烈。行业结构涉及行业内企业的数量、规模和构成比例；可分为分散型行业和集中型行业。分散型行业包括大量中小型公司，没有一家公司可以处于行业支配地位。集中型行业则是由少数大公司乃至由一家公司所支配的行业。行业集中度是整个行业的市场结构集中程度的测量指标，用来衡量行业内企业的数量和相对规模的差异，是行业内最大的几家企业所占市场份额的总和。当行业结构分散、企业众多时，想要各行其是的企业往往较多，会有企业低价竞争，从而引发无序竞争；当行业内企业较少，但企业在规模与资源上比较均衡、势均力敌时，也会产生不稳定的现象，引发较量。而当行业集中度较高且有明显的主导企业时，则更容易建立秩序，不易发生过度竞争。

（2）行业增长速度。当行业增长缓慢时，竞争会更加激烈，这时，企业为了寻求发展，只能在市场容量有限的情况下抢占更多市场份额，导致竞争加剧；而当行业快速发展时，业内企业会有更多发展机会，竞争的激烈程度主要受到短期内涌入该行业的新进入者的影响。

（3）成本状况。在存在高固定成本或高库存成本的情况下，竞争会更加激烈。在固定成本高的行业，若存在过剩生产能力，企业为摊销高额固定成本，仍然会充分利用产能进行生产，而过多产品的出现往往会导致竞相压低价格销售。此外，在库存成本高的行业，企业常常为了尽快销售积压产品，采取降价的行动。这些都会导致行业利润水平下降。

（4）客户转换成本与产品差异性。当产品缺少差异性或客户转换成本较低时，竞争会更加激烈。客户转换成本是客户从购买原供应商的产品转向购买其他供应商产品的一次性成本，包括员工重新培训成本、新购辅助设备成本、检验考察新资源所需时间和费用、建立新关系所需付出的心理或情感代价等。产品差异性是因客户对企业产品的质量和商标信誉等的偏好和忠诚度不同而形成的产品之间的差异。产品差异性越大，客户转换成本越高，若转换供应商，则意味着客户将付出放弃现有产品的某些效用的代价，包括产品的功能、质量、品牌等。当客户转换成本低，产品缺少差异性、同质化程度高时，客户在挑选产品时常常从价格上进行考虑。

（5）规模经济对产能扩张的要求。在规模经济效应明显从而存在产能扩张需要的行业，竞争会更加激烈。规模经济是指在特定技术条件和一定产量范围内，随着生产规模的扩大、总产量的增加，企业产品的单位平均成本下降的现象。在存在规模经济效应的行业中，扩大生产规模可以降低平均成本，从而提高利润水平，这将驱动企业提高生产能力以降低成本。但当行业中所有企业都扩大产能时，新增的生产能力会打破行业的供需平衡，该行业就会出现生产能力过剩与价格削减的周期性循环，不断压低行业利润水平。

（6）竞争者多样性。当行业中存在多种多样的、形形色色的竞争者时，竞争会更加激烈。竞争者多样性表现在战略目标、企业性质以及与母公司的关系等各个方面。当每个竞争者都有不同的目标和战略，并且在竞争中你追我赶，很难就“竞争规则”达成一致意见时，竞争会趋于无序，加剧行业竞争。

（7）战略利益。当行业有重要的战略利益争夺点、在该行业中成功与否对企业的兴衰成败至关重要时，竞争会更加激烈。比如，一个多元化经营的公司可能将某个业务作为战略重点，以推动公司整体战略的成功。在强烈的战略意图下，企业可能牺牲利润来保证战略利益的达成，从而加剧竞争。

（8）退出壁垒与产能过剩。当退出壁垒高、经营不善的企业无法及时退出时，竞争会更加激烈，这在产能过剩的行业中表现得尤为明显。退出壁垒是指现有企业在市场前景不好、业绩不佳而意欲退出所处行业时所面临的各种阻碍因素，包括专用性资产、固定退出成本、战略关联度、情感障碍以及政府和社会限制等因素。

2. 潜在进入者的威胁

潜在进入者主要指可能或即将进入某个行业的竞争者。潜在进入者的威胁越大，现有行业的利润水平和吸引力就可能越小。

对一个行业来说，潜在进入者会带来新的生产能力和获取市场份额的欲望，期望对已有的市场格局进行重新分配。特别是那些进行多元化经营或跨国经营的强势企业，常常会运用已有的实力对业内现有企业造成威胁。结果是，行业内产品价格下跌或企业内在成本增加，行业的获利能力下降。

潜在进入者能否进入某行业及其进入威胁的大小，取决于该行业进入壁垒的高低。如果进入壁垒高，那么潜在进入者进入的可能性会较低，威胁也会较小。构成行业进入壁垒的主要因素有：

（1）规模经济。如果现有企业的规模经济效应明显，潜在进入者面临的进入壁垒高，那么潜在进入者将面临两难选择：以较大的投入、大规模生产进入该行业，并且冒着现有企业强烈抵制的较大风险；或者以较小的投入、小规模生产进入该行业，忍受着产品成本过高、不利于抢占市场的劣势。规模经济可以体现在生产制造、采购、研发、营销等企业经营的各个环节。

（2）产品差异化。如果现有企业的产品差异化程度高，现有企业在产品质量、品牌声誉、分销渠道等方面的差异就形成了进入壁垒。

（3）资金需求。现有企业在投资和经营上的资金需求越大，潜在进入者的进入壁垒就越高，这体现在生产设施、研发、营销等各方面。因此，新进入的行业是否需要大量资金以及潜在进入者是否具备雄厚的资金实力将成为重要考虑因素。

（4）客户转换成本。现有企业的客户转换成本越高，潜在进入者面临的进入壁垒就越高。在市场容量有限的情况下，新进入者要想客户从购买现有企业的产品转向购买自己的产品，通常需要在价格优惠或产品差异化方面下功夫，这将使新进入者在一定时期内面临投入过高、利润微薄甚至失败的风险。

（5）分销渠道的可获得性。现有企业的分销渠道越难获得，潜在进入者面临的进入壁垒就越高。由于现有企业已占据了较为理想的分销渠道，新进入者需要从头打造自己的分销渠道。

（6）与规模经济无关的绝对成本因素。现有企业具备一些潜在进入者无法比拟的绝对成本优势，包括专有的产品技术、独有的优质原材料来源或土地人才等要素、优越的地理位置、政府优惠政策、已获得的学习/经验曲线等。

（7）政府的准入政策。政府的准入政策越严格，潜在进入者面临的进入壁垒就越高，这涉及政府通过政策法规设置的行业准入门槛，或行业协会制定的行业标准等。

（8）预期的报复。预期现有企业进行报复的可能性越大，潜在进入者的进入可能性就越小。如果现有企业会采取强有力的报复措施，新进入者就可能会打消进入该行业的想法。

3. 替代竞争者的威胁

替代品是指其他行业生产的、与现有行业的产品具有类似或相同性能的产品。替代竞争者则是提供这些替代品的企业。替代竞争者的威胁越大，现有行业的利润水平和行业吸引力就越小。替代品投入市场后，会使现有行业中原有产品的价格处在有限的甚至更低的水平，限制产品的利润空间；在质量和性能相似的情况下，替代品的价格越有吸引力，或者说性价比越高，对现有企业的威胁也就越大。

影响替代竞争者的竞争威胁程度的因素主要有：

（1）替代品的可获得性。当性能相似的好的替代品或新的替代品出现并容易获得时，其对现有行业的竞争威胁较大。

（2）替代品的性价比。当替代品的价格较低、性价比更高时，其对现有行业的竞争威胁较大。

（3）客户的转换成本。当现有行业的客户转向购买替代品的转换成本较低时，替代品对现有行业的竞争威胁较大。

（4）客户的偏好。当现有行业的客户越来越喜欢使用替代品时，替代品对现有行业的竞争威胁较大。

首先，企业需要及时识别替代品。替代品的出现往往伴随着新技术或新工艺。要找到真正的替代品，需要充分认识那些看似相隔甚远却有可能带来颠覆性创新的行业。

其次，企业需要充分认识到替代品的替代趋势。在以下情况下替代品更有可能替代现有产品：替代品的销量快速增长；替代竞争者计划增产；替代竞争者的利润呈上升趋势。

通过对替代竞争者的分析，现有企业可以采取战略性压制方式将之扼杀于萌芽状态；但当替代品的替代趋势明显时，现有企业则有必要考虑是否转向新兴的替代品行业。

4. 上游供应商的议价能力

上游供应商可能通过抬高所售产品或服务的价格或降低质量，对作为买方的现有行业的企业进行威胁。供方的压力可以使企业因所购原材料或零部件成本过高而损失利润。因此，上游供应商的议价能力越强，现有企业的利润水平和行业吸引力可能越小。

影响上游供应商议价能力的因素主要如下：

（1）供应商行业集中度。当供方行业由少数几家公司控制且其行业集中度比作为买方的现有行业更高时，供应商的议价能力更强。

（2）供应商的替代品的竞争实力。当供方行业不存在替代品或者替代品实力不够而无法与供应商所销售的产品相竞争时，供应商的议价能力较强。

（3）作为买方的现有行业对供方行业的重要性。供应商通常会面向众多行业销售其产品，当现有行业不是供方行业的重要客户、其所购买的产品或服务总量对供方行业来说不占其所售产品或服务的很大比重时，供应商具有较强的议价能力。

（4）供方产品对作为买方的现有行业的重要性。当供应商的产品占现有行业采购成本的比重较大，并且是现有行业从事生产经营的主要投入品时，供方产品对现有行业的生产制造过程或产品质量则有着重要的影响，这时，供应商的议价能力较强。

（5）供应商的产品差异化程度及其客户转换成本。当供应商的产品存在较大差异性或其客户转换成本较高时，供应商的议价能力较强。

（6）供应商的前向整合能力。当供应商具备前向整合的能力时，供应商的议价能力较强，这意味着供应商能够将业务向下游行业的买方延伸，成为带来竞争威胁的潜在进入者，以此增强其议价能力。

5. 下游购买者的议价能力

对现有行业而言，下游购买者的议价能力越强，现有行业的利润水平和行业吸引力可能会越小。购买者可采取的手段主要有：压低价格；要求更高的产品质量或更多的服务；甚至迫使作为供方的现有企业互相竞争。这些都会降低现有行业的获利水平。

影响下游购买者议价能力的因素主要如下：

（1）买方行业集中度。当买方行业由少数几家公司控制且其行业集中度比作为卖方的现有行业更高时，购买者的议价能力更强。

（2）购买者对作为供方的现有行业的重要性。当购买者是现有行业的重要客户、其所购买的产品总量占现有行业产出的比例很大时，购买者的议价能力较强。

（3）所购产品占购买者采购成本或采购量的比重。当现有行业的产品占购买者采购成本或采购量的比重较大时，购买者对价格的敏感度较大，议价能力较强。

（4）所购产品对购买者的产品质量的重要性。当现有行业的产品对购买者的产品质量的影响不大时，购买者的议价能力较强。

（5）现有行业的产品差异化程度和购买者的转换成本。当现有行业的产品差异化程度低或者购买者的转换成本较低时，购买者的议价能力较强。

（6）购买者的后向整合能力。当购买者具备后向整合的能力时，购买者的议价能力较强。后向整合意味着购买者将业务向作为供方的上游行业延伸，成为潜在进入者，这将给处于上游的现有行业带来竞争威胁，增强购买者的议价能力。

（7）购买者掌握的信息。当购买者掌握了有关市场需求、供应商制造成本等详尽信息时，购买者的议价能力较强。

（三）五力模型分析对企业战略制定的意义

在了解五种竞争力量的影响因素的基础上，企业需要考虑如何运用五种竞争力量的综合分析结果进行战略的重新思考和调整。企业可从如下方面着手。

（1）在分别分析五种竞争力量的基础上，进一步评估这五种力量所形成的合力及其对行业获利潜力的综合影响。

综合来看，五种竞争力量共同决定行业的竞争激烈程度和获利潜力。当五种力量的竞争或威胁均较弱时，行业最具获利潜力和吸引力。具体如表 2-1 所示。

表 2-1　五种竞争力量与行业获利潜力

竞争力量	行业获利潜力和吸引力大	行业获利潜力和吸引力小
现有竞争者间的竞争激烈程度	不激烈	激烈
潜在进入者的威胁	小	大
替代竞争者的威胁	小	大
上游供应商的议价能力	弱	强
下游购买者的议价能力	弱	强

在不同行业中，并非所有五种力量对行业的影响方向都是一致的，有的有利于行业获利，有的则会使行业竞争恶化。此外，五种竞争力量的强弱受到很多因素的影响，为

此，需要综合判断各个因素对五种竞争力量以及行业获利潜力的影响。

（2）根据综合分析结果，企业要考虑是留在有吸引力的行业或退出竞争激烈的行业。

（3）运用五力模型分析法，更快速地找出决定本行业竞争特点的关键性结构特征，将战略分析和定位聚焦于最关键之处，抓住机会，避免威胁。

（4）通过主动的战略行动，优化行业竞争结构。

三、行业内部结构分析：战略群体分析

（一）战略群体分析的含义与价值

战略群体（strategic group）也称为战略集团或战略群组，是指一个行业内采用相同或相似战略的各个企业组成的群体。

战略群体分析作为一种行业内部结构分析方法，是指按照一个或多个战略维度将行业内各企业依据战略的相似度划分为不同的战略群体，并通过分析进一步认识行业及其内部的竞争状况，了解影响战略群体及其中企业盈利性的主要因素。包括分析各群体与外部竞争力量的关系、各群体间的相互竞争关系以及群体内企业间的竞争关系。

战略群体分析既不同于整个行业的总体分析，也不同于单个企业的个别分析，而是介于产业组织理论中将行业作为整体分析对象和企业管理理论中将企业作为个体分析对象的两极之间，将行业中企业分成战略特征不同的群体加以研究，为分析行业内部结构及行业内企业竞争格局提供了一个非常有力的分析工具；有助于了解不同战略群体的盈利潜力，理解为什么在同一个行业中，有些企业群体能够比其他企业群体更盈利；也有助于明确与企业竞争战略和竞争地位最相近的竞争对手，有针对性地制定战略。

（二）战略群体分析的方法

战略群体分析需要依据战略的相似度将行业内企业划分为不同的战略群体，再加以分析。在一个行业里，如果所有的企业都实施基本相同的战略，则该行业只有一个战略群体；如果行业内企业的战略各不相同，则该行业可能存在多个战略群体。

1. 战略维度

战略维度是在一个行业内区分出不同战略群体的要素。战略群体的差异取决于各个企业的战略决策差异，由各个企业在战略维度上的不同表现体现出来。战略维度主要包括：

（1）纵向整合程度。据此，战略群体的划分如下：1）无纵向整合；2）部分纵向整合；3）全部纵向整合。无纵向整合的企业完全从外部采购原材料和零部件，或者完全依靠批发商和零售商等外部渠道；全部纵向整合的企业则会自己生产全部原材料和零部件，或者完全拥有自己的销售渠道和网络；部分纵向整合的企业则介于其间。

（2）专业化程度或产品线宽度。据此，战略群体的划分如下：1）专业化程度高或产品线窄；2）专业化程度低或产品线宽。前者只经营某一种产品和服务；后者则生产很多品种和规格的产品或从事多项服务，甚至跨行业开展多元化经营。两者之间还可根据程度细分。

（3）研究开发重点或技术领先程度。据此，战略群体的划分如下：1）重点研发新技术，追求技术领先地位；2）重点研发新产品，追求产品领先地位；3）重点研发新工艺，力争在产品质量或成本上取得优势。

（4）品牌、质量或价格定位。据此，战略群体的划分如下：1）高端；2）中端；3）低端。

（5）推销的重点或重点客户。据此，战略群体的划分如下：1）以最终用户为重点，重视在最终用户中的直接推销活动；2）以中间渠道商为重点，重视为渠道商服务来扩大流通渠道。

（6）分销渠道形式。据此，战略群体的划分如下：1）完全自建渠道；2）自建渠道和经销商渠道混合方式；3）完全依靠经销商渠道。

（7）客户服务程度。据此，战略群体的划分如下：1）无附加服务；2）有限服务；3）完全服务。

（8）地理覆盖面。据此，战略群体的划分如下：1）当地企业；2）地区性企业；3）全国性企业；4）全球性企业。

2. 战略群体图

一个行业的战略群体可以通过选取一个或多个战略维度来加以区分，并通过绘制战略群体图清晰呈现出来。战略群体划分法包括一元划分法和多元划分法。一元划分法是指用一个战略维度变量将行业内企业划分为不同战略群体的方法；多元划分法是指用两个以上的战略维度变量将行业内企业划分为不同战略群体的方法，常见的是二元划分法。下面主要介绍二元战略群体图的绘制。

（1）二元战略群体图的绘制步骤：1）通过分析行业内企业的竞争特点和战略行动，列出能代表战略特性的战略维度；2）选择两个重要的战略维度，分别作为横轴和纵轴；3）根据各企业在两个战略维度上的差异程度，将其分别列于二元图中相应位置；4）把大致落在二元图中相邻战略空间的企业归为同一个战略群体；5）给每个战略群体画个圆，其半径表示该群体中所有企业在行业内所占的市场份额。图2-2为某假定行业的战略群体图。

（2）确定战略维度的原则：1）最佳的战略维度是那些最能代表该行业内企业战略特性、对战略群体的形成起决定作用的战略变量；2）所选的横轴和纵轴变量不可高度相关或一同变化，否则只能算作一个维度；3）变量不一定是可量化的或连续的；4）一个行业可能不止两个重要的战略维度，这时可采取多元划分法，或者绘制多个二元战略群体图来加以分析。

3. 战略群体分析过程

战略群体分析的主要目的是区分出实施不同战略的企业群体，分析各群体所面临的

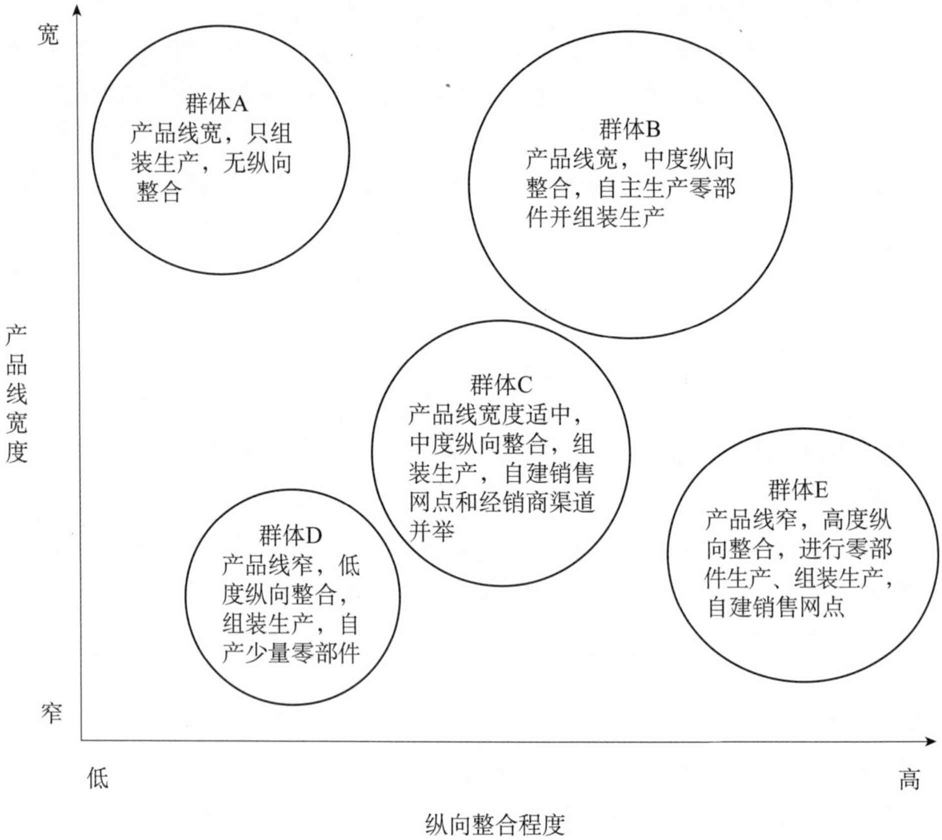

图 2－2　某假定行业的战略群体图

来自五种竞争力量的威胁的状况，进而了解战略群体的盈利潜力，识别出竞争地位相当、处于同一战略群体的最直接竞争对手，为企业制定竞争战略提供依据。具体分析过程如下：

(1) 划分战略群体，明确所有主要竞争对手的战略的各方面特征。

(2) 分析各战略群体相对于潜在进入者的移动壁垒。所谓移动壁垒，是阻止企业从一种战略地位向另一种战略地位移动的因素，即阻止企业从原有行业或原有战略群体转移到目标战略群体的各种因素。潜在进入者对目标战略群体的威胁大小取决于移动壁垒的高低。此处的移动壁垒既包括目标行业的进入壁垒，又包括目标战略群体的进入壁垒。

(3) 分析各战略群体相对于供方和买方的议价能力。

(4) 分析各战略群体相对于替代竞争者战略群体的能力强弱。

(5) 分析各战略群体之间的竞争激烈程度。同一行业内，除了个体企业之间的相互竞争，还存在不同战略群体之间为赢得客户而相互竞争的情况。影响战略群体间竞争激烈程度的因素主要有：1) 战略群体的市场相互依赖度，即目标客户的重叠程度；2) 战略群体的产品差异性；3) 战略群体的数目及其相对规模；4) 战略群体的战略差距。

综合以上分析，在以下情形下，目标战略群体的盈利潜力更大：潜在进入者面临较高的移动壁垒；目标战略群体相对于上游供应商和下游购买者的议价能力更强；替代竞争者战略群体的威胁较弱；目标战略群体与其他战略群体间的竞争抗衡程度不太激烈（见表 2-2）。

表 2-2　五种竞争力量与战略群体盈利潜力

	战略群体盈利潜力大	战略群体盈利潜力小
战略群体间的竞争抗衡程度	低	高
防止进入者的移动壁垒	高	低
替代竞争者战略群体的威胁	小	大
上游供应商的议价能力	弱	强
下游购买者的议价能力	弱	强

（三）战略群体分析对企业战略制定的意义

经过战略群体分析，企业需要考虑如何运用分析结果进行战略的重新思考和调整。具体可从如下几方面着手。

1. 了解战略群体分析在评估企业盈利潜力中的地位

企业的盈利潜力是由三个层面的因素共同决定的，主要包括共同的行业特征、共同的战略群体特征以及企业在其战略群体中的地位。

（1）共同的行业特征。五力模型分析有助于了解整个行业的竞争结构和特征，大致判断行业盈利潜力。

（2）共同的战略群体特征。战略群体分析有助于了解战略群体的竞争地位和特征，大致判断企业所处战略群体的盈利潜力。通过分析战略群体所面对的五种竞争力量的竞争或威胁，可以了解该群体所面对的竞争强度，竞争越激烈，该群体的盈利潜力越小。

（3）企业在其战略群体中的地位。若企业处在一个有盈利潜力的行业和战略群体，其获利的可能性会增大，但最终获利的多少还取决于企业自身在其战略群体中的地位。影响因素包括：1）战略群体内的竞争强度；2）企业在战略群体内的相对规模；3）加入战略群体的代价；4）企业自身贯彻执行既定战略的能力。

2. 根据战略群体分析结果，考虑留在有盈利潜力的群体或退出竞争过度激烈的群体

若该群体仍具备一定的盈利潜力，则值得企业继续经营；若该群体竞争过于激烈，则需要考虑是否退出，重新转向更有盈利潜力的战略群体。

3. 运用战略群体分析，更快速地找出决定本战略群体竞争地位的关键因素

战略群体分析有利于企业将战略分析和定位聚焦于最关键之处，抓住机会，避免威胁；有利于将战略行动聚焦，形成合力。

4. 发挥企业在个体和战略群体层面的双重角色

企业作为战略群体的一员，有着双重角色：个体企业角色和群体成员角色。在同一战略群体中的企业，相互间既是竞争关系又是合作关系。作为个体企业，它要努力在战略群体内取得强势地位；而作为战略群体成员，它要努力联合群体内其他企业对抗其他战略群体，以巩固所处战略群体的地位。

第3节　利益相关者分析

一、利益相关者分析的含义与价值

（一）利益相关者分析的含义

利益相关者是指能够影响企业经营决策或行动并受其影响的个体和群体。利益相关者分析是指系统地辨别那些能够对企业及其竞争对手施加影响的重要群体和个体，分析其利益诉求并有针对性地采取应对行动，以确保企业目标成功实现。不同于早期的股东至上观念——只关注股东或所有者的利润，利益相关者观念不仅关注股东，而且关注供应商、客户等诸多群体或个体。通过分析，能够明确关键利益相关者，了解其利益诉求是什么，确定企业应当何时、如何针对它们采取行动以及如何在关键利益相关者之间分配组织资源，从而使企业竞争成功。

（二）利益相关者分析的价值

利益相关者，尤其是关键利益相关者，对企业的战略成功至关重要。企业战略决策者的一个重要任务就是处理好与利益相关者的关系。由于利益相关者与企业相互影响，他们既影响企业，也受到企业影响，任何一方的重要行动或变化都会影响另一方；企业也需要关键利益相关者对其战略方向和关键变革的认可；一些利益相关者处在影响"游戏规则"的地位，比如政府或第三方环保组织对新能源汽车的支持或推动，可能改变汽车行业的竞争格局。如战略聚焦 2－5 所示，《新能源汽车产业发展规划（2021—2035年）》将加速推动新能源汽车产业的创新和发展，引导传统汽车产业的转型和调整。不同利益相关者还能够提供对企业成功至关重要的各类资源和支持，比如原材料、资金、忠诚度、政策支持等。拥有良好投资者关系的企业能从投资分析者和投资者身上获得更多的支持，企业对内部和外部利益相关者的及时了解和关注也有助于减少环境的不确定性。

战略聚焦 2－5　发展新能源汽车 迈向汽车强国之路

利益相关者分析的一个基本前提或假设是：企业若能够有效地处理与利益相关者之间的关系，就有助于其形成竞争优势以获得超额收益。进行利益相关者分析，有助于识别影响企业或竞争对手行动的个体或群体，包括内部和外部的利益相关者；有助于预测利益相关者对企业战略计划或行动的影响程度，有效监控和应对各个利益群体的利益诉求和期望；有助于制定充分考虑各方利益诉求的有效战略，为战略的贯彻落实扫清障碍。

二、利益相关者分析法

进行利益相关者分析，可采用如下基本步骤。

（一）识别企业的利益相关者

企业通常会面对许多不同的利益相关者，它们与企业彼此相关、相互影响，但对企业的影响和重要程度各不相同。在评估其重要性之前，我们首先需要在更大范围内进行环境扫描，尽可能地识别出与企业息息相关的利益群体或个体，以免把一些主要利益相关者拒之门外而使企业处于竞争弱势。

从对企业产生影响的方式和利益关系性质来看，可以把利益相关者分为两类：直接利益相关者和间接利益相关者。直接利益相关者是指直接与企业发生市场交易或产生经济利益关系的群体或个体，主要包括股东或投资者、管理者、员工、债权人、供应商、经销商、消费者、竞争者、合作者、当地社区、工会组织等。间接利益相关者是指间接与企业发生非市场交易或产生社会利益关系的群体或个体，主要包括政府、社会团体、媒体、公众等，如图 2－3 所示。其中，股东、管理者和员工是内部利益相关者，其他则为外部利益相关者。

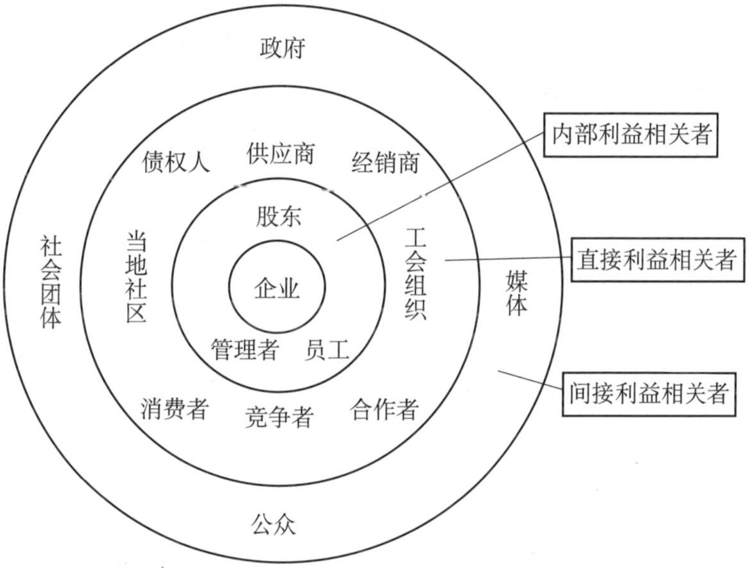

图 2－3　利益相关者的类型

（二）了解利益相关者的利益关系和利益诉求

每个利益相关者都与企业有着不同的利益关系，有着各自不同的利益诉求和目标，且都希望自己的利益最大化；对企业而言，则需要管理者在各群体及其利益诉求之间保持平衡，以确保企业自身的合理利益。要想平衡各方利益，首先需要明确各利益相关者的利益关系和利益诉求到底是什么。

1. 经济利益和社会利益

利益相关者与企业之间的利益关系可以简单划分为经济利益和社会利益两类。直接利益相关者大多与企业有着经济利益关系，它们更关心资源分配，比如股东关心企业的盈利和分红状况，员工关心自身的薪酬水平，供应商关心企业支付的价格是否合理，消费者关心花钱买的产品是否物有所值；当然，也有关心社会利益的，比如员工关心企业产品质量和技术创新对社会的贡献，消费者关心所购买产品背后的生产环节是否对环境友好。间接利益相关者则大多与企业有着社会利益关系，它们更关心企业价值观和社会责任，比如政府关心企业是否遵守相关政策法规，环保组织或动物保护组织等社会团体关心企业行为对环境或动物的影响，媒体和公众关心社会公平等。利益相关者与企业的利益关系可能是单一的，也可能是多方面的和多层次的，既有经济利益和社会利益的多重交织，又有从地方、国家到国际的多层次利益，比如企业排污所带来的环境问题不仅影响当地社区，还可能成为全国性或全球性议题。

2. 企业社会责任模型

从企业社会责任角度分析也有利于理解利益相关者的利益关系和诉求。卡罗尔曾把企业的社会责任分为四个层次，如图 2-4 所示，包括经济责任、法律责任、道德责任和慈善责任。经济责任要求企业经营获利，与股东、员工等相关；法律责任要求企业守法，与政府等相关；道德责任要求企业守住道德底线，做正确的、合乎道德的事，关系到各个利益相关者，涵盖员工公平的工作机会、供应商的合理利润、消费者保护、绿色制造等诸多方面；慈善责任是由企业自由决定的责任，通过向社会做出更多贡献来造福利益相关者和整个社会，它超越了前三种社会责任。

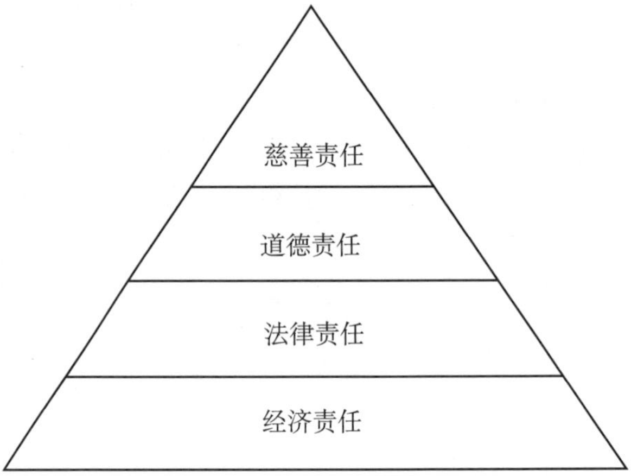

图 2-4　企业社会责任金字塔

资料来源：Carroll A B. The Pyramid of Corporate Social Responsibility: Toward the Moral Management of Organizational Stakeholders. Business Horizons，1991，34（4）：39-48.

当企业做出某个战略决策或行动时，需要充分了解利益相关群体及其利益诉求，主要包括：该行动可能会影响到哪些利益相关者？它们期望从中获得的利益是什么？它们愿意付出什么来获得利益？不同利益相关者之间是否存在利益冲突？它们是如何看待彼此及其利益冲突的？

（三）利益相关者的影响力和重要性评估

利益相关者的影响力是指某利益相关者在要求企业满足其利益诉求时所拥有的权力大小。具体可表现为股东的投票权、工会的谈判能力、地方政府的监管、媒体的宣传、金融机构的资金实力、供应商的议价能力等。其影响力越大，企业就越要重视其利益诉求，但满足其利益诉求并不一定与企业经营目标的实现相一致。

利益相关者的重要性是指某利益相关者对企业实现经营目标的重要程度。该利益相关者越重要，企业就越应优先考虑其利益诉求，从而获得其支持，以实现企业经营目标。

在评估利益相关者的影响力和重要性时，主要考虑如下问题：满足或应对利益相关者的利益诉求会对企业带来何种影响？影响有多大？利益相关者对企业的重要性如何？企业是否应该或在多大程度上重视利益相关者的利益诉求？当各方利益冲突时，该如何取舍和平衡？

当各方利益冲突时，企业需要根据各利益相关者的影响力和重要性排出优先顺序，进行合理的取舍和平衡。如图 2-5 所示，影响力-重要性矩阵可以用来评估利益相关者的利益诉求从影响力看是否必须加以重视，从重要性看是否值得优先考虑。当利益相关者的影响力较大时，企业必须重视其利益诉求；当利益相关者很重要时，其利益诉求值得优先考虑。当利益相关者既重要又有影响力时，企业就有必要最优先考虑该利益相关者的利益诉求。而对于影响力大、重要性低的利益相关者，为避免其强大的影响力对企业造成威胁，巧妙而合理地应对其利益诉求颇为重要。

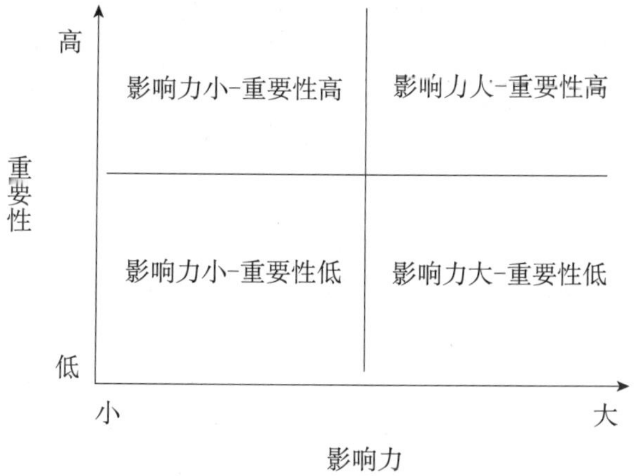

图 2-5　利益相关者的影响力-重要性矩阵

（四）综合考虑利益相关者的利益诉求及其优先顺序，制定合理的企业战略

识别利益相关者和列出其利益诉求及优先顺序，有助于企业全面考虑企业和各方利益，制定合理战略，以恰当处理各方间的利益关系。由于各群体间利益并非完全一致，企业的战略行动并不能保证让所有利益相关者都满意。企业尤其需要合理取舍和平衡，有先后，分轻重缓急，防止因短期内过度迎合利益相关者的诉求，而导致自身的长期战略利益受损。比如在共享单车业务的扩张过程中，投资方希望其快速增长、用户希望单车随处可骑、供应商希望获得大量订单、竞争对手不惜代价抢占份额、管理者和员工对薪酬有着很高的期望，所有这一切都推动了企业的过度扩张，以期在短期内迎合各方的诉求，但由此带来的资金短缺、拖欠货款、管理不善、用户体验不佳等问题，不利于企

业长期的战略成功。

案例分析

分享收获：耕耘美好生活

2012 年，中国人民大学农学博士石嫣在北京创办了分享收获农场，采用社区支持农业（CSA）模式，致力于构建生产者与消费者之间友好直销关系，推动社区食物安全和乡村可持续发展。如今农场会员上千户，并带动全国上千家 CSA 农场和数十万户消费者家庭参与其中。石嫣说："每 5 户消费者加入，就可以让一亩土地脱毒；每 10 户消费者加入，就可以让一个农民有机耕作；每 100 户消费者加入，就可以让 5 个年轻人留在乡村工作；每 1 000 户消费者加入，就可以有一个更可持续发展的乡村。"

2008 年，石嫣去美国地升农场实习，"那半年经历就像一颗种子，在我心里扎了根……在 CSA 农场，诚信是最高的原则，也是最低的底线，只有会员信任，农场才可持续经营"。回国后，在"三农"专家、导师温铁军的支持下，她尝试把 CSA 模式搬到中国，2009 年试水"小毛驴"市民农园三年后，正式创立了分享收获农场。

分享收获定位于为农业服务的社会企业，一个真正连接生态农户和消费者的 CSA 平台：在生产端，农民按照"不使用化学合成农药和化肥"的有机标准生产农产品，通过公平贸易获得合理收入；在消费端，参照欧盟标准进行 191 项农残检测，为消费者提供生态农产品，最终实现了农业生产和消费的良性循环和可持续发展。

初创资金来自认同其理念的 10 户核心会员，也称"谷东"，分享收获承诺为其提供 5 年免费蔬菜。石嫣不希望获利性资本介入，认为它会给本来就高风险、慢积累的农业运营带来额外压力，甚至改变企业的初心。

在生产上，经过不懈努力，与农户合作的通州基地成立。但经典 CSA 模式面临着"水土不服"：一是农户对有机农业的认知不足；二是有技术的农民大都 60 岁以上，生产者的可持续性面临问题。2013 年，分享收获租赁了顺义基地，开始本土化改造，培养自己的"新农人"。一是发挥老农人传帮带作用，培养"种菜的大学生们"在有机蔬菜生产、销售、配送方面的能力；二是新农人通过生态农业领域交流等方式自我学习，在业务发展中边干边学。

在品类上，考虑到会员的多样化餐食需求，分享收获建立了蔬菜种植、果园、林地养殖和五常大米种植基地，参照国内外有机种植养殖标准逐步拓展品类，让放心食物摆满餐桌。

在销售上，分享收获尝试通过微店等销售，后来开发了"好农场"App、微信小程序等。会员既有认同 CSA 理念的铁杆粉丝，也不乏追求健康生活品质的纯消费者，他们对蔬菜有虫眼、草绳捆蔬菜等产品品相和包装问题时有抱怨。为此，分享收获建立了会员微信群，并推出公众号，主动发布生产和产品检测信息，解答会员疑问，让其了解食物的来源和理解简易包装等环保举措。

2013 年，分享收获发起"大地之子"食农教育项目，旨在通过教育推动消费者饮食理念的转变，既关注自身健康，也关注土地健康，助力对环境及人类友善的农业发展模式。通过农场参观、食育课程、校园菜地、夏令营以及编制《大地之子食农教育手册》等方式，让消费者了解农作物在土壤中健康生长以及从栽种、采收、烹饪到餐桌的过程，让食品安全和生态农业观渗入每个家庭。

分享收获还搭建了“食物社区”，筛选其他生态产品在自己平台销售，涵盖了数十位合作农人的 100 多种产品。这些生态生产者有返乡青年、新农人、老农民，他们真正理解和认同 CSA 理念，但常遇到市场开拓问题；而会员基于信任，希望分享收获能推荐多品类有机产品，于是食物社区将二者连接起来。进入食物社区的产品必须经过实地考察和产品检测的双重检验：实地考察是为保证其生产过程的环境友好，要求生产环节遵循有机生产标准；产品检测是为保证最终食品的安全，要求通过 191 项农残检测。

2009 年以来，作为社会生态农业 CSA 联盟的骨干成员，石嫣还每年参与和组织 CSA 大会，毫无保留地分享经验，无形中培育了许多“竞争者”。但她说：“我不太认可‘竞争’的说法。正因为多数 CSA 农场的艰难，联盟的意义才更凸显；只有理解 CSA 理念的生产者和消费者队伍不断壮大，中国乡村才有未来。”

从成立至 2018 年，分享收获已开办 30 多期新农人 CSA 培训，培养了 800 多位新农人，其中很多人已经成为在地化的生态农业生产和消费的带头人。石嫣希望，“新农人不是被赋予的，而是由心的自主选择，是一群‘懂农业、爱农民、爱农村’的人，更是‘懂技术、爱农业、善经营’的人，他们致力于重建人与土地的连接，让农民成为一个令人骄傲的职业”。

对于未来，石嫣有信心，也有耐心。她清醒地知道，按照我国有机农业现状，当消费者达到上万户时，生产团队就会严重不足。目前最重要的是培养好团队，把生产技术和核心管理做精细，培训更多新农人，连接更多生态生产者，踏实做好农业，耐心等待有机农业的机遇和乡村美好未来。

资料来源：付彦，王建英，徐京悦．分享收获：为美好生活耕耘不息．中国人民大学商学院案例库，2018.

思考题

1. 分享收获的利益相关者是谁？他们各自有何利益诉求？
2. 分享收获是如何平衡各利益相关者的利益关系的？你对其做法有何评价？

本章小结

企业外部环境涉及影响企业绩效的各种外部环境因素，通常包括宏观环境、行业环境和利益相关者等多个方面。对外部环境的合理分析，有助于企业更好地把握外部环境所带来的机会和威胁。本章介绍了企业外部环境分析的几种主要方法，包括 PEST 分析法、五力模型分析法、战略群体分析法和利益相关者分析法。

PEST 分析法将宏观环境细分为政治、经济、社会和技术几个方面，通过对各环境要素的变化和趋势的分析，可以识别重要环境因素，把握宏观环境带来的机会和威胁。

五力模型分析法作为一种行业环境分析法，对整个行业的竞争结构进行分析；从现有竞争者间的竞争激烈程度、潜在进入者的威胁、替代竞争者的威胁、上游供应商的议价能力和下游购买者的议价能力等五种竞争力量入手，分析行业竞争状况和盈利潜力。

战略群体分析法作为一种行业环境分析方法，对行业内部结构进行分析；把行业内企业按照战略相似度划分为不同的战略群体，以对行业内的战略子群体有进一步的分析和了解，有助于企业找到最直接的竞争对手并做出应对。

利益相关者分析法主张根据利益相关者的影响力和重要性，综合平衡各方在经济利益和社会利益方面的利益关系和利益诉求，制定合理的企业战略。

思考题

1. 企业外部环境主要包括哪些内容？
2. 构成企业宏观环境的因素有哪些？
3. 五力模型中的五种竞争力量是如何影响行业竞争强度和盈利潜力的？
4. 战略群体分析有何作用？
5. 企业应如何进行利益相关者分析？
6. 企业该如何承担社会责任？

参考文献

[1] 宋华．企业战略管理．北京：中国人民大学出版社，2020.

[2] 波特．竞争战略．北京：华夏出版社，2012.

[3] 弗莱舍，本苏桑．战略与竞争分析．北京：清华大学出版社，2004.

[4] 汤普森，彼得拉夫，甘布尔，等．战略管理：概念与案例：原书第19版．北京：机械工业出版社，2015.

[5] 徐飞．战略管理．3版．北京：中国人民大学出版社，2016.

[6] 希特，弗里曼，哈里森．布莱克威尔战略管理手册．北京：东方出版社，2008.

[7] 希特，爱尔兰，霍斯基森．战略管理：概念与案例：第12版．北京：中国人民大学出版社，2017.

[8] 杨锡怀，冷克平，王江．企业战略管理：理论与案例．2版．北京：高等教育出版社，2004.

[9] O.C. 费雷尔，费雷德里希，琳达·费雷尔．企业伦理学：伦理决策与案例：第8版．北京：中国人民大学出版社，2012.

[10] 哈特曼，德斯贾丁斯，苏勇，等．企业伦理学．北京：机械工业出版社，2011.

第3章

知己知彼：内部分析

积土成山，风雨兴焉；积水成渊，蛟龙生焉；积善成德，而神明自得，圣心备焉。

——《荀子·劝学》

故不积跬步，无以至千里；不积小流，无以成江海。

——《荀子·劝学》

学习目标

- 认识企业的内部环境
- 掌握企业资源与能力分析的复杂性和核心要点
- 掌握企业的核心能力相关内容
- 掌握价值链分析法
- 掌握 SWOT 综合分析法

引导案例

顺丰的"顺"之道

在一个充满机遇与挑战的时代，一家企业如何抓住时代的脉搏，实现从无到有、从小到大的蜕变？顺丰的故事正是这样一部生动的商业传奇。顺丰不仅是中国民营快递行业的标杆，还是中国经济发展的一个缩影。

故事开端：顺势而为，从自行车到货运机队

1993 年，改革的春风吹遍中国大地。年轻的王卫在广东顺德创立了顺丰，顺丰最初只是一家专注于粤港两地货物和邮件往来的区域性小公司。那时，王卫每天骑着自行车穿梭于大街小巷，亲自送件。谁能想到，这个挥汗如雨的快递小哥，会在未来 30 年内打造出一家全球 500 强企业？顺丰的第一单业务，是将一份文件送到容奇港。这看似平凡的一单，却蕴含着巨大的潜力——随着珠三角制造业的崛起，粤港之间的物流需求激增。王卫敏锐地捕捉到了这一趋势，用实际行动诠释了“顺势而为”的哲学。

第一次飞跃：从区域到全国

到了 1996 年，中国经济进入快速发展阶段，工业化进程加速，市场对快递物流服务的需求日益旺盛。顺丰也抓住了这个契机，逐步将业务扩展至广东省外，从一个区域性公司成长为覆盖全国的快递巨头。这一阶段的成功秘诀在于“顺势而为”。王卫没有盲目扩张，而是根据市场需求稳步推进网络布局。通过建立标准化的服务流程，顺丰逐渐树立起“快速可靠”的品牌形象，赢得了客户的信赖。

第二次飞跃：飞向高端市场

2003 年，顺丰迎来了又一次关键性的转折点——包机服务。这一年，顺丰与扬子江快运达成合作，成为国内首家使用全货运专机的民营快递企业。这一决定曾引发广泛争议，许多人认为风险过高，但事实证明，飞机运输的高效性和可靠性为顺丰打开了高端市场的局面。借助航空运输的优势，顺丰不仅提升了配送速度，还进一步巩固了其“高端快递”的定位。此后，顺丰陆续推出了运单扫描查询系统、ERP 项目以及网上下单服务，实现了信息化管理和客户体验的双重升级。

第三次飞跃：拥抱互联网经济

进入 21 世纪第二个十年，中国的互联网经济迎来爆发式增长，电商平台的兴起彻底改变了人们的消费习惯。面对海量的电商订单，顺丰再次展现出强大的适应能力，迅速调整战略，推出了一系列针对电商的创新服务。例如，在广州、东莞等地设立共享服务中心；开通高铁电商专列；开发丰巢快递柜业务；成立“顺丰冷运”满足生鲜配送需求；进军 O2O 同城配送领域……这些举措让顺丰成功融入互联网生态，成为电商物流领域的佼佼者。同时，顺丰的国际业务也在这一时期取得了突破性进展，服务范围覆盖全球 84 个国家及地区，跨境电商服务更是延伸至 200 多个国家及地区。

第四次飞跃：科技引领未来

如今，人工智能、大数据、无人机等新兴技术正在重塑物流行业。顺丰再一次站在了时代的前沿，积极探索智能化转型的可能性。2017 年，顺丰登陆 A 股市场，标志着公司迈入资本化发展的新阶段。随后，顺丰获得全国首张无人机航空运营许可证，并于 2020 年首次投入大型无人机业务场景，构建起“三段式空运网”。此外，鄂州花湖机场的投运，则为顺丰打造了一个世界级的物流枢纽。通过引入智能地图、自动化分拣设备和大数据分析工具，顺丰大幅提高了仓储、运输和配送效率，真正实现了从“汗水物流”到“智慧物流”的转变。

顺丰的成功告诉我们，“顺”不仅仅是一种哲学，还是一种行动力。只有紧跟时代步伐，不断创新求变，才能在风云变幻的商海中立于不败之地。而这或许就是顺丰带给我们的最大启示。

资料来源：顺势而为，顺丰 30 年快速成长的秘诀．(2023-03-25)．https：//www.thepaper.cn/newsDetail_forward_22444934.

第 1 节　企业的内部环境

一、企业内部环境分析的目的

好的企业战略是企业发展并赢得竞争优势的一个重要前提，而对企业内外部环境的全面、合理、精准分析是进行企业战略研究和设计的第一步。本书第 2 章对企业的外部环境进行了详细探讨，通过外部环境分析，企业可以认清自己在当前及未来一段时间内在所处外部环境中面临的各种机会和威胁，但企业是否能够很好地利用这些机会或者应对威胁，在很大程度上取决于企业的内部资源和能力状况。因此，企业在制定战略之前，除了需要对外部环境进行分析之外，还要对内部环境进行全面、合理、精准的分析与把握，以保证做正确的事。

与通过外部环境分析寻找机会（O）与威胁（T）不同的是，企业通过内部环境分析主要想找出自身的优势（S）和劣势（W）。当企业明确了自己的外部机会与威胁以及内部优势与劣势之后，就可以对它们进行综合匹配分析。一般来讲，可以运用优势、劣势、机会、威胁的匹配分析方法，即 SWOT 分析法，来进行综合分析，从而为制定一个合理的战略打下基础。

企业的内部环境主要涉及两个方面，即企业的资源与能力。资源是可以拿来利用的一切要素，如人、财、物等有形的资源，知识、技术、品牌等无形的资源。拥有同样资源的企业，其发展速度和取得的成就并不一定相同，这是因为企业能力上的差异导致了运用资源的效果和效率存在差异。每个企业都有多种资源，资源的特点和作用不同，能否利用资源产生竞争优势取决于企业是否有把握、掌控和运用资源的能力。因此，企业的内部环境分析必然包括两个方面，既包括对企业所拥有的资源的分析，又包括对企业运用资源的能力的分析。显然，优于竞争企业的资源与能力形成了企业的内部优势，弱于竞争企业的资源与能力形成了企业的内部劣势。简单讲，资源即企业拥有什么；能力即企业能驾驭资源做什么。一个企业如果具有优势资源，同时又具有驾驭资源的强大能力，往往易于形成企业的核心竞争力。

二、资源与能力分析的复杂性

在明确了企业的内部环境分析主要应从企业的资源与能力两个方面入手之后，必须首先探讨如何对企业的资源与能力进行全面、合理、精准的分析，以找到内部优势和内部劣势。然而，分析企业的内部资源与能力实际上是非常复杂的。这是因为，一方面，企业的内部资源与能力种类繁多，存在于企业经营活动的各个方面和环节；另一方面，不同资源与能力之间的关系异常复杂。

比如，企业中既有有形资源（人员、厂房、设备等），又有无形资源（技术、品牌、商誉等），而各种资源又分布在企业的各个部门中，如研发部门、生产部门、采购部门、销售部门、后勤部门等。在企业中，分布在不同地方（如不同区域、不同环节、不同部门等）的资源只有和其对应的能力相匹配，才能产生创造价值的活动。因此，在进行企业的内部环境分析时，如何全面、有针对性地将这些复杂的资源和能力同竞争企业的对应资源与能力进行比较，从而找出优势和劣势，无疑是需要我们认真思考的一个重要问题。

鉴于企业的内部环境异常复杂、资源与能力之间的关系繁多，我们需要找到一种进行企业内部环境分析时普遍适用的方法，这不仅对企业制定一个合理的战略具有决定性的意义，对于我们研究企业成长和企业竞争优势的来源也有着启发性的意义。

三、资源与能力分析的核心要点

通过前文的分析可知，企业的内部环境分析实际上是要同竞争企业比较资源与能力，从而找出自身的优势和劣势，而要合理地对资源与能力进行比较，必须首先解决如下两个重要问题。

第一个问题是与其他竞争企业比较资源与能力时，衡量资源与能力的尺度如何选取。

很多人会认为寻找衡量尺度似乎很容易。比如，比较资源时，用多与少作为尺度即可；比较能力时，用强与弱作为尺度即可，这样既简单又实用。但是，仔细想一下就会发现，用多与少作为衡量资源的尺度和用强与弱作为衡量能力的尺度存在明显的缺陷。因为这样的衡量尺度并没有考虑在这些资源与能力中，哪些资源或者哪些能力是能够给企业带来好处的。也就是说，只要企业的资源多、能力强，企业就一定能够发展得非常好吗？答案显然是否定的。

因此，我们有必要对资源与能力的衡量尺度进行重新考量。新的衡量尺度不仅应该能够体现出资源的多与少、能力的强与弱这一量的关系，更关键的是应该反映出哪些资源或能力能够给企业带来好处。有鉴于此，我们提出了一个相对较为合适的新的衡量尺度——价值。

第二个问题是如何全面比较资源与能力，即与其他竞争企业比较资源与能力时，如何才能全面、系统、无遗漏、有重点地进行比较。

为了解决上述问题，我们首先要回归到企业的本质来进行思考。众所周知，企业是营利性的经济组织，企业的盈利需要通过其业务实现。也就是说，企业的资源与能力要给企业创造价值，就必然在企业的经营流程中发挥作用。而流程是一系列生产经营活动的集合，如果能够全面地把握企业的生产经营活动，就能够全面地把握企业的资源与能力。在企业中，由若干生产经营活动组成的链条构成了企业日常运行的基础。把握了这一由活动组成的链条，就能够全面把握企业资源与能力配置和利用的效果。

四、企业的核心能力

（一）核心能力

在企业的能力中，有一种很特殊的能力，即核心能力。20 世纪 90 年代以后，市场逐渐从卖方市场向买方市场转变，产品需求的差异性日趋明显，企业竞争日益激烈。企业要想在竞争中保持优势地位，就必须打造出支撑其持续竞争优势的能力，这就是核心能力。核心能力是保证企业拥有持续竞争优势的能力。

能够带来持续竞争优势的核心能力具有四个方面的典型特征：

（1）有价值。核心能力是能够给企业带来竞争优势的能力，显然它是能够给企业带来价值的。

（2）独特。核心能力是某个企业通过一定时间的积累打造出来的，这种特定的能力往往不易被其他企业所拥有。比如，京东经过若干年建立起来的物流配送体系，其他电商企业在短时间内很难拥有。

（3）难以模仿和复制。核心能力是企业通过一定时间的积累打造出来的，其他企业不可能在短时间内进行模仿和复制。它不像材料、机器设备那样能在市场上购买到。这种难以模仿和复制的能力能为企业带来超过平均水平的利润。

（4）不可替代。核心能力是企业通过一定时间的积累打造出来的，积累是核心能力形成的标志之一。核心能力在为顾客创造价值的过程中具有不可替代的作用，不是其他能力能够轻而易举替代的。

（二）核心竞争力

由核心能力支撑的、具有竞争优势的能力就是核心竞争力。

可以看出，核心竞争力是一个企业能够长期获得竞争优势的能力，是企业所特有的、能够经得起时间考验的，并且是竞争对手难以模仿的。

核心竞争力是企业竞争力中最基本的、能使整个企业保持长期稳定的优势，是企业各个层面有机运行的结果。当前，知识和创新越来越成为企业核心竞争力的基础，核心竞争力将在很大程度上依赖知识和创新，而知识和创新的关键在于人才。

对企业核心竞争力的判断往往离不开价值链。在不同的企业中，并不是每个活动都创造价值。实际上只有某些特定的活动才真正创造价值，这些真正创造价值的经营活动就是价值链上的重要的战略环节。企业保持竞争优势，实际上就是在价值链某些特定的战略环节上发挥优势。运用价值链分析法来确定核心竞争力，要求企业密切关注组织的资源状态，持续关注和完善价值链的关键环节。

第 2 节　价值链分析

一、价值的衡量方法

由前文的分析可知，进行企业的内部环境分析，必须要对企业的资源与能力进行比较，而价值是一个比较合适的衡量尺度。这里首先阐述价值如何衡量的问题。

（一）价值如何衡量

一般来讲，可以用功能与成本的比值来衡量某个对象的价值的大小，这一衡量标准源于人们对生产型产品价值的认识。比如，某件产品给人们带来的功能越好，人们获取它的成本越低，则它的价值越大。我们常说的物美价廉、物超所值等都是从这个方面衡量价值的体现。

价值＝功能/成本

（二）价值分析决策方法

价值分析决策方法是通过定量比较两个或多个对象的价值进行决策的方法。由于价值等于功能与成本之比，因此，要定量比较两个或多个对象的价值大小，必须首先获取待比较对象的功能以及成本数据。成本往往是容易获取的，但功能如何计算呢？

在企业管理中，我们经常会遇到如何把定性问题定量化的情况，比如在人力资源管理中评价员工的工作绩效，最后要求量化打分。要想达到这一目的，首先需要建立一套指标体系。指标体系建好后，才能知道该从哪些方面衡量每个员工的工作绩效，进而得出一个总评分。

在将定性问题定量化的过程中，大致包括如下四步：

第一步，建指标：通过分析，明确采用哪些具体的指标来衡量和评价对象。

第二步，定权重：评估所建指标体系中各项具体指标的重要性，并设定权重加以区分。

第三步，评分：基于各项指标，对待评价的各个对象进行评分。

第四步，加权总分：基于各个对象在各指标下的评分，计算各个对象在该指标体系下的加权总分。

在价值分析决策方法中，我们将基于以上四个步骤，对价值公式中的“功能”进行量化处理。

例如，国内某新建连锁餐饮公司采购物资，有两种采购方案可供选择：一种是现货直接采购（A 方案），另一种是联合集中采购（B 方案）。现货直接采购是指由各连锁门店采购人员负责到市场采购和进货，再到总部统一报账；联合集中采购则是指由总部出面选择多家资质好、实力雄厚的供应商，通过报价竞标，进行集中采购结算，并由供应商统一向各门店配货。

由于以前没有进行过比较，该公司不知道选择哪种方案好，因此试图通过价值分析决策方法判断各采购方案的价值大小，然后进行决策。

经过比较，两种采购方案各有优缺点，如表 3-1 所示。

表 3-1　两种采购方案的比较

比较指标	现货直接采购（A 方案）	联合集中采购（B 方案）
灵活性	高	低

续表

比较指标	现货直接采购（A 方案）	联合集中采购（B 方案）
质量可控性	高	较低
价格	高	低
物流效率	低	高
管理成本	高	低

接下来，要建立功能指标体系，评价各采购方案到底在采购过程中能给公司带来什么样的功能，是否能够满足采购目标的要求。

根据餐饮公司的采购总目标，所建立的功能指标体系如表 3－2 所示。

表 3－2　采购的功能指标设定

采购总目标	物美价廉，保证供应，管理简单（F0）					
一级指标	营养和质量（F_1）		管理成本（F_2）		确保供应（F_3）	
二级指标	质量（F_{11}）	营养（F_{12}）	环节（F_{21}）	费用（F_{22}）	监控（F_{31}）	风险（F_{32}）

在表 3－2 功能指标的基础上，公司组织相关人员对各级功能指标的重要性进行评分。首先对一级指标进行评分。这里运用交叉评分法，如表 3－3 所示。指标间两两比较，以 3、2、1、0 等作为不同重要性的分值。

表 3－3　一级指标权重设定

一级指标	F_1	F_2	F_3	权重评分值	权重
F_1	0	2	3	5	0.417
F_2	2	0	1	3	0.250
F_3	1	3	0	4	0.333
合计				12	1.000

指标相互比较后，将每一行的分值相加，就得到各指标的权重分值，可方便地计算出各指标的权重。

接着，公司组织相关人员对功能指标中的二级指标进行重要性评分（采用直接打分法），如表 3－4 所示。

表 3－4　二级指标权重设定

一级指标	F_1		F_2		F_3	
权重	0.417		0.250		0.333	
二级指标	F_{11}	F_{12}	F_{21}	F_{22}	F_{31}	F_{32}
评分（%）	55	45	30	70	40	60
权重	0.229	0.188	0.075	0.175	0.133	0.200

公司组织相关人员对 A 方案和 B 方案进行二级功能指标下的评分（采取百分制评分）。计算各方案的功能加权总分及功能指数（功能指数为各方案加权总分的百分比，

这样处理的目的是去掉功能的数量单位，避免在与成本的比较中存在数量单位不统一的问题），如表 3-5 所示。

表 3-5 两种采购方案的功能评分和功能加权总分

	二级指标						加权总分	功能指数
	F_{11}	F_{12}	F_{21}	F_{22}	F_{31}	F_{32}		
权重	0.229	0.188	0.075	0.175	0.133	0.200		
A 方案	72	44	56	67	60	48	58.27	0.463
B 方案	68	80	70	63	65	60	67.53	0.537

由于该公司没有采用过相关的采购方案，所以它间接获取了其他两家连锁餐饮企业现有的成本数据。通过获取某段时间内公开的采购成本统计数据，计算平均单位物资（吨）的采购总成本，得到 A 方案的平均单位物资采购成本为 3 200 元，B 方案的平均单位物资采购成本为 3 050 元。

计算得出两种采购方案的成本指数：A 方案为 3 200/(3 200＋3 050) ＝0.512；B 方案为 3 050/(3 200＋3 050) ＝0.488。

根据价值（价值指数）＝功能（功能指数）/成本（成本指数），得出 A 方案的价值指数为 0.904，B 方案为 1.100。

可以看出，B 方案的价值指数大于 A 方案，因此，可以采用 B 方案（联合集中采购）作为最优方案。

在企业管理实践中，价值分析决策方法是一个非常重要且应用普遍的方法，在企业战略决策及运营决策的各个方面（如战略定位、供应商选择、研发方案选择、采购决策、生产设备选择、生产方式选择、销售渠道选择、营销方式决策、人事任免、人员招募、人员考核、岗位设计、部门考核、财务决策、预算决策等）都可以广泛运用。

二、价值链分析法

（一）价值链

企业具备的所有资源与能力是企业开展各项经营活动的基础，各种活动相互关联、环环相扣，形似链条。只有从整体上把握链条，才能全面把握企业的资源与能力。而衡量资源与能力的最佳尺度就是价值。

我们将前述问题的解决思路汇总到一起，发现了一种企业内部环境分析的核心方法，这就是价值链分析法。价值链在本质上是由价值和链组成的。价值是衡量资源与能力状况的尺度；链是由企业的生产经营活动组成的活动链，是全面把握和分析资源与能力的基础。由此，采用价值链分析法可以整体衡量企业的优劣势。

迈克尔·波特在《竞争优势》一书中提出价值链，并将其作为一种对企业竞争优势进行强有力的战略分析的框架。多年来价值链不断发展创新，并被财务分析、成本管理、市场营销等专门领域所广泛融入和吸收。波特认为，企业与企业的竞争，不是某个环节的竞争，而是整个价值链的竞争，整个价值链的综合竞争力决定了企业的竞争力。

企业要生存和发展，就必须为股东和其他利益相关者包括员工、顾客、供应商以及所在地区和相关行业等创造价值。如果把企业内部环境这个"黑箱"打开，我们可以把企业创造价值的过程分解为一系列互不相同但又相互关联的经济活动，可称之为"价值增值活动"，其总和即构成企业的价值链。

波特指出，企业每项经营活动都是创造价值的经济活动，企业所有各不相同而又相互关联的生产经营活动构成了创造价值的动态过程，这就是价值链。简单地讲，价值链是企业所有的生产经营活动联系到一起形成的。

波特提出的价值链思想把企业创造价值的活动大致分为基本活动和辅助活动两类，以生产型企业为例，基本活动主要包括进料物流、生产作业、发货物流、市场销售、售后服务等。辅助活动则包括采购管理、技术开发、人力资源管理以及组织建设等。组织建设中除包括支撑业务流程运作的各项辅助活动外，还包括企业文化建设、战略规划、高层经营管理活动、企业治理等内容，如图 3－1 所示。基本活动和辅助活动共同构成企业的价值链活动。总之，企业的所有活动都纳入了价值链的活动范畴。

显然，从企业流程的角度划分，这些活动中有一些活动（如图 3－1 中的基本活动）构成了企业的业务流程，其他活动（如图 3－1 中的辅助活动）则形成了企业的管理流程，它们涵盖了整个企业价值链中的所有活动。在企业中，流程就是一系列活动的集合。

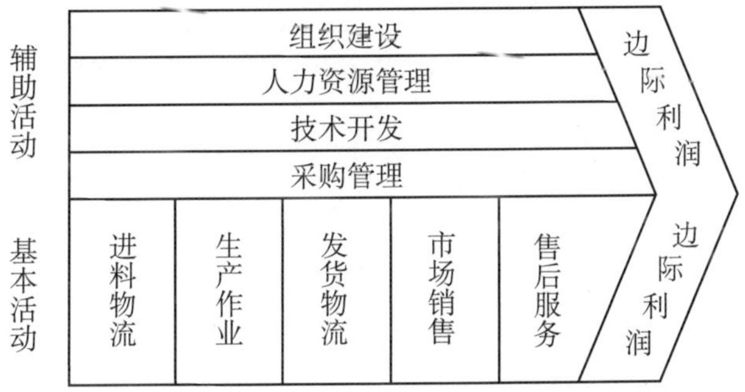

图 3－1 价值链中的活动示意图

价值链的思路易于理解，关键在于如何运用。根据前文分析可知，价值链思想的提出同时解决了资源与能力的衡量尺度以及如何全面比较资源与能力这两个核心问题，因此，价值链的一个重要作用就是应用于企业的内部环境分析，找出优势和劣势。

（二）企业的优势和劣势分析

有了价值链的思路和价值分析决策方法之后，我们再来总结在企业内部环境分析中如何找出优势和劣势。

实际上，在将企业同其竞争者进行比较时，如果企业流程中某些环节带来的价值大于竞争企业中对应的环节，说明这些环节是企业的价值增值环节，也是企业的优势环节；反之，则是企业的劣势所在。在企业中，不论优势环节还是劣势环节，都是我们应该重点关注的。

在比较若干竞争企业的价值链时，实际上只需要将价值链中对应环节的价值进行比较即可。这时，应用价值分析决策方法，可以方便地计算出价值链中不同环节能够带给企业的价值大小。这是真正做好价值链精细化管理的前提。

图 3－2 为两家国内电视机生产企业 A、B 进行价值链比较，进而寻找优势和劣势的例子。

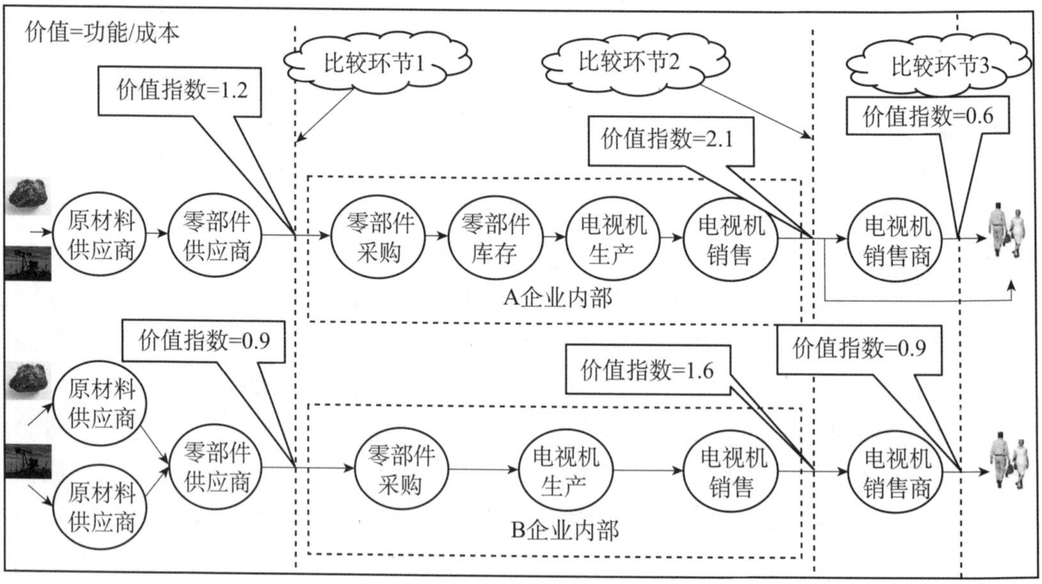

图 3－2　两家企业价值链中不同环节的价值比较

在比较的三个环节中，A 企业价值链中环节 1、2 的活动在价值上优于 B 企业，说明这些环节是能够给 A 企业带来竞争优势之处；而环节 3 的活动在价值上劣于 B 企业，是 A 企业的竞争劣势之处，具体如表 3－6 所示。

表 3－6　基于价值链的企业 A、B 的比较

比较环节	企业 A 价值指数	企业 B 价值指数	比较优势
环节 1	1.2	0.9	A>B
环节 2	2.1	1.6	A>B
环节 3	0.6	0.9	B>A

三、基于价值链的流程优化

价值链分析的核心目的是要把价值链中不创造价值或者创造负价值的环节尽可能去掉，剩下的全是能够创造正价值的环节。实际上，不创造价值和创造负价值的活动在企业中比比皆是，如某秘书找总经理签字，早晨去了一趟办公室，总经理不在，下午再去一趟又不在。显然这类活动需要优化。在企业中，对活动进行重新梳理的过程称为流程优化。而价值链的另一个重要作用就在于对企业流程的优化。

国内某电脑公司以前的生产流程是两个人面对面合作组装一台机器，而且是台式机和笔记本电脑共用生产线生产。由于当时的产品大部分是台式机，笔记本电脑很少，这样的设计流程比较合理。后来笔记本电脑的需求越来越大，而组装笔记本电脑只需要一个人，另一个人在旁边站着却不创造价值。因此，将两个人分别安排在两张工作台上，装配效率就会提高。

在企业运营中，创造负价值或者不创造价值的环节是首先需要考虑优化的环节。那么，如何判断非增值活动和增值活动呢？比如，企业中的库存环节一定是创造负价值的环节吗？以前企业以成本为中心来考虑问题，可能得到的结论是肯定的，但是现在要求企业以战略为中心来考虑问题，就不能简单地下这样的结论。判断价值链中的活动是不是增值的，需要基于企业的战略。有了战略，就有了分析和处理问题的法宝。企业中的任何决策都要以战略为中心。

（一）流程优化的步骤

基于价值链思想对企业的流程进行优化，可以遵循以下几个基本步骤：

（1）理清整个企业的价值链，包括基本业务流程和辅助流程，把价值链分解为与战略相关的各项活动（即作业），明晰作业、资源、成本、时间、收入等各要素之间的基本关系。作业是价值链中的各项流程经过细分后的活动单位。每一个作业都有其输入和输出，也是一个小的流程。要描绘出整个价值链，可以从产品和服务的起点入手，直到最后的消费终点，将整个流程画出来，当然每个环节还有各种支撑性的辅助活动。

（2）挖掘引起价值链价值变动的各项作业，分析作业与战略要素（如质量、成本、交货期等）之间的关系及导致差异的原因。

例如，某面包房专门烤制高级面包，其基本流程中有两个活动：一个是制作面包坯，一个是烤面包。受面包坯设备的产能限制，面包房每小时可以制作 100 个面包坯，需要耗费 1 人工时；面包房有一个烤箱，每次可以烤制 100 个面包，每次需 2 小时，第一小时中还需要耗费 1 人工时的翻转和看管成本。假设某客户订购了 200 个面包，5 小时内交货，面包房的流程应该如何安排，才能在满足客户对面包质量的要求及准时交货的前提下，使总成本最小？

根据客户的交货期要求，对于第一批 100 个面包的作业而言没有选择的余地，必须即刻开始加工面包坯，1 小时后进行烤制，2 小时后烤制完成；而第二批 100 个面包的烤制毫无疑问需要紧接着进行，才能满足客户 5 小时内交货的要求。问题是第二批面包坯什么时候加工最合适？

图 3-3 显示了两种可能的面包生产价值链。第一种价值链的安排是，加工完第一批面包坯后紧接着加工第二批面包坯，但由于第一批面包坯在占用烤箱，第二批面包坯必须等 1 小时才能烤制。第二种价值链的安排是第一批面包坯开始加工 2 小时后再加工第二批面包坯，这样等第一批面包烤制完成后刚好可以衔接上。

产品的成本中有直接成本和间接成本，本例中的直接成本只有原材料和人工成本，间接成本有水电费等。图 3-3 所示的两种不同的价值链，其价值的差异主要反映在人工成本上。第一批面包坯完成并放入烤箱之后，还要用 1 小时来翻转看管，这需要耗费人工成本。在第二种方案中，显然这一作业由一个人完成就可以了，而在第一种方案中，由于第一批面包坯制作完成后，紧接着进行第二批面包坯的制作，这时必须另找人

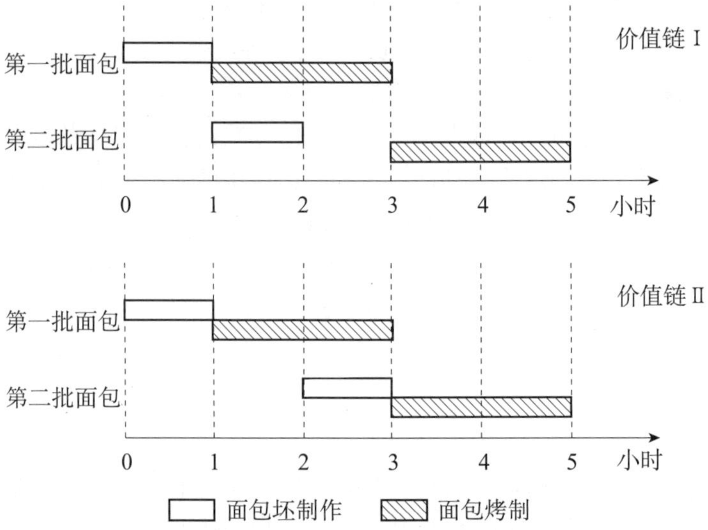

图 3-3　面包房两种面包生产价值链的比较

手进行第一批面包的翻转看管，显然总成本会增加。

通过以上对两个价值链的比较分析，我们发现价值链Ⅱ的成本低于价值链Ⅰ。价值链Ⅰ调整为价值链Ⅱ以后，成本可以降低。在本例中，引起价值变动的作业只有两个，形成作业成本差异的原因在于不同作业的时间安排。

(3) 分析本企业与整个价值链中上下游企业以及客户之间的关系，明确上下游企业及客户的相关约束对价值链优化的影响。在企业内部进行价值链的优化工作，为什么要考虑与上下游的关系呢？再来分析上例。假设面包房有两名员工，分别负责面包坯制作和面包烤制。按照图 3-3 中第一种方案，负责面包坯制作的员工制作完两批面包坯后，就完成任务了，这样面包坯制作的人工总成本是 2 人工时；如果按照第二种方案，他要等第二批面包坯制作完后才可以完工，这样就耗费 3 人工时。显然，第一种方案在成本上优于第二种方案。

然而，在价值链Ⅰ的方案中，制作好的第二批面包坯要等 1 小时以后才能烤制，这样在质量上就和第一批面包存在差异。因此，将图 3-3 中价值链Ⅱ的方案优化成价值链Ⅰ的方案的前提是烤制出的面包在质量上满足下游客户的要求。这就是说，企业在进行价值链的优化时，需要考虑上下游企业及客户的约束关系，而不只是考虑企业自身的价值链调整问题。

(4) 利用上述分析结果对价值链进行重新组合或改进。可以看出，价值链优化的过程也就是企业流程优化的过程。流程优化的核心是让流程中的各个环节为企业带来价值，价值最终由客户买单。因此要从客户角度来判断流程中哪些环节能够给客户带来价值，这些环节即客户愿意买单的环节。流程优化应以战略为中心，合理配置质量、成本、交货期之间的权重关系，以获得最优的资源与能力配置和利用效果。

企业在进行自身的流程优化时，首先要明确每项活动的变动将会给企业的财务及其他指标带来何种影响，同时还需要考虑企业与上下游企业、客户间的关联性和约束关系，只有全面考虑这些因素，才能有效地开展流程优化。

（二）企业流程管理中的问题梳理

现行企业流程管理中容易出现如下几个方面的问题。

1. 关注内部流程，忽视外部流程

一方面，很多企业只关注自身内部的流程优化问题，却忽视了上下游其他关联企业的流程优化，进而产生了一系列问题。例如 2010 年丰田公司召回门事件，丰田汽车质量不合格很大程度上是由于压缩了供应商的利润空间，致使供应商提供了不合格的零部件。

另一方面，即便某些企业看到了外部流程与内部流程衔接的重要性，但是由于下游的销售环节能够直接给企业带来利润，与下游环节的流程衔接问题往往是企业关注的焦点，而与上游供应环节的衔接却很少有企业考虑，这也是企业内外部流程衔接不畅的重要原因。

2. 核心业务流程不明确

业务流程是实现产品和服务从起点到终点这一流动的过程，其中有核心业务流程和非核心业务流程之分。如何界定某个流程是否为核心业务流程呢？这是由企业的战略决定的。

当我们把企业的战略目标分解到各个层次、部门后，就会找到核心业务流程。例如，采购部门要采购很多物资，有的物资采购回来后是用在业务流程中的，而有的物资采购回来后是用在管理流程中的，比如办公用品等。在用于业务流程的物资中，有的物资对实现企业战略目标非常重要，而有的物资并不重要。如果这些重要的物资采购不到，企业的战略目标就无法实现。显然，这些重要物资的采购流程就是核心业务流程。

因此，并不是所有的业务流程都是核心业务流程，一定是对企业战略目标的实现影响非常大的流程才是核心业务流程。在企业经营管理过程中，要把有限的人、财、物等资源向核心业务流程倾斜，首先保证其得到满足。

3. 存在流程分割和冲突现象

企业内部各职能部门之间经常产生冲突，原因是流程被割裂开来。比如，采购部门考虑的是本部门内部采购流程的合理性，生产部门考虑的是本部门内部生产流程的合理性，销售部门考虑的是本部门内部销售流程的合理性等，企业整体流程的合理性反而被忽略了。

如何处理这一问题呢？应该站在全局角度把握企业的整体业务流程。部门之间的冲突来自它们之间的不协调关系，而这种关系是由它们之间的流程决定的。所以要定期或不定期地针对隐藏在各个职能部门背后的流程进行公开讨论，理顺其中的关系。而且，在整个问题解决过程中，必须由各部门的负责人以及一个可以把握全局的人负责协商。

尽管问题的解决思路是明确的，但是在具体落实的时候，还要考虑方法、场合和时机，特别是把握时机。比如，企业在成长期比成熟期更容易进行部门利益的调整和变革，在危机发生之后比危机到来之前更容易进行问题的处理等。或许我们会有这样的疑问，危机已经发生了，解决冲突还有用吗？2008 年三鹿奶粉事件发生后，蒙牛、伊利也受到了波及，为了消除消费者对产品的不信任感，伊利决定改变其产品的质量考核流程，开放整个生产线，让消费者亲身体验产品的生产过程。这也是食品企业常用的应对质量危机的方法。

4. 解决流程问题缺乏灵活性

很多企业在流程出现问题后，往往基于明确的规章制度进行处理和解决，这种操作方法简便但具有两面性。比如服务员的服务流程是有明确的规章制度约束的，服务员对客户应该说哪些话、不应该说哪些话等都有明确的规范标准。但这种程序化处理方法可能会给某些客户带来不适感。比如客人进入餐馆或商店后，服务员特别热情，这是服务员的职责，但有时候这反而让客人感觉无所适从，特别是那些喜欢安静、需要私密空间的人可能就不太喜欢这样的服务。任何管理措施都具有两面性，关键是我们如何看待和灵活运用。

5. 信息化技术运用不普遍

是否能够将信息化手段较好地运用到企业流程管理中，是一个重要的战略问题。通过使用 ERP、CRM 等系统，企业能够提高流程透明度与控制力，实现数据驱动的决策过程。同时，信息化促进企业内外部高效协作，借助云计算、大数据等技术优化供应链运作。此外，它也是推动创新的重要力量，企业可以利用数据分析和人工智能挖掘新机会，开发满足市场需求的新产品。因此，成功实施信息化不仅可以提升企业运营效率，还可以确保企业在竞争中保持领先地位，而这需要企业制定清晰的信息化战略并培养相关人才。

当然，企业流程管理中容易出现的问题远非上述这些，企业应该站在战略的高度，从全局的角度发掘和分析流程中的问题，并找出针对性的应对措施和解决方案。比如，运用企业全景管理分析法对企业的运营系统及流程进行全面的战略诊断与分析，就可以确定核心流程是什么、主要流程是什么、次要流程是什么等。同时，应该区分管理流程和业务流程，合理配置运营系统的资源。实际上，流程的不合理会直接导致不应该交叉的流程交叉到一起，引发对资源的争夺，所以一定要把不合理的流程理顺。

进行流程管理还需要以客户为中心进行整体业务流程和管理流程的设计，保证流程制度及作业规范建设与灵活性之间的平衡，而消除流程中人为的活动分割、协调部门冲突更是需要重视的问题。

（三）业务流程再造（BPR）

流程优化是企业对各项活动进行梳理的常用方法，但流程优化仅仅是对现有流程的改进，其基于的理念和方法也许没有本质上的变化。与流程优化不同的是流程再造，即在新的理念指导下，对流程进行本质性的变革。

流程再造的目的或核心内涵是让流程中的各个环节给企业带来价值，前提是要给客户带来价值。所以，要从客户的角度来判断流程中的哪些环节能够给客户带来价值，这些环节就是客户愿意买单的环节。

业务流程再造（重组）（business process reengineering，BPR）是由美国学者迈克尔·哈默（Michael Hammer）和詹姆斯·钱皮（James Champy）于 20 世纪 90 年代提出的。1993 年，两人合著的《企业再造》一书指出：200 年来，人们一直遵循亚当·斯密的劳动分工思想来建立和管理企业，即注重把工作分解为最简单和最基本的步骤。而目前应围绕 BPR 的概念来建立和管理企业，即把工作任务重新组合到首尾一贯的工作流程中去。该书对 BPR 的定义是："为了飞跃性地改善成本、质量、服务、速度等现代企业的主要运营基础，必须对工作流程进行根本性的重新思考并彻底改革。"其基本思想就是必须彻底改变传统的工作方式，即改变自工业革命以来按照分工原则把一项完整的工作分成不同部分、由各个相对独立的部门依次进行工作的工作方式。业务流程再造强调以企业的业务流程为改造对象和核心，以关心客户需求和满意度为目标，对企业现有业务流程进行根本性的再思考和彻底的再设计。

业务流程再造的核心思想体现在四个方面：在设计流程时，要对传统的劳动分工理论进行反思；从以职能为中心向以流程为中心转变；以客户需求为中心设计流程；给予基层员工决策的权力。

第 3 节　企业的内外部环境综合分析

一、为什么要做综合分析

我们知道，通过 PEST、波特五力模型、战略群体等分析方法对企业外部宏观及微观环境进行分析，可以找出未来一段时间企业面临的外部机会与威胁；通过价值链分析法对企业资源、能力及核心能力进行内部环境分析，可以有效地找出未来一段时间企业的内部优势与劣势。然而，独立地分析企业的外部环境或内部环境并不能使企业系统地把握未来的战略方向。因此，我们有必要对企业外部环境中的机会和威胁以及内部环境中的优势和劣势的匹配进行综合分析，为企业进行科学的战略制定奠定基础。

二、SWOT 综合分析法

SWOT 综合分析法即优势、劣势、机会、威胁综合匹配分析法，是常用的经典综合分析法，它将与研究对象密切相关的各种主要的内部优势和劣势以及外部的机会和威胁等通过适宜的调查研究方法列举出来，在 SWOT 分析矩阵中进行排列，并用系统分析的方法把各种因素相互匹配起来加以分析，从中得出一系列结论，进而为研究对象进一步的行动举措做铺垫。运用这种方法，可以对研究对象所处的情境进行全面、系统、准确的研究，并根据研究结果制定相应的战略、计划以及对策等。

在企业的战略分析中，SWOT 综合分析法是最常用的方法之一。战略研究的是一个企业未来做什么和如何做的问题，企业在明确未来做什么之前，必须要清楚哪些事情是有必要或可能做的（即外部环境中的机会和威胁），哪些事情是可以或能够做的（即企业内部的优势和劣势）。只有将这二者之间的关系梳理清楚，才能够制定出合理的战略。

进行 SWOT 分析需要经过如下步骤：

（1）通过企业外部环境分析，列出机会与威胁；

（2）通过企业内部环境分析，列出优势与劣势；

（3）绘制 SWOT 综合分析表（如表 3-7 所示）；

（4）进行优势、劣势、机会、威胁的综合匹配分析。

表 3-7 SWOT 综合分析表

内部因素		外部因素：机会 O_1，O_2，O_3，…	外部因素：威胁 T_1，T_2，T_3，…
优势	S_1 S_2 S_3 ⋮	SO 组合： $S_1-O_1-O_2$ S_2-O_2 $S_3-O_1-O_2$ ⋮	ST 组合： $S_1-T_1-T_2$ S_2-T_2 $S_3-T_1-T_2$ ⋮
劣势	W_1 W_2 W_3 ⋮	WO 组合： W_1-O_1 $W_2-O_1-O_2$ W_3-O_3 ⋮	WT 组合： W_1-T_1 $W_2-T_1-T_2$ W_3-T_3 ⋮

如表 3-7 所示，企业面临的机会、威胁和自身的优势、劣势是由很多细分项构成的，这些细分项来自企业内外部环境中的各个方面，比如，外部宏观环境中的政治、经济、社会、技术等。通过对所有方面的机会、威胁、优势、劣势进行匹配分析，就可以得出表 3-7 匹配象限中的各种匹配关系，进而在匹配关系中选出合适的匹配类型，作为战略制定的基础。

三、基于 SWOT 综合分析的战略选择

基于 SWOT 综合分析可以形成四种类型的组合：优势-机会（SO）组合、劣势-机会（WO）组合、优势-威胁（ST）组合以及劣势-威胁（WT）组合。下面具体分析不同战略组合的特点及适用情况，以帮助企业做出合理的战略选择。

（1）优势-机会（SO）组合。SO 组合是一种利用企业内部优势抓住外部机会的匹配类型，非常吸引人。当企业具有特定方面的优势，而外部环境又为发挥这种优势提供有利机会时，企业毫无疑问可以采用这一匹配类型。例如，企业产品所处的行业具有良好的市场前景，而企业在产品上又具有独特的吸引消费者的专利技术优势时，企业往往容易获取竞争优势，取得较快发展。一般情况下，这时的企业在公司层面采用发展战略较为合适。

（2）劣势-机会（WO）组合。WO 组合是企业利用外部机会来克服内部劣势的一种匹配类型。企业外部存在机会但企业内部却没有能够利用这些机会的优势时，一般来讲，不建议企业采取激进的行动，采用稳定的战略较为合适。但如果拥有内部优势的竞争企业没有意识到机会的到来或者反应比较迟缓，劣势企业反而可以反其道而行，尽快抓

住机遇，对自己的内部资源进行调整，以在发展中将目前的劣势转变为未来的优势。

（3）优势-威胁（ST）组合。ST 组合是指企业利用自身优势，抵御外部威胁所造成的影响，从而进一步发展的一种匹配类型。由于外部机会较少，一般情况下企业不宜激进行事，采取稳定的战略较为稳妥。

（4）弱势-威胁（WT）组合。WT 组合是企业面临的一种最糟糕的、压力巨大的匹配类型。这时的企业存在内忧外患，往往面临生存危机，因此，一般情况下可以考虑用收缩战略应对。

案例分析

凯叔讲故事的模式创新

每天我闺女守着我这么一个会讲故事的爸爸，从早到晚缠着我讲故事，每天我得讲三五个。我给她讲的故事，是我做了筛选的，我会考虑到底什么样的故事适合她这个年龄听，然后我在给她讲故事的时候，我能够感受到她的呼吸，她是不是在跟着故事的节奏走。哪个故事让她悲伤了，哪个故事让她快乐了，哪个故事她再也不会想听了，转过头来，我把我认为这一天当中讲得最好的故事放在网络上，放在微博上分享。

我在微博上分享之后，很多妈妈就迅速聚集在一起，觉得这个东西好。因为它不像其他讲故事的节目，还弄着很噪的音乐，完全是一个父亲面对孩子的口吻："宝贝怎么样，今天讲一个故事。"

后来我觉得这个事比较有意思，就放到微信上，想把它做成一个产品。做成产品的时候，我们不断和用户去互动。我觉得这就是互联网精神，也就是怎么能够让你的产品不断进步，越来越贴近你的用户。比如，好多家长说："凯叔你的故事是好，但是有一个问题，我们给孩子讲故事，是晚上睡前讲，是有助眠功能的。那孩子听完你的故事，越来越兴奋，还要再听一遍，还要新的，我们怎么办？"

我当时就在想，我要把孩子讲睡着了，这是对我的一种侮辱。怎么办？我就想了一个办法，每次讲完故事之后，我就在里面说，"宝贝现在把眼睛闭上，听凯叔给你读一首诗"。读的肯定不是"白日依山尽"那种孩子会背的，而是稍微深一点的，每天连续读五遍，每一遍比上一遍声音要弱一点。

一个星期这首诗不换，故事换。当我们第一天做这个实验的时候，微信后台爆棚了！所有的家长都知道你干什么，都知道你想干什么。然后一周之后，有很多家长在后台说：凯叔我真的没想到，我不知道孩子在认真听，他是听着就着了，但是一周之后，这首诗会背了。一年 52 首诗对于孩子来说一点儿问题都没有，这就是定制。

资料来源：https：//baike. baidu. com/item/凯叔讲故事.

思考题

（1）分析凯叔讲故事的机会和威胁、优势和劣势。

（2）运用价值链方法分析凯叔讲故事主要给客户带来什么价值。

本章小结

本章主要介绍了企业内部环境分析的相关内容。

首先，本章较为详细地介绍了什么是企业的内部环境以及为什么要进行企业的内部环境分析，明确指出企业内部环境分析的目的是要找出企业未来发展的优势和劣势，进而与企业外部环境分析中找出的机会和威胁进行匹配，同时对企业的核心能力以及企业的核心竞争力进行了界定及分析。

其次，本章详细阐述了企业内部环境分析的内容以及分析的基本思路和方法，重点介绍了价值链分析法，阐述了价值链的概念及其中不同活动的划分，明确指出了该方法在企业管理中的重要作用与价值，同时对基于价值链的流程优化思路进行了详细阐述并通过实例进行了说明。

最后，本章对企业内外部环境的综合分析过程进行了阐释，并对综合分析的重要方法——SWOT 综合分析法进行了阐述。

思考题

1. 企业的内部环境分析包括哪些方面？
2. 企业内部环境分析的经典方法是什么？
3. 通过企业的内部环境分析要得出什么结论？
4. SWOT 综合分析法是找出机会和威胁、优势和劣势的方法吗？
5. 企业的核心能力是随时都可以替换的吗？

实践练习

价值分析练习

选择一个管理决策问题，运用价值分析决策方法按照如下步骤进行分析决策：

1. 简要阐明待分析的问题；
2. 建立待分析问题的功能指标体系，建立一级指标即可；
3. 对一级指标进行权重评分（运用交叉评分法）；
4. 拟订两种待决策的方案，分别进行功能指标评分（评分量表可任选）；
5. 计算各方案的功能加权总分和功能指数；
6. 计算各方案的成本指数（成本可以根据实际情况或主观拟定）；
7. 计算各方案的价值指数；
8. 比较确定优选方案。

参考文献

[1] 波特．竞争优势．北京：华夏出版社，2005.

[2] 姚建明．战略供应链管理．北京：中国人民大学出版社，2014.

[3] 姚建明．战略管理：新思维、新架构、新方法．2 版．北京：清华大学出版社，2022.

[4] 姚建明．企业数字化转型．北京：清华大学出版社，2022.

第二篇 制定篇

第4章

互争雄长：业务层战略

利而诱之，乱而取之，实而备之，强而避之，怒而挠之，卑而骄之，佚而劳之，亲而离之。攻其无备，出其不意。此兵家之胜，不可先传也。

——《孙子兵法》

战略的错误可以导致公司的失败，但战略的正确却不能保证公司的成功。成功的公司一定是在战略方向和战术执行力上都很到位。

——宁高宁

学习目标

- 掌握三种通用竞争战略的内涵、适用的条件以及可能的风险
- 掌握动态竞争与动态竞争战略的内涵，了解动态竞争战略的类型
- 掌握蓝海战略的基本概念，熟悉制定蓝海战略的原则和执行的要点

引导案例

传音控股：新兴市场的竞争战略

初创与战略转型

2006年成立的传音控股（以下简称传音），凭借TECNO品牌首次进入市场，试图在中国和东南亚取得突破。然而，在这两个高度竞争的市场中未能获得显著成功后，传音于2007年底果断调整战略，转战非洲市场，并推出itel品牌。这是公司实施“全球化思维，本地化经营”的战略起点。

非洲市场的本地化与创新

非洲市场在 2007 年前被诺基亚和三星等垄断。传音通过聚焦非洲、建立售后服务体系、投资本地制造以及不断推出创新产品，在短短十年内成为市场领导者。传音在非洲市场的竞争策略主要体现在以下几个方面。

（1）本地化产品设计：传音根据非洲用户需求，推出满足当地消费者需要的手机产品。针对当地多 SIM 卡用户的需求，传音开发了支持多卡多待的手机；为提升深色皮肤的自拍效果，其相机技术优化曝光；为应对电力短缺问题，推出了充电效率极高和超长待机的手机。

（2）价格与品牌策略：传音的产品定价集中在 20～200 美元，以平价智能手机满足广大消费者需求。传音通过多品牌策略，以包括 TECNO、itel 和 Infinix 等在内的品牌覆盖不同消费群体，迅速在非洲市场站稳脚跟。

（3）本地化生产与营销：传音在埃塞俄比亚建立制造工厂，并通过区域管理系统优化供应链，同时加强品牌的本地化形象宣传。例如，在营销方面，塑造当地企业的品牌形象。

（4）创新与合作：传音与谷歌、脸书等科技巨头合作，引入先进技术，为非洲用户提供高性价比智能设备，同时开发本地化应用程序，如专注于音乐流媒体的 Boomplay。

国际扩展：复制“非洲模式”

在非洲市场的成功的激励下，传音开始向其他新兴市场扩展，复制其本地化和创新战略。

（1）印度市场的深入发展：印度作为全球第二大手机市场，手机企业竞争激烈。传音通过 itel 品牌抢占低端市场，并针对印度用户需求推出防油指纹识别等创新功能，迅速占领市场份额。此外，通过重振印度本土品牌 Spice，传音以合资形式重新进入印度市场，强化其市场影响力。

（2）其他新兴市场布局：传音在埃及、孟加拉国和巴基斯坦等地建立工厂和营销网络，推出适应当地需求的多款智能设备。例如，传音在埃及发布学习型平板电脑，在孟加拉国推出夜间拍摄优化的手机，在巴基斯坦发布多款 TECNO 智能手机。

全球影响力与未来规划

截至 2023 年，传音的销售网络已覆盖全球 70 多个国家和地区，包括非洲、中东、东南亚和南亚等市场。通过在中国深圳、埃塞俄比亚、印度和孟加拉国的工厂布局，传音逐步完善全球生产链，并通过 2 000 多个服务点提供售后支持。2018 年，传音以全球 1.24 亿台出货量成为中国最大的手机出口商，同时被评为“中国出海领先品牌”。

传音的成功不仅是本地化经营的结果，更体现了其通过创新与合作塑造全球竞争力的战略视野。未来，传音计划进一步探索其他新兴市场，力图将“非洲模式”推广至全球范围，为其国际化道路续写新的篇章。

资料来源：王泰元，赵丽缦，Velamuri S R. 传音控股：新兴市场的颠覆式创新. 中欧国际工商学院案例库，2020.

战略对于企业成功起着至关重要的作用。企业在制定竞争战略时，需要综合考虑外部环境中的机会和威胁以及企业自身的优势和劣势，在此基础上将机会与优势相结合，

规避威胁并克服自身劣势。同时，还需要分析行业中的竞争对手，做到知己知彼。对于某些新兴的行业来说，由于环境中的不确定因素很多，客观审慎地进行内外部环境分析并做出适宜的战略选择非常关键。

从引导案例中传音在非洲和其他新兴市场的成功可以发现，企业对市场环境，尤其是顾客需求准确理解，并结合自身的资源和能力，制定鲜明的竞争战略，并全面落实所选择的战略，对其在竞争中脱颖而出至关重要。以非洲为代表的新兴市场与传音之前经历的国内市场以及发达国家市场差异显著，标准化的产品并不能满足新兴市场用户的实际需求。此外，新兴市场的用户购买力有限，对价格极其敏感，迫切需要迎合当地需求"痛点"且性价比极高的产品来叩开其市场大门。另外，传音并没有像诺基亚、三星等国际手机巨头那样的品牌光环，因此只能靠产品自身的优势打动消费者。总之，传音的案例充分说明了制定并实施恰当的业务层战略（即竞争战略）有助于企业获得竞争优势。

业务层战略（business-level strategy）是指在具体的产品市场上，企业用来开发核心能力以获得竞争优势的一系列相互整合、协调的约定和行动，简单地说是企业做出的关于如何在单个产品市场上进行竞争的一系列选择。迈克尔·波特认为，业务层战略的目标是在企业与竞争对手的定位之间形成差异，即"创造差异性"。为此，企业必须选择与竞争对手不同的行动或者以不同于竞争对手的方式采取行动，这就要求企业对价值链活动做出不同的选择。在做出选择时，企业需要思考以下三个核心问题：(1) 顾客是谁？思考为谁服务实际上是目标顾客群的选择问题。首先，企业应根据顾客需求的不同对顾客进行分类，这一过程将会把需求相同的顾客划分成一个个单独的、可识别的群体。在此基础上，企业将根据对市场发展前景的判断以及自身资源能力的情况确定其目标顾客群，即是服务于广泛的目标顾客群还是服务于一个或几个细分目标顾客群。(2) 顾客的需求是什么？企业在确定了目标顾客群之后，必须识别其目标顾客群的需求。与现有顾客和潜在顾客保持频繁、密切的接触，可以帮助企业识别顾客的现实和潜在需求。优秀的企业总在不断尝试预测顾客需求的变化，那些没有预测和识别顾客需求变化的企业，终会失去顾客。(3) 如何满足顾客的需求？在确定了目标顾客群及其具体需求之后，企业需要决定如何利用自身的资源和能力来开发满足顾客需求的产品和服务，在此过程中企业需要寻求顾客需求与其核心能力的契合。一方面需要基于自身的核心能力提供产品和服务，另一方面必须确保产品和服务具备持续满足顾客需求的能力，这又要求公司持续地发展其核心能力。

从以上三个核心问题中我们可以发现，顾客是业务层战略成功的基础。任何企业都不能忽视顾客需求，而是要通过满足顾客需求、获得顾客的认可等方式来确保企业的生存和发展。所有成功的企业都会努力寻找新的方法来满足顾客的现有需求，并且尝试去挖掘顾客的潜在需求。为此，企业需要与顾客建立联系并且采取有效的方式来管理与顾客的关系。企业在管理与顾客的关系时，需要考虑三个应持续深化的维度：第一，接触(reach)，是指与顾客接触并建立联系。一般来说，企业会致力于不断扩大接触范围，并在这一过程中不断增加新顾客。第二，丰富度（richness），是指企业与顾客间双向信息传递的深度和详细程度，广泛且深入的信息交换可以使企业更好地了解顾客及其需求。第三，联系（affiliation），是指促进与顾客间有意义的互动。这一维度有助于企业从顾客角度观察世界，不断寻求为顾客创造价值的新方法，从而持续提高顾客的满意度，减少顾客的抱怨。总之，只有有效地接触顾客、深入了解顾客的需求，并不断开发新的方法满足顾客的需求，企业才能确保其业务层战略取得成功。

然而，实施业务层战略以获得竞争优势过程中的种种要素大多基于西方情境进行定义，并不能完全适配中国情境。为实现高质量发展从而获取竞争优势，企业应当充分识别中国情境下的机会与威胁，制定符合中国情境的业务层战略。例如利用好数字化转型这一技术工具，利用数智技术赋能生产，同时实现差异化或低成本；在制定动态竞争战略时贯彻和落实创新引领、协同发展的新理念；积极开拓国内国际双循环的蓝海市场的创新实践等。总而言之，我们应当进一步完善中国情境下业务层战略相关理论，丰富相关实践，从而使其更好地适配中国情境下的管理问题。

第1节　通用竞争战略

根据迈克尔·波特的理论，业务层战略的目标是在企业与竞争对手的定位之间形成差异，为了形成这种定位间的差异，企业必须有目的地选择一套不同的运营活动。为此，企业需要考虑如何与竞争对手在价值链上有所区别，从而为顾客创造独特的价值。波特认为，企业创造差异性并获得竞争优势有两种基本的方式：低成本和差异化。同时，企业还需要考虑如何选择适宜的市场范围，即是面向广泛的市场还是聚焦于细分市场。这两个维度的选择组合起来，就构成了波特提出的通用竞争战略，如图4-1所示。

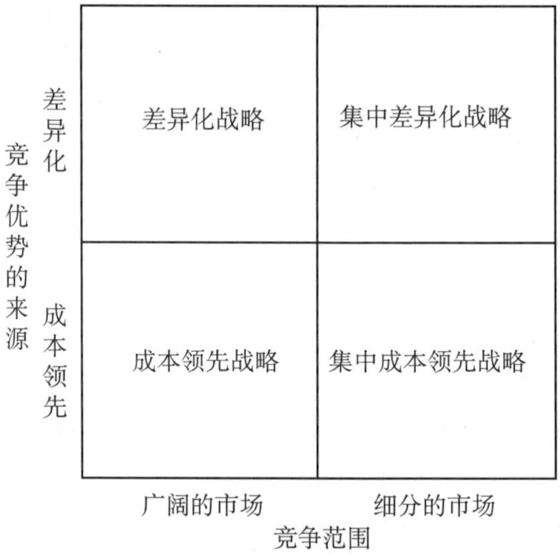

图4-1　通用竞争战略

资料来源：波特．竞争优势．北京：华夏出版社，2005.

一般地说，波特的通用竞争战略即三种竞争战略，分别是成本领先战略（cost leadership strategy）、差异化战略（differentiation strategy）和集中化战略（focus strategy），其中集中化战略包括集中差异化战略和集中成本领先战略。

一、成本领先战略

（一）成本领先战略的内涵

每一个企业都处在行业环境中，受到行业中五种竞争力量的影响。因此企业需要选择适宜的战略来应对这些力量。在行业中获得成本优势是一个有利的竞争途径，特别是在顾客对价格非常敏感的行业中。

成本领先战略是指通过采取一整套行动，以低于竞争对手的成本为顾客提供可接受的、具有某种特性的产品或服务。成本领先战略在 20 世纪 70 年代由于经验曲线概念的流行而得到广泛应用。如果企业进行所有价值链活动的累计成本低于竞争对手的成本，并具有持久性，它就具有成本优势。为此，实施成本领先战略的企业不仅需要建立能够达到有效规模的生产设施，还需要对价值链中所有的成本持之以恒地进行控制，甚至在必要的时候对价值链进行重构，这样才有可能保持成本优势。尽管性能、质量、服务等在竞争中也非常关键，但是成本领先者必须明白，贯穿整个战略的主题是使成本低于竞争对手，因此要有所取舍。

（二）成本领先战略的适用条件

在下列条件下，成本领先战略尤为有效：

1. 竞争对手之间存在激烈的价格竞争

行业中的成本领先者在价格战中通常处于有利地位，因为它可以通过更有吸引力的价格从竞争对手那里抢夺顾客，提高销量和市场份额。同时，虽然价格比竞争对手低，但是由于具有成本优势，其利润率仍然可以高于竞争对手，从而使成本领先者在竞争中处于有利的地位。

2. 产品或服务的标准化程度高

产品或服务的标准化程度高意味着顾客的需求趋同，产品或服务差异化途径少。在这种情况下，产品或服务的价格而不是特色或质量成为吸引顾客选择销售商的主导因素。在这样的行业环境中，成本较高的企业在价格战中损失更大，而成本领先者则处于优势地位。

3. 顾客转移成本低

转移成本低使得顾客可以灵活地转向那些产品质量相同但是定价低的产品或服务。因此，成本领先者可以采用低价来吸引竞争对手的顾客，并确保自己的顾客不会转向竞争对手。

4. 顾客规模大、讨价还价能力强

在与大量购买的顾客讨价还价时，成本领先者能够在一定程度上保护自己的利润，因为大量购买的顾客通常是以行业的平均价格水平为基准的。由于成本领先者具有更低的成本结构，在与这些强势的顾客做生意时仍然能保持一定的利润水平。

5. 行业的新进入者采用低价格吸引顾客

在这种情况下，成本领先者可以采用降价的方式，使得行业的新进入者难以从自己这里吸引到消费者，从而有效地抵制新进入者造成的威胁。

（三）成本领先战略的风险

从根本上说，采用每种战略都会有风险，主要包括两个方面：一是未能形成或坚持所选的战略；二是既定战略带来的竞争优势的价值会随着产业演变而发生变化。为此，需要企业通过减少在战略实施中的失误来保持竞争优势。对于成本领先战略来说，企业可能面临的风险如下：

1. 过度降价导致利润率降低

作为行业中的成本领先者，实施成本领先战略的企业可以通过降低价格扩大销量，从而进一步提升规模经济效益。但是，如果过度降价导致企业利润率低于竞争对手或者行业平均水平，就会置企业于危险境地。需要明确的是，从本质上看，企业之间竞争的不是价格的高低，而是利润率的高低，因此保持一定的利润率是企业应对各种挑战的必要条件。

2. 不重视采取措施获取持久的成本优势

企业之间的竞争是动态的，所以成本优势的价值取决于其持久性。为此，采取成本领先战略的企业必须不断寻找竞争对手难以模仿和替代的方式降低成本，从而保持成本优势的持久性。为了获得成本优势，企业需要确保其价值链中所有活动的累计成本低于竞争对手的累计成本。企业通常有两种方式来降低成本：一是比竞争对手更有成本效益地实施价值链活动，即尽管与竞争对手的价值链没有区别，但是企业在价值链的每个环节都寻找可能的节约成本的机会；二是通过重组价值链来消除或规避一些产生成本的活动，比如剔除低增值或不必要的工作环节和活动来精简运营流程，以及通过与供应商和分销商的价值链整合来减少物流、仓储成本等。

3. 热衷于降低成本而忽视了产品或服务本身的吸引力

需要明确的是，企业采用成本领先战略的前提是其提供的产品或服务与竞争对手的产品或服务基本相同，同时在成本上具有优势。如果降低成本导致产品和服务的吸引力低于竞争对手，则低成本带来的优势会大打折扣。特别是随着竞争的加剧和顾客需求的变化，行业内产品或服务的特性和水平也在持续攀升，如果企业不能敏锐地感知变化并且跟上行业的平均水平，导致其产品或服务在顾客心目中的价值下降，企业的成本优势也会削弱。

4. 成本经济的技术突破或成本更低的价值链模式的出现带来风险

由于在现有模式上的投入，成本领先者在新的技术或者价值链模式出现时往往反应迟钝。如互联网技术的出现使平台型的电商运营成为可能，从而对传统的线下零售企业造成很大的冲击。因此，成本领先者能否迅速采用新技术或新的价值链模式，是其能否持续保持成本领先地位的关键。

二、差异化战略

（一）差异化战略的内涵

如果一个企业能够提供给顾客某种具有独特性的产品或服务，那么它就具有了有别于竞争对手的差异化特征。如果顾客的偏好多样化程度较高，以至于标准化的产品或服务无法满足他们的需求，差异化战略就会成为一种具有吸引力的竞争战略。为此，企业需要对顾客的需求进行深入的分析，了解他们的关注点、他们认可的价值点，以及他们愿意为之付费的产品或服务性能。在此基础上，企业通过让自己的产品或服务具有顾客期望的特性，使自己与不能满足顾客需求的竞争对手区别开来。

差异化战略是指以顾客认可的差异化方式来生产产品或提供服务的一系列整合行动。与成本领先者瞄准行业内的典型顾客群不同，采用差异化战略的企业瞄准的是具有差异化需求的目标顾客群。因此，采用差异化战略的企业需要在深刻了解顾客的现实和潜在需求的基础上，提出独特的顾客价值主张。当越来越多的顾客发现并认同这一独特的价值主张时，差异化战略的目的就达到了。成功的差异化战略可以通过三种途径为企业带来收益：第一，溢价销售产品或服务；第二，提高销量；第三，获得顾客的品牌忠诚度。

企业可以从多种途径来实现差异化，比如更好的设计、独特的口味、可靠的产品、高等级的服务、领先的技术等。但需要明确的是，首先，选择差异化途径的根本是顾客需求，脱离顾客需求的差异化既不能得到顾客的认可，也没有真实的市场前景，甚至可能给企业带来灭顶之灾。其次，实现差异化意味着额外的成本投入，只有顾客愿意为差异化付出的价格高于成本投入，且二者的差额高于行业平均水平，企业才能获得超额利润和竞争优势。从这个角度来看，实施差异化战略绝不意味着高投入和不关注成本，相反，企业必须要密切关注成本，确保所有的投入都是差异化定位所必需的。最后，差异化战略能否成功还取决于另一个关键因素，即企业的差异化定位不容易被竞争对手模仿或者替代，从而具有可持续性。这就要求企业从动态竞争的角度思考问题，持续地强化自己的差异化定位，并不断探索新的差异化方向。

（二）差异化战略的适用条件

在下列条件下，差异化战略尤其有效。

1. 技术变革和产品创新速度很快

差异化战略常见于初创和成长期的行业。在这一行业阶段，竞争的重点是快速推出新的产品特色来吸引顾客、拓展市场空间。在市场上表现为技术变革很快、产品不断迭代、新产品和服务层出不穷、顾客的需求也往往处于持续变化之中。在这样的市场条件下，满足于提供基础的、标准化的产品或服务的企业将很快被淘汰。因此，各个企业都需要从自身的优势出发，竞相打造不同于竞争对手甚至让顾客眼前一亮的产品或服务，从而使差异化战略成为可行的战略选择。

2. 顾客对产品或服务的需求多样化

除了行业的初创期和成长期，行业的成熟期也广泛存在顾客需求多样化的市场环境。因为顾客的需求从本质上说都是综合的，既有对于价格的要求，也有对于性能、质量、安全、服务、技术水平、响应速度等方面的要求。但是顾客对需求的排序方式往往呈现出多样化的特点，从而使得差异化战略有了用武之地。企业可以基于自身的资源和能力以及对顾客需求的认识，选择独特的价值定位并将其传递给顾客。当顾客的需求与企业提供的产品和服务相匹配时，企业的战略目标就实现了。

3. 有多种途径可供企业实现产品或服务的多样化

如果只是顾客的需求多样化，没有实现产品或服务多样化的途径，或者实现的方式成本很高，那么差异化战略不是一个可行的选择。在这种情况下，可能需要等到行业的发展或者技术的进步达到一定的水平时，差异化战略才能成为现实的选择。当然，对于有准备的企业来说，如果其具备提供差异化产品或服务的资源和能力，它就可以先人一步，获得别人难以企及的市场地位。

4. 采用类似差异化战略的竞争对手较少

顾客需求多样化，且行业中已有成熟的多样化实现途径，并不意味着差异化战略一定会取得成功，它还需要具备另外一个条件，即采用类似差异化战略的竞争对手较少。原因在于，根据迈克尔·波特的理论，竞争战略的本质就是要“与众不同”，与竞争对手战略的差别越大，战略成功的可能性就越大。因此，只有采用类似战略的竞争对手较少，差异化战略才能够奏效。

（三）差异化战略的风险

企业在实施差异化战略时，可能会出现一些失误，这增加了其失败的风险。因此，企业需要注意避免以下失误，以降低风险：

1. 所强调的独特性在顾客看来并没有多大的价值

如果企业强调的独特性或者能力在顾客看来没有多大价值，说明企业对于顾客真正的需求把握不清，企业提出的差异化特征是自己臆想出来的，并没有真实的市场需求。这样的差异化自然不可能引起市场的积极反应，顾客也不会愿意为这样的特性支付额外的费用。在这种情况下，企业为了差异化所做的投入就无法获得回报，这样的差异化战略注定会失败。

2. 产品质量或服务水平超出顾客需求

在这种情况下，企业所提供的差异化特征超过了顾客所需要的水平。由于投入太多，产品或服务相对于竞争对手的价格会过高，超过了顾客的承受能力或者心理价位，顾客的购买意愿不强。特别是当竞争对手提供性价比更高的能满足顾客需求的产品或服务时，顾客会很快流失，企业也很难经得起竞争对手的挑战。

3. 不重视控制成本，导致利润率下降

实施差异化战略意味着企业需要在差异化特征上多做投入，也可能会导致企业在价值链的很多环节上都要多投入，也就是说，产品设计、原料采购、生产制造、营销、售后服务等很多环节的投入都会增加，从而导致总成本上升、利润率下降。需要特别强调的是，企业在追求差异化的过程中，一定要非常重视成本的控制。如果成本控制不力，企业的利润率就会下降，甚至低于行业平均水平，企业在竞争中就会处于比较危险的境地。总之，差异化绝不意味着高投入，而是应在需要差异化的地方肯投入，同时要尽可能降低所有不能带来增值的投入。

4. 忽视向顾客暗示或宣传差异化的价值

差异化战略成功的关键之一是得到顾客的认同，为此，需要与顾客沟通，将企业产品或服务的独特性的信息传递给顾客，让他们理解、认可并接受。也就是说，实施差异化的企业除了生产或者提供具有独特价值的产品或服务外，还需要采用有效的方式和途径让顾客了解其独特性何在并且信服。从这个角度说，差异化战略能否成功在很大程度上取决于企业能否触及目标顾客并与之建立有效的沟通。

三、集中化战略

（一）集中化战略的内涵

集中化战略，又称聚焦战略，是指企业通过满足某一特定行业的细分市场的需求来获取竞争优势。与成本领先战略和差异化战略关注整体市场不同，集中化战略将注意力集中于整体市场中的细分市场，通过采用低成本或差异化的方式，比竞争对手更好地服务于细分市场的顾客来获得竞争优势。

在选择细分市场时，企业可以主攻某个特定的目标顾客群，也可以选择某个产业链上的一个细分区段，甚至可以选择只服务某个地区的市场。只要这些市场有足够大的发展空间，就可以作为企业发展的“安身立命”之所。有一种误解认为，集中化战略只适用于中小企业，事实上采用集中化战略的大型企业很多。例如，全球知名的丽思卡尔顿酒店采用的就是集中化战略，它致力于服务高端商务人士和度假者这一细分市场，集中化战略的选择并没有影响其发展成为大型的、全球性的企业集团和行业内最具影响力的企业。

具体来说，集中化战略包括集中成本领先战略和集中差异化战略两种类型。集中成本领先战略致力于以比竞争对手更低的价格，为细分市场的目标顾客提供性能相同或相似的产品或服务。由于成本低，尽管价格低于竞争对手，企业仍然可以有较高的利润率，也能够抵御行业中各方力量的压力，从而保持竞争优势。集中差异化战略则通过向细分市场的目标顾客提供更具特色的产品或服务来获取竞争优势。

（二）集中化战略的适用条件

1. 目标细分市场足够大，有盈利空间和发展潜力

定位于细分市场并不意味着企业没有足够的盈利空间和发展潜力，只要目标顾客群足够大或者有持续增长的趋势，就可以支撑企业健康稳定地成长。

2. 行业领先者对该市场不重视

行业领先者主要的关注点是满足行业内主流顾客的需求，对于一些细分市场往往关注度不高。在这种情况下，采用集中化战略的企业就可以避免与行业内强大的竞争对手正面竞争，从而能够获得比较宽松的发展空间。

3. 满足该细分市场的专业化需求较高

细分市场的专业化需求比较高，意味着该细分市场的进入壁垒比较高、新进入者的威胁小，这降低了细分市场过度饱和的风险。同时，这也意味着企业满足该细分市场的专业化能力不容易被模仿或学习，竞争优势持续的时间更长。

4. 行业中存在很多不同的细分市场

不同的细分市场对于进入者的资源和能力要求不同。如果行业内有很多不同的细分市场，企业就有可能根据自身的资源和能力优势寻找到适宜的市场，这降低了开拓新市场的难度，也提高了成功的概率。同时，行业中有很多不同的细分市场可以起到分流的作用，同一细分市场的竞争者相对较少，竞争的压力相应降低。

5. 企业有足够的资源和能力，能够和挑战者有效地开展竞争

必须认识到，任何市场都会有新进入者，现有厂商总是会受到来自新进入者的攻击，细分市场也概莫能外。所以，如果企业有足够的资源和能力抵御挑战者，它的市场地位就会比较稳固，反之就很容易失败。

（三）集中化战略的风险

采用集中化战略的企业，尽管规避了与行业领先者在“正面战场”上的直接对抗，但是并不意味着从此就找到了“风平浪静的港湾”。实施集中化战略同样面临着风险，具体包括：

1. 竞争对手可能会找到与企业匹敌的有效途径来服务目标细分市场

如果竞争对手找到了某些更具吸引力的产品或服务方式，或者其逐渐积累起可以与企业的优势相抗衡的专业知识或能力，企业在细分市场上的战略实施效果就会被削弱。

2. 细分市场上的顾客的偏好和需求可能会转向大众顾客所喜好的特性

尽管有相对于主流市场不同的需求，但是细分市场顾客的偏好和需求并不是固定不变的。随着时间的推移，细分市场的顾客偏好和需求有可能朝大众化偏好和需求转化，也有可能向其他细分市场靠拢。在这种情况下，采用集中化战略的企业将不得不面对行业领先者或者其他细分市场上竞争对手的挑战。

3. 细分市场非常有吸引力，以至于竞争企业蜂拥而至

细分市场的现有厂商总是期望自己所在的细分市场发展迅速、利润前景好。如果市场发展缓慢，企业未来的销量和获利前景就会很黯淡。但是，如果该细分市场利润率高，或者利润前景好，就会吸引众多的竞争性企业，甚至行业领先者也会进入。这样就会造成竞争加剧，利润被瓜分，集中化战略的成效被拉低。

综上所述，迈克尔·波特认为，三种通用竞争战略都是可供企业选择的、能够抗衡行业的五种竞争力量，并能给企业带来持久竞争优势的战略。在实践中，采用三种通用竞争战略中的任何一种取得成功的企业都很多。需要注意的是，企业在选择战略的时候必须学会取舍，既希望低成本又希望差异化的企业通常不能取得成功，波特称这样的企业被“夹在中间”。这样的企业往往处在比较糟糕的状态，由于不愿意取舍，导致战略方向不明确，组织安排和激励系统冲突，企业文化模糊不清。这样的企业注定是低利润的，原因在于它们的成本无法与采用成本领先战略的竞争对手相比，而且产品或服务的差异化程度又不能比肩行业中采用差异化战略的竞争对手，如此必然会在竞争中落败。波特认为，企业应根据行业的特点、资源和能力的状况选择适宜的竞争战略。在选择战略时，要认识到任何战略都是既有优势又有风险的，需要在综合分析和权衡的基础上选择，同时在战略实施过程中关注其风险并尽可能规避。

在波特看来，同时采用成本领先战略和差异化战略的企业容易“夹在中间”从而处于糟糕状态。然而，在中国情境下，随着数字化浪潮的涌来，企业能够通过实施数字化转型并且广泛应用数字技术同时实现低成本战略和差异化战略。首先，新型互联网平台企业利用大数据分析技术准确识别客户需求、为客户提供量体裁衣式的高度差异化服务。其赚取佣金的独特商业模式与其庞大的客户基础所形成的规模经济也使其将成本降至最低。例如，美团能够利用其后台获取的大量用户数据准确分析不同客户群体的需求，并且将差异化的产品及服务准确推送给不同的目标客户群体。同时，其庞大的用户基础能够吸引更多的平台互补者（complementor），且大大提高平台企业与其互补者的讨价还价能力，这进一步降低了平台的运营成本及佣金成本。其次，传统制造企业通过实施数字化转型可以实现模块化生产、智能化生产与服务化转型。一方面，模块化生产有助于企业在生产模块时利用规模经济控制成本，并且通过不同模块的组装创造具有差异化的产品，迎合多种客户群体的需求，从而实现大规模个性化生产；另一方面，制造企业可以在生产过程中利用区块链、人工智能等数字技术控制产品质量、追踪产品流向、收集客户数据，并利用生产及销售过程中所收集的数据进一步改进生产流程、准确识别客户需求。这不仅能够大大提升生产过程中的效率，而且能够根据顾客的需求提供差异化的售后服务及产品的再推送，从而通过服务化转型实现差异化战略。例如，海尔通过数字化转型实现了无灯机器化生产、全程智能化接单、无人生产线以及智能化配送，从而降低了生产成本。同时，海尔以用户为中心重塑价值链，通过线上应用实现用户与研发、销售、制造、售后的零距离交互，实现“人单合一”，从而充分利用资源满足客户的多样化需求，通过差异化增强其市场竞争力，实现企业高质量发展。综上，在中国情境下，企业进行数字化转型使同时采用成本领先战略和差异化战略成为可能，这不仅挑战了传统的业务层战略理论，也为中国企业实践提供了新思想和新方向。

聚焦中国 4-1　微医：中国互联网医疗健康行业的战略先驱

第2节　动态竞争战略

随着现代信息技术的快速发展和经济全球化步伐的加快，产品与服务的生命周期越来越短，顾客需求偏好快速改变，行业的竞争规则在不断地推陈出新，企业应更快地感知竞争对手并做出反应。在这种复杂多变的动态环境下，企业凭借过去产业定位或者资源实力所积累的竞争优势，很快就会被外部技术变革和创新以及凭借在相关市场上获得优良资产和能力的新竞争者所侵蚀。因此，企业必须要用动态的观点来看待竞争优势问题，需要密切关注竞争对手的动向，进行防御，甚至主动出击。如何在动态的竞争环境中获取、发展、维持和保护竞争优势成为企业战略管理领域的首要问题。

为了适应日益复杂和动态的环境，管理者需要认识到一个特定的战略能否成功不是取决于企业推行战略时所采取的措施，而是取决于企业对竞争者行为和反应预测的准确程度，以及对持续变化的市场需求状况的精准把握。此外，战略的成功还有赖于企业对竞争性环境下法规、技术等的变化情况是否有预见性。当前，企业面临的竞争性环境变化的步伐越来越快，在制定竞争战略时，管理者必须要对这一动态机制有更加清晰的认识。如果管理者对竞争的动态性认识不足，就会付出沉重的代价，包括战略失误和错失机会等。

一、动态竞争的内涵及特征

（一）动态竞争的内涵

动态竞争是战略管理领域新的研究方向，20 世纪 80 年代才开始引起学术界的关注。动态竞争最早可以追溯到熊彼特 1950 年提出的创新破坏论（creative destruction）。熊彼特用创新破坏论来解释市场的动态性，即各个厂商如何凭借在动态市场中的行动与响应来追求市场机会。

动态竞争研究企业如何在动态条件下开展竞争互动并做出战略决策。和重视长期布局与建立持续竞争优势的传统研究范式不同，动态竞争理论认为战略的重点是一连串进攻与反应的战略决策和行动，只能建立短期的竞争优势。重要的不是一次性取得根本性的胜利，而是在一次次对抗中决定胜负。对此，在动态竞争领域颇有建树的学者陈明哲进行了生动的描述："参与竞争的各方，在一次又一次的互相攻城略地与蚕食鲸吞之后，胜利者快速攻占市场，扩大生存根基；失败者则逐渐退出舞台，甚至黯然成为历史。"

尽管动态竞争吸引了越来越多的学者开展研究，但时至今日，对于什么是动态竞争并没有取得共识，在具体的用语上也有所不同。从广义上看，属于动态竞争大范畴的用语主要有三个，分别是动态竞争（dynamic competition）、动态竞争性互动（dynamic competitive interaction）和竞争动态（competitive dynamics）。动态竞争是指企业在动态的经营环境下竞争，经营环境的动态化正在越来越明显地从外部威胁企业竞争优势的持续性。动态竞争性互动是指企业之间多点和快速互动的趋势越来越明显，竞争对手之间的博弈、学习、模仿和创新已经导致企业竞争优势的发挥和保持受到了威胁。竞争动态则是指为了获得市场中的优势地位，所有公司相互间进行的竞争性行动和竞争性反应。

（二）动态竞争的特征

虽然学者对于动态竞争的看法迥异，但是也有一些共同点。通过对他们的观点进行归纳，我们发现动态竞争有如下几个主要特征：

（1）动态竞争是以高强度的竞争为特点的，每一个竞争对手在建立自身竞争优势的同时也在削弱对手的竞争优势。

（2）竞争对手之间的战略互动明显加快，竞争互动已经成为企业制定竞争战略的决定因素。

（3）任何企业的先动优势都是暂时的，都有可能被竞争对手的学习、模仿和创新性行为所削弱。

（4）企业竞争战略的有效性在很大程度上取决于预测竞争对手的反应以及自身改变竞争规则的能力。

二、动态竞争战略的内涵及特征

（一）动态竞争战略的内涵

动态竞争战略是指企业为了获取、发展、维持和保护竞争优势，从行业竞争互动的视角出发，在预测竞争对手的能力和竞争中的反应的基础上所采取的一系列决策和行动。

与静态竞争条件下的战略制定不同，企业在制定动态竞争战略时不仅要考虑外部的环境条件以及内部的资源能力，还要重视企业间动态的竞争互动，时刻关注竞争对手的动向并做出积极的反应。因为在动态环境下，竞争战略的有效性在很大程度上取决于能否准确预测竞争对手的能力及其在竞争中的反应。只有在准确预测的前提下，企业才能够在动态环境中削弱和限制竞争对手的能力，保持竞争的主动性和持久的竞争优势，从而使企业在激烈变化的环境中生存和发展。

戴伊等人认为，在动态竞争环境下，预测竞争对手的行为和反应非常重要。企业可以通过回答五个重要问题来做出决策和行动，如图 4－2 所示。

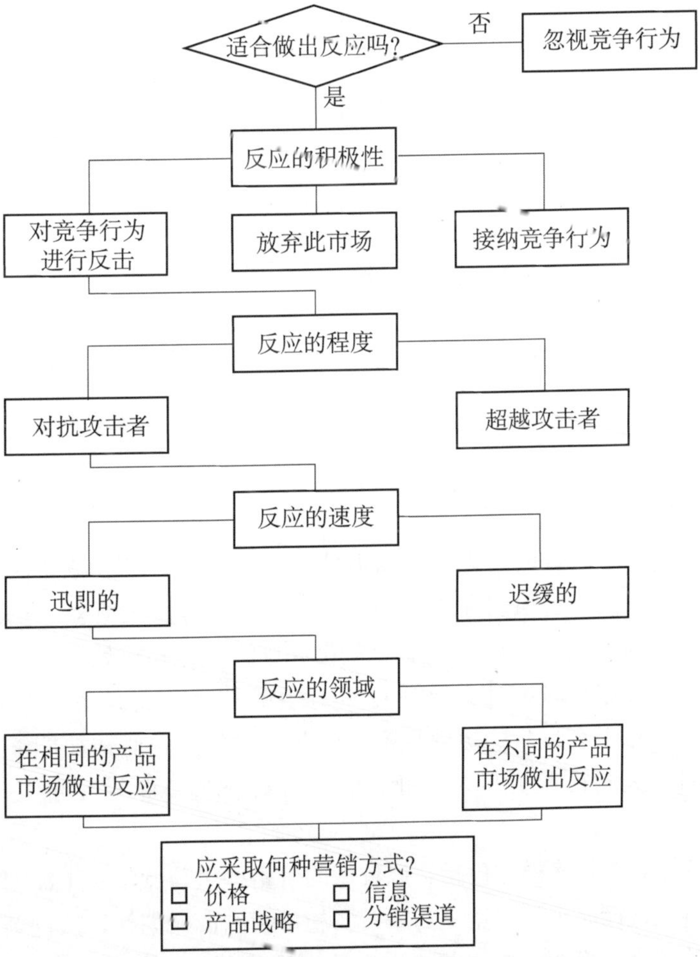

图 4－2　针对竞争对手行为的反应行动决策模型

资料来源：戴伊，雷布斯坦因．动态竞争战略．上海：上海交通大学出版社，2003.

陈明哲认为，竞争性分析在动态竞争战略的制定中扮演着重要角色，因为竞争对手对于企业战略的决策和实施都有重要影响。在竞争性分析中，企业可以从市场共性和资源相似性两个维度进行分析。市场共性关注的是企业与竞争对手共同参与竞争的市场的个数，以及每一个单独市场对彼此的重要程度。在几个相同市场同时进行竞争的公司不仅会对竞争者采取行动的市场做出一系列反应，而且会对其参与竞争的其他市场做出相应的反应。资源相似性是指与竞争对手相比，企业的有形资源和无形资源在类型和数量上的相似程度。资源的数量和类型相似的企业往往具有类似的优势和劣势，也会使用类似的战略。市场共性和资源相似性影响竞争性行为的驱动力，即意识、动机和能力，这些驱动力反过来又影响企业实际的竞争性行为，即企业与竞争对手之间进行的一系列进攻和反击行动，而这些行动将影响双方的业绩表现。图 4－3 是一个竞争性对抗模型。

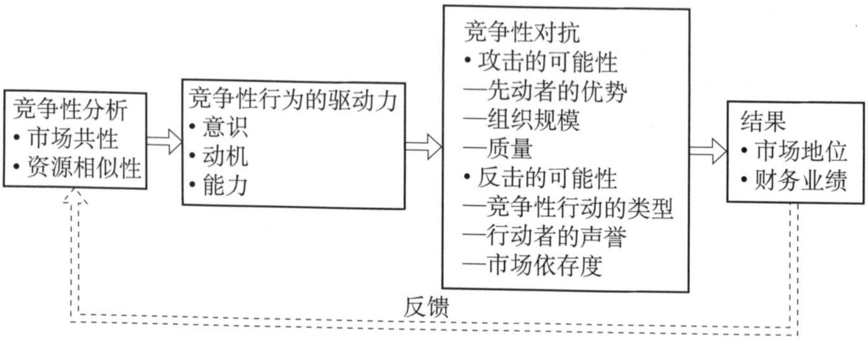

图 4－3　一个竞争性对抗模型

资料来源：希特，爱尔兰，霍斯基森．战略管理：概念与案例：第 12 版．北京：中国人民大学出版社，2017.

（二）动态竞争战略的类型

动态竞争战略涉及企业间的竞争互动，包括进攻（或称攻击）战略和防御（或称反击）战略两个基本类型。

1. 进攻战略

企业采取进攻战略的目的是提升市场地位。一般来说，进攻战略应该基于企业最有力的竞争资产——最有价值的资源和能力，如知名品牌、更有效率的运营系统、更强的技术能力等。如果进攻战略不是基于企业自身的优势和长处，成功的希望就非常渺茫。另外，企业在进攻时不是去挑战竞争对手的长处，而是去试探和攻击它的短处，尤其是在竞争对手有致命的短处且毫无防备的时候，企业往往能够一击即中，在削弱对手的同时壮大自己的力量。为此，能否准确把握竞争对手的长处和短处非常关键。

进攻战略的形式多种多样，包括：以较低的价格提供与竞争对手相当或者更好的产品；率先推出新一代产品来超越竞争对手；实施持续的产品创新，从创新能力较弱的对手那里攫取销量和市场份额；采用并改进竞争对手或其他公司的好创意；采用游击战，比如用偶尔降价、不定时促销、开展特殊活动等方式向行业领先者发起进攻；发动先发制人的攻击阻止竞争对手来确保优势地位等。除了选择适当的进攻形式外，进攻战略的实施者还需要选择进攻的目标。最好的进攻目标有四种：脆弱的市场领导者、挣扎在破产边缘的企业、能力有限的本地小企业以及实力不足的区域性企业。

对于不同的企业来说，由于其在行业中的地位不同，自身的资源和能力有差异，采用的进攻方式和进攻目标各有不同。但是为了取得竞争战略的成功，它们都需要遵循以下基本原则：

（1）不懈地建立企业自身的竞争优势，并确保其可持续；

（2）利用竞争对手可能最短缺的资源来打败竞争对手；

（3）采取出其不意的方式去做竞争对手想要做和准备做的事情；

（4）展现出迅速、果断、势不可当的行动倾向来压倒对手。

2. 防御战略

在市场竞争中，所有的企业都会遭到来自竞争对手的进攻，因此也都需要制定相应的防御战略。防御战略的目的是降低被攻击的风险。虽然防御战略通常不能提升企业的竞争优势，但是能够捍卫企业的市场地位，保护公司最有价值的资产和能力不被模仿，保护公司的竞争优势。防御战略主要有三种方式：提高进入壁垒、增加可预见的报复、降低进攻的诱惑力。

任何一个产业都存在进入壁垒，企业可以通过采取防御战略来提高进入壁垒，从而封锁挑战者的进攻路线。具体的方式有很多，包括：

（1）引入新的产品特色、增加新的产品型号或者拓宽产品线，以此阻断正在寻找机会的挑战者进入有漏洞或者空虚的利基市场；

（2）降低价格，打破进攻者采取低价进攻的企图；

（3）封锁销售渠道，让进攻者难以获得销售途径；

（4）给买方提供更多的体验和优惠，提高其转移成本；

（5）防御性地增加规模经济，如增加广告费用、加大研发投入、增加销售力量和扩大服务覆盖面；

（6）投资保护专有技术诀窍；

（7）建立与供方的牢固关系等。

增加可预见的报复也是比较有效的防御战略。采取防御战略的企业可以采用警示的方式让进攻者认识到其挑战性行为将被予以强有力的反击，这样做可以阻挡挑战者的进攻，或者使其采用更谨慎和威胁更小的进攻方式。企业也可以通过让挑战者明白进攻的结果得不偿失来达到目的。向潜在的挑战者发出警示的方式有：

（1）公开发表声明来彰显维持现有市场份额的意图；

（2）公开宣称某些业务单元对于企业的重要性；

（3）公开宣称要建设大于需求的大规模生产能力；

（4）公开承诺应对竞争者的产品或价格竞争的政策；

（5）不定期地猛烈回击较弱竞争者的竞争行为，强化自身强悍的防御者形象等。

采取行动降低进攻的诱惑力也是防御战略之一。通常，利润是挑战者进攻企业的诱因。挑战者预期成功可带来的利润是以其拟进攻企业的现有利润为参照的，同时挑战者关于自己未来市场地位的假设也会影响其对预期成功后可带来利润的估计。因此，企业可以从降低利润目标以及改变竞争对手假设两个方面来降低进攻的诱惑力，比如公开真实的内部利润增长预测，资助独立研究，质疑竞争对手所作的不真实的假设等。

（三）动态竞争战略的制定

就如何制定动态竞争战略的问题，以戴伊为代表的沃顿商学院的研究团队提出了一个分析框架，将动态竞争战略的制定过程划分为四个阶段，如图 4－4 所示。

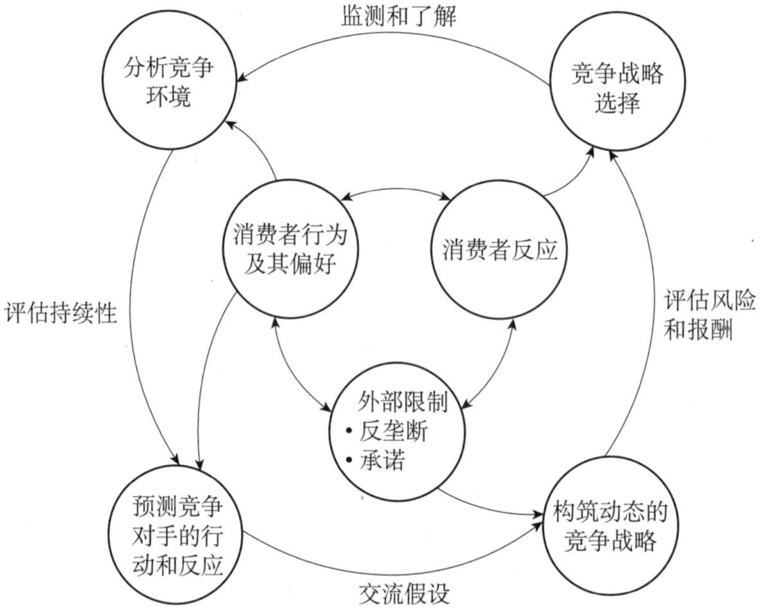

图 4－4　动态竞争战略的制定过程

资料来源：戴伊，雷布斯坦因．动态竞争战略．上海：上海交通大学出版社，2003.

戴伊等人认为，管理者在制定动态竞争战略时，需要面对四个关键挑战，分别是分析竞争环境、预测竞争对手的行动和反应、构筑动态的竞争战略，以及竞争战略选择。

1. 分析竞争环境

制定动态竞争战略需要回答的第一个问题是真正的竞争对手是谁。很多时候，企业浪费了大量宝贵的时间和资源应对同行业中的其他公司，而事实上这些公司并非它们真正的竞争对手。企业真正的竞争对手是那些向同一类消费者进行销售、满足相同需求的企业。如果彼此针对的是两个完全不同的细分市场，则对方的行为根本不会影响到自己的销售、市场份额和利润。一旦确定了真正的竞争对手，企业还要回答下一个问题：自己和竞争对手相比有哪些竞争优势？企业的竞争优势会随着时间、技术进步、政策等因素变化而变化，这要求企业必须用动态的观点持续观察与竞争对手之间的优势对比动向。

2. 预测竞争对手的行动和反应

制定动态竞争战略的第二个挑战是准确预测竞争对手对于某一特定措施的反应，以及它们未来的行为方式会发生怎样的变化。这项工作颇具挑战性。为了准确预测，企业的管理者需要了解竞争对手正在采取哪种战略、每种战略的成本和代价、竞争对手的动机，并能够正确解读对手的行为。要做到这一点，必须知道哪些举措或者行为会使竞争对手形成错误的判断并做出错误决策，还必须能够感知伴随着竞争互动的发展和时间的推移，竞争对手的观点会发生怎样的变化。

3. 构筑动态的竞争战略

了解了竞争优势的来源和竞争对手可能采取的行为，企业面临的下一个挑战就是构筑动态的竞争战略。为此，企业需要掌握一系列可能的战略选择和每一个选择的限制因素，并要分析竞争对手做出不同的反应时，自己该如何应对。前面列举的多种进攻和防御战略可供企业根据具体的竞争情况进行选择。

在选择具体的战略时，企业还需要考虑一些具体的限制，比如有的战略需要采取一些不可逆的举措，或者进行专门的投资。如果战略失败，意味着这些举措或投资带来的损失不可避免，在这种情况下，企业需要慎重考虑。另外，在做出战略选择时，企业还需要考虑反垄断以及反不正当竞争等方面的法律法规，避免在战略制定的环节违反法律法规，产生不必要的麻烦。

4. 竞争战略选择

最后一个挑战是分析各种可能战略的长期影响并据此选定一个战略加以实施。需要注意的是，战略并不是在一个回合当中就决定成败的。通常，A 公司采取某项措施，B 公司做出反应，A 公司再进行反击，如此循环反复。因此，一旦企业做出了战略选择，就需要形成某种机制，使其能够评估每一种战略在多情境、多轮次竞争中可能的结果。在评估时必须将自己的战略和竞争对手的战略结合起来考虑，预测参与竞争的每一方会对其他方的行为做出怎样的反应，从而做到有备无患，在实际问题发生时能够做出合理的应对。

总之，制定竞争战略是一个系统化的过程，企业需要评估竞争措施和竞争优势的背景，需要了解竞争对手潜在的反应和思维方式，需要制定战略并在采取不能轻易改变的战略措施之前对其进行评估，从而降低实施中应对的盲目性和失败的风险。

然而，传统的动态竞争战略大多关注西方大企业的动态竞争，在一定程度上对中国情境下的动态竞争现象解释力不足。同时，中国情境与特殊的时代背景也决定了动态竞争战略在中国的特殊性。在中国，大量高度多元化的互联网巨头蓬勃发展，生态的出现使得组织与行业之间的边界变得模糊，企业的竞争对手将不再局限在同行业中，这也为中国企业提出了新的挑战。不仅如此，中国企业在战略制定、实施时需要更多地考虑到他国政策的影响。以上种种原因为企业制定战略提出了更动态、更灵活的要求。为此，企业应贯彻落实“创新引领、协同发展”的思想，一方面通过科技创新增强自身竞争力，构筑竞争壁垒，对竞争对手的行动做出有效反应；另一方面注重价值链上各环节协同发展，促进价值链上的跨企业、跨产业协作，从而有效抵御来自竞争对手的进攻性战略行动。

小米是在中国情境下成功实施动态竞争战略的一个典型案例。作为一家手机制造企业，小米在面临激烈的国内市场竞争时升级了原本的性价比策略，开拓了海外国际业务。同时，小米在面临苹果、华为等国内外手机巨头的竞争压力时转而重点开发物联网以及小米生态链。以手机为核心，小米向手机周边产品、智能硬件、生活消费耗材辐射，实现了跨产业的协同发展。此外，小米还不断加强科技创新以应对竞争对手技术快速迭代的策略。目前，小米不仅在手机相机、AI 等技术上长时间保持在行业前列，并且其研制出的全面屏手机小米 MIX 开创了多款彩色陶瓷在手机上的应用。作为成功实施动态竞争战略的企业，小米贯彻了“创新引领、协同发展”的思想，也为中国情境下企业制定与实施动态竞争战略树立了标杆。

聚焦中国 4-2 盒马鲜生与超级物种的动态竞争

第 3 节　蓝海战略

迈克尔·波特的《竞争战略》和《竞争优势》这两部战略管理专著问世后，竞争成为战略管理领域的关键词。在基于竞争的战略思想指导下，企业需要在成本领先战略和差异化战略之间选择其一，确立自身的产品或服务在市场上的独特定位，以打败竞争对手，最大限度地抢占市场份额。然而，随着行业需求增长缓慢甚至停滞萎缩，企业间的竞争趋于白热化。无论企业采用成本领先战略还是差异化战略，获利性增长的空间都越来越小。如何跳出激烈的竞争、保持企业的获利性增长成为企业面对的难题。

就以上这些问题，法国工商管理学院教授钱·金和勒妮·莫博涅在长期研究的基础上，为企业指出了一条新的增长之路，即把视线从市场的供给一方转向需求一方，从关注竞争对手的行动转向关注买方价值的提升。这一视角的转变使企业能够跨越现有产业边界，对提升买方价值的元素进行筛选和整合，甚至创造出现有产业中未提供的价值元素。这样的行动也意味着企业得以摆脱“红海”中的血腥竞争，开创新的市场空间——“蓝海”。从这个意义上说，蓝海战略代表了战略管理领域的范式性的转变，即从给定产业结构下的企业定位选择朝改变产业结构的方向转变。

一、界定蓝海战略

（一）红海与蓝海

钱·金和勒妮·莫博涅将现今存在的所有产业，也就是我们已知的市场空间称为红海，而将当今还不存在的产业，也就是未知的市场空间称为蓝海。

在红海中，每个产业的界限被划定并为人们所接受，竞争规则也已为人们所知。在这样的市场空间，每个企业都试图击败对手，以攫取更大的市场份额。但是随着产业日益成熟甚至衰退，市场空间越来越拥挤，利润和增长的前景也越来越黯淡。为了生存，企业间的竞争越发激烈，市场空间呈现出血腥的意味。与之相反，作为未知的市场空间，蓝海意味着创造新的需求，意味着高利润增长的机会。在蓝海中竞争无从谈起，因为游戏的规则还未制定。

尽管蓝海是个新名词，但它并不是一个新事物。随着产业的不断演化，一直有新的行业在诞生。回首百年，我们发现今天习以为常的很多行业都经历了从无到有，或者说从蓝海到红海的发展过程。比如，19 世纪美国汽车产业创始以前，没有人知道什么是汽车；1890 年，赫尔曼·霍利里思（Herman Hollerith）发明了穿孔卡片制表机，标志着电脑业的诞生。30 年前，我们今天熟知的一些行业都没有出现，比如电商、快递、社交软件、移动支付等。所以，站在产业发展的角度，蓝海并非遥不可及，而是需要企业用敏锐的嗅觉、创新的精神和有力的行动来开创，那些拥有强大品牌和声誉的企业往往是曾经多次开创新的市场空间，并不断对自身进行再造的企业。

（二）红海战略与蓝海战略

在以竞争为导向的战略管理范式中，企业高管在制定战略时大多先从外部环境分析开始，评估宏观环境和行业环境中的机会和威胁，特别重视对竞争对手进行分析，以此来判断行业的获利能力和利润前景。企业在与竞争对手进行对比分析的基础上，明确自身的优势和劣势，从而确立一个与众不同的战略定位，通常是成本领先和差异化二选其一，借此谋求持久的竞争优势。战略确定之后，企业需要根据战略调整价值链，在这一过程中确定研发、生产、营销、人力资源等职能层战略，然后再根据这些战略制定财务规划、进行预算分配等。

这种做法背后的逻辑是公司选择何种战略要由环境来决定，即结构塑造战略。这种结构主义（structuralist）的视角源自产业经济学的分析框架，是以迈克尔·波特为代表的定位学派的主要观点，一直在战略管理学科中扮演主导的角色。与之不同，蓝海战略的理论基础是内生增长理论，该理论的基本思想是：经营者的思想和行动能够塑造经济和产业的总体面貌。这一理论可以追溯到熊彼特和德鲁克的思想，他们强调创新和企业家精神，认为战略可以塑造结构，持这种理论的学派被称为“重构主义学派”（reconstructionist）。

因此，红海战略强调确立与众不同的战略，在已有的产业秩序中确立自己的防御地位，竞相击败对手。蓝海战略则采用完全不同的逻辑，不是以竞争对手为标杆，而是采用价值创新（value innovation）的方式实现增长。价值创新的战略逻辑不是将精力放在打败竞争对手上，而是放在同时为买方和企业创造价值上，并由此拓展行业边界，发现新的市场空间。价值创新对价值和创新两个方面同等重视。只重视价值不重视创新，会导致企业只能小幅度改进，不足以在市场上出类拔萃。只重视创新不重视价值，则会使企业为创新而创新，忽视买方的心理接受能力和购买力，不具有真正的商业价值。蓝海战略要求企业在价值和创新两个方面实现辩证统一，从而保证企业采取的行动能够对自身的成本结构和买方的价值主张同时产生积极的影响，即打破现有的价值与成本之间的权衡取舍关系，同时实现企业成本的下降和买方价值的提升。红海战略和蓝海战略的比较如表 4-1 所示。

表 4-1 红海战略与蓝海战略的比较

红海战略	蓝海战略
竞争已有的市场空间	开创无人争抢的市场空间
打败竞争对手	摆脱竞争
开发现有需求	创造和获取新需求
在价值和成本之间权衡	打破价值与成本之间的权衡
按差异化或成本领先的战略选择协调公司活动的全套系统	同时追求差异化和成本领先的战略选择协调公司活动的全套系统

资料来源：金，莫博涅．蓝海战略．北京：商务印书馆，2005.

二、制定蓝海战略的原则

制定蓝海战略需要重视四个基本原则。

（一）重建市场边界

重建市场边界的目的是摆脱竞争，开创蓝海。为此，企业不仅要冲破那些限制它们该如何竞争的现有边界，而且要跨越这些边界，系统地看待市场以开拓蓝海。目前，被证实有效的系统化模式有六种，也称为六种重建市场边界的路径，分别是跨越他择产业、跨越战略集团、跨越买方链、跨越互补性产品和服务项目、跨越针对买方的功能与情感导向，以及跨越时间。

（二）注重全局而非数字

制定蓝海战略的第二个原则是注重全局而非数字。这一原则是降低战略规划风险的关键所在。传统的战略规划通常从冗长的产业现状和竞争形势的描述开始，然后进行庞杂的内外部环境分析，在此基础上提出战略规划，提出具体的战略目标以及行动方案，并进一步转化为财务预算。这种战略规划方式是建立在大量的数据资料基础上的，在占用决策者大量时间的同时，却难以获得对内外部形势的全局性认识。

蓝海战略强调通过战略布局图来把握全局。战略布局图能够清楚地展示影响产业竞争的元素，从而将产业的战略轮廓展现出来，也能够展示现有和潜在竞争者的战略轮廓以及企业自身的战略轮廓。图 4-5 是太阳马戏团的战略布局图。

（三）超越现有需求

制定蓝海战略的第三个原则是超越现有需求。要做到这一点，企业需要挑战两种常规做法：一种是只关注现有顾客；另一种是追求市场细分，满足顾客需求的细微差异。为了使蓝海规模最大化，企业需要反其道而行。首先，它们不能只把视线集中在顾客身上，还需要关注“非顾客”的潜在需求，并将其转化为新需求。“非顾客”包括三种类型：第一种是徘徊在企业市场边缘的顾客，只要给他们提供更高的价值，他们随时都可

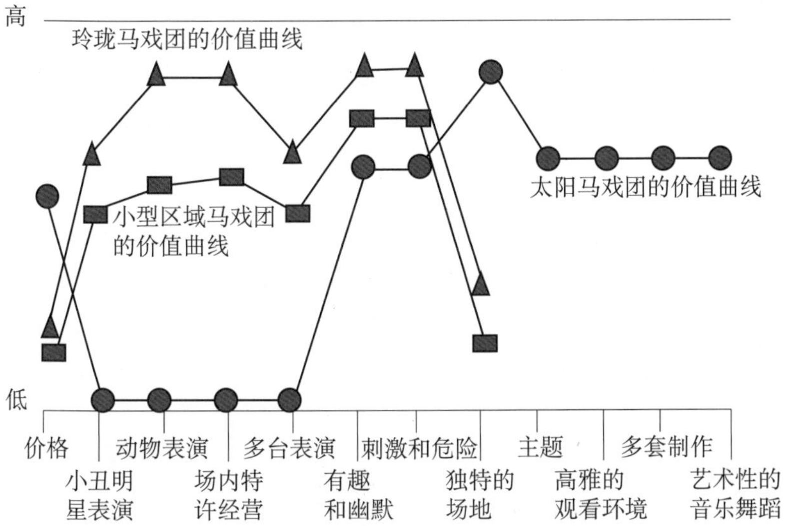

图 4-5　太阳马戏团的战略布局图

资料来源：金，莫博涅．蓝海战略．北京：商务印书馆，2005.

能成为企业的现实顾客，这类顾客称为“准非顾客”。第二种是不能接受市场现有的产品或服务或超过他们的经济承受能力而不选择的顾客，这些顾客称为“拒绝型非顾客”。分析他们拒绝产品或服务的主要理由，找到他们的共同点，企业就能够得到启发，将这部分潜在的、未经开发的需求释放出来。第三种是远离企业市场的“未探知型非顾客”。这类顾客通常被认为属于其他市场而不受关注。比如牙齿增白一直被认为是牙医的事，而不是口腔护理品生产商的事，所以口腔护理品生产商直到最近才注意到这些“未探知型非顾客”的需要，并将其纳入关注的领域，从而发现了一片待挖掘的蓝海。

（四）遵循合理的战略制定顺序

了解正确的蓝海战略制定顺序，并以此为关键标准来评估蓝海创意，企业就可以显著地减少开拓蓝海的风险。蓝海战略的正确制定顺序如图 4-6 所示。

这个顺序的第一步是买方效用。企业的产品或服务是否具有杰出的效用？是否有令人信服的理由让大众去购买？缺乏这一点，就没有蓝海的潜力可言。第二步是确定正确的价格，要让买方感觉到有能力支付，否则企业的产品或服务就无法带来人们难以抗拒的市场反响。第三步要考虑成本。企业能够以目标成本生产产品或提供服务并获得优厚的利润吗？当目标成本无法实现时，企业要么放弃这个创意，要么对商业模式进行创新，以达到目标成本的要求。只有杰出效用、战略定价和目标成本三者结合起来，企业才能实现价值创新。最后一步是解决接受上的障碍。企业在推介自己的创意时，会遇到哪些接受上的障碍？企业只有从一开始就去解决这些障碍，其蓝海创意才能够最终实现，蓝海战略的制定才能完整。

三、执行蓝海战略

企业制定了具有获利性的蓝海战略之后就需要执行这个战略。对于任何战略来说，

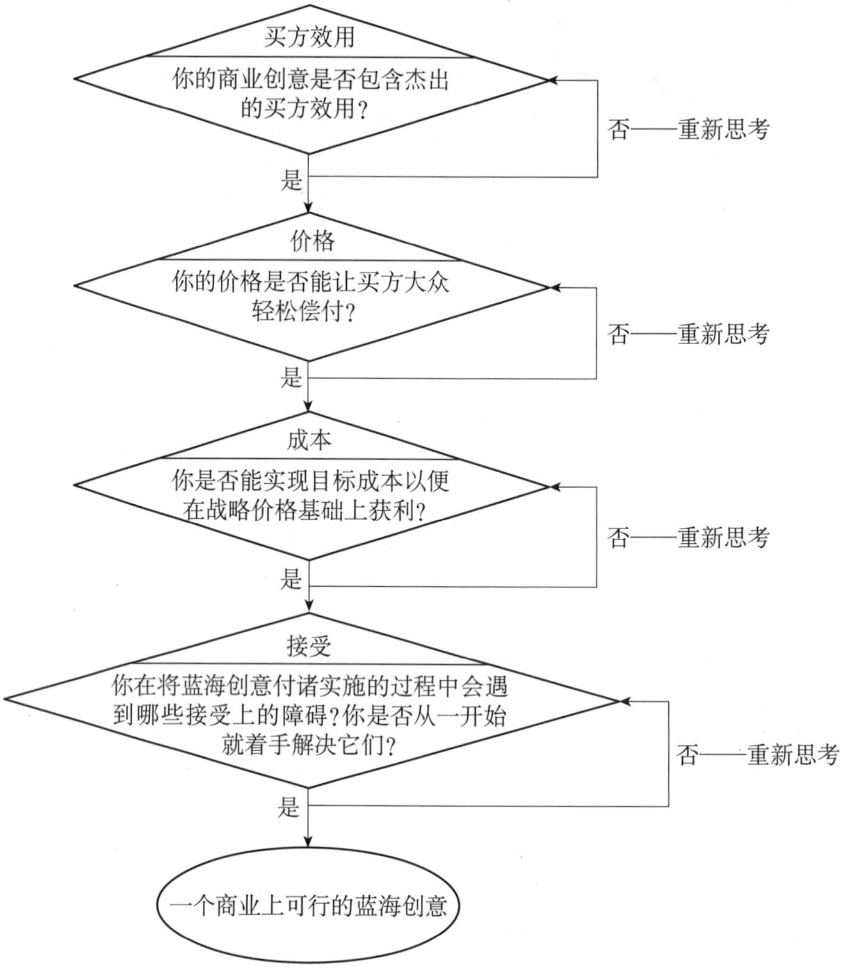

图 4-6　制定蓝海战略的顺序

资料来源：金，莫博涅．蓝海战略．北京：商务印书馆，2005.

执行都是最具挑战性的工作。对于蓝海战略来说，执行意味着对现状做出重大的变革，难度很大。为此，需要做好以下工作。

(一) 克服关键组织障碍

在蓝海战略的执行过程中，企业往往需要克服四重组织障碍。

1. 突破认知障碍

人们通常不愿意做出改变，因此需要唤醒员工，让他们认识到战略变革的必要性。可以采用两种方式来突破认知障碍。其一，让员工直接面对经营上最糟糕的问题，让他们感觉到震惊、无处可逃、无从推诿。这种体验能够产生超凡的影响力，快速突破人们认知上的障碍，促使他们迅速展开行动。其二，让管理层走出办公室，倾听最不满意的顾客的心声，而不是依赖于市场调查，这种真实的感受远胜于数字和报告给他们带来的冲击，有助于迅速突破认知障碍。

2. 跨越资源障碍

通常战略转变幅度越大，执行所需的资源就越多。如何让组织以更少的资源实施战略转变呢？蓝海战略强调通过区分执行中各因素的重要性来更有效地利用资源。对于资源投入少但在提高业绩方面很有潜力的“热点”，应该重点分配资源；对于资源投入多但对业绩影响甚微的“冷点”，则可以将其原有的资源释放出来，投入“热点”活动中去。有时候，企业还能够找到一些可以“互通有无”的部门，即能够将一个部门的剩余资源与另一个部门的剩余资源进行交换，来填补资源的空白。总之，企业如果学会正确利用现有资源，通常可以让资源障碍问题迎刃而解。

3. 跨越动力障碍

执行蓝海战略，必须让员工清楚地认识到战略转变的必要性，并明确如何用有限的资源去实现这一转变。而要有效实验新战略，人们不仅要认识到需要做什么，还必须以持久的、有效的方式将这种认识付诸行动。为了能够以低成本迅速调动广大员工的积极性，可以重点关注组织中具有关键影响力的人物，将他们的行为置于聚光灯下，让人人都可以看到。通过这种方式可以持久有效地调动这些关键人物的积极性。另外，为了使战略挑战的目标可以企及，也可以将其分解为微型化的任务，从而激发员工的自信心，推动组织的自我变革。

4. 突破政治障碍

组织政治是企业和公共生活中不可回避的事实，好的战略计划进入执行阶段仍然可能因为某一强大利益集团的反对而搁浅。为了抑制这些利益集团的政治势力，组织领导者需要运用恰当的策略来推动变革。比如，除了全力打造具备市场营销、运营管理以及金融方面能力的高层管理团队之外，还可以通过聘请那些对组织内部的政治斗争非常了解且在组织内德高望重的人担任参谋角色。除此之外，认清谁是支持者、谁是反对者也非常关键。总之，企业可以采用在更高的级别、更大的范围内争取支持者，结成广泛的联盟，同时把握反对者可能发起进攻的角度，并用无可争辩的事实和理由来反驳他们的指责以突破政治障碍。

（二）将战略执行当作战略的一部分

战略执行要想取得成功，不仅需要高层和中层管理者的认可和支持，还需要基层管理者和每一个员工的支持。为此，企业必须创造一种充满信任和忠诚的文化来激励人们执行他们所认同的战略。只有员工真正从内心深处认可战略并且愿意付出持续的努力去执行战略，企业的战略才能够真正落到实处。但是要做到这一点很不容易，对于任何一个企业来说，赢得全体员工的认可和支持都是一个挑战。

对于蓝海战略来说，由于战略的调整幅度更大，需要人们面临的挑战和做出的改变也更大，所以赢得全体员工的认可和支持的挑战尤为严峻。为此，采用蓝海战略的企业需要遵循一个重要的原则，即将战略执行当作战略的一部分。这意味着让员工参与到战略制定的过程中，而不是不考虑员工的思想和感受，将新战略硬塞给他们。让员工参与战略制定的过程，有利于建立员工的信任和忠诚，鼓励他们自愿合作，这样就可以杜绝不信任、不合作，甚至背后拆台的现象，从而使管理风险最小化。

传统的蓝海战略理论关注西方成熟企业寻找蓝海的过程，而在中国情境下，蓝海战略的理论与实践需要进一步丰富。2020 年，习近平总书记提出“充分发挥我国超大规模市场优势和内需潜力，构建国内国际双循环相互促进的新发展格局”，此后党中央在经济工作部署时多次强调持续扩大国内需求的重要性。由此可见，国内仍有很大规模的需求未被开发，换言之，国内市场存在一片巨大蓝海，有待企业探索。不仅如此，大数据等新型数字技术在企业中的应用允许企业充分分析不同用户的特点及习惯，发现处于当前市场边缘的用户群，从而重建市场边界，开拓蓝海。

拼多多是在国内实施蓝海战略的典型成功案例。作为一家主营电商的企业，拼多多并没有选择与国内几家主流电商企业正面竞争，而是选择开拓一片蓝海。拼多多以极其低廉的价格和新的商业模式吸引了大量价格敏感度高的用户群体，如三四线城市和农村互联网用户。一方面，这样的策略避免了与主流电商平台的直接冲突；另一方面，庞大的用户基数也为拼多多带来了不菲的收入。拼多多的成功应当使国内企业认识到，本国市场仍有大量未被开发的需求，特别是在中美贸易摩擦、开拓国际市场受阻的时代背景下，深入分析与挖掘国内市场并寻找蓝海不失为中国企业的一项可行且有效的战略。

聚焦中国 4-3

五菱宏光 MINIEV：开辟新能源汽车的蓝海市场

中国汽车市场在 2018 年后进入调整期，新能源车逐步替代汽油车成为增长亮点。新能源车市场中，小微电动汽车（A00 级）一度占据主导地位，但受政策补贴减少的影响占比下降。2021 年，A00 级车凭借价格优势和技术升级重获市场关注，其占比回升至 40.2%。

中国汽车消费者日益年轻化，90 后占比达到 41%。特别是 18～24 岁的消费者中，驾照持有者超过 4 000 万，其中 75%未拥有车辆。这一群体对个性化和差异化配置需求强烈，愿意为颜值、智能化和独特消费体验支付溢价。女性消费者在纯电动汽车市场的占比也升至 39%，进一步推动市场多样化发展。

五菱宏光 MINIEV（以下简称“宏光 MINI”）以“年轻人的时尚社交装备”和“大人们的玩具”为核心定位，通过潮流创造文化吸引消费者。截至 2021 年 4 月，宏光 MINI 的改装率高达 72%，成为社交媒体上的网红车型。凭借高热度和极具竞争力的售价，该车型在 2020 年 8 月上市第二个月便超越特斯拉，登上中国新能源车销量榜首，并蝉联冠军，2021 年成为全球电动汽车销量冠军。

宏光 MINI 的研发突破传统汽车模式，以用户需求为核心，通过“减法”策略控制成本，将关键配置精简到仅满足核心需求。例如，该车型去除了冷风空调、安全气囊和直流快充功能，以低至 2.88 万元的价格进入市场，直击新能源汽车的低价蓝海。

五菱以用户为中心，开放研发过程，通过微信群和线下调研直接收集用户反馈，并快速迭代产品。比如，用户反馈车内缺少挂餐袋的挂钩后，团队在一个月内完成开发并推向市场。这种开放式研发不仅提升了产品适配性，也缩短了研发周期，使宏光 MINI 仅用 8 个月就完成了设计。

宏光 MINI 的成功离不开五菱深厚的产业链资源。通过与供应商的紧密合作，研发团队在三电系统上实现了 30%的成本下降。同时，高授权和容错文化使研发团队可以高效捕捉用户需求，迅速将产品推向市场。

宏光 MINI 不仅是一款代步工具，还是潮流文化的载体。五菱通过组织潮流派对、改装车大赛和社交活动，将宏光 MINI 打造成年轻人心目中的潮创玩具。五菱在上海举办的“宏光 MINI DAY”等活动吸引了大量年轻用户参与，同时借助社交媒体传播“潮创”理念，引发广泛讨论。通过跨界合作，五菱不断扩大宏光 MINI 的品牌影响力。随着改装文化盛行，五菱推出官方改装平台，为用户提供高质量的改装配件和服务，进一步规范改装生态。这一策略不仅满足了用户的个性化需求，也增强了车主黏性，形成了独特的品牌社群。

潮创文化反哺产品设计，五菱在宏光 MINI 的基础上开发了更多细分市场车型。例如，针对年轻女性用户推出“五菱春色”马卡龙版车型，增加倒车影像和安全气囊等配置，以提升颜值和安全性能。这一高端版本售价 4.36 万元，不仅可以实现盈利，还将宏光 MINI 从“代步车”升级为“时尚代步车”。

宏光 MINI 凭借极致性价比和潮流文化开辟了 A00 级新能源汽车的蓝海市场。低价策略、高速迭代能力以及对年轻消费者需求的精准把握，为五菱在新能源汽车市场树立了标杆。未来，随着潮创文化的深入推广和细分市场的持续扩展，宏光 MINI 有望进一步巩固其市场领先地位，并推动新能源汽车行业的多元化发展。

资料来源：王高，朱琼．五菱宏光 MINIEV：中国造车新物种．中欧国际工商学院案例库，2022.

案例分析

Keep：中国线上健身第一家上市公司

自 2015 年成立以来，Keep 通过持续优化产品、创新商业模式和强化用户体验，成为中国线上健身领域的佼佼者。2022 年 2 月，Keep 正式向香港联交所提交 IPO 申请，力争成为“中国线上健身第一股”。成立初期，Keep 通过微信公众号积累的粉丝效应推出了移动健身 App，并喊出了标志性的口号：“自律给我自由。”这一定位精准触达了以健身初学者为主的广大用户群体。2019 年，Keep 创始人王宁表达了希望 Keep 成为一种生活方式的愿景：“就像想到搜索引擎时自然会想到‘Google’，人们想到运动时也会‘Keep 一下’。”这种定位从一开始便为 Keep 的快速成长奠定了基础。王宁将目标用户定义为“追求 70 分”的用户，这些人希望通过轻松的健身方式满足基础健康需求。为了满足这一群体和进阶用户的需求，Keep 不仅提供免费课程，还推出会员体系，提供专业教练课程和更多增值服务。

为了实现长远发展，Keep 在 2017 年明确了以“科技运动生态”为核心的竞争战略。这一理念强调价值主张的更新、业务系统的优化，以及盈利模式的多元化。Keep 不断推出人工智能辅助的训练计划，并通过直播和录播课程增强互动性。同时，引入专业用户生成内容（PUGC）模式，吸引健身达人入驻。2020 年，国际健身达人帕梅拉加入 Keep，为平台贡献了超 80 套课程，进一步提升了用户参与度。除了在线内容，Keep 还涉足线下消费场景，包括智能硬件、健康食品和运动护具等领域。例如，Keep 推出了健康食品品牌，提供零食和运动营养品；开发了护具产品，如护膝和护腰，并通过与体育明星合作提升品牌影响力。2019 年，Keep 推出“3K”计划，包括家庭场景智能硬件（KeepKit）、城市运动空间（Keepland）和运动服饰（KeepUp）。KeepKit 通过跑步机等设备将线上内容与线下产品相结合，助力用户更便捷地完成健身目标。Keepland 以创新型城市运动空间吸引用户，延续了 Keep 线上线下一体化的品牌特色。

Keep 通过大数据洞察用户行为，快速迭代产品。例如，在宏观层面捕捉到年轻用户喜欢利用碎片化时间进行运动的习惯后，Keep 新增了瑜伽、跳绳和助眠冥想等项目，满足多样化健身需求。此外，通过用户反馈和社群互动，Keep 快速响应个性化需求，例如开发具有挂钩功能的车型，进一步提升用户体验。

Keep 不仅是健身工具，还是用户社交和文化归属的中心。它通过引入 IP 元素（如主题奖牌和 IP 课程）打造独特的用户体验。2021 年，Keep 推出实物版奖牌和“城市漫游剧情跑”等活动，通过社交媒体传播吸引大量用户，强化品牌黏性。

Keep 通过“OGC＋PUGC”的内容模式，在产品层面实现了与其他健身 App 的差异化。同时，通过高效的科技互联功能，将线上与线下结合，为用户打造完整的运动生态。

Keep 的盈利模式主要依赖于自有品牌商品销售和会员订阅服务。例如，Keep 推出了针对不同用户需求的订阅套餐，包括学生特惠卡等，满足广泛的消费群体的需求。同时，Keep 创新地通过直播课程和设备销售扩大收入来源。截至 2021 年，Keep 的营业收入达到 11.6 亿元，比 2020 年增长显著。

尽管公司仍面临亏损，但这是科技品牌在发展初期常见的特征。Keep 的招股说明书强调，公司当前的重点是持续扩大用户基础和优化商业模式，而非短期盈利。

根据灼识咨询的调查结果，2021 年 Keep 用户创造了约 17 亿次锻炼纪录，使其成为全球最大的科技运动平台之一。凭借高用户黏性和多元化的商业布局，Keep 正逐步实现其“科技运动生态”的愿景。未来，Keep 将继续通过产品创新、用户体验优化和社区文化建设，巩固其在全球科技运动行业的领先地位，为用户带来更高效、更有趣的健身体验。

资料来源：谢卓伶，程川．健身圈独角兽：Keep 何以冲击“线上健身第一股”．中欧国际工商学院案例库，2023.

思考题

1. 结合材料介绍和本章知识点，概括 Keep 制定了何种竞争战略。
2. 分析 Keep 选择该战略时考虑了哪些因素。
3. 根据材料介绍，分析 Keep 具体采取了哪些行动来实施该战略。

本章小结

业务层战略是指在具体的产品市场上，企业用来开发核心能力以获得竞争优势的一系列相互整合、协调的约定和行动，简单地说是企业做出的关于如何在单个产品市场上进行竞争的一系列选择。根据迈克尔·波特的理论，业务层战略的目标是在企业与竞争对手的定位之间形成差异。为了形成这种定位差异，企业必须有目的地选择一套不同的运营活动。为此，企业需要考虑如何与竞争对手在价值链上有所区别，从而为顾客创造独特的价值。波特认为，企业创造差异性并获得竞争优势有两种基本的方式：低成本和差异化。同时，企业还需要考虑如何选择适宜的市场范围，即是面向广泛的市场还是聚焦于细分市场。这两个维度的选择组合起来就构成了波特提出的三种通用竞争战略，分别是成本领先战略、差异化战略和集中化战略，其中集中化战略包括集中差异化战略和集中成本领先战略。

随着现代信息技术的快速发展和经济全球化步伐的不断加快，产品与服务的生命周期越来越短、顾客需求偏好快速改变、行业的竞争规则不断推陈出新，企业也能更快地感知竞争对手并做出反应。在这种复杂多变的动态环境下，企业凭借过去产业定位或者资源实力所积累的竞争优势，很快就会被外部技术变革和创新以及凭借在相关市场上获得优良资产和能力的新竞争者所侵蚀。因此，企业必须要用动态的观点来看待竞争优势问题，密切关注竞争对手的动向，进行防御，甚至主动出击。动态竞争战略是指企业为了获取、发展、维持和保护竞争优势，从行业竞争互动的视角出发，在预测竞争对手的能力和竞争中反应的基础上所采取的一系列决策和行动。与静态竞争条件下的战略制定不同，企业在制定动态竞争战略时不仅要考虑外部的环境条件以及内部的资源能力，还需要重视企业间动态的竞争互动，时刻关注竞争对手的动向并做出积极的反应。动态竞争战略涉及企业间的竞争互动，包括进攻（或称攻击）和防御（或称反击）两个基本类型。

钱·金和勒妮·莫博涅将现今存在的所有产业也就是我们已知的市场空间称为红海，而将当今还不存在的产业也就是未知的市场空间称为蓝海。红海战略强调确立“与众不同”的战略，在已有的产业秩序中确立自己的防御地位，竞相去击败对手。蓝海战略则采用完全不同的逻辑，不以竞争对手为标杆，而是采用价值创新的方式来实现增长。价值创新的战略逻辑不是将精力放在打败竞争对手上，而是放在同时为买方和企业创造价值上，并由此拓展行业边界，发现新的市场空间。

企业需要进一步丰富和完善业务层战略相关理论及实践。如响应党中央及国务院推进企业数字化转型的号召以同时实现成本领先战略与差异化战略；贯彻落实“创新引领、协同发展”的思想以实施动态竞争战略；充分识别国际环境与国内需求以开拓蓝海市场，从而提升企业层面的竞争力，实现企业高质量发展。

思考题

1. 什么是业务层战略？在制定业务层战略时需要思考的三个核心问题是什么？

2. 什么是成本领先战略？成本领先战略通常在什么条件下尤为有效？成本领先战略的风险有哪些？

3. 什么是差异化战略？差异化战略通常在什么条件下尤为有效？差异化战略的风险有哪些？

4. 什么是集中化战略？集中化战略通常在什么条件下尤为有效？集中化战略的风险有哪些？

5. 什么是动态竞争？动态竞争的主要特征有哪些？

6. 什么是动态竞争战略？动态竞争战略有哪些基本类型？

7. 什么是蓝海？蓝海与红海有什么本质不同？

8. 什么是蓝海战略？蓝海战略和红海战略有什么不同？

9. 制定蓝海战略应当坚持哪些基本原则？执行中需要把握哪些关键点？

参考文献

[1] 波特．竞争优势．北京：华夏出版社，2005.

[2] 波特．竞争战略．北京：华夏出版社，2012.

[3] 希特，爱尔兰，霍斯基森．战略管理：概念与案例：第 12 版．北京：中国人民大学出版社，2017.

[4] 汤普森，彼得拉夫，甘布尔，等．战略管理：概念与案例：原书第 19 版．北京：机械工业出版社，2015.

[5] 蓝海林，等．企业战略管理．2 版．北京：中国人民大学出版社，2018.

[6] 陈明哲．动态竞争．北京：北京大学出版社，2009.

[7] 戴伊，雷布斯坦因．动态竞争战略．上海：上海交通大学出版社，2003.

[8] 金，莫博涅．蓝海战略．北京：商务印书馆，2005.

第5章

大展宏图：公司层战略

不谋全局者，不足谋一域。

——陈澹然

我们不能在非战略机会点上消耗公司的战略竞争力量，只有持续聚焦主航道，有所为，有所不为，才能不断地提升公司的核心竞争力。

——任正非

学习目标

- 掌握公司层战略的内涵
- 掌握成长战略、稳定战略、收缩战略等公司层战略及各自特点
- 了解相关多元化战略、不相关多元化战略的内涵及各自的动机和风险
- 了解纵向一体化战略、横向一体化战略的内涵及各自的动机和风险

引导案例

汇川技术的扩张之路

深圳市汇川技术股份有限公司（简称“汇川技术”，股票代码：300124）成立于2003年4月，是一家从事工业自动化和新能源相关产品研发、生产和销售的国家高新技术企业。其业务范围涵盖以下五大领域：通用自动化业务、工业机器人业务、新能源汽车业务、轨道交通业务、电梯电气大配套业务。其产品广泛用于新能源汽车、电梯、空压机、工业机器人/机械手、3C制造、锂电池、起重、机床、金属制品、电线电缆、塑胶、印刷包装、纺织化纤、建材、冶金、煤矿、市政、轨道交通等行业。2021年，

汇川技术实现营业总收入180.57亿元，同比增长57%；实现利润总额38.16亿元，同比增长63%。截至2021年，汇川技术累计获得专利及软件著作权2 186项，入选首批国家“智能机器人”重点研发支持计划，2020年跻身胡润中国500强民营企业，曾获得2019年德国IF设计大奖、2018年江苏省科学技术奖一等奖、2017 CCTV中国上市公司50强及社会责任十强、2016年福布斯亚洲中小上市企业200强、2015中国年度最佳雇主100强等荣誉。

在业界，汇川技术被称为工控行业的“小华为”，不仅因为其高层管理者所共同拥有的曾经在华为工作的经历和狼性企业文化基因，还因为其快速强劲的成长势头。汇川技术之所以能从单一的变频器供应商发展成集驱动、控制、电机、精密机械于一体的机电解决方案供应商，多元化战略功不可没。

汇川技术成立之初从变频器开始做起，不断拓展产品线，现已实现了从控制层、驱动层到执行层的覆盖，产品涵盖PLC、人机界面、变频器、伺服系统、DDR电机以及机器视觉等多个产品。2003年，汇川技术与国内知名电梯生产厂商江南嘉捷联手，合资成立了电梯公司默纳克。默纳克通过将江南嘉捷的电梯产品与汇川技术的零部件制造技术、互联网技术相融合，推出了“电梯互联网+”战略，为物联网电梯提供智能解决方案，完成了从整梯制造企业向服务型智能电梯解决方案提供商的转变。2008年，汇川技术与江淮汽车和众泰汽车成为合作伙伴，正式进军新能源汽车电动控制器市场。汇川技术将战略重点放在乘用车上，采用汇融中西的战略，把中国供应链、中国产品化能力、中国制造等优势和国外先进技术与平台结合起来，形成了全新的供应链解决方案，增强了自身的竞争实力。此后，汇川技术一直重视提升企业在新能源汽车领域的技术研发水平。2017年，汇川技术与瑞士Brusa公司建立研发技术战略合作伙伴关系，深入研究新能源汽车电控技术，并于同年8月取得ISO 26262功能安全管理体系证书，成为国内首家获得该认证的电机电控供应商。2015年，汇川技术完成对江苏经纬50%股权的收购，正式进军轨道交通领域。通过此举，一方面，汇川技术得以全线控制核心技术，成为唯一一家在轨道交通牵引控制行业具有投标资质的民营企业，市场潜力无限；另一方面，汇川技术通过与江苏经纬合作，在市场开发、采购和制造上发挥了较强的协同效应。2016年，汇川技术以6 000万元自有资金收购了上海莱恩公司，致力于完善机械传动领域的战略布局。2019年，汇川技术收购贝斯特全部股权，提升其在人机界面、线束线缆、门系统等方面的技术实力，为企业未来在电气电梯领域的扩展打下坚实的基础。

汇川技术认为，为解决中国制造业核心零部件技术缺乏、网络标准化及精密制造加工能力欠佳的问题，应从零部件制造技术起步，循序渐进，逐步深入，最终实现智能制造。2012年底，汇川技术开始研制机器人伺服等核心零部件，实现了伺服、控制器、工业视觉等关键零部件的国产化。2016年，汇川技术结合自控技术、行业积累及客户基础，提出“面粉+工艺”战略，其中，“面粉”指机器人硬件产品，而“工艺”则是汇川技术基于不同机器人类型所提出的工艺应用方案。通过与工艺设备制造商进行积极合作，汇川技术成功将“面粉”与“工艺”结合起来，在机器人制造行业站稳脚跟。2017年后，汇川注意到传统行业技术升级对一体化机器人产品的旺盛需求，开始由侧重驱动和控制产品的电气系统转向机电一体化产品，在保持驱控产品优势的同时，大力发展机械产品，进一步推动“面粉＋工艺”战略向“整机＋工艺”战略转变。同年，汇川推出 SCARA 机器人样机。2020 年，该机器人已经运用到半导体等行业的生产活动中。

以此为基础，汇川技术构建了“一轴一网一生态”战略。其中，“一轴”是自动化中机械部分的核心，追求高效、精密和安全；“一网”代表从工业总线到工业以太网、工业互联网组成的网状结构，使智能制造能力不断提升；“一生态”是指建立一个连接先进制造业、传统制造业、工业 4.0 的创业生态圈，旨在使其技术、产品、资金有效地流动。可以看到，汇川技术凭借自身技术、制造优势，推出了一系列相关多元化举措，通过有效确保“一轴一网一生态”战略的落地，增强了自身的实力，使公司持续、良性发展。

资料来源：汇川技术官网．https：//www.inovance.com/hc/aboutas/honour；邱德坤．汇川技术朱兴明：如实信息披露，展现内外一致的自己．上海证券报，2021－08－25；付建利，张骞爻．下一个 15 年汇川技术要打一场“双王之战”．证券时报，2018－05－02；汇川技术：新能源汽车整体的布局和规划．中国基金报，2017－06－06.

企业强则国家强，企业兴则国家兴。作为物质资料生产、就业岗位创造、技术创新培育的中坚力量，强大的企业始终是推动国家经济高质量发展的基石。在我国实现第二个百年奋斗目标、实现中华民族伟大复兴的中国梦的宏伟征程中，习近平总书记强调：“加快建设一批产品卓越、品牌卓著、创新领先、治理现代的世界一流企业”。[①] 这一目标充分体现了我国发展进入全新阶段的历史背景，是具有时代特征的企业前进方向，体现了党和政府对我国企业未来发展的战略思考。而企业要实现这一宏伟目标，完善的公司层战略是需要考虑的首要因素。正如清末民初经史学家陈澹然所说，“不谋全局者，不足谋一域”，公司层战略决定着企业的全局。华为创始人任正非也讲过：“知识经济时代，企业生存和发展的方式也发生了根本的变化，过去是靠正确地做事，现在更重要的是做正确的事。”[②] 公司层战略指引企业做正确的事，决定企业业务层战略与职能层战略的边界。好的公司层战略能够帮助企业充分思考自身竞争优势，深入分析外部环境，设计符合自身特点的成长路线，引领企业在迅速变化的环境中抓住机遇，战胜困难，大展宏图。

第 1 节　公司层战略概述

一、公司层战略的内涵

公司层战略（corporate-level strategy）是指企业通过选取和管理不同市场上的不同业务来赢得竞争优势的战略。不同于业务层战略，公司层战略从企业整体出发，立足于更多、更大的业务范围，关注多个业务的战略制定和实施情况。这意味着，企业要运用

---

① 刘宇．加快建设世界一流企业．人民日报，2022－09－21.

② 路云．任正非谈商录．北京：北京联合出版公司，2014.

公司层战略帮助不同业务建立核心竞争力，形成独特竞争优势，为企业增值。从本质上看，公司层战略是一种多元化的投资组合管理模式，即公司通过组合管理模式实现投资收益最大化。

在企业制定公司层战略的过程中，需关注两个核心问题：一是企业业务边界扩张和收缩问题。企业必须决定以何种竞争姿态、发展态势保持在市场中的优势位置。面对不同市场环境和自身资源配置情况，企业需采取适宜的发展模式以建立、维护、扩大自身的竞争优势，提升业绩，获取超额回报。二是企业间不同业务部门的资源分配和协调问题。受制于有限的内部资源，企业需合理分配不同业务部门的资源配比，取长补短，以追求核心竞争力的提升。

二、公司层战略的类型

根据企业发展态势，公司层战略主要包括以下基本类型：

（一）成长战略

成长战略（growth strategy）是一种企业快速扩张、做大做强的战略。它以发展为核心导向，引导企业采用新的管理方式、生产方式，不断开发新产品，开拓新市场，扩大企业的产销规模，拓展自身经营边界，从而获得高于行业平均水平的利润率。企业采取成长战略时会表现出以下特征：第一，企业发展速度快于产品市场发展速度；第二，企业规律性地进行市场开拓和产品研发；第三，企业频繁地进行创新性行为，创造新的市场需求，使企业内部环境与外部市场匹配。

尽管企业可以在成长战略中获益，但需要明确的是，成长战略具有一定风险性。管理学大师德鲁克曾说："发展就是一种冒险。"对于企业来说，不应将成长作为既定目标，而应将其视为正确行动的必然结果。一味地做大做强可能会在短时间内造成企业资源短缺，提高企业管理难度。只有在成长中不断改善自身发展模式，才能使企业避开"快速成长"的陷阱。因此，在制定成长战略之前，管理人员应充分考虑企业内部资源和能力与外部市场环境的匹配程度，以及战略失败可能引发的后果，做出适合企业的正确决策。

（二）稳定战略

稳定战略（stability strategy），顾名思义，是指企业保持相对平稳、低速发展的战略。不同于成长战略中的快速发展，稳定战略更强调按部就班，在平稳速度中缓慢进步，或保持现有竞争地位。企业采取稳定战略时会表现出以下特征：第一，企业安于现状，继续追求与过去相同或类似的战略目标；第二，企业的增长目标稳定不变；第三，企业很少进行产品或服务创新。

企业之所以会采取稳定战略，主要源于两方面考虑。一方面，战略改变会将企业暴露于巨大的风险之中。所需的知识、技能、经验等关键性资源的更迭会对企业竞争地位造成威胁。受惯性驱使，企业往往倾向于保持原有经营轨迹，不愿做出改变。另一方面，战略改变要求企业拥有较强的动态响应能力和资源获取能力。此类能力的形成需要较多时间和经验累积，对于部分成立时间较短、资源渠道匮乏的企业而言，保持稳定属于“无奈之举”。

（三）收缩战略

收缩战略（retrenchment strategy）是一种企业从目前的战略经营领域和基础水平撤退、缩减业务范围或缩小业务规模的战略。与成长战略、稳定战略不同，收缩战略不寻求企业的稳定发展或快速扩张，而是通过缩小企业经营规模，实现改善企业经营状况的目的。正所谓“壮士断腕，方能革弊前行”，企业在扩张过程中，可能会遇到业务增长率降低甚至亏损的情况，因此必须采取抽资转向、调整重组、放弃甚至清算等战略，以规避风险并及时止损。其中，抽资转向是指企业减少在某一领域的投资，以削减成本开支，改善资金流运转情况；调整重组是指企业进行内部业务、结构、人员等方面的调整或与外部企业进行资源重组，以扭转财务状况欠佳的局面；放弃是指在上述战略失败时，企业选择放弃部分业务或部门，以摆脱不良资产对企业的负面影响；清算是指通过资产拍卖的形式将企业卖出，以偿还债务，减少股东损失，此类战略适用于企业面临亏损而又无计可施的残局阶段。

三、成长战略的类型

从不同的视角看，成长战略可能涉及以下基本类型。

（一）多元化战略

多元化战略（diversification strategy）与专业化战略相对应，是指企业在主要业务领域外涉足其他多个业务领域的战略。多元化战略是公司层战略的主要表现形式之一，强调企业参与经营和竞争的市场范围，即企业的经营边界。管理者在实施多元化战略时应关注如何创建、购买或出售不同业务单元，使企业所拥有的优势资源和核心能力与市场机会相匹配。相比于专业化战略，多元化战略更强调通过业务组合获得竞争优势，而非专注于单一业务。根据企业新增业务的类型，多元化战略可划分为相关多元化战略（related diversification strategy）和不相关多元化战略（unrelated diversification strategy）。

（二）一体化战略

一体化战略（integration strategy）是企业依托自身在产品、技术、市场等方面的优势，根据核心业务和物资流向，不断向深度和广度拓展边界的战略。其目的在于将与企业生产经营相关的活动纳入管理范围，形成统一的经济支配实体。根据企业的扩张方向，一体化战略可划分为纵向一体化战略（vertical integration strategy）和横向一体化战略（horizontal integration strategy）。

（三）并购战略

并购战略（merger & acquisition strategy）是指企业通过合并或收购其他企业实现成长的战略。其目的是通过企业合作与整合为所有利益相关者创造价值。企业采用并购战略时，首先要考虑能否通过并购实现核心竞争力的增强和竞争地位的提升。

（四）战略联盟

战略联盟（strategic alliance）是多个企业为了达到共同的战略目标而采取的相互合作、风险共担、利益共享的联合战略。战略联盟是企业间为提升经营绩效形成的网络联合体，在企业边界愈发模糊的今天，网络式组织逐渐成为企业提高合作效率的有效手段，而战略联盟就拥有网络式组织的特点：边界模糊、关系松散、机动灵活、运作高效等。同时，企业也可以选择外包的形式将自身业务嵌入网络之中，提升整体经营绩效。

（五）全球战略

全球战略（global strategy）是企业从全球角度出发，合理安排有限资源，把握机遇，进行全球性选择和部署的战略。全球战略可以使企业满足国外市场日益增长的产品、服务需求，扩大自身经营范围，获得超额利润。同时，全球战略也能使企业跳出本国产品生命周期的制约，提升发展稳定性。但在全球战略的实施过程中，我国企业应关注可能存在的“逆全球化”趋势带来的挑战，将国际与国内市场统筹起来。习近平总书记指出要“加快构建以国内大循环为主体、国内国际双循环相互促进的新发展格局”①。只有这样，企业才能利用更多样的资源，服务更广泛的市场，最终实现基业长青。

本章第 2、3 节将具体讨论多元化战略和一体化战略，本书第 6、7、8 章将分别展开讨论并购和重组战略、战略联盟和全球战略。

第 2 节　多元化战略

一、相关多元化战略

（一）内涵

相关多元化战略是指企业将自身业务范围延伸至与现有业务相关的业务的战略。其中，业务相关是指业务间存在市场、技术、设备等单方面或多方面的要素关联。企业采取相关多元化战略时会表现出以下特征：第一，企业收购、兼并有助于巩固和提升自身竞争优势地位的新业务、新企业；第二，企业进入可以共享销售和营销渠道的领域；第三，企业将知识、技术、经验从一个业务转移至另一业务；第四，企业积极寻求和探索

---

① 习近平．把握新发展阶段，贯彻新发展理念，构建新发展格局．求是，2021（9）．

与自身技术紧密相关的技术、专利或专有技能；第五，企业将商誉或品牌转移至新产品或服务中。

实施相关多元化战略的企业可以通过资源的拓展和能力范围的提升为顾客创造价值，从而获得竞争优势。在实施相关多元化战略过程中，范围经济形态逐渐建立，即企业通过行为共享和核心竞争力传递提升资源利用效率，形成协同效应，加快知识能力吸收转化，最终降低总体业务的经营成本，提升业绩。

首先，企业可以通过共享行为获取竞争优势。企业通过共享关键资源，对主要经营活动（如技术、市场、运作、管理等）加以组合，降低成本，提升利润。例如，汽车品牌可以共享营销渠道，将不同产品的宣传内容置于同一个广告内，大幅降低产品宣传和推广成本。共享行为具有价值创造性，可以通过资源共同利用和协同创造价值，实现"1＋1＞2"。研究显示，在银行业和软件业等行业的企业并购中，业务间资源和活动的共享行为可以形成范围经济，提升企业业绩，为股东创造价值。

其次，企业可以通过核心竞争力传递获取竞争优势。在塑造核心竞争力过程中，由于自身的复杂性及独特性，企业需要耗费大量财力、物力。当企业进行相关多元化时，可将已存在于主要业务的核心竞争力以较低成本转移至新业务之中，这节约了业务拓展成本。同时，核心竞争力的传递有助于企业在竞争中占据优势地位。根据资源基础观理论，核心竞争力具有异质性，难以被竞争对手理解和模仿，因此当企业将关键知识、技能、经验等从主要业务转移至相关业务时，相关业务可迅速吸收、内化，形成核心竞争力，建立起竞争对手无法超越的竞争优势。

（二）动机

企业之所以采取相关多元化战略，主要有以下原因：

第一，追求绩效提升。研究表明，企业实施相关多元化战略与绩效提升意愿有密切联系。一般来说，当企业面临市场规模缩减、收入减少、投资回报率降低时，除了进行内部调整外（如管理人员变更、商业模式创新等），往往会采取相关多元化战略以开拓市场，提升资源利用效率。企业因绩效问题进行内部调整，需要耗费大量人力、物力和时间，且创新变革的成功率难以保证。同时，由于企业的经营惯性，管理者很容易产生抵触情绪。相比于内部调整，相关多元化战略所需的企业变动相对较小，更容易得到管理者的支持。

第二，应对未来现金流的不确定性。当企业（特别是小型企业和处于成熟行业的企业）的商业模式或者产品线已经从成长期转入成熟期，或受到竞争对手的强烈威胁时，会将相关多元化战略作为一种有效的防御手段。对于小型企业而言，受规模所限，自身的竞争能力和市场统治力较弱，主要业务很容易被行业内的大型公司侵蚀，因此，采用相关多元化战略是十分必要的；对于处于成熟行业的企业而言，行业正由成熟期转向衰退期，且竞争对手数量较多、利润提升空间较小，企业可采取相关多元化战略实现资金流的扩充。通过拓展企业边界，将相关业务纳入经营管理范围，企业可以获取额外资金流，以降低未来资金流的不确定性。

第三，实现协同效应。企业在采取相关多元化战略时，将与主要业务相关的其他业务纳入经营管理范围，为主要业务提供关键性互补资源。在相关业务的协助下，主要业务的产品、市场优势将会扩大，经营成本也会因行为共享和核心竞争力传递而降低，业务间的化学反应不断增强，最终形成协同效应，实现“1+1>2”。

第四，提升管理层自身薪酬福利水平。在企业所有者和经营者分离的情形下，随着相关多元化战略的推进，企业规模在兼并、收购中扩大，管理者需要面对更加复杂的管理任务和岗位责任，所获得的薪酬福利也会提升，因此采取相关多元化战略成为管理者提升自身薪酬福利水平的有效手段。同时，管理者的管理能动性也会推动相关多元化战略的开展。当管理者得知企业因经营不善即将被收购重组时，他们会发挥自身能动性优势，寻求创新和变革，实施相关多元化战略，以保证对企业的控制权。

（三）风险

相关多元化战略存在以下风险：

第一，容易出现一损俱损的情形。企业在实施相关多元化战略以实现协同效应时，也将自身暴露于风险之中。业务间联系性、依赖性的增强使企业的风险抵御能力下降。当企业面临高行业风险时，由于业务间相关性较高、受市场波动影响较大，易形成连带效应，致使多个业务绩效同时下滑，对企业的生产经营产生巨大影响。此外，企业内部机制变化（如部门管理者变动、组织结构调整）所产生的风险也不容忽视。协同效应的发挥要求业务间环环相扣、紧密连接，但单一业务的经营调整所引发的连锁反应将波及整个企业，为了适应业务变化，企业需改变所有相关业务，使内部风险大幅提升。

第二，在实施过程中可能面临较大挑战。企业在推进相关多元化战略时，会在不同业务间进行资源配置，传递核心竞争力。其中，最有效的方式之一是将主要业务的核心人员调至新的业务部门之中。在这一过程中，企业可能会遇到阻力。一方面，现有业务的管理者可能不愿意将本业务部门经验丰富的核心人员调至其他部门，因为部门管理者需要重新花费时间和精力培养核心人员，并且核心人员也可能出于人际关系的考虑不愿进行部门调整；另一方面，部门管理者不会心甘情愿地接受将核心竞争力传递至其他部门的行为，这对本部门来说并无益处。在核心竞争力无法充分地在业务间流动的情况下，企业的整体业绩会受到较大影响。

第三，管理层的利己性动机会导致过度多元化。出于利己性动机，管理者倾向于采取相关多元化战略以提升自身薪酬福利水平，增强对企业的控制。如果一味地追求相关多元化战略，就会出现过度多元化现象。过度多元化使企业在扩张时放宽或降低了对被收购企业的评价标准，错误地估计了相关多元化战略所能带来的收益提升。多元化成本的居高不下和收益的大幅缩水最终使企业身陷扩张的泥潭。尽管在企业业绩不佳时，股东可以通过替换高层管理者来提升企业绩效，但高层管理者仍为自己预留了“后路”，如通过签订薪酬保障协议等将对自身的不利影响最小化。外部市场和企业内部治理机制可以在一定程度上限制管理者的利己性动机，但完全控制其行为是不现实的，因此企业必须权衡在相关多元化过程中过度多元化的风险与所获得的收益之间的利弊得失。

二、不相关多元化战略

（一）内涵

不相关多元化战略是指企业增加新的与原有主要业务不相关的产品或服务的战略。在企业逐步发展壮大时，不相关多元化战略可以丰富企业利润的来源，有效地分散风险，做到“不将所有鸡蛋放在一个篮子里”或“东方不亮西方亮”。

需要明确的是，不相关多元化战略的实施是有条件的。纵览全球市场，通过不相关多元化战略取得成功的企业需要符合以下两个特征：主要业务竞争实力强以及主要业务所处行业的增长潜力不足。一方面，如果企业自身竞争实力较弱，即与竞争对手相比在主要业务领域的竞争地位靠后，那么不宜采取不相关多元化战略。不相关多元化战略要求企业投入大量的时间和精力进行外部行业筛选和兼并，对于竞争实力较弱的企业而言，无疑会对现有业务造成严重影响，在削弱主要业务实力的同时，不相关的新业务很有可能因管理精力有限和内部资源分配不合理而失败。与之相反，在行业中处于领先地位的企业拥有充足的资源以支持不相关多元化战略的推进，能够在企业扩张过程中对主要业务提供充足的保护，防止因资源分配不均出现不相关多元化战略影响主要业务的情况。另一方面，当具有优势竞争地位的企业发现主要业务所处行业的增长潜力不足，无法持续为企业提供高额利润回报时，会选择新的不相关的利润增长点进行不相关多元化。企业需具有远见卓识，把握未来经济发展趋势，探索比现有业务更具增长潜力的发展机会。

企业在通过新建、收购、重组等方式实施不相关多元化战略时，应重点关注以下投资标准：第一，目标投资行业对政策变动、经济波动是否敏感；第二，投资的新业务是否可能出现兼并困难，或者兼并的行为是否违反相关法律法规；第三，投资的新业务是否能够达到企业预期的获利能力和资产回报率；第四，投资的新业务是否需要较多的资本支持以进行资产更新和现金流周转；第五，投资的新业务是否具有广阔的发展前景。

根据以上投资标准，企业在进行不相关多元化时应更多关注两类企业：一是资产被低估的企业。企业可以低于市值的成本兼并该企业，通过包装，以高于成本或市值的价格将其卖出，赚取交易差价。二是处于财务困境的“潜力股”。此类企业往往具有较强的盈利模式或资金流提升潜力，企业可将其兼并，依托自身资源优势为被兼并企业提供经营支持，帮助其摆脱困境，最终从该企业的长期经营中或卖出该企业所获取的价值中获利。

（二）动机

企业之所以采取不相关多元化战略，主要是由于以下原因：

第一，分散企业经营风险。此处的风险分散不局限于不同业务部门间的风险共担，而是强调不同行业间的风险管理。当拓展全新业务时，原本专注于单一行业的经营模式得以改变，企业不再完全受主要业务所处行业风险水平的制约，做到“小钱集中，大钱分散”。例如，处于高风险行业的企业可能会投资或兼并处于低风险行业的企业以分摊风险，防止“一损俱损”情况的出现。在企业扩张后，处于低风险行业的业务可以提供良好的风险缓冲，如果主要业务所处行业出现巨大变动，某一业务的损失可以由其他不相关的业务来弥补。同时，企业可以快速调整方向，投资拥有完全不同的技术、市场特征、顾客群的企业，及时止损。不相关多元化战略降低了潜在经营风险，提升了企业获利的稳定性。

第二，有效利用闲置资金。对于部分企业而言，其内部资金流充裕，但苦于没有良好的扩大再生产或资本运作渠道，无法将资金流优势转化为竞争优势。因此，企业可对利润前景较好的行业进行不相关多元化扩张，凭借自身资本优势进行战略布局，投资或兼并该行业内具有潜力的企业，最终通过资本、管理支持实现投资回报率的提高。

（三）风险

不相关多元化战略存在以下风险：

第一，正确评估新业务的难度大。由于不同业务所处行业的差异性较大，管理者难以充分考虑到所有的企业内部特点和竞争环境因素，做出合理决策。例如，高科技导向的企业由于缺乏行业知识，难以对劳动密集型企业的经营状况和行业特征进行判断。事实上，一个企业所涉足的业务领域越多，不相关多元化程度越高，管理者就越难以快速地对该领域形成系统、科学的认知。对行业吸引力和竞争力评价的偏差导致管理者无法判断、区分不良资产和有利资产，这无疑将影响不相关多元化的质量，并为日后的企业经营活动带来隐患。这就对管理者进行不相关多元化经营提出了新的挑战。首先，管理者需具有区分、辨别“好交易”和“坏交易”的能力，使企业免于陷入不良资产的泥潭；其次，管理者应选择合适的业务经理或部门主管负责新的业务，对新业务进行监督管理；再次，管理者需在新业务的战略制定过程中起主导作用，保证战略的合理性；最后，当新业务的经营出现问题时，管理者应及时查漏补缺，扭转局面，做出新的决策。

第二，业务间难以发挥协同效应。相比于相关多元化战略，由于业务间缺乏联系，不相关多元化战略难以形成战略匹配和范围经济。现有管理者难以为新业务提供除资金外的有形（如设备、工厂等）、无形（如知识、技能、经验等）支持，因此新业务发挥效能、建立竞争优势的难度较大。对于管理者而言，他们往往无心顾及新业务的经营状况，采取不干预的管理模式，放任新业务自我发展，最终导致其经营状况恶化。

第3节　一体化战略

一、纵向一体化战略

（一）内涵

纵向一体化战略是指企业通过自建、兼并或联盟的方式将上下游价值创造活动纳入企业经营管理范围的战略。一般来说，企业经营范围所囊括的价值链活动越多，其纵向一体化水平越高。如果企业纵向一体化的方向是朝向产业链起点的，即原材料供应商等，则企业所采取的是后向一体化战略（backward integration strategy）；如果企业纵向一体化的方向是朝向产业链终点的，即产品消费市场或消费者等，则企业所采取的是前向一体化战略（forward integration strategy）。在新时代互联网高速发展的大背景下，电子商务平台的涌现为企业纵向一体化提供了良好的战略环境和技术支持。

根据企业扩张的方向，纵向一体化战略可以分为以下两种类型。

1. 后向一体化

后向一体化战略是指企业朝产业链上游方向进行一体化扩张的战略。当企业在价值链下游的产品市场影响力较强、销售收入较为稳定、具有优势竞争地位时，价值链上游活动的波动会严重影响企业的发展态势，甚至对企业的核心竞争力形成巨大威胁。一方面，上游市场的原材料采购或供应渠道发生变化会导致供给无法与需求匹配，使企业难以满足市场需求。长此以往，市场中无法满足的需求就会逐渐被竞争对手或新进入者填补，企业的市场份额会被逐步蚕食。另一方面，原材料的成本波动会产生连带效应，造成产品价值的变化。原材料价格的上升会导致企业生产成本的提高，在其他条件不变的情况下，为了保持企业的利润率，必须压缩其他生产环节的成本（如售后服务、广告推广等）或提高产品价格，这些最终都将使客户资源流失，导致企业丧失优势竞争地位。为避免此类情况的发生，企业可以凭借自身的位置，自主生产原材料或配套零部件，也可以并购供应商，或与其合作，建立合资工厂和战略联盟等，提升企业对价值链上游的控制力。例如，手机生产企业可以收购屏幕制造商和电子芯片制造商以进行后向一体化发展。

2. 前向一体化

前向一体化战略是指企业向产业链下游进行一体化扩张的战略。当企业在价值链上游拥有较强核心制造能力、产品供给较为稳定、具有优势竞争地位时，价值链下游的经济活动对产品的未来发展走向起到了至关重要的作用。一方面，产品的市场影响力很大程度上决定了市场需求，如果下游的售后服务并未达到消费者的心理预期，会导致其满意度的降低和购买意愿的下降，从而影响产品需求。另一方面，营销推广力度不足或分销渠道缺乏会对销售不利，也会造成供给无法与潜在市场需求对接，严重影响企业利润。为避免此类情况发生，企业可以凭借自身的生产制造优势，对价值链下游的经济活动（如推广、分销、售后等环节）进行扩张，通过自建、兼并或联盟的方式，降低产品销售成本，提升市场影响力。例如，木材制造企业可以通过建立或收购电子商务平台的方式，使工厂与市场直接对接，减少销售环节，快速响应市场变化，降低产品价格，提升利润率。

（二）动机

企业之所以会采取纵向一体化战略，主要是由于以下原因：

第一，降低交易成本。通常情况下，企业可以通过签订合同的方式与其他市场主体进行经济交换。但在交易过程中，受制于信息不对称和人的有限理性特征，以合同作为交易形式的保障机制难以有效保护企业利益。投机主义即为了追求个人利益而损害集体利益的倾向，会在信息不对称和有限理性的情况下滋生，利用合同无法覆盖的权利义务或利益分配内容的漏洞牟利，从而产生交易成本。企业生产经营活动中产生的交易成本包括：事前交易成本，如签约、谈判、保障契约的成本；事后交易成本，如契约适应性问题所导致的成本；讨价还价的成本；建构及营运的成本；为解决双方的纠纷与争执而必须设置的相关成本和约束成本等。同时，不确定性与复杂性、专用性投资等因素也会产生交易成本。在企业进行市场交换过程中，可以通过兼并、联盟等方式将市场的交易活动转化为企业内部协调的行为，以避免或减少交易成本。企业通过内部治理机制降低信息不对称性，避免投机主义的出现，降低交易成本。例如，企业希望获得物美价廉的原材料，但当通过市场交易方式所获产品不符合预期（如价格较高、质量较差等）时，就可以采取纵向一体化战略，兼并上游供应商或与供应商建立战略联盟，将原材料供给活动纳入企业经营管理范围，通过内部审查等充分了解原材料的生产信息和供给状况，更好地把握生产节奏，降低交易成本。

第二，增强市场影响力。通过前向一体化和后向一体化形成范围经济，企业的盈利能力可以得到大幅提升。一般来说，当企业活动占据价值链的大部分环节时，就具备了对单一业务的垄断能力。一方面，企业可充分发挥协同效应，通过供应、生产、运输、销售、服务等多方面业务活动的重叠进行知识、技术、设备、设施或管理结构的重复利用，提升资源利用效率，以此联动价值链，提升其整体性和价值创造能力，在降低成本的同时充分获利。另一方面，在纵向一体化完成后，企业拥有更强的议价能力，可以在同上下游企业协商谈判时掌握更多主动权。同时，企业也可依靠自身规模优势，提高市场准入门槛，建立或提高进入壁垒，以更好地保护自身业务不受其他外部企业的干扰，形成核心竞争力和竞争优势，进一步提升市场影响力。

第三，提升对技术的保护。一方面，受制度环境影响，企业所掌握的核心技术可能无法得到有效保护，其他市场主体可以通过市场交易的方式窃取企业所赖以生存的核心技术，特别是在知识产权保护制度不健全的国家，这种现象比比皆是。因此，出于保护自身利益的目的，企业在进行交易时更倾向于采取纵向一体化战略。在此情况下，企业核心技术泄露的概率相比市场交易小，自身战略地位也会得到更好的维护。另一方面，一些国家对国外企业利用本国技术作出限制，给其他国家的企业造成巨大的压力。例如，近几年来，美国便利用其在科技领域的优势地位，对我国企业特别是高科技企业进行打压，使得我国企业的核心技术面临着比较严重的“卡脖子”问题。根据美国商务部工业和安全局（BIS）的统计数据，2018—2021 年，我国累计有 611 家企业被列入美国出口管制的“实体清单”，而登上这份名单的企业在使用美国技术与服务时都将受到美国政府的严格审查。习近平总书记指出：“关键核心技术是要不来、买不来、讨不来的。”① 要摆脱这种被束缚、控制的命运，我国企业就需要苦练内功，加快提升自身的技术水平。而纵向一体化有助于企业强化对产业链关键技术环节的控制，打造更加可靠的产业链体系，不失为保障企业产业链安全的好方法。

---

① 习近平．努力成为世界主要科学中心和创新高地．求是，2021（6）．

聚焦中国 5-1

习近平总书记关于技术发展与创新的重要论述

2018年5月28日，习近平总书记在中国科学院第十九次院士大会、中国工程院第十四次院士大会上的讲话中指出："科学技术从来没有像今天这样深刻影响着国家前途命运，从来没有像今天这样深刻影响着人民生活福祉。"

习近平总书记强调："我们牢牢把握建设世界科技强国的战略目标，以只争朝夕的使命感、责任感、紧迫感，抢抓全球科技发展先机，在基础前沿领域奋勇争先。我们充分发挥科技创新的引领带动作用，努力在原始创新上取得新突破，在重要科技领域实现跨越发展，推动关键核心技术自主可控，加强创新链产业链融合。"

在所有的技术攻关中，习近平总书记特别重视数字技术的自主创新问题，明确指出："要牵住数字关键核心技术自主创新这个'牛鼻子'，发挥我国社会主义制度优势、新型举国体制优势、超大规模市场优势，提高数字技术基础研发能力，打好关键核心技术攻坚战，尽快实现高水平自立自强，把发展数字经济自主权牢牢掌握在自己手中。"

资料来源：习近平．努力成为世界主要科学中心和创新高地．求是，2021（6）；习近平．加快建设科技强国 实现高水平科技自立自强．求是，2022（9）；习近平．不断做强做优做大我国数字经济．求是，2022（2）．

（三）风险

纵向一体化战略存在以下风险：

第一，导致管理复杂化。随着规模的纵向发展，企业所掌握的资源越来越多，资源的复杂性也越来越高，这势必会增加管理难度，提升管理成本。

第二，容易分散资源。在纵向一体化过程中，企业需要投入大量资源来发展价值链各环节，资源分布越分散，越不利于企业"集中力量办大事"以形成竞争优势。资源的流出会严重影响主要业务的持续增长潜力，削弱企业的核心竞争力。

第三，受行业波动影响较大。由于企业沿价值链方向进行了资源整合，各业务间紧密衔接，依赖性较强，在出现行业变化或波动时会产生较高的经营风险，这对实施纵向一体化战略的企业影响较大。

第四，容易滋生官僚主义。随着企业的纵向发展，内部治理机制取代了外部市场交易机制，导致内部治理层级增多、范围扩大，组织管理流程僵化，治理成本提高，丧失市场快速反应能力，从而产生官僚主义。

二、横向一体化战略

（一）内涵

横向一体化战略是指企业以兼并处于同一行业的企业为战略目标，最终实现规模经济和快速扩张的战略。不同于纵向一体化战略，横向一体化战略强调企业在行业内部的横向扩张。在企业实施横向一体化战略时，将资本和管理更多集中于特定业务部门或行业中，通过兼并的方式扩大生产规模、降低生产成本、巩固市场地位、提升竞争优势，最终增强企业的实力。

值得注意的是，横向一体化只在特定情境下才能更好地发挥规模经济的作用，因此采取横向一体化战略的企业或其所处行业应具备以下特征：第一，企业必须具备充足的资金。横向一体化扩张虽然会给企业带来巨大的垄断优势，但实施成本相对较高。如果企业缺乏充足的资金，横向一体化可能会导致资金运转情况恶化，甚至会出现资金链断裂等情况。第二，企业必须具有良好的治理架构和管理能力。当对竞争对手完成兼并后，企业面临的首要问题是如何管理竞争对手的员工，先前对立、紧张的敌对状态很可能因为管理不当而持续蔓延，造成内部冲突矛盾激化，从而影响企业的经营管理效率。第三，企业所处的行业具有密集性的生产特征。对于生产制造型企业，生产效率始终是核心问题，横向一体化战略所形成的规模经济可以有效提升生产制造型企业的生产效率，降低生产成本。但对于生产制造型企业来说，规模的扩大可能会导致行为灵活性降低，从而抑制创新，降低企业产出。

（二）动机

企业之所以会采取横向一体化战略，主要有以下原因：

第一，降低单位生产成本，形成规模经济。这对于生产制造业企业，特别是采取成本领先战略的企业来说尤为重要。为了扩大生产，企业可以选择自行建厂，但因其耗时长、成本高，难以在短期内实现规模发展。企业若采取横向一体化战略，就可通过兼并获得竞争对手的人员、技术、设备等关键性生产资源，并在短时间内将其投入运行，大幅提高生产力水平，降低生产成本。

第二，快速拓展市场，提升市场占有率。相比于研发新产品或丰富现有产品功能所带来的客户群体的拓展，接管竞争对手的客户对市场份额的提升效果更显著、更稳定。通常来说，消费者更容易接受已存在的产品，而不是全新的产品。因此，横向一体化在减少或消灭竞争对手的同时，可以为企业带来更广阔的市场、更丰厚的利润。

（三）风险

横向一体化战略存在以下风险：

第一，受反垄断的影响较大。国家的制度环境很大程度上决定了企业的横向一体化是否能够成功。在反垄断法较为完善的国家，企业的横向一体化进程容易受到阻碍，而在制度环境较为宽松的国家，企业横向一体化战略的实施更容易成功。以平台型数字企业为例，2021 年以来，针对国内一些平台型数字企业的垄断经营现象，国家依法对相关企业进行了处罚。例如，2021 年，阿里巴巴因滥用市场支配地位被处以 182.28 亿元罚款，美团因实施“二选一”涉嫌垄断行为被罚 34.42 亿元。因此，企业在实施横向一体化战略时应高度关注反垄断问题，千万不能逾越法律和政策的红线。

第二，可能造成规模不经济。企业如果一味地采取横向一体化战略进行扩张，超过了形成规模经济所需的最佳规模，将使管理效率因规模扩大而降低，产品单位成本提高，造成规模不经济。

第三，可能产生文化不兼容问题。不同企业的风格、文化特征不尽相同。如何在横向扩张后妥善处理好企业文化兼容问题对企业的管理提出了挑战。一味向被兼并企业灌输自身企业文化的做法会加剧文化冲突、对立，影响企业经营效率。

案例分析

湘鄂情的多元化战略

1999 年 9 月，一家名为湘鄂情的饭店悄然出现在北京定慧寺。在总经理孟凯的带领下，湘鄂情经过发展、扩张，最终实现华丽蜕变，于 2007 年 10 月 23 日成立北京湘鄂情股份有限公司。凭借特色的菜品和企业的核心竞争力，湘鄂情这一品牌在中国餐饮行业成功立足，并被认定为“中国驰名商标”，先后获得“全国绿色餐饮企业”“全国特级酒家”“中华餐饮名店”等殊荣。2009 年底，湘鄂情在深圳证券交易所正式挂牌上市，开了民营餐饮企业在 A 股上市的先河。

湘鄂情对自身的定位是服务高端市场，而高端餐饮的标准化问题是其快速发展需面对的首要难题。实际上，湘鄂情为企业转型做了一系列准备，2012 年 4 月，以 1.35 亿元收购上海齐鼎餐饮有限公司 90%的股份，宣布正式进军快餐业；同年 5 月，出资 1 亿元建设中央净菜基地，尝试进入学生餐领域；两个月后，斥资 8 000 万元收购北京龙德华餐饮管理有限公司，进军团餐领域。为实现规模经济、节约成本，湘鄂情还大力建设中央厨房，对原材料进行预加工，节约门店烹饪时间，并大力探索中餐标准化运营模式。

然而好景不长，2012 年底，全社会倡导“厉行勤俭节约，反对铺张浪费”，此举对高端餐饮业产生了巨大影响。湘鄂情的业绩出现断崖式下滑，除了改变，湘鄂情无路可退。2013 年 2 月，湘鄂情开始实施“去高端化”战略，放弃了坚守已久的高端餐饮阵地，关闭了部分酒楼，转投大众餐饮市场，从高端餐饮企业向综合餐饮企业转型，并尝试向海外延伸。

面对高端餐饮市场需求的萎缩，湘鄂情大刀阔斧地进行业务调整和多元化扩张。2013 年 7 月，以 2 亿元收购江苏中昱环保科技有限公司 51%的股权；5 个月后，通过两笔交易以 9 100 万元收购合肥天焱绿色能源开发有限公司 100%股权，正式宣布进军环保领域。虽然进行了扩张转型，但多元化战略的效果却不尽如人意。2013 年，湘鄂情营业收入 8.02 亿元，大幅下跌 41.19%；全年亏损 5.64 亿元，净利润同比下降 789%，巨额亏损使其多元化扩张速度明显放缓。2014 年 3 月，湘鄂情调转船头，出资 3.6 亿元收购北京中视精彩影视文化公司 51%的股权，此后不到一周，又以 2.58 亿元的价格收购笛女影视传媒（上海）有限公司 51%股权，跨界至影视业。然而，其影视之路又遭“当头一棒”。同年 4 月，国家新闻出版广电总局宣布了“一剧两星”电视剧播出新政：自 2015 年起，同一部电视剧每晚黄金时段联播的卫视综合频道不得超过两家。显然，该政策对影视制作行业有较大的影响。2014 年 5 月，在影视行业屡屡受挫的湘鄂情又将目光转向处于发展上升阶段的移动互联网行业，与中科院计算所合作建立了网络新媒体及大数据联合实验室，并定增 29.2 亿元建立新公司拓展移动互联网业务；同年，湘鄂情招募了部分前快播员工，成立中科云网科技集团股份有限公司（简称“中科云网”），正式进军网络新媒体、大数据和云服务领域。

然而，“更名改姓”并没有为湘鄂情的财务状况带来转机。2015 年 2 月 7 日，中科云网以 1 亿元的价格转让“湘鄂情”系列商标及三家子公司股权；2015 年 4 月，中科云网宣布其已构成债券违约，这也是国内首次出现公司债本金违约；2017 年底，中科云网累计净亏损达 11.44 亿元，被实行退市风险警示措施；公司内部也不断曝出董事长和实际控制人反目成仇、争夺权力的消息。截至 2018 年底，湘鄂情门店只剩 8 家，创始人孟凯被董事会解雇，其持有的股份也遭拍卖。而到 2020 年，最后一家湘鄂情在上海谢幕。尽管孟凯之子孟森于次年 6 月以“新湘鄂情”为名重开店面，试图重振这家高端餐饮品牌，但仅仅 6 个月后，新湘鄂情便因疫情冲击等原因暂停营业。在充满不确定性的未来，新湘鄂情该何去何从？

资料来源：石亚洁．中科云网多元化战略的财务风险及其控制．兰州：西北师范大学，2020；李倩．湘鄂情并购失败案例研究．北京：中国财政科学研究院，2018；杨桐．湘鄂情：五次转型为什么难逃劫数．中华工商时报，2015－04－13；张旭．湘鄂情：跨界之殇．销售与市场（管理版），2016（9）：67－69；湘鄂情：一场惊世败局之路．现代营销（经营版），2016（5）：40.

思考题

1. 湘鄂情采取了何种多元化战略？
2. 该战略的实施对湘鄂情造成了哪些影响？

本章小结

本章集中讨论了公司层战略。公司层战略是企业通过选取和管理不同市场上的不同业务来赢得竞争优势的战略。依据发展态势，公司层战略可划分为成长战略、稳定战略和收缩战略。成长战略又包括多元化战略、一体化战略、并购战略、战略联盟和全球战略。本章详细讨论了多元化战略和一体化战略。多元化战略是企业在主要业务领域外涉足其他多个业务领域的战略，具体划分为相关多元化战略与不相关多元化战略。其中，相关多元化战略是指企业将自身业务范围延伸至与现有业务相关的业务的战略；不相关多元化战略是企业增加新的与原有主要业务不相关的产品或服务的战略。一体化战略是指企业依托自身在产品、技术、市场等方面的优势，根据核心业务和物资流向，不断向深度和广度拓展边界的战略，包括纵向一体化战略和横向一体化战略。其中，纵向一体化战略是指企业通过自建、兼并或联盟的方式将上下游价值创造活动纳入企业经营管理范围的战略，包括后向一体化战略和前向一体化战略；横向一体化战略是指企业以兼并处于同一行业的企业为战略目标，最终实现规模经济和快速扩张的战略。本章对不同类型的多元化战略和一体化战略的动机和风险进行了详细的阐述。

思考题

1. 什么是公司层战略？
2. 公司层战略包括哪些类型？
3. 简述相关多元化战略与不相关多元化战略的动机和风险。

4. 简述企业采取纵向一体化战略的原因。

参考文献

［1］方力，任晓刚．推动全球科技创新协作．人民日报，2021-11-11.

［2］蓝海林，等．企业战略管理．2 版．北京：中国人民大学出版社，2018.

［3］路云．任正非谈商录．北京：北京联合出版公司，2014.

［4］希特，爱尔兰，霍斯基森．战略管理：概念与案例：第 13 版．北京：中国人民大学出版社，2021.

［5］王方华，吕巍．战略管理．2 版．北京：机械工业出版社，2011.

［6］习近平．把握新发展阶段，贯彻新发展理念，构建新发展格局．求是，2021（9）.

［7］习近平．不断做强做优做大我国数字经济．求是，2022（2）.

［8］习近平．加快建设科技强国 实现高水平科技自立自强．求是，2022（9）.

［9］习近平．努力成为世界主要科学中心和创新高地．求是，2021（6）.

［10］徐二明．企业战略管理．北京：中国经济出版社，2002.

［11］杨锡怀，王江．企业战略管理：理论与案例．3 版．北京：高等教育出版社，2010.

［12］Barney J. Firm Resources and Sustained Competitive Advantage. Journal of Management，1991，17（1）：99-120.

［13］Porter M E. Towards a Dynamic Theory of Strategy. Strategic Management Journal，1991，12（S2）：95-117.

［14］Williamson O E. Transaction-Cost Economics：The Governance of Contractual Relations. The Journal of Law and Economics，1979，22（2）：233-261.

第6章

取长补短：并购和重组战略

必以全争于天下，故兵不顿而利可全，此谋攻之法也。

——《孙子兵法》

建立起一种以相互尊重、相互包容为核心的企业文化。大家为了共同的价值追求和商业利益可以形成一个团队，平等协商，寻找合作方案，实现共同发展。

——李书福

学习目标

- 理解并购的内涵和分类
- 掌握并购的动机
- 描述影响并购效果的因素
- 了解重组的内涵、分类及动机

引导案例

从晋江小鞋厂到比肩国际运动品牌巨头——安踏的并购成长之路

2022年2月，中国代表团在北京冬季奥运会中取得9金4银2铜的辉煌战绩。与此同时，吉祥物冰墩墩和雪容融在全球圈粉无数。同样令人瞩目的，是跻身冬奥运动品牌榜第六名的中国品牌安踏。品牌赞助商在全球各大赛事中“押宝”各国运动员，为其提供比赛服、领奖服和运动装备。当运动员登上领奖台时，其赞助商的品牌会获得更多优质曝光，品牌价值得到大幅提升。考虑到安踏拥有冬奥品牌榜前两位的斐乐（FILA）

与迪桑特（DESCENTE）的中国运营权，其品牌价值在冬奥会上可比肩国际运动品牌耐克与阿迪达斯。2022 年 8 月，安踏的中期业绩报告显示其上半年营业收入同比增长 13.8%达到 259.65 亿，安踏超过耐克首登中国运动品牌市场份额第一。

1991 年，安踏只是福建晋江一家刚刚成立的不到 20 人的制鞋小作坊。1999 年，安踏推出“我选择我喜欢”的品牌口号，并在国内开创了体育明星与央视广告相结合的品牌营销模式，迅速扩大了营业额。2009 年，安踏与此前在中国市场持续亏损的意大利知名时尚运动品牌斐乐一拍即合，收购了其在中国的商标权和运营权，开启品牌收购战略。安踏早期的定位为大众市场，旗下缺乏中高端品牌，难以附加品牌溢价。而在中国经营不善的斐乐所具有的国际品牌效应和科技研发优势恰好能够补足安踏的短板，助其抢占中高端运动市场份额。时至今日，斐乐已占据安踏营业收入的半壁江山。

斐乐的中国业务“起死回生”后，安踏先后进行了多次国际知名运动品牌收购，如买下日本滑雪品牌迪桑特 60%的股份主攻高端市场，收购国际体育巨头亚玛芬体育（Amer Sports）以期扩展户外山地运动装备的市场空间及国际业务，以及收购香港著名童装品牌小笑牛（Kingkow）来带动童装业务发展等。目前，安踏已形成专业运动、时尚运动和户外运动三大品牌群。

安踏在多品牌收购和经营方面的策略非常清晰。安踏董事局主席兼 CEO 丁世忠曾在采访中表示，安踏的主品牌和斐乐很少互相学习，不共用设计师，以此强化差异化经营，但财务共享、HR 共享、信息系统共享。也就是说，安踏为其收购的国际品牌提供雄厚的财力、生产、零售和供应链支持，以及准确的中国市场形象定位和潜在的增长空间挖掘；而被收购的众多国际品牌则发挥其国际影响力和国际销售渠道优势，完善安踏的多品牌矩阵。

习近平总书记在党的二十大报告中指出，推进高水平对外开放。依托我国超大规模市场优势，以国内大循环吸引全球资源要素，增强国内国际两个市场两种资源联动效应，提升贸易投资合作质量和水平。安踏致力于“不做中国的耐克，要做世界的安踏”。得益于中国制造的深厚沉淀，具有开放思维和格局的安踏在全球招兵买马、开疆拓土，将面对更多的机遇和挑战。

资料来源：安踏的国际并购战略：FILA 的“起死回生”之路．(2021-08-29)．https：//baijiahao.baidu.com/s?id=1709324102599187421；北京冬奥运动品牌榜全回顾：65 大品牌决胜冰雪盛会．(2022-03-05)．https：//view.inews.qq.com/a/20220305A08AVJ00?startextras=0_08172aa27ce06&from=amptj.

并购和重组都是企业改变其既有的控制权和经营结构以及经营战略的大型交易活动。广义上的重组包括扩张型重组和收缩型重组。扩张型重组主要包括兼并和收购，而收缩型重组主要包括收缩企业规模和缩减经营范围。

并购和重组战略最初流行于北美国家，是一种企业寻求发展和抓住机遇的公司层战略，目前在全球范围内被广泛应用。近 20 年来，中国也经历了并购热潮。正如引导案例所示，安踏利用并购战略不断补足自身短板、拓展新的业务和市场，实现了协同效应，有效促进了企业发展。然而，并不是所有的并购重组都能如愿以偿地实现双方的预期。因此，理解企业实施并购和重组战略的动机及影响企业并购绩效的因素也至关重要。在这一章，我们将详细阐述并购和重组战略的相关内容。

第 1 节　并购概述

一、并购的内涵

并购是兼并和收购的简称。兼并（merger）是指两个（企业 A 和企业 B）或者多个企业达成协议整合成一个整体（企业 C）。通常情况下，兼并发生在两个规模相当的企业之间，兼并后原有的两个企业持有基本相同的股份。例如，大众点评和美团于 2015 年 10 月 8 日宣布达成战略合作，双方共同成立一家新公司——美团-大众点评。大众点评于 2003 年 4 月成立于上海，是中国领先的本地生活信息及交易平台，也是全球最早建立的独立第三方消费点评网站。除了为用户提供商户信息、消费点评及消费优惠等信息服务，大众点评还提供团购、餐厅预订、外卖及电子会员卡等 O2O（online to offline）交易服务。美团于 2010 年 3 月成立于北京，服务宗旨为“吃喝玩乐全都有”和“美团一次美一次”。其经营项目与大众点评网有相当大的重合。并购之后的新公司成为中国最大的 O2O 公司，确立了联席 CEO 和联席董事长结构，由原美团 CEO 王兴和原大众点评 CEO 张涛担任。尽管大众点评与美团之间的合并被视为兼并交易，然而实际上很少有真正意义上的兼并交易。原因在于，交易双方中通常有一方占据主导地位，这可能是由市场份额、企业规模或者价值等的差异造成的。

收购（acquisition）是指一个企业（企业 A）接管另一个企业（企业 B），将其纳入本企业的控制之中（企业 A′）。通常情况下，收购发生后，收购方拥有绝对控制权或者持有 100%被收购方的股份。这种情况很常见。例如，2010 年 8 月 2 日，吉利控股集团向福特汽车公司支付了 13 亿美元现金和 2 亿美元银行票据，正式完成了对福特汽车公司旗下沃尔沃轿车的全部股权收购。该收购是当时中国汽车行业最大的一次海外收购，吉利借助沃尔沃提升了自身的品牌形象。时隔 7 年，吉利再一次出手收购海外知名汽车公司。2017 年 5 月 24 日，吉利与马来西亚 DRB-HICOM 集团签署协议，收购 DRB 旗下豪华跑车品牌路特斯 51%的股份。这次收购有助于吉利进军跑车市场。

图 6-1 是企业兼并与收购的示意图。

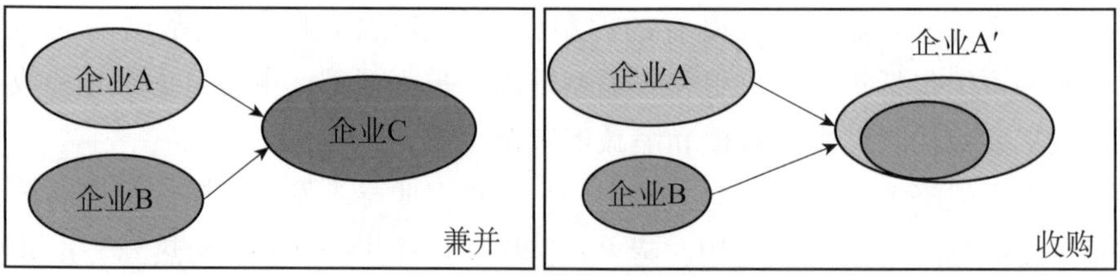

图 6-1　企业兼并与收购

通常，兼并是双方达成共识形成的交易。而对于收购而言，并不是所有的收购都是善意的。恶意收购也称接管（takeover），通常发生在被收购方并不同意收购方购买的情况下。2015 年宝能系与万科的股权之争是中国股市迄今最引人注目的恶意收购与反收购事件。万科由王石在 1984 年创立并持有 30%的股份，于 1993 年在深交所上市。在成立之初，万科并不是一个股权分散的企业。在经历了数次控制权的争夺后，万科的股权越来越分散。2015 年，这种分散的股权结构引起了宝能系的关注。宝能系开始买入万科股票，意在争夺第一大股东的位置，一时间对万科的管理层造成了极大的威胁。

为了防止被恶意收购，企业有相应的预防性策略和主动性策略。针对反收购的预防性策略包括适当的股权结构安排、毒丸（poison pill）计划、“驱鲨剂”条款和降落伞（parachute）计划。针对反收购的主动性策略是指在第一次报价后企业已面临被收购的境地时，所采取的增大收购方收购成本的补救策略，包括白衣骑士（white knight）、股份回购（buy back）、收购收购者（帕克曼防御）、法律诉讼以及定向配售股票给老股东。

战略聚焦 6-1　反恶意收购的措施

二、并购的分类

根据并购双方的特征，可以将并购分成不同的种类。按照并购双方所处行业的相关性可以将并购分为横向并购、纵向并购和混合并购。按照并购双方所处的地理位置可以将并购分为国内并购和海外并购。下面对各种并购类型逐一加以阐述。

（一）横向并购

横向并购（horizontal M&A）是指一个企业并购另一个处在同行业的企业，双方生产或提供同样或者相似的产品及服务（见图 6-2）。例如，滴滴出行与优步（Uber）中国的并购案就是典型的横向并购。优步于 2010 年在美国硅谷成立。它构建了一种新的商业模式，即采用“互联网+交通大数据”解决出行问题，并创立了全球第一家通过智能手机应用软件实现一键实时叫车服务的互联网平台。2012 年，滴滴出行在中国诞生，采取跟优步类似的模式逐渐取代传统路边招手打车的方式。滴滴出行和优步处于同一行业，两个企业的竞争随着 2014 年 2 月优步进入中国市场拉开了序幕。优步迅速拓展到数十个一二线城市，短时间内就占领了较大的市场份额。2016 年 8 月 1 日，滴滴出行宣布收购优步中国的品牌、数据等全部资产及其运营业务，至此，这场同行业竞争宣告结束。

（二）纵向并购

纵向并购（vertical M&A）是指一个企业并购一个上游的供应商或者一个下游的分销商（见图 6-3）。其中，并购一个上游的供应商叫做后向一体化或后向整合（backward integration）；并购一个下游的分销商叫做前向一体化或前向整合（forward integration）。例如，飞鹤集团收购其奶源供应商原生态牧业就是后向整合。飞鹤集团是中

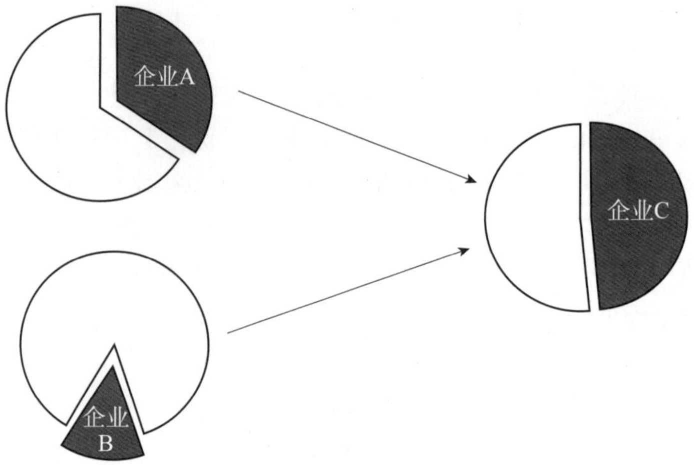

图 6-2　横向并购

国最早的奶粉企业之一。原生态牧业是中国领先的乳牛畜牧公司，专门生产优质原料奶。通过收购原生态牧业，飞鹤集团巩固了其上游优质奶源的稳定性。

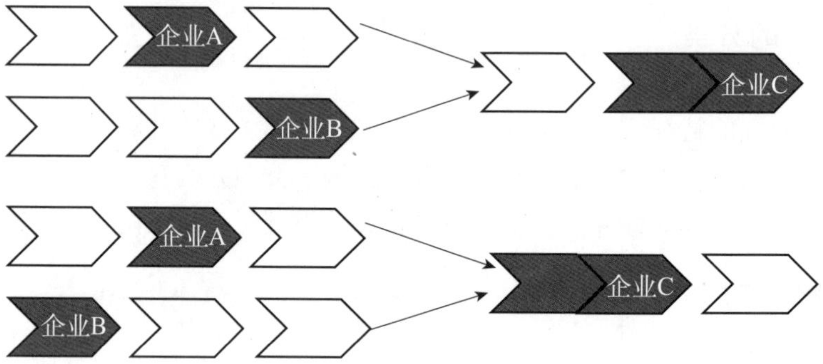

图 6-3　纵向并购

（三）混合并购

混合并购（conglomerate M&A）是指一个企业并购另一个与其原有产品或服务无关的企业。其中，目标企业既不处于同一行业，也没有横向或纵向关系。

（四）国内并购和海外并购

国内并购（domestic M&A）是指并购双方都在同一个国家，例如前面提到的美团和大众点评的兼并案例。海外并购（cross-border M&A）也称跨国并购，是指并购双方不在同一个国家，例如前面提到的吉利收购沃尔沃和路特斯的案例。

第 2 节　并购的动机

上一节介绍了不同种类的并购，这一节我们探讨企业实施并购战略的各种动机。事实上，当企业并购动机不同时，会相应地选择不同种类的并购战略。也就是说，并购的动机与采取的并购种类是密不可分的。企业采取并购战略主要有以下几种动机：增强市场势力；克服进入壁垒，加快进入速度；获取资源；多元化经营，分散投资风险；获得价值被低估的企业。

一、增强市场势力

增强市场势力是企业实施并购的一个主要动机。所谓市场势力是指一个企业有能力以高于市场水平的价格出售自己的产品或者服务，或者有能力以低于市场水平的价格获得其所需的原材料或者服务。这种市场势力通常是由企业的规模和它所具备的资源和市场竞争力带来的。同时，市场势力也受到企业所占的市场份额影响。因此，为了增强市场势力，企业会采取并购同行业竞争者（横向并购）或者并购其上下游企业（纵向并购）的方式。

首先，横向并购可以使企业减少竞争，增加所处行业的市场份额。随着市场份额的增加，规模经济效应使得企业的成本进一步下降。其次，竞争的减少和市场份额的增加也使企业增强了与其上下游企业的议价能力，从而降低其进货成本、提升其产品的销售价格。再次，从效率理论的角度来讲，并购一个同行业的企业可以缩减冗余的资源配置，共享类似的价值链，从而降低成本，实现成本的协同效应。最后，研究表明，当并购双方具有相似的战略、管理风格和资源配置时，横向并购可以提升企业的业绩。

纵向并购也可以使企业增强市场势力。纵向并购上下游企业后，企业可以直接降低其与上下游企业的议价能力，从而降低成本或者提升产品的价格。通过并购上下游企业，焦点企业还可以抑制同行业企业的竞争力。例如，如果企业并购了一家上游企业，那么新的企业会通过限制为其原有同行业的企业提供原材料来增加自己的市场份额和利润。另外，从交易费用理论（transaction cost theory）的角度来讲，企业存在的原因是它可以替代市场而节约交易成本。企业的最佳规模存在于企业内部的边际组织成本等于企业外部的边际交易成本时。纵向并购就是降低企业的外部交易成本、最优化企业规模的途径。

二、克服进入壁垒，加快进入速度

进入壁垒使尚未进入该市场的企业的运营成本升高。并购战略的一个显著优势是帮助企业克服进入壁垒。这种优势对于一个想要拓展海外业务或者海外市场的企业来讲尤其具有吸引力。当企业要拓展海外市场时，直接进入新的国家（或称东道国）可能会产生外来者劣势（liability of foreignness）。外来者劣势是指企业在东道国由于信息缺乏、不熟悉当地法律、嵌入性不够、文化不同以及歧视等原因相对于本土企业而言增加的额外成本，即外国企业的竞争劣势。因此，并购一个熟悉该市场环境因素的东道国企业，可以帮助主并企业克服进入壁垒。2012 年，万达集团收购美国院线 AMC。这次收购帮助万达集团较为容易地进入美国市场，扩张了其海外影视市场。之后，万达集团相继并购了

聚焦中国 6-1 比亚迪收购秦川汽车

美国卡麦克、欧洲 Odeon & UCI、北欧院线集团三大院线，占据欧洲、北美院线市场首位。

类似地，混合并购也是企业进入一个新领域或者新市场的一种有效手段。并购一个处于目标新领域或者新市场的企业可以帮助主并企业跨越进入壁垒。

三、获取资源

企业并购并不仅仅是资源的获取，更重要的是资源的整合。这些资源包括先进技术、供应链渠道、管理经验以及品牌形象等，它们都对企业提升整体竞争力有很大帮助。

（一）获取先进技术

企业研发新技术和新产品往往要耗费大量的时间、人力和财力，还要承担研发失败的风险。因此，自主研发新技术或新产品短期内无法带来可观收益。研究表明，88%的创新最终不能产生足够的利润来补偿研发成本。60%的创新会很快被其他企业模仿，从而丧失新技术带来的超额收益。因此，企业基于成本与收益的考量，会认为自主研发是一项高风险的经营活动，而更愿意选择并购一个有现成先进技术或新产品的企业。这样做不仅可以降低企业的研发成本，降低研发失败的风险，还可以加快进入一个新领域的速度。

2018 年 3 月 29 日，中科创达以 3 100 万欧元收购保加利亚技术公司 MM Solutions（MMS）。MMS 是全球领先的移动和工业图形图像视觉技术企业之一，也是中科创达在国际领域的主要竞争对手。MMS 在光学和图像处理、视觉算法等领域积累了多年的开发和商用经验。目前，全球超过 5 亿部智能手机的摄像头成像单元搭载了 MMS 的图像处理算法和画质调校技术。中科创达希望通过并购获得 MMS 的先进技术和销售渠道。

（二）获得供应链渠道

并购前的企业双方都有自己的供应链，它们可能形成竞争、互补或平行关系。供应链渠道不仅对处于同一行业的双方企业是重要的，对于想要进入新市场的企业来说更为重要。这里所说的新市场可以是新的产品市场，也可以是新的地域市场。通过并购，收购方可以获得目标企业的供应链渠道，从而产生利益的协同效应。在中科创达并购 MMS 案例中，前者也获得了后者的销售渠道。

（三）获得管理经验

企业可能通过并购获得先进的管理经验和运营流程。管理经验属于隐性知识（tacit knowledge），相对于显性知识（explicit knowledge）更难以清晰地表述和有效地转移。

因此，企业很难通过旁观来学习获得管理经验。并购可以帮助企业有效获取诸如管理经验这样的隐性知识。

（四）提升品牌形象

企业的品牌会有溢价效应。同样的产品，甚至是相同质量的产品，名牌产品的价格远远高于普通产品的价格。因此，自身品牌知名度不高或者价值不高的企业会试图通过并购一个更高知名度品牌的公司来提升品牌竞争力，以获取超额利润。例如，七匹狼通过其香港全资子公司以 3.2 亿元收购国际轻奢品牌 Karl Lagerfeld 80.1%的股权，借此提升自身品牌形象。类似地，吉利收购多家海外知名汽车品牌，包括沃尔沃、宝腾以及路特斯。

聚焦中国 6-2 美的集团并购东芝家电

上述各种获取资源的动机，通常是通过横向并购来实现的。

四、多元化经营，分散投资风险

企业在追求绩效的同时还需要控制风险。而控制风险的一种有效方式是多元化经营。实施多元化战略有多种途径，如公司内部成长、并购新领域企业、建立战略联盟等。其中，并购新领域企业是实现多元化经营的最快方式，有利于降低投资组合风险。多元化经营可以是相关多元化，也可以是非相关多元化。纵向并购是实现相关多元化的主要方式，而混合并购是实现非相关多元化的主要方式。

五、获得价值被低估的企业

最后一种并购的动机源于目标企业的价值被低估。被低估主要有三个方面的原因：受环境的影响；信息不对称；目标企业的经营管理不善，不能发挥应有的潜力。如果并购方可以将目标企业管理经营得更好，则可能通过并购被低估的企业来获得巨额收益。

其实，每一项并购交易背后的动机可能都不止一个。例如，2004 年 12 月 8 日，联想集团在北京正式宣布以总价 12.5 亿美元并购 IBM 的全球个人电脑（PC）业务，其中包括台式机业务和笔记本业务。通过这次并购，联想获得了 IBM 的技术及其在海外市场的销售渠道，成功进入了海外市场。同时，联想还学习了国外先进的管理理念，提升了自身的品牌形象。

表 6-1 总结了并购的动机与涉及的并购种类。

表 6-1 并购的动机与涉及的并购种类

并购的动机	涉及的并购种类
增强市场势力	横向并购、纵向并购
克服进入壁垒，加快进入速度	海外并购、混合并购

续表

并购的动机	涉及的并购种类
获取资源：先进技术、供应链渠道、管理经验、品牌形象	横向并购
多元化经营，分散投资风险	纵向并购、混合并购
获得价值被低估的企业	无特定并购种类

战略聚焦 6-2

协同效应

协同效应是企业并购追求的主要目标。协同效应主要分为两类：成本协同效应和收益协同效应。成本协同效应是并购双方合并为一个企业后，追求在成本上达到 1+1>2 的效果；而收益协同效应是并购双方合并为一个企业后，追求在收益上达到 1+1>2 的效果。

第 3 节　影响并购效果的因素

并购战略可能给企业带来诸多好处，使得企业有动机去采用该战略。理论上，并购可以提高企业的市场竞争力并获得超额收益。然而，实证研究表明，只有 20%的并购最终成功，大约 60%的并购交易没能取得令人满意的结果，而剩下 20%的并购交易最终以失败告终。这些数字提醒我们要更加重视以下可能影响并购效果的因素。

一、尽职调查的充分性

尽职调查是指在并购前，并购方对潜在的被并购方所做的一系列评估的过程，包括目标企业的资产和负债状况、经营和财务情况、法律关系以及目标企业所面临的机会与潜在的风险等。尽职调查是企业并购过程中最重要的一环，可以帮助企业有效防范风险。尽职调查的主要目的是核实目标企业的真实状况和信息，以及判断并购双方在战略上是否合适、预期的协同效应是否能够实现等。尽职调查通常由专业的投资银行联合会计师事务所、律师事务所和咨询公司一起完成，也有并购企业自己组织团队独立完成。

如果尽职调查工作做得不充分，并购方很可能支付超额的溢价给目标企业，最终导致并购交易失败。例如，上市公司 A 欲进军房地产行业，于是并购房地产公司 B。并购前，A 公司仅仅考虑了 B 公司房地产的土地面积、土地位置等因素，并未核查 B 公司是否拖欠税款。并购后，税务局要求 B 公司进行土地增值税清算，B 公司补缴了巨额土地增值税，导致 A 公司支付的并购金额远超 B 公司的投资价值。这就是尽职调查不够充分造成的损失。

二、债务比例

并购支付是完成并购交易的一个关键环节，关系到并购双方的利益。并购交易的支付方式有很多，常见的有现金支付、换股支付、杠杆收购以及资产置换。其中，现金支付是并购活动中最清楚最快捷的支付方式，不影响并购后的公司资本结构，有利于股价的稳定。然而，它也存在一些劣势，比如需要并购方筹集大量现金，使企业面临巨大的现金流压力。杠杆收购可以降低并购交易对并购方资产或现金的要求，减轻并购企业的短期财务压力，从而产生杠杆效应。但是这种支付方式也存在弊端，如贷款融资成本高，并购企业的偿债压力增大等。由于资本结构中的债务占了绝大部分，杠杆收购的风险较高，贷款利率也往往较高。如果并购方管理经营不善，不能如期实现协同效应，则极有可能被债务压垮。此外，杠杆收购的最大风险在于当出现金融危机、经济衰退或者政策调整等企业不可预期或不可控的外界因素时，收购会面临因支付困难而导致的违约和全盘清算风险。

三、整合困难

并购交易的宣告并不是并购的结束，而仅仅意味着漫长的并购整合的开始。并购后的整合很大程度上决定了并购交易是否能够达到预想的效果。其实，并购后的整合过程并不如想象中的简单。并购整合通常是个长期且复杂的过程，不同的交易会有所不同，短则一年，长则三五年甚至十年。这个过程牵扯到很多不确定因素，而这些不确定因素以及阻碍往往来源于并购双方的不同企业文化、发展背景以及组织内部的权力争斗。

并购双方企业独立地发展成长若干年，所经历的事件不同，成长的背景不同，管理团队的理念不同，企业文化也就自然而然地有所差别。但是，当两个企业决定整合在一起的时候，就要面临不同文化的融合。联想并购 IBM 的 PC 业务时就面临着这样的挑战。IBM 在全球闻名，企业声誉高于当时的联想。因此，IBM 处于强势地位，而联想处于弱势地位。IBM 的原有员工因此更加认同 IBM 的企业文化，而对联想的企业文化认同度较低。此时，如果草率地更换原 IBM PC 部门的高管团队以求底层员工服从联想的企业文化，可能会适得其反。高管团队的更换会使原本的运营出现断档，新接手的高管未必熟悉该业务的运营方式。此外，更换高管团队一方面可能使中低层员工人心惶惶，工作效率降低，另一方面也会使联想失去与 IBM 相关联的重要的社交网络。所以，比较稳妥的方式是短时间内不要仓促地强求并购双方完全的统一，保持一定的独立性也许更好。

四、协同效应的实现难度

协同效应是指将两个企业整合在一起的新企业能比单独运营的两个企业创造更大的价值。传统的协同效应是指经营上的协同效应，大致可以分为收益上的协同效应和成本上的协同效应两类。为了促进并购交易的达成，实施并购的企业总会描绘出多种协同效应，试图说服董事会、大股东以及融资方，让其相信并购能给企业带来巨大的收益。然而，绝大多数并购交易带来的协同效应不如预期。贝恩公司的研究表明，参与并购的企业中有70%对协同效应过于乐观，高估了协同效应可能带来的收益，因此支付了超额溢价给目标企业。实际上，要想准确地评估协同效应并非易事，因为每个企业、每个行业都有其独一无二的特性，很难从既有的市场中找到靠谱的基准，作为估值的参照物。此外，在实现协同效应时，企业还面临着诸多不确定因素，需要在估值时进行合理的折价。一般来说，削减成本带来的协同效应最容易实现，而收益上的协同效应很难把握。通常，横向并购的协同效应最高，纵向并购的协同效应次之，混合并购的协同效应最差。另外，国内并购的协同效应要比海外并购的协同效应高。

五、多元化程度

并购战略是实施多元化战略的一种快速有效的方式。实施多元化战略可以帮助企业增强市场竞争力。但如果一味追求多元化可能使企业无法达到最优的多元化程度，有损企业的发展。随着多元化的程度越来越高，企业可能实现的协同效应会越来越小，实现的难度却会越来越大。因此，企业过度多元化要求管理层具备管理不同业务的能力，这对管理者是巨大的挑战。这无疑是在原本就困难重重的并购过程中又增加了一道难关。

六、管理者的代理问题

有时，企业进行并购活动并不完全是出于利益考量。根据委托代理理论，企业高管和股东的利益并不总是一致的。企业高管的薪酬和社会地位通常与企业规模正相关。因此，企业高管有动机通过并购来迅速扩张企业规模从而最大化自己的利益。如果企业高管是出于这种目的进行并购，那么他们很有可能在尽职调查的过程中不够细致，或者高估所能实现的协同效应来促成并购交易。另外，高管这类特殊的人群通常会过度自信，这种特质使得他们会高估所能实现的协同效应，或者低估可能面临的整合困难，因此支付过高的溢价。无论是哪种原因，都可能导致并购的失败。

表6-2是并购不同阶段影响成败的因素。

表6-2　并购不同阶段影响成败的因素

并购阶段	影响成败的因素
并购交易前	管理者的代理问题
	尽职调查的充分性
并购交易中	债务比例
并购交易后	整合困难
	协同效应的实现难度
	多元化程度

战略聚焦 6-3

衡量并购绩效的指标

目前，学术领域里没有一个完美的衡量并购绩效的指标。通常用并购当日股票市场的股价超额收益（相对于整个股票市场以及本公司若没有发布并购交易的股价来讲）或者并购企业之后的整体绩效来衡量企业的并购交易是否成功。这两种方式各有利弊。首先，并购当日并购企业股票市场的超额收益可以很好地剔除其他影响因素。然而，这一天仅仅是并购交易的开始，股价的波动反映的是股民的心理预期，不是并购交易实际效果的好坏。所以，这个指标并不准确。其次，虽然并购企业滞后的整体绩效是企业实际的绩效而不是外界的预期，但不同的并购整合需要的时间是不同的，不能简单地认为并购后一年还是两年的绩效更为合适。此外，并购后的企业是一个整体，并购交易的绩效仅仅是这个整体的一部分。因此，测量企业整体的绩效从这个角度来说也不太准确。

战略聚焦 6-4

对赌协议

对赌协议又称“估值调整机制”（valuation adjustment mechanism），实际上是期权的一种形式。通过条款的设计，对赌协议可以有效地保护投资人的利益。对赌协议就是并购方（包括投资方）与被并购方（包括融资方）在达成并购（或融资）协议时，对于未来不确定的情况进行的一种约定。如果约定的条件出现，被并购方就可以行使一种权利；如果约定的条件未出现，则并购方可以行使一种权利。尽职调查既是为了核实目标企业的真实情况，也是由于信息不对称的存在，它可以帮助并购方有效地控制风险。对赌协议也是为了避免因为信息不对称而造成并购失败。另外，有时企业进行并购是为了快速地进入一个之前未涉足的新领域。对于这个陌生的领域，并购方可能不能很好地把控目标企业，在后续的整合过程中会面临诸多困难和风险。为了降低风险，实现并购方的预期，对赌协议往往会要求被并购方每年达到一个确定的利润额。对赌协议实际上是将本来由并购方一方承担的风险分摊到交易双方，也使得被并购方在并购以后与并购方的利益目标一致。

第 4 节　重　组

一、重组的内涵和分类

重组是指一个企业改变其现有的制度、资本以及经营结构的行为。重组也是企业获得更多利润、提高效率或者应对外部环境改变的一种策略。收缩型重组是本节的重点，主要包括收缩企业规模和缩减经营范围。

（一）收缩企业规模

收缩企业规模是指企业裁员或者减少业务单元，但又不改变原有的经营范围。收缩企业规模有时是一种应对外部环境变化的主动的管理战略，有时是一种被动行为。一般来说，并购交易开始后，并购方为了整合双方的资源会进行重组，去掉冗余的部门和人员来提升效率。这种收缩企业规模的重组属于主动行为。有时由于企业经营不善，或者宏观经济形势不好，企业迫不得已需要进行裁员和关掉门店。有时由于技术进步，行业发生了变化，企业也会收缩规模。例如，随着智能手机和支付宝等智能支付平台的普遍应用，人们可以更快捷地在手机上处理各种原本需要去银行网点才能办理的业务，包括转账、理财等。银行不再需要那么多的营业网点和柜员，于是关闭一些网点来降低运营成本。根据银保监会金融许可证信息平台发布的数据统计，仅 2021 年，合计有 2 809 个商业银行网点终止营业，银行从业人员的数量也出现大幅缩减。

（二）缩减经营范围

缩减经营范围的重组是指剥离、分立或其他可以减少与企业核心产业无关的经营活动的方式。其中，剥离是指企业将其部分闲置的不良资产、无利可图的资产或产品线、子公司或部门出售给其他企业。分立是指公司将其在子公司中拥有的全部股份按比例分配给公司的股东，从而形成两家相互独立的公司。相较于收缩企业规模，缩减经营范围对企业的绩效起着更积极的作用。这是因为缩减经营范围通常能使企业集中更多精力在其具有优势的核心业务上，同时高管也会对其主营业务有更深入的了解和更好的把控。其实，很多并购项目从被并购方的角度来看就是一个剥离的过程。

二、重组的动机

企业进行重组的动机有很多，主要包括过度多元化、调整战略重心以适应环境变化以及提高运营效率。

（一）过度多元化

企业多元化水平过高会对企业绩效有负面作用。因此，当企业意识到自己所具备的资源和能力不足以支撑企业和同时实现高水平的多元化时，会选择收缩型的重组战略，以便重新聚焦于核心业务。

（二）调整战略重心以适应环境变化

外界环境在不断变化，企业也必须通过改变自身来适应外界的变化。当原本的业务在新环境下不再具备优势时，企业要果断地进行断舍离才能及时止损。例如，商业银行在大数据和互联网时代要割舍掉实体网点、增加更多个性化服务才能在新环境下保持竞争力。

（三）提高运营效率

并购后，企业通常需要剥离掉一些冗余的、职能重复的部门以取得成本上的协同效应。成本上的协同效应相对于收益上的协同效应更容易实现。企业的管理者也会借此机会提升企业的运营效率。

案例分析

伊利并购羊奶粉巨头澳优乳业

2020 年，亚洲乳制品行业的龙头企业内蒙古伊利实业集团股份有限公司（以下简称“伊利”）提出了新的中长期战略目标：“2025 年全球乳业前三，2030 年全球乳业第一。”荷兰合作银行（Rabobank Group）2022 年 8 月公布的“2022 年全球乳业 20 强”榜单显示，伊利连续第三次进入前五强，与第三名达能集团的营业额差 27 亿美元，较上年差距缩窄 25 亿美元，增速 31.7%列 20 强首位。伊利的传统优势业务在液态奶和冷饮领域，营业收入占比接近八成。要实现其中期目标在 2025 年成为全球乳业前三，伊利就需要在其他业务领域快速取得成绩。

奶粉业务是伊利的优势领域，也是其瞄准的重要发展赛道之一。沉淀了 20 年的金领冠一直是伊利的奶粉产品线主打品牌，其近两年的销售收入增速在行业名列前茅，也是首批符合 2021 年奶粉新国标的婴幼儿配方奶粉之一。近年来，全国新生儿人口数量连续下降，说明国内的婴幼儿奶粉市场已经进入存量竞争阶段。尤其在 2018 年我国乳制品市场开始出现增速放缓现象之后，乳业公司纷纷开启了频繁的并购交易活动。2022 年 3 月，伊利通过其全资子公司金港商贸控股完成对羊奶粉巨头企业澳优乳业的全面要约收购，持股 59.17%成为其单一最大股东，进一步拓展了伊利的奶粉品类版图。这是中国乳制品行业近年来最大数额的一笔并购交易，价格为 62.45 亿港元。

澳优乳业是 2003 年成立于湖南长沙的一家聚焦婴幼儿配方奶粉的国际化乳品企业，于 2009 年在我国香港联交所上市，在全球拥有十个工厂，产品远销 60 余个国家和地区。2011 年，澳优收购了当时全球羊奶粉的头部企业荷兰海普诺凯集团，旗下品牌佳贝艾特自 2018 年起就是中国进口羊奶粉销量排行榜第一。2022 年 10 月，澳优乳业发布收购公告宣布收购荷兰羊奶酪公司 Amalthea Group 的 50%股份，旨在扩大其儿童羊奶酪业务市场。澳优乳业在羊奶领域的领先优势不仅能够助力伊利完成羊奶的全产业链布局，也给伊利带来了羊奶这一细分市场的高速成长红利，还为伊利的国际市场扩容形成了突破口。此外，伊利和澳优乳业还可在规模、品牌、渠道、研发和供应链等多方面互相发挥协同效应。并购完成后，澳优乳业与伊利在文化、管理和运营等方面的调整有待进一步观察。

资料来源：2022 年全球乳业 20 强出炉 伊利蝉联“全球五强”．(2022－08－18)．http：//www.cnfood.cn/article?id=1560085589419851778.；伊利大手笔并购澳优 奶粉市场格局生变．中国经营报，2021－10－28；蒙牛、伊利、君乐宝、光明乳业、中国飞鹤等巨头加码并购 中小乳企争相 IPO 乳业“资本化”风起云涌．(2022－10－12)．http：//finance.sina.com.cn/stock/hyyj/2022－10－12/doc-imqmmthc0570485.shtml?finpagefr=p_108；澳优收购荷兰奶酪巨头 国内羊奶市场竞争提速．(2022－10－24)．贝果财经．

思考题

1. 伊利并购澳优乳业的动机有哪些?
2. 伊利与澳优乳业在并购完成后如何实现协同效应?
3. 伊利对澳优乳业的并购存在哪些可能的风险?

本章小结

企业通过并购来增强市场势力,克服进入壁垒,加快进入速度,获取资源,多元化经营,分散投资风险,以及获得价值被低估的企业。

并购战略不容易达到预期效果,主要是因为尽职调查不够充分、高债务比例、整合困难、实现协同效应困难、过度多元化以及存在管理者代理问题。

收缩型重组战略通过收缩企业规模和缩减经营范围来提升企业绩效。收缩企业规模有时是一种应对外部环境变化的主动的管理战略,有时则是一种被动的行为。收缩型重组的动机是降低非相关多元化,重新聚焦在企业具有核心竞争力的业务上,调整企业战略重心以适应环境变化,或者剥离冗余部门以提升运营效率。

思考题

1. 兼并、收购与接管的区别是什么?
2. 根据表 6-3,查阅资料并分析这些中国海外并购交易的动机及并购效果。

表 6-3 中国海外并购(部分)

序号	并购交易双方	并购金额
1	中国化工并购农化高科技公司瑞士先正达	430 亿美元
2	中海油并购加拿大尼克森石油公司	151 亿美元
3	中国化工购入意大利轮胎公司倍耐力 26.2%股权成为控股股东	71 亿欧元
4	海航集团收购美国希尔顿酒店集团 25%股权成为最大股东	65 亿美元
5	海尔集团并购美国通用电气家电业务	54 亿美元
6	美的并购德国机器人企业库卡	约 40 亿欧元
7	万达集团收购美国好莱坞电影公司传奇影业	35 亿美元
8	联想收购摩托罗拉移动	29 亿美元
9	吉利收购沃尔沃汽车	18 亿美元
10	字节跳动收购美国短视频社交媒体应用 musical. ly	10 亿美元

3. 衡量并购绩效的指标有哪些?
4. 为什么企业热衷于并购,然而大多数并购以失败告终?
5. 什么情况下企业有动机进行重组?

参考文献

[1] 马永斌. 公司并购重组与整合. 北京:清华大学出版社,2020.

［2］唐炎钊，王业峰，唐蓉．中国企业跨国并购文化整合模式的动态选择研究：基于联想并购 IBM 的 PC 业务的案例分析．战略管理，2010（2）：195－210.

［3］魏江，王丁，刘洋．来源国劣势与合法化战略：新兴经济企业跨国并购的案例研究．管理世界，2020，36（3）：101－120.

［4］谢恩，傅宇，李垣，等．国际秩序演化下的中国企业全球化．管理科学学报，2021，24（8）：67－75.

［5］许晖，张超敏，单宇．中国跨国企业海外市场机会构建内在机理研究：基于资源杠杆理论视角的多案例研究．南开管理评论，2020，23（6）：4－15，189.

［6］Bruner R F，Perella J R. Applied Mergers and Acquisitions. University Edition. John Wiley & Sons Inc.，2004.

［7］Capron L，Mitchell W. Build，Borrow，or Buy：Solving the Growth Dilemma. Boston，MA：Harvard Business Review Press，2012.

［8］Coase R H. The Nature of the Firm. Economica，1937，4（16）：386－405.

［9］Cooper R G，Kleinschmidt E J. Success Factors in Product Innovation. Industrial Marketing Management，1987，16（3）：215－223.

［10］Ellonen H K，Wikstrom P，Jantunen A. Linking Dynamic-Capability Portfolios and Innovation Outcomes. Technovation，2009，29（11）：753－762.

［11］Fee C E，Thomas S. Sources of Gains in Horizontal Mergers：Evidence from Customer，Supplier，and Rival Firms. Journal of Financial Economics，2004，74（3）：423－460.

［12］Graebner M E，Eisenhardt K M，Roundy P T. Success and Failure in Technology Acquisitions：Lessons for Buyers and Sellers. Academy of Management Perspectives，2010，24（3）：73－92.

［13］Hitt M A，Hoskisson R E，Johnson R A，et al. The Market for Corporate Control and Firm Innovation. Academy of Management Journal，1996，39（5）：1084－1119.

［14］Homburg C，Bucerius M. Is Speed of Integration Really a Success Factor of Mergers and Acquisitions? An Analysis of the Role of Internal and External Relatedness. Strategic Management Journal，2010，27（4）：347－367.

［15］Lee G K，Lieberman M B. Acquisition vs. Internal Development as Modes of Market Entry. Strategic Management Journal，2010，31（2）：140－158.

［16］Makri M，Hitt M A，Lane P J. Complementary Technologies，Knowledge Relatedness，and Invention Outcomes in High Technology Mergers and Acquisitions. Strategic Management Journal，2010，31（6）：602－628.

［17］Mithani M A. Liability of Foreignness，Natural Disasters，and Corporate Philanthropy. Journal of International Business Studies，2017，48（8）：941－963.

［18］Moschieri C，Mair J. Managing Divestitures Through Time：Expanding Current Knowledge. Academy of Management Perspectives，2012，26（4）：35－35.

［19］Reus T H. Culture's Consequences for Emotional Attending During Cross-Border

Acquisition Implementation. Journal of World Business, 2012, 47 (3): 342 - 351.

[20] Ramachandran J, Pant A. The Liabilities of Origin: An Emerging Economy Perspective on the Costs of Doing Business Abroad. Advances in International Management, 2010, 23: 231 - 265.

[21] Zaheer S. Overcoming the Liability of Foreignness. Academy of Management Journal, 1995, 38 (2): 341 - 363.

[22] Zhou N, Guillen M F. From Home Country to Home Base: A Dynamic Approach to the Liability of Foreignness. Strategic Management Journal, 2015, 36 (6): 907 - 917.

[23] Zollo M, Reuer J J. Experience Spillovers Across Corporate Development Activities. Organization Science, 2010, 21 (6): 1195 - 1212.

第7章

合纵连横：战略联盟

天时不如地利，地利不如人和。

——《孟子·公孙丑下》

只有团结合作，相互扶持，才能在恶劣的环境生存。

——霍英东

学习目标

- 了解战略联盟的起源和特点
- 了解企业加入战略联盟的目的
- 掌握战略联盟的类型和组织形式
- 掌握战略联盟的风险与防范策略
- 了解产业集群的特征以及集群发展战略的意义

引导案例

"双京赋能计划"打通前沿技术与消费市场

2022年6月，京东与京东方共同宣布开启"双京赋能计划"。本次合作旨在基于各自技术和市场核心优势展开深度合作，全面打通前沿技术通往消费市场的道路。据悉，双方将共同建立技术创新联合研究院，而京东方技术品牌自营旗舰店也将入驻京东。"双京赋能计划"被广泛视为产业端和消费端行业两大龙头企业之间的一次重要合作。

京东方是一家全球创新型物联网公司，同时也是半导体显示产品领军企业。京东方总裁高文宝表示："此次双方强强联合，打通洞察、研发、上市、反馈的全流程，产品在走入千家万户的同时，深化了消费者对尖端技术内涵的认知度，让消费者有了快速购买到最优质产品的渠道，赋予了全行业伙伴更大的市场机遇，创造了更高维度的商业价值。"

京东是中国最大的电子商务公司之一。京东高级副总裁、3C 家电事业群总裁姚彦中表示："京东方、京东合作开启'双京赋能计划'，将加速推动全产业的数字化转型进程和商业模式创新，以产业端和消费端的先锋力量，为中国经济增长打造强劲的'数字引擎'。"

2023 年，在"双京赋能计划"一周年之际，双方共同回顾了合作成果。自京东方技术品牌自营旗舰店建立以来，累计上线 11 个品牌的合作产品，联合策划 3 场专项活动，推动了京东方品牌在消费者中的认知。双方共同成立的技术创新联合研究院从消费者视觉体验出发，建立了"S＋"显示器产品认证标准，至今已有 17 家知名品牌的 45 款产品认证上线，相关产品在销售榜上名列前茅。此外，双方还在推动电子竞技产业发展等方面进行了多方面合作。

"赋能"一词在"双京赋能计划"的各种信息中反复出现。高文宝总结认为，"双京赋能计划"创造了四个"共赋"价值，即"共赋价值于消费者、共赋创新于上下游、共赋机遇于生态链、共赋模式于新'智'造"。他表示："我们有理由相信，今天的携手共进，会留下共赋全链路、共赋全产业、共赋全社会的伟大足迹。我们更有理由期待，明天的比肩同行，将开启共赴高质量发展、共赴可持续未来、共赴美好生活的伟大征程。"京东方是全球半导体显示产业龙头企业，而京东是以供应链为基础的技术与服务企业。"双京赋能计划"不仅可以帮助双方取长补短，达到"1＋1＞2"的效果，而且可以为产业链上下游合作伙伴提供价值。双方计划在未来继续加深合作，充分发挥京东方的技术优势和京东的渠道优势。

资料来源：京东和京东方"双京赋能计划"一周年：以 S＋标准引领行业稳健发展．（2023－06－14）．https：//finance. sina. com. cn/tech/roll/2023－06－14/doc-imyxfhpm3930515. shtml；京东携手 BOE（京东方）全面开启"双京赋能计划"强强联合助力产业创新增长．（2022－06－13）．http：//tech. china. com. cn/roll/20220613/388368. shtml.

第 1 节　战略联盟概述

随着经济的迅猛发展以及各个行业市场竞争的加剧，企业开始寻求通过合作来获取更多资源以更快地提高自身的竞争能力，在激烈的竞争中获得生存和发展的优势。战略联盟作为一种松散灵活的合作形式，被越来越多的企业所接纳，成为企业战略管理中不容忽视的一个要素。本章将对战略联盟的基本概念、战略联盟的类型和组织形式、战略联盟的风险与防范策略，以及产业集群这一多企业大规模合作的现象进行探讨。

一、战略联盟的起源

战略联盟最早源于军事上维护和平的需要。企业战略联盟最早起源于日本企业界的合资浪潮。一些日本企业在寻找合资伙伴时发现可以只购买先进的技术，而不需要设立新的实体，这便是战略联盟的雏形。20 世纪 80 年代以来，面对不断变化的日趋激烈的外部竞争环境，西方企业对企业间的竞争关系有了新的认识，对竞争战略进行了创造性的调整，即从对立竞争转向大规模的合作竞争，于是一种新的竞争观——合作竞争应运而生。合作竞争观认为，竞争并不排斥合作，有时，合作反而有利于提高竞争效率。通过合作，企业可以解决许多靠单个企业不能解决的问题。

二、战略联盟的定义

战略联盟的概念，最早是在 20 世纪 80 年代由霍普兰德（J. Hopland）和奈格尔（R. Nigel）提出。他们通过研究提出，战略联盟是指具有共同发展目标和组织战略的两个及以上单位或部门之间，通过战略联盟协议或联合组织等方式结成的一种共同利益联合体。后续，大量学者开始对战略联盟进行研究，使用诸如“战略联盟”“战略同盟”“战略合作”“动态联盟”“知识联盟”“网络联盟”“虚拟企业”“企业联合”等术语。这些术语在内涵及外延上都存在一定差别。但是本质上，企业战略联盟可以看作由两个或更多企业为了共同利益达成的有合作协议的联盟；企业战略联盟是一种超越一般交易关系的合作关系，各企业仍保持各自的独立性和平等地位，不存在控制和被控制的隶属关系；战略联盟企业间的合作不一定是全方位的，可能在某些领域合作而在其他领域竞争。

三、战略联盟的特点

（一）组织的松散性

战略联盟是一种松散的企业间一体化的组织形式。一方面，企业处于动态开放的环境中，当外部环境改变时，可以通过解除契约或股权退让的方式来解散联盟，亦可以寻找新伙伴组建新联盟。另一方面，企业具有独立的经营自主权。联盟参与成员在与联盟主旨无关的其他业务方面，具有绝对的自主性，有权选择是否参与联盟、与谁联盟以及参与多少个联盟，这使它区别于以参股、控股、全资购买等形式为依托的企业组织形式。

（二）地位的平等性和合作的互利性

战略联盟不同于企业与企业之间的市场交易关系，也不同于企业内部各业务部门之间的隶属控制关系，联盟各方的地位是平等的，可按自己的发展需要进行运营。正因为彼此地位上的平等性，战略联盟企业间才有了彼此互利合作的基础。它们为了获取大于各自独立经营时所获取的利益，才会自愿与达成共识的成员结成战略伙伴，形成互利合作关系。

（三）合作与竞争的并存性

企业战略联盟是合作与竞争的矛盾统一体，体现了合作中竞争、竞争中合作的生存理念。一方面，企业战略联盟是为合作而组建的，但合作的最终目的是能更大范围、更高层次、更有优势地去参与竞争；另一方面，战略联盟企业间的合作通常是有条件限制的，可能会在某些业务领域合作而在其他业务领域竞争，可能会一边合作一边竞争，还可能会在某一段时间内合作而在另一段时间内竞争等。

四、战略联盟的目的

企业组建或加入战略联盟有各种各样的动机，其中绝大多数是基于这样一种逻辑：两个或两个以上的企业具有不同的能力，它们联合起来就可以带来1+1>2的优势。

（一）充分利用资源，增强竞争力

战略联盟之所以在全球盛行，主要就在于它能减少工作重复与浪费，实现信息共享和优势互补。合作就是力量。战略联盟的目标之一就是要广泛利用外部资源，利用联盟伙伴的技术、信息、资金、供应渠道和营销网络等经营资源，提高自己的竞争力。如果一个企业试图自己发展各种产品和市场，不仅困难重重，时间长、投入大，而且自己的竞争优势得不到改善和增强。通过联盟，删减不必要的、重复的工作步骤，扩大了人员及物质资源的储备，使各个企业的资源、能力及优势得到创造性的交融整合、协调互动。同时，实现资源互补可以促进提升我国企业的创新能力。各个企业单独的优势被激发，聚合成具有更大优势的联盟体，提高了成功的可能性，从而使企业增强竞争力。

（二）克服贸易壁垒，利用销售渠道

20世纪90年代以来，在经济全球化和一体化盛行的同时，世界经济趋于集团化、区域化，围绕全球市场，企业间的竞争日益激化。再加上新贸易保护主义盛行和贸易摩擦频发，区域外的企业很难把产品打入各区域市场。与不同区域、不同国家的企业合作与联盟，不仅可以绕过贸易和非贸易壁垒，而且可以形成联合的整体优势，改变势单力薄的状况，达到共同开拓新市场、迅速掌握市场需求变化信息、分散市场风险、扩大企业产品市场覆盖率的目的。同时，建立销售网络是一项需要巨额固定成本的工程，而销售网络的非竞争性使其具有某种公共物品的性质。因此，通过战略联盟相互提供进入对方销售网络的机会，可以使每个合作伙伴避免大额投入，形成一种合作共赢的共生关系。

（三）实现规模经济和范围经济效益

规模经济是指随着企业生产规模的扩大，企业产品的单位成本不断下降。规模经济的传统实现方式是通过企业自身扩大再生产或借助企业合并而使企业的规模扩大。但这种方式存在重要限制，即企业规模的不断扩大导致组织失灵，产生“大企业病”和资本的无序扩张。战略联盟既能在更大的范围内实行专业化分工，降低生产成本，又能通过联盟协调，节约交易费用，实现技术上的规模经济，还能实现范围经济。范围经济是指从事多元化经营的企业通过若干不同产品或经营领域的联合经营可以比单独经营某一产品或领域获得更大的收益，并带来费用的节约和风险的降低。但企业在多元化经营过程中，由于受到自身资源和核心能力的限制，往往不能有效地实现范围经济。通过建立战略联盟，则可借助联盟伙伴的资源和能力，弥补自身战略资产的不足，成功地进行多元化经营，获得范围经济效益。

（四）避免过度竞争

传统的企业竞争是你死我活的竞争。这种竞争不仅会降低各自的盈利水平，而且会两败俱伤。事实上，竞争是相互作用的，企业在相互竞争的过程中会产生一定的依赖关系。企业的竞争和合作是一种辩证的关系，竞争并不排斥合作，合作在某种程度上也有利于提高竞争的效率。通过建立战略联盟，可以理顺市场上的竞争与合作关系，共同维护有效的竞争秩序，减少恶性竞争所带来的巨大浪费和不良后果。另外，市场总会存在相对稳定的割据，如果此时大企业还在所剩无几的市场份额中奋力争夺，不仅开支巨大，还可能因为过度竞争而失去现有的市场。因此，为防止过度竞争可能产生的竞争地位的丧失及两败俱伤，企业会建立战略联盟，共同维护竞争秩序。

（五）共担风险和成本

经济全球化和科学技术的迅猛发展对企业的研究和开发提出了三个基本要求：不断缩短研发时间，持续降低研发成本，分散研发风险。对任何企业而言，研究和开发新产品和新技术或进入新市场，由于受到自身能力、不完全信息及消费者需求等因素的制约，往往要付出很高的代价并承担很大的风险。此时，企业自然想到建立战略联盟，通过合作增大信息渠道的密度、提高信息传递的速度，避免单个企业在研发中的盲目性，做到利益共享、风险和成本共担。

（六）扩大企业无形边界，防止“大企业病”和资本无序扩张

一个企业为了尽可能地控制经营环境，不可避免地要不断扩大自己的规模。这一过程不仅伴随着巨大的资本投入，而且容易出现“大企业病”，即随着组织膨胀而导致效率下降，出现无效率、僵化、缺乏适应能力等问题。原因在于，一方面，消费者的需求已由过去的共性消费模式转变为个性消费模式，大企业过去大批量、少品种的生产模式已不能适应形势要求；另一方面，企业规模过大使企业等级层次增加，势必增加中间管理层次，企业的部门、岗位会越来越多，信息沟通和横向联系会越来越困难，企业内部

管理成本也会越来越大。规模过大可能导致垄断和资本无序扩张的局面，危害技术进步和创新发展，降低经济效率。而战略联盟不涉及人员的增加和组织的膨胀，因而可以避免企业组织过大、僵化的风险，使企业组织更具弹性，保持灵活的经营机制，推动资本等要素自由流动、有效竞争、高效配置，从而最终实现高质量发展。此外，利用联盟方的资源，可以减少企业自身的资本投入和固定支出，有助于企业通过资源的整合，扩大企业边界和经营规模。

第 2 节　战略联盟的类型和组织形式

一、战略联盟的类型

战略联盟按照不同的划分标准，有不同的类型。

(一) 按合作的领域分类

战略联盟按合作的领域可以划分为生产型战略联盟（简称“生产联盟”）、市场型战略联盟（简称“市场联盟”）和知识型战略联盟（简称“知识联盟”）。

生产联盟是指通过生产联盟协议，企业共同生产和制造某种产品，以实现单个企业无法达到的规模经济，其核心是每个企业都发挥自己的生产优势。各联盟企业的组织结构、资产和管理并不发生变化，仅仅通过协议来规定合作项目、完成时间等。具体形式主要有业务外包、特许生产经营联盟和合作生产联盟等。

市场联盟是指企业合作的基础和目的是扩大自己的产品市场，其核心是市场占有率。从产品的开发设计开始，企业就必须研究市场、分析市场，按照市场的需求状况来组织产品开发，并按市场的需求量和强度安排产品生产进度和时间；销售过程更是产品直接进入市场竞争的关键阶段，必须根据消费者的偏好进行营销策划，以提高销量。企业试图进入一个市场往往面临重重障碍，而市场联盟为突破这些障碍提供了一个捷径。市场联盟通过对各企业所占市场份额的研究与预测，分析市场动态，对联盟企业营销网络进行管理，充分利用合作企业的营销渠道，扩大市场范围。具体形式主要有营销联盟、连锁经营和价格联盟等。

知识联盟是随着社会和科技的进步、知识作用的日益重要而逐渐兴起的。知识产生的巨大生产力是其他因素无法比拟的。知识联盟日益成为企业联盟的主要形式，它比生产联盟有更大的战略潜能。知识联盟是指各方企业以知识为纽带开展合作，是一种包含知识传递、知识共享、知识整合及知识管理等多维互动过程在内的跨学科、跨部门、跨区域的合作创新组织形式。联盟企业共同研究开发新技术，把共同的新技术推向市场，或共同设计、生产新产品。知识联盟最重要的特征就是，知识和技术因素是合作中一切活动的出发点及核心，即联盟的产生及合作的核心都是知识和技术因素。这里的知识包括信息、技术、专利、技能等对企业生产活动产生巨大影响的各种智力因素。技术因素主要指企业的核心技术、技术积累、技术创新以及技术引进、吸收、消化和改进能力等。在联盟中，企业考虑的是如何有效地进行技术开发和创新，如何聚集各企业的核心技术以提高各企业技术开发能力和水平。在技术进步日新月异、市场竞争日趋激烈的形势下，以技术创新为核心的知识联盟是企业取胜的有力武器。

聚焦中国 7-1

中国在非企业社会责任联盟

中国在非企业社会责任联盟在 2022 年新春招待会上透露，该联盟承担的“百企千村”活动正在策划与推动中，并且得到了中方企业和非洲方面的积极响应。在未来三年，联盟将动员至少 100 家中国在非企业参与实施至少 1 000 个惠民活动或项目，促进当地经济、社会、环境的可持续发展，为构建新时代中非命运共同体贡献力量。中国在非企业社会责任联盟是中国在非企业为更好地履行社会责任、造福当地民众而自发成立的有影响的公益组织，支持联盟发起“百企千村”活动是“九项工程”减贫惠民领域的一项重要创新举措。

资料来源：中国在非企业社会责任联盟推动实施“百企千村”活动．（2022-02-28）．http：//www.focac.org/zfzs/202202/t20220228_10646409.htm.

（二）按合作对象分类

企业战略联盟潜在的合作对象主要有两类：一类是纵向的合作对象，即买方和卖方的联盟，这类联盟可以稳定市场供求关系，减少交易成本；另一类是横向的合作对象，包括与竞争对手、科研机构和配套产品生产商等的合作。

（1）与买方联盟。有时称产销联盟。识别并满足买方需求是一切经营战略成功的基础，也是技术创新的出发点和落脚点。与买方实现互惠互利的联合，不仅有利于企业及时、准确地捕捉市场信息，而且有利于维护企业与顾客的良好关系，降低市场营销成本。这是一种下游联盟模式（或称前向联盟模式），较适合以零部件生产为主的企业或以批发零售为主的企业。

（2）与卖方联盟。有时称供应联盟，即与原料供应商的联盟。这是一种上游联盟模式（或称后向联盟模式）。后向联盟可以使企业与供应厂商之间的专业化协作关系协调和稳固，可以降低供应成本，建立稳定的原材料供应渠道，减少运输和仓储量，有利于加速生产流程，缩短生产周期，提高劳动生产率。尤其在关键零部件价格上涨、稀缺时，可以保证原材料的供应。与卖方联盟对于那些原材料来源比较单一的大型企业尤为重要。

（3）与竞争对手联盟。由于竞争对手生产的产品与自己相同或类似，与之联盟可以使相关企业建立分工协作关系，产生规模经济和规模优势，使企业通过取长补短减少重复的投入和研究，提高经济效率。但是，与竞争者结盟，关键是要识别二者之间最主要的差异，并在战略联盟规划和实际操作中以这种差异为基础，否则企业将丧失自己的竞争优势。此外，还要谨慎地进行战略定位，确定合作的范围和程度。与竞争对手联盟，如果战略目标定位不当，则很容易失败。

（4）与科研机构联盟。企业与科研机构联盟所产生的利益是显而易见的。科研机构一般具有巨大的人才、技术优势，但由于受到资金及生产条件的限制，其技术成果往往很难转化为现实生产力。而企业能较好地弥补这些不足，而且需要不断进行技术创新来维持生存和发展，这样就在企业和科研机构之间形成了合作的动力，也为二者的联盟提供了广阔的天地。在联盟中，科研机构可以按照企业的要求，及时开发适销对路的新产品，使科研成果迅速转化为生产力，从而增强企业的自主创新与发展能力。

（三）按合作的参与程度分类

战略联盟按合作的参与程度可以分为股权式联盟和契约式联盟。股权式联盟是指合作各方相互持有对方的一定股份，这是一种比较深入的合作方式。从性质上说，股权式联盟具有准科层制特征。这种合作方式由于涉及各方利益，因而对联盟各方的责、权、利都有明确规定，违约要承担相应的法律责任。这种联盟比较牢固长久，常见的有合资企业与相互持股。其中，合资企业中各投资公司持有的股份大部分是对等的或者相差不大。

契约式联盟是合作各方在某一领域或几个领域通过协议方式进行的合作。这是一种比较松散的合作方式，合作方不涉及股权的参与，只在利益结合点（如合作开发）有紧密的合作。从性质上说，其具有准市场特征。契约式联盟经过一段时间的磨合，随着合作各方的了解与信任的增加，合作很有可能从契约式联盟向深层次的股权式联盟演进。契约式联盟具体可分为技术合作开发协议、合作生产协议、合作营销协议、供应合作协议、培训合作协议以及特许经营等。

（四）按战略层次分类

希特（Hitt）、爱尔兰（Ireland）和霍斯基森（Hoskisson）在《战略管理：竞争与全球化》一书中，将企业战略分为业务层战略和公司层战略，相应地，战略联盟可划分为业务层战略联盟和公司层战略联盟。

1. 业务层战略联盟

业务层战略联盟是指企业之间在业务层次合作以实现战略目标的联盟形式。希特等把业务层的合作划分为四种形式：互补型战略、竞争减少型战略、竞争应对型战略、风险降低（规避）型战略。与其相对应的是四种战略联盟形式。

（1）互补型战略联盟。这是指两家或两家以上具有互补性的企业将彼此的资源结合在一起，从而更好地利用市场机会和创造新价值。互补型战略联盟又可以分为横向互补型和纵向互补型两种形式。横向互补型战略联盟是非常相近的企业之间同意共享互补的资源和能力，从而在价值链的相同位置创造价值。纵向互补型战略联盟是企业之间同意将其在行业价值链不同位置上的技术和能力共享而形成的，即纵向互补型战略联盟的合作者分别提供它们在价值链不同位置上的互补资源，从而使合作各方得利。

（2）竞争减少型战略联盟。这是指企业在业务层通过组成联盟相互克制以减少竞争和避免因过度竞争而导致的彼此伤害。

（3）竞争应对型战略联盟。这是指企业在业务层通过组建联盟来应对第三方竞争者。

（4）风险降低（规避）型战略联盟。尤其是在短周期市场环境（该市场环境中的企业所提供的产品生命周期较短，如电子企业等）中，企业可以利用风险规避型战略联盟来规避风险。

2. 公司层战略联盟

公司层战略联盟指企业之间在公司层面合作以帮助实现产品或市场多元化战略目标的战略联盟形式。希特等把公司层的合作战略分为三种形式：多元化战略、协同效应战略和特许经营战略。与其相对应的是三种战略联盟形式。

（1）多元化战略联盟。这是指为了进入新产品或新市场领域而组建的联盟。多元化战略联盟使企业在不并购其他企业的情况下实施多元化战略，开发新产品或开拓新市场。

（2）协同效应战略联盟。这是指为了获得协同效应而组建的公司层战略联盟。协同效应战略联盟可以为两家或多家企业带来由于业务范围扩大而产生的规模效应。与业务层横向互补型战略联盟相类似，协同效应战略联盟是通过在合作伙伴的多种功能、渠道或业务之间的协同效应创造价值。

（3）特许经营战略联盟。这是指企业利用剩余的资源、能力和核心竞争力发展多元化战略，以在新产品或新市场创造新价值或减少业务单一所带来的风险的合作形式。通常是两家企业通过合约形式确定在一定时期内，一家企业允许另一家企业销售其产品或使用其商标、专利技术等进行的商业活动。

聚焦中国 7-2

中国汽车芯片产业创新战略联盟

2020 年 9 月，中国汽车芯片产业创新战略联盟在京正式成立。联盟主要包括整车企业、汽车芯片企业、汽车电子供应商、汽车软件供应商、高校院所、行业组织等共 70 余个组织。联盟旨在建立我国汽车芯片产业创新生态，打破行业壁垒，补齐行业短板，实现我国汽车芯片产业的自主安全可控和全面快速发展。近年来，新能源汽车和智能汽车不断普及发展，汽车芯片应用规模快速提升。联盟将推动构建完整的关键汽车芯片自主供给体系和内循环格局，保障产业链的安全性和稳定性，提升我国汽车芯片产业的核心竞争力。

二、战略联盟的组织形式

战略联盟的主要组织形式如下：

（1）合资企业。这是由两个或两个以上的企业，为合作的目的共同投资创建一个新的企业，然后联合经营、分享利润、共担风险的合作方式，是较为典型的股权式战略联盟。

（2）研发协议。这是指合作各方签订联合开发协议，共同开发某种新产品或新技术。该形式汇集各方的优势，加快了开发速度，大大提高了研发成功的可能性；同时，各方共担开发费用，降低了各方承担的费用与风险。这种联盟可以由包括大学、研究院和企业在内的众多成员参与，研究成果归所有参与者共同享有。具体形式有产品开发联盟、交换技术信息、成立合作研发机构、技术标准联盟等。

（3）定牌生产。如果一方有知名品牌但生产能力不足，而另一方有剩余生产能力，在此情况下，另一方就可以为对方定牌生产。拥有生产能力的一方可充分利用闲置生产能力谋取一定利益；拥有品牌的一方则可以降低投资或并购所产生的费用与风险。

（4）特许经营。这是指企业与其他企业签署特许协议，允许其他企业使用自身品牌、专利或专有技术的一种战略联盟形式。通常，特许方拥有重要的无形资产，通过特许方式，不仅可以获取更多收益，还可以利用规模优势加强对无形资产的维护；而受许可方可以借此扩大销售、谋取收益。

（5）相互持股。也称交叉持股，是指合作各方为加强相互联系而持有对方一定数量的股份。这种战略联盟中各方的关系相对紧密，双方的人员、资产无须合并。

第 3 节　战略联盟的风险与防范策略

一、战略联盟的风险

虽然战略联盟能给企业带来许多显性或隐性的好处，但随着企业规模和经营范围的扩大，企业面临的风险也相应增大。具体来说，战略联盟可能带来的风险主要包括外部风险和联盟风险。外部风险是指政策法规变化、金融市场波动、自然灾害等风险，这些风险是企业不可控制的，难以预防。所以，防范联盟本身所产生的风险更为关键，主要表现为以下几个方面。

（一）核心知识和技术外泄

知识和技术的共享往往是战略联盟的实施基础，但每个联盟企业都必须关注自身核心知识和技术的保密工作。为了更好地促进企业间的合作，企业在彼此学习和交流的过程中，很有可能将自己的核心知识和技术共享给合作伙伴，导致核心知识和技术外泄的危险。至于在联盟过程中各个企业要承担什么样的责任，有时难以准确划定。一旦战略联盟解体，企业自身核心知识和技术的外泄可能导致其失去竞争优势。

（二）运营成本增加

战略联盟的建立与维持需要付出成本，而联盟收益未必总是大于成本。第一，联盟本身是一个动态的、开放的体系，是一种动态的组织形式。机会来临时，联盟各方相互合作；机会丧失时，联盟各方则各自寻求发展方向。这就给联盟的协调和控制带来很大的不确定性。联盟形式越复杂，管理中消耗的协调成本就会越大。第二，联盟各方有不同的企业文化，在合作中难免发生管理方式甚至价值观的碰撞，可能给联盟的运转造成很大障碍。第三，联盟各方的目标和利益往往不完全一致，这使得它们在对待收益的分配、联盟的自主性等问题上容易产生矛盾与不和。此外，联盟还可能对企业的决策灵活性产生制约，如退出联盟需克服的障碍、对竞争对手的行为无法及时独立地做出反应所带来的成本等。以上各因素都直接威胁着联盟的稳定性和持久性，可能降低联盟效率，不利于联盟的发展。

（三）合作伙伴的机会主义行为

若合作伙伴选择不当，一些合作伙伴可能为了追求自身的利益出现机会主义行为，从而使企业陷入被动，暴露于风险之中。企业往往难以获得用来有效评价潜在合作伙伴的全面信息。因此，对合作伙伴的选择经常是战略联盟决策中最困难的任务之一。

（四）对合作伙伴的过分依赖

在联盟过程中，相互依赖、共同发展是联盟的优势所在。但是，企业若不注重提升自身能力，就会出现在某一方面过分依赖合作伙伴的状况，从而使自己处于被动，甚至有可能最终被合作伙伴吞并。

（五）削弱企业的控制权和独立性

无论何种战略联盟，都必然涉及某个领域的合作。在该合作领域，企业之间的资源共享，由联盟企业共同管理。所以，对单个企业来说，对这部分资源或合作领域的控制权会受到影响。另外，企业结成联盟后，其行动和决策的独立性都会受到影响。尤其是在合作领域，企业的行动和决策必须要与合作伙伴协商，意见统一后才能行动，否则就会破坏战略联盟的稳定性。

二、战略联盟的风险防范策略

多种原因可能导致企业战略联盟的失败。采取适当的措施来加强联盟企业间的联系、避免战略联盟的失败就显得尤为重要。战略联盟的风险防范策略主要如下：

（一）明确战略联盟的真实内涵

战略联盟必须明确联盟的内涵及有效的运作策略，并认识到战略联盟中潜在的问题。战略联盟有两个判定标准：第一个标准是战略联盟是一种战略性的合作；第二个标准是战略联盟需要通过联盟来实现企业的战略目的。因此，要使一种合作关系成为战略联盟，其目的必须是追求公司的一个或多个战略层面的目的或目标。战略联盟可能会给公司在战术、运作和财务上带来益处，但其首要目的是为公司的战略服务。

（二）选择合适的联盟伙伴

战略联盟的实践表明，一个企业能否成为合作伙伴，主要从三个方面衡量，即著名的 3C 原则：首先要看这个企业与本公司是否具有兼容性（compatibility）；其次看这个企业是否具有能力（capability）；最后看这个企业的投入程度（commitment）。如果与之合作的企业符合 3C 原则，那么合作成功的概率就比较大。

1. 兼容性

兼容性是企业组建战略联盟的第一个原则，因为彼此相容才能使不同的企业协作，才能使彼此的差异调和，战略联盟才能巩固与发展。考察兼容性可从以下方面着手。

（1）考察潜在对象在公司规模和能力上是否相容。企业根据自己的战略目标选择能力不同的联盟伙伴，但是多数研究资料表明，规模、能力相当的企业组成的战略联盟更可能成功。企业能力相当，双方才会更容易实现平等协作，联盟的基础才会稳固。组建战略联盟时，除非有特殊考虑，否则应该寻找在能力与规模上与自己相当的合作伙伴。

（2）考察潜在对象在战略目标上是否相容。战略目标是联盟各方合作的动机和目的。虽然合作双方的目标不一定要完全一致，但双方一定要朝着一个共同的方向努力。联盟各方都应明确建立战略联盟不是短期行为，而是从长期占领、开发某个市场和保持核心竞争力出发而做出的战略决定。

（3）考察潜在对象在组织管理和实践上是否相容。一个企业要仔细研究潜在的合作伙伴在组织管理实践上与本企业是否相容，从而在联盟运行中形成有效沟通与合作。

（4）考察潜在对象在财务上是否相容。如果对合作伙伴的财务能力考虑不足，就可能由于无法协同商定预算和支出而使合作失败。

（5）考察潜在对象在公司文化上是否相容。每个企业都有不同的发展路径和价值观，有不同的人力资源管理传统和实践，以及不同的行政管理作风。在合作时，企业文化能否相容也是关系到合作成败的重要因素之一。

2. 能力

战略联盟的目的就是通过不同企业的优势互补和整合达到 1＋1＞2 的效果。为此，双方必须各具优势和专长，将这些资源投入联盟后与对方形成互补，从而达成凭自身能力和条件无法实现的目标。企业组建战略联盟时既要考虑潜在对象是否与自身兼容，也要考虑这个企业是否具有独特的能力，这些能力是不是自身所欠缺的。这些能力可能体现在经营、创新、融资等各个方面。

3. 投入程度

合作伙伴对联盟的投入也是保证战略联盟成功的重要因素。如果合作伙伴在时间、精力和资源上缺乏投入，战略联盟就很难成功。所以，企业在决定与潜在合作对象建立联盟之前，必须要考察对方是否对联盟有较高的投入程度。合作伙伴的投入程度可从以下方面考察。

（1）联盟涉及的业务是否为潜在对象的核心业务，或者是否与其核心业务有关系。如果联盟的业务范围不属于合作伙伴的核心业务或者与之关系不大，那么该合作伙伴很有可能不愿意投入过多的资源。当联盟遇到障碍时，该合作伙伴很有可能迅速退出联盟，使另一方处于进退两难的境地。

（2）确定潜在合作伙伴退出联盟的难度。战略联盟面临的一个重大风险就是，当合作一方把联盟纳入它的发展战略之中并为之投入大量的时间和资源之后，另一方却寻求退出联盟。所以，企业在组建战略联盟时，必须要充分评估潜在合作伙伴退出联盟的难度大小。

（三）选择合适的联盟方式

战略联盟的方式很多，从不同参与程度或紧密程度角度，按低到高排列，有许可证转让、研究开发伙伴关系、合资企业、股权参与等。在选择战略联盟方式时，通常有一个从低程度参与向高程度参与的发展过程。战略联盟方式的选择应有一定的策略性。采用何种方式，必须根据企业的战略目标而定，还应考虑达到目标的可行性。为了保护企业自身的权益，避免重要资源的流失，企业要根据自己所拥有的谈判筹码来决定合作方式。

（四）建立合理的组织关系，设计良好的管理机制

战略联盟是一种网络式的组织结构，在战略联盟设计之初应针对合作的情况，确定合理的组织关系，对联盟各方的责、权、利进行明确的界定，防止由于组织关系不合理而影响其正常运作。战略联盟应特别重视协作效应，并强调给合作各方都带来效益。

（五）建立合理的利益分配原则

利益的分配直接关系到联盟的稳定性。合理的利益分配方式应该遵循以下几个原则：投入与产出一致；风险与利益一致；个体成员参与联盟获得的收益应大于单独行动所获收益；联盟的利益分配结构应鼓励成员对联盟的投入等。同时，为了解决机会主义行为对联盟发起者可能造成的利益损失，在签订协议时就要考虑如何设计利益分配机制来影响联盟成员的后续行为。

（六）加强联盟内的相互信任

战略联盟内的相互信任之所以重要，是因为战略联盟面对着环境的不确定性。信任能确保成员企业以其他成员都能接受的行为对环境变化做出相应的反应。另外，信任能降低环境变化带来的潜在损失，抑制或消除机会主义的动机和行为，使成员企业能更好地共享整合优势。加强联盟内的相互信任可以更有效更经济地降低联盟内部的复杂性和不确定性，并由此改善联盟的绩效。

（七）加强联盟企业间的沟通，实现多层次的整合

联盟各方应有意识地通过多层次的多种联系保证交流、沟通、协调和控制，以实现以下五个方面的整合：一是实现高层领导者之间的持续沟通，实现联盟的战略整合；二是使中层经理人员或专家一起制订行动计划，实现联盟的战术整合；三是联盟应为参与人员及时提供信息、资源和人力等完成任务所必需的要素，促进联盟在用语和技术标准上达成一致，实现操作整合；四是合作者之间应建立融洽的人际关系，实现联盟的人际

关系整合；五是不同的企业在文化层面往往有各自的特点，只有实现联盟的文化整合，才能保证战略的顺利实施。

（八）建立合理的退出机制

在缔结战略联盟之前，企业还必须设计合理的退出机制，以防万一。当企业发现自己的发展战略和联盟相冲突或与盟友的发展战略相矛盾，战略联盟的优势已经不存在或存在潜在的风险时，应立即停止联盟战略的实施。当联盟产生无法避免的风险导致联盟关系破裂时，合理的退出机制是减少退出成本的关键。因此，联盟企业首先应该明确自己的角色，建立风险预警系统，规划可能出现的结果，测算企业退出联盟的代价，以免在联盟突然终止时缺乏准备。

第 4 节　集群发展战略

产业集群是产业发展演化过程中的一种地缘现象，是某个产业领域内具有分工合作、竞争创新能力的企业或机构在一定地域内集中而形成的有机体系。该体系涵盖了从原材料供应到销售渠道直至最终用户的上、中、下游的完整结构，具备健全的外围支持产业体系，具有产业柔性集聚等特性。在产业集群内，企业之间建立了密切的合作竞争关系；通过深度的专业化分工，促进每个企业效率及产业效率的提高。产业集群的核心是同类企业之间及企业与其他机构之间的联系及互补性。这种关系有利于规模经济的实现，同时比垂直一体化的企业组织结构具有更大的弹性，而且有利于协作或组织学习。随着全球经济竞争的日趋激烈，集群化作为企业的一种战略选择或区域经济发展模式，不仅为企业带来了竞争优势，而且促进了我国各地的经济增长。

一、企业群与产业集群

企业发展规模存在界限，一个企业不可能包容所有产品的生产。因此，在经济网络中，多企业分立而形成企业集合成为必然。我们把集中于一个空间范围内的企业集合称为企业群。企业群的形成来源于区域内某地点的成本优势。当某地点比市场区域内其他地点的成本低时，市场区域内的经济要素就向该地点集聚。随着该地点经济要素的集聚，市场规模逐渐扩大，大量新企业逐步建立，企业群开始形成。于是，该地点的成本优势会更加明显。因此，企业群的形成是成本比较的结果，其中最主要的是企业在某地点的集聚能够带来集聚经济效应。

集聚成企业群的企业可能多种多样，在规模大小、生产内容和组织结构上可能存在很大差异。但是，如果具有某些共同特征的企业集聚在一起，就会产生一种新型的产业组织形式——产业集群。产业集群概念是企业群概念的自然延伸。从本质上讲，产业集群是企业间联系网络这一抽象空间和区位禀赋网络（包括经济、社会、人文因素）这一具体空间叠加而形成的产业网络组织。

（1）产业集群不同于产业和行业。产业集群不仅仅指企业间的供应链关系或可以共享的资源、技术，它的构成要素更为广泛。它既包括垂直的生产系统，如供应商或分销渠道等，也包括相关联的产业，如大学、科研机构、产业或行业协会以及基础设施等。

（2）产业集群不同于企业或产业集合。产业集群更重视企业间的相互联系，如果在某区域内存在着多个企业，而这些企业之间缺乏相互联系或联系比较松散，就不能称为产业集群，而只能称为企业集合或产业集合。

（3）产业集群不同于集团。构成产业集群的企业是各自独立的，一般是专业化程度较高的企业。这些企业可能在产品上相似，也可能在生产链条上有着紧密的联系，构成一个相互依赖的生产网络。在这一网络中，企业间为赢得和留住顾客而激烈竞争。如果没有有效的竞争，产业集群将失去活力，难以生存或长久维持。

二、产业集群的特征

（一）地理临近性

产业集群具有地理临近性。集群本身就有空间的概念，构成集群的各主体在特定的地域内集聚。同一产业中的企业往往并不是平均地分散在世界各地，而是倾向于向特定的国家和地区集中，电子商务环境下的全球化大大加速了这一过程。产业集群的地理边界没有明确的界定，大至全球范围，小至自然村落，产业集群中的地域范围是一个相对概念。

（二）产业关联性

产业关联性反映集群各主体之间的联结模式。构成产业集群的各主体之间存在产业联系，它们只围绕某一个或几个产业的生产和服务，例如零部件、设备和服务等专业供应商和专业基础设施的提供者，与其他产业形成互补。集群还通常向下游延伸至营销网络和渠道，并横向扩展到互补产品的制造商等。最后，很多集群还包括提供专业化培训、教育、信息研究和技术支持的政府及其他机构，如大学、标准评估机构、智囊机构、职业培训机构以及贸易机构等。可见，产业集群不仅是企业的集聚，更是基于精细分工与专业化的产业链的集聚。

（三）分工专业化

产业集群的专业化特征具体表现为区域专业化和集群内部生产（经营）的专业化。生产经营同一产品的大量中小企业在特定区域集聚，使某一产品和特定地区紧密联系起来，每一产业集群的名称都体现了其区域专业化特征，如大唐袜业集群、嵊州领带产业集群、中关村高新技术产业集群等。区域专业化是形成区域品牌的基础，区域品牌是集群内企业共享的一种很珍贵的无形资产。在产业集群内部，各主体之间的联系建立在专业化分工基础之上，也正因为如此，产业集群比市场稳定、比科层组织灵活，而产业集群内部的分工专业化和紧密协作是形成其强劲的竞争优势的基础。

（四）结构网络化

在产业集群中，许多处于同一产业或具有紧密产业联系却又各自独立的企业及其他机构（如大学、研究院所、中介机构、相关政府部门等）在同一区域聚集，形成了基于专业化分工的交易网络，以及基于技术同源、技术衔接和技术交叉或组合的技术网络。而且，由于企业之间、人员之间长期频繁的正式或非正式接触，形成了基于共同地域文化、产业文化和复杂的人缘关系的社会网络。可见，产业集群是一种交易网络（经济网络）、技术网络和社会网络相互交织的地方网络。

（五）经济外部性

性质相似的小型企业集中在特定的地方可以获得外部经济。产业的增长，特别是产业地理集聚的形成，很大程度上得益于集聚所产生的外部经济，即创造出熟练的劳动力市场、专业化服务性中间行业，带来技术外溢，并改进交通运输和其他基础设施。产业集群的经济外部性特征主要包括技术的外部性和市场的外部性。

技术的外部性强调集群成员在生产技术上的相互依赖，一方面表现为集群内知识的溢出，包括技术知识、技术诀窍、经营经验等的溢出；另一方面表现为模仿创新在集群内具有普遍性，企业创新的利益不能完全被创新者独占，还会溢出到集群内的其他成员。

市场的外部性强调集群成员在市场上的相互依赖。集群内汇集了与供求、成本、价格、技术、质量、款式和品种等有关的大量的市场信息，同时汇集了专业化供应商和专业化服务商的相关信息，使集群内各主体可以快捷地了解市场行情的变化，节约了搜寻市场信息的费用。市场的外部性还表现为集群内部的所有成员共享区位品牌。

三、产业集群的分类

（一）按集群企业构成分类

马库森（Markusen）于1996年将产业集群分成四类：一是马歇尔式产业集群，意大利式产业集群为其变体形式；二是中心辐射式产业集群，通常在某个地域围绕一种或几种产业中的主要企业形成；三是卫星平台式产业集群，主要由跨国公司的分支工厂组成；四是政府支持式产业集群。科诺林伽（Knorringa）和梅耶-斯塔莫（Meyer-Stamer）1998年在马库森理论的基础上，把产业集群分为意大利式产业集群、卫星式产业集群和轮轴式产业集群，并分析了不同类型产业集群的特征，如表7-1所示。

表7-1　按集群企业构成分类的产业集群

	意大利式产业集群	卫星式产业集群	轮轴式产业集群
主要特征	中小企业居多；专业性强，竞争激烈，合作网络，基于信任的关系	中小企业居多；依赖外部企业，基于低廉的劳动力成本	大规模地方性企业和中小企业居多；明显的等级制度

续表

	意大利式产业集群	卫星式产业集群	轮轴式产业集群
主要优点	柔性专业化；产品质量高，创新潜力大	成本优势；技能/隐性知识成本	柔性，大企业十分重要
主要缺点	路径依赖；面对经济环境和技术突变时适应缓慢	销售和投入依赖外部参与者；有限的诀窍影响了竞争优势	整个集群依赖大企业的绩效
典型发展轨迹	内部劳动分工的变迁	因跟进领先者而产生	大中型企业的领头羊作用
政策干预	集体行动形成区域优势，公共部门和私人部门合营	中小企业升级的典型工具	大企业/协会和中小企业支持机构合作，从而增强了中小企业的实力

资料来源：任寿根．新兴产业集群与制度分割：以上海外高桥保税区新兴产业集群为例．管理世界，2004(2)：56－62.

（二）按交易成本分类

麦卡恩（McCann）等运用交易成本理论将产业集群分为纯集聚体、产业综合体和社会关系网络，如表 7－2 所示。

表 7－2 基于交易成本的产业集群分类

	纯集聚体	产业综合体	社会关系网络
公司规模	小	部分企业较大	变化
企业间关系	不确定、不稳定	确定、稳定的贸易关系	信任、忠诚合作、共同承担风险，机会主义行为少
成员资格	开放	封闭	部分开放
参与条件	土地租金	内部投资	历史传统、风俗、经历
空间分布	城镇	非城镇	非城镇
典型例子	竞争性城市经济	钢铁或化工产业综合体	新产业区

资料来源：McCann P，Arita T，Gordon I R. Industrial Clusters，Transactions Costs and the Institutional Determinants of MNE Location Behavior. International Business Review，2002，11 (6)：647－663.

（三）按产业集群的形成方式分类

在产业集群的类型中，也有学者从产业集群形成的方式，将产业集群分为政府推动的外生产业集群以及市场驱动的内生产业集群，如表 7－3 所示。

表 7－3 按照产业集群的形成方式分类

	政府推动的外生产业集群	市场驱动的内生产业集群
主要特征	自上而下为主	自下而上为主

续表

	政府推动的外生产业集群	市场驱动的内生产业集群
主要优点	能够形成完善的基础设施和制度环境及产业集群的标准化体系	能够形成良好的市场力量和产业衔接配套
潜在挑战	集群成员的互补性、技术创新的内驱力不足	配套政策和设施不足，产业集群规范性建设周期较长
政策作用	较强	较弱

(1) 政府推动的外生产业集群。政府的带动作用可以激发产业集群活力，促进产业集群发展。很多产业集群都是在政府的主导下形成，并且发展迅猛，例如中关村产业集群等。据统计，截至2022年，我国围绕新一代信息技术、高端装备、新材料等重点领域打造了25个先进制造业集群，主导产业产值超过9.5万亿元。波特在其著作《国家竞争优势》中分析国家和地区竞争力时，强调了政府的作用。政府对产业集群的推动作用主要体现在政府通过政策调节创造竞争优势方面。特别是在经济市场化的今天，集群这一特定产业战略的实施，需要企业、政府、市场三方的互动。具体而言，政府对产业集群的推动，能够形成完善的基础设施和制度环境。此外，产业集群的规范和标准容易快速建立。但是，由于这类产业集群是由政府推动，而非市场自发形成，需要考虑集群的互补性不足、技术创新的内驱力不足等潜在挑战。

(2) 市场驱动的内生产业集群。此类产业集群基本上是在市场力量的作用下自发形成的，具有滞后性。这类产业集群以市场为主导，更多以自下而上为主要发展方式。这种发展路径一般出现在依靠内驱力形成的产业集群之中，例如传统手工业升级型产业集群。集群形成和发展的主导因素是市场。这类产业集群由于是由市场力量来驱动，因此，产业之间的衔接和配套较强。但因为是市场自发产生的集群效应，产业集群的基础设施建设较为滞后，特别是产业规范和标准的建设可能需要较长时间。

四、集群发展战略的意义

产业集群在我国经济发展中有关键的推动作用。例如，2022年以来，我国加速打造先进制造业集群，促进了制造业的高质量发展。集群发展战略是新形势下企业可以选择的重要发展路径，能够给企业在未来的竞争环境中带来显著的比较优势。

(1) 集群可以提高企业的生产效率。同一产业的企业在地理上的集中，能够使厂商更有效率地得到供应商的服务，快速招聘到员工，及时得到行业信息，获取配套的产品和服务，促进发展专业化生产等。这些都使集群内的企业能以更高的效率生产产品和提供服务，因此有利于获得相对于集群外企业更多的竞争优势。

(2) 集群可以有效推动创新。第一，区域内的企业集聚促进了同行业之间的正式和非正式交流，促进了企业的技术创新；第二，集群对技术创新的推动体现在其促进了企业间的技术创新合作。从实践来看，集群中企业合作创新的获益确定性比一般情况下大得多。这是因为在集群中企业和其他机构间的信息较为透明，提高了集群中成员之间合作的确定性。同时，由于分工细化，企业和机构寻求纵向一体化的必要性降低，集群内出现大量兼并与垄断的可能性也相应降低，进而减少了机会主义行为。

（3）集群可以降低生产成本。集群带来了大量竞争对手，加剧了同行业企业间的竞争，迫使企业不断降低成本，改进产品和服务，同时，成员企业共同分担市场开发成本、扩大市场规模、推进技术标准化，可以获得更明显的竞争优势。

（4）集群可以吸引顾客和投资。企业在区域上的集聚对该产业的顾客有较大的吸引力，容易扩大市场。同时，集聚也使优秀企业的名声能很快在集群内传播，从而使风险投资者发现市场机会，企业也因创业资本的支持而快速成长。

案例分析

鸿蒙操作系统生态联盟

2019 年 8 月，华为正式对外发布了其开发的鸿蒙操作系统。鸿蒙系统是在中美贸易摩擦加剧的背景下推出的。当时，美国政府以安全为名义对华为实施制裁，发布了对华为的禁令。2019 年 5 月，禁令的生效使得一直作为后备计划的鸿蒙从幕后走向台前。

鸿蒙系统最早在 2012 年启动研发，是一个面向物联网（IoT）的跨设备操作系统，不局限于单一硬件设备。因此，其可被用在智能手机、平板电脑、家用电器、可穿戴设备，甚至汽车等多种设备上。

鸿蒙正式发布之前，华为创始人任正非在一份内部备忘录中表示，由于受到外部限制，华为很难在短期内生产出先进硬件，应该专注于构建软件生态系统。鸿蒙生态的背后是华为的“1＋8＋N”智慧生活战略，其中 1 代表智能手机入口，8 代表平板电脑等设备，N 则代表其他硬件厂商参与的泛 IoT 硬件生态。

在发布会当日，华为宣布已有 300＋应用和服务伙伴、1 000＋硬件伙伴、50 万＋开发者共同参与到鸿蒙生态建设当中。截至 2022 年上半年，搭载鸿蒙系统的华为终端已经超过 2.2 亿台。鸿蒙智联生态也发展迅速，有超过 1 900 个合作伙伴加入鸿蒙智联，鸿蒙智联认证产品种类超过 4 500 个。

随着鸿蒙系统的公布，各行业的企业开始陆续寻求加入鸿蒙系统生态。例如，在金融行业，广发银行等相继宣布旗下业务接入鸿蒙系统。包括国泰君安在内的多家券商和基金公司宣布兼容鸿蒙系统。在软件行业，金山公司宣布其 WPS 产品支持鸿蒙系统。在汽车行业，北汽公司等企业宣布其产品将搭载鸿蒙系统。鸿蒙系统也吸引了众多家电企业加入。格力电器公开表示将接入鸿蒙系统。美的是第一个推出搭载鸿蒙系统的家电品牌。方太、老板等厨电品牌也都推出了搭载鸿蒙系统的产品。

尽管如此，鸿蒙系统生态仍然需要持续发展。兴业证券在一份题为《华为鸿蒙深度研究》的研报中写道：“构建一个成熟的生态是鸿蒙能否生存下去的关键所在。”相比于华为，多年的发展让安卓等其他系统拥有先天的时间优势。公开资料显示，安卓系统在全球的活跃设备数量已经超过了 30 亿，苹果在全球拥有 16.5 亿活跃设备。开发者方面，安卓和苹果的开发者数量均在 2 000 万级别。而到 2021 年，鸿蒙的开发者数量是六七十万。

华为已经把鸿蒙最核心的基础架构全部捐赠给了开放原子基金会，形成了 OpenHarmony 开源项目。各个厂家都可以平等地获得代码，采用 OpenHarmony 作为系统。2022 年，华为与 6 家软件厂商签约，同时宣布开放华为在操作系统开发领域的技术积累和经验，帮助这首批 6 家伙伴开发基于 OpenHarmony 的行业发行版，为社区贡献 OpenHarmony 装机量。

资料来源：马云飞，沈玉洁细说鸿蒙．(2021-06-21)．http://finance.people.com.cn/n1/2021/0621/c1004-32135677.html.

思考题

1. 华为寻求建立鸿蒙系统生态的根本动机是什么？
2. 鸿蒙系统生态联盟面临的主要风险和成功的关键是什么？
3. 华为将鸿蒙系统的主要源代码作为开源项目捐赠的目的是什么？

本章小结

战略联盟具有组织松散性、合作成员之间地位平等性以及合作互利性、合作与竞争并存性的特点。企业加入战略联盟能够充分利用资源增强竞争力、克服贸易壁垒并利用销售渠道、实现规模经济和范围经济效益、避免过度竞争、共担风险和成本，并且能够在扩大企业无形边界的同时防止“大企业病”。企业可以采取合资、研发协议、定牌生产、特许经营以及相互持股的组织形式与合作伙伴结成战略联盟。

战略联盟并不是没有风险，其风险主要包括外部风险和联盟风险。外部风险是指政策法规变化、市场波动、自然灾害等风险；联盟风险则包括企业核心知识和技术外泄、运营成本增加、合作伙伴的机会主义行为、对伙伴的过分依赖以及企业的控制权和独立性被削弱等风险。因此，企业在结成战略联盟时，需要采取适当的措施来加强联盟企业间的联系、避免战略联盟的失败。

随着全球经济竞争的日趋激烈，集群化作为企业的一种战略选择或区域经济发展模式，不仅为企业带来了竞争优势，而且促进了我国各地的经济增长。产业集群具有地理临近性、产业关联性、分工专业化、结构网络化以及经济外部性等特征，采用集群发展战略有助于企业提高生产效率、推动创新、降低生产成本以及吸引顾客和投资。

思考题

1. 简述战略联盟的特点。
2. 企业为什么要结成战略联盟？
3. 战略联盟可能给企业带来什么风险？有什么防范策略？
4. 产业集群是指什么？它具有什么样的特征？
5. 企业为什么要加入产业集群和选择集群发展战略？

参考文献

[1] 丁建军，陈赤平．产业集群分类、治理比较及演变趋势分析．中南财经政法大

学学报，2008（5）：26－31.

［2］丁晨．战略联盟风险识别体系及防范机制研究．武汉：武汉理工大学，2005.

［3］严建援，颜承捷，秦凡．企业战略联盟的动机、形态及其绩效的研究综述．南开学报（哲学社会科学版），2003（6）：83－91.

［4］任寿根．新兴产业集群与制度分割：以上海外高桥保税区新兴产业集群为例．管理世界，2004（2）：56－62.

［5］刘善庆，陈文华，叶小兰．产业集群分类综述．企业经济，2005（5）：71－73.

［6］孙相文．企业战略联盟风险分析与防范策略研究．改革与战略，2009，25（2）：57－60.

［7］尤振来，李春娟．产业集群的分类研究综述及评价．统计与决策，2008（3）：161－163.

［8］张全芝．企业战略联盟风险及其对策研究．现代商贸工业，2010，22（19）：70－71.

［9］徐飞，徐立敏．战略联盟理论研究综述．管理评论，2003，15（6）：12－18.

［10］文小奇．企业战略联盟伙伴选择研究．沈阳：东北大学，2008.

［11］李世清．竞争性战略联盟中资源、合作风险与联盟结构研究．重庆：重庆大学，2010.

［12］李亚军，陈柳钦．产业集群的创新特征及其创新效应分析．北方经济，2007（1）：40－42.

［13］李凯，李世杰．我国产业集群分类的研究综述与进一步探讨．当代财经，2005（12）：93－96.

［14］梁家强．企业战略联盟的动因和发展趋势．工业技术经济，2005，24（8）：19－21.

［15］王华．企业战略联盟的风险及其防范．市场周刊，2004（12）：13－14.

［16］谭艳丽．产业集群的特征及其效应分析．经营管理者，2009（6）：54－54.

［17］高全顺．产业集群的分类研究．南昌：江西师范大学，2008.

［18］徐二明，徐凯．资源互补对机会主义和战略联盟绩效的影响研究．管理世界，2012（1）：93－103.

［19］刘益，李垣，杜旖丁．战略联盟模式选择的分析框架：资源、风险与结构模式间关系的概念模型．管理工程学报，2004，18（3）：33－37.

［20］Büyüközkan G，Feyzioğlu O，Nebol E. Selection of the Strategic Alliance Partner in Logistics Value Chain. International Journal of Production Economics，2008，113（1）：148－158.

［21］Das T K，Teng B S. Managing Risks in Strategic Alliances. Academy of Management Perspectives，1999，13（4）：50－62.

［22］Das T K，Teng B S. Resource and Risk Management in the Strategic Alliance Making Process. Journal of Management，1998，24（1）：21－42.

［23］Das T K，Teng B S. Risk Types and Inter-firm Alliance Structures. Journal of

Management Studies, 1996, 33 (6): 827-843.

[24] Das T K, Teng B S. Trust, Control, and Risk in Strategic Alliances: An Integrated Framework. Organization Studies, 2001, 22 (2): 251-283.

[25] Das T K. Strategic Alliance Temporalities and Partner Opportunism. British Journal of Management, 2006, 17 (1): 1-21.

[26] Hitt M A, Ireland R D, Hoskisson R E. Strategic Management: Concepts: Competitiveness and Globalization. Cengage Learning, 2016.

[27] Judge W Q, Dooley R. Strategic Alliance Outcomes: A Transaction-cost Economics Perspective. British Journal of Management, 2006, 17 (1): 23-37.

[28] Markusen A. Sticky Places in Slippery Space: A Typology of Industrial Districts. Economic Geography, 1996, 72 (3): 293-3131.

[29] McCann P, Arita T, Gordon I R. Industrial Clusters, Transactions Costs and the Institutional Determinants of MNE Location Behaviour. International Business Review, 2002, 11 (6): 647-663.

[30] Porter M E. Competitive Advantage, Agglomeration Economies, and Regional Policy. International Regional Science Review, 1996, 19 (1-2): 85-90.

[31] Stuart T E. Network Positions and Propensities to Collaborate: An Investigation of Strategic Alliance Formation in a High-technology Industry. Administrative Science Quarterly, 1998, 43 (3): 668-698.

[32] Tsang E W. Motives for Strategic Alliance: A Resource-based Perspective. Scandinavian Journal of Management, 1998, 14 (3): 207-221.

[33] Whipple J M, Frankel R. Strategic Alliance Success Factors. Journal of Supply Chain Management, 2000, 36 (2): 21-28.

第8章

享誉四海：全球化战略

开放带来进步，封闭必然落后。

——习近平

以前，全球化是发达国家和大企业主导，未来，全球化应该是发展中国家、中小企业走向世界；以前贸易是全球化的主力，未来科技将是全球化的主力；以前是人在流动、货在流动，未来是数据在流动、服务在流动；以前是传统企业的全球化，未来是用好互联网技术的企业的全球化；未来，任何一个人，只要有一部手机就可以做全球生意，未来所有的中小企业都是跨国公司，过去三十年是6 000家大企业决定了全球化，未来应该是6 000万家中小企业决定全球化。

——马云

学习目标

- 了解全球化战略的环境
- 分析跨国企业进入海外市场的动机
- 讨论跨国企业进入海外市场的模式，以及决策基础
- 明确公司层国际化战略的类型，以及如何平衡全球资源整合与海外市场本土需求之间的关系

引导案例

中国制造点亮全球300万无电农村家庭

全球至今没有接入电网的人口仍有7亿多。无电地区居民每天可负担的生活费用很

低，是大部分跨国公司不愿意考虑的绝对低收入人群。但就在这样的社会金字塔底部，企业如果能够利用创新方法满足居民的需求，不仅可以获得利润，而且可以帮助解决世界性的贫困问题，创造社会价值。深圳市诚信诺科技有限公司（Power-Solution）就是这样一家致力于用绿色能源改善海外无电地区人群生活质量的天生全球化企业。

该公司创始人李霞来自贫寒家庭，凭借辛勤打拼和自学英语在深圳从电子产品外贸中捞到了第一桶金并积累了丰富的市场经验。受同理心和情怀驱动，2009 年创办 Power-Solution，开始专做面向海外无电地区贫穷居民的小型太阳能照明灯具。最初的用户定位是印度无电居民群体，但印度消费者对价格敏感度高，与印度经销商沟通成本大，信任建立周期长，且已有国际知名品牌 D. light 进入印度。为了避开正面竞争，李霞决定选择相对容易进入的非洲市场。李霞团队参加中国进出口商品交易会（俗称“广交会”）时，发现其产品的非洲询盘率和成交记录都非常高，这促使企业迅速将市场重心转向非洲。非洲市场基本稳定后，企业携自主研发设计的太阳能灯产品重返印度。目前，Power-Solution 生产的太阳能产品畅销非洲、亚洲、南美洲几十个发展中国家，改善了全球几百万家庭的生活。

围绕用绿色能源改善无电人口生活品质的社会目标，Power-Solution 形成了一套独特的商业和管理模式。第一是面向终端客户需求的产品研发。Power-Solution 要求管理层和销售人员每年都要跟随当地经销商一同拜访贫困地区的家庭，并加快研发相应的产品来满足实际需求，而这些终端客户基本上都居住在环境恶劣，甚至需要徒步 5～6 小时才可到达的地区。第二是质量为本的口碑营销。企业对产品质量的控制非常严格，部分产品已获得世界银行点亮全球、欧盟 CE/RoHS、美国 FCC 认证等 30 多项资质认证；核心部件选用 Sun Power 的太阳能板，效率高、质量好；电池选用磷酸铁锂动力电池，寿命为 2 000～3 000 个充电周期；LED 灯珠选用美国能源之星 LM-80，寿命至少 3 年。第三是从设计端切入的成本压缩。公司追求用最低的成本较好地满足消费者的刚需。以太阳能灯“candles killer”为例，整个产品长宽高均为 10 厘米左右，只用一颗螺丝钉固定并砍掉了支架，原来只能装40～50 个产品的货箱，现在可以装 96 个，通过降低生产成本和运输成本，确保产品有价格吸引力和竞争力。第四是微利下的员工激励和核心团队建设。选拔和培养与公司价值观契合的优秀员工，并保证员工平均薪酬水平略高于行业平均水平，保证利润分配向关系到公司长期发展的部门如研发和工程部门倾斜。

与此同时，Power-Solution 面临着激烈的市场竞争。从国内看，大型光伏企业的技术水平可以实现各类太阳能照明设备的生产，很多中小企业采用模仿抄袭的方法进行生产，造成了恶性竞争。从国际看，由于融资环境不同及行业后发劣势，Power-Solution 缺乏外部资金支持，比如与同样专注做无电地区照明的国际知名公司 D. light 相比，产能只有后者的 1/4。

资料来源：深圳市诚信诺科技有限公司官网（https：//www. power-solution. net. cn/）及访谈资料。

第 1 节　全球化战略的环境

一、全球化与反全球化

（一）全球化与国际商务

1. 全球化的定义

全球化（globalization）在 20 世纪 60 年代开始出现，一般指来自世界不同国家或地区的人们的相互依存关系的集合（Waters，1995）。该词有时特指通过降低贸易、资本、技术以及人力资源壁垒达到全球经济的整合，即经济全球化。世界贸易组织是支持全球经济贸易自由化的国际组织，迄今已有超过 160 个成员，对经济全球化产生了重要的推动作用。

有史以来，人类的跨地域联系促使自然资源、产品、服务的种类不断增加，导致市场范围不断扩张，最终影响人们的生活方式。如今，技术的快速进步与扩散、跨境贸易与资源流动的自由化等因素推动国际交流与合作，数字经济的存在已经将世界各个国家和地区更加紧密地联系在一起。与此同时，负责任的大国政府积极稳妥推动经济全球化的进程。2013 年，习近平总书记提出建设“新丝绸之路经济带”和“21 世纪海上丝绸之路”的合作倡议（简称“一带一路”倡议），旨在发展我国与“一带一路”共建国家的经济合作伙伴关系。

全球化的发展，使消费者购买的产品的部件很可能来自全球各地。例如苹果手机虽然是美国品牌，但是全球生产网络的分散化，使得苹果手机的全球采购与组装得以实现。由于经济贸易全球化，对于包含很多零部件的商品，很难判断它们的原产地。

2. 国际商务的定义

国际商务（international business）是全球化的实现机制，是指包括销售、投资、运输等在内的所有商业交易。该类交易的发生必须包含两个及以上国家。在国际商务中，私营企业的主要目的是利用各国的比较优势获取经济效益，而国有企业业务则可能带有经济和政治双重目的。国际商务已成为世界经济的重要组成部分，单纯依靠本土市场获取资源和要素以及依赖本土市场进行产品输出，不仅不能保证企业长久发展，就连基本的生存都会受到威胁。发达国家的诸多跨国企业通过出口、投资等方式将产品与服务高效输出到全球市场，这种情况不允许发展中国家的大型企业固步自封、偏安一隅。因此，任何企业都应从全球视野制定经营战略，尤其要考虑两个问题：生产材料从何处获取和产品（服务）卖到何处去。

国际商务涉及两个及以上的复杂经营环境，跨国企业必须努力研究全球化战略相关议题，以保证自身在全球竞争中的有利地位。全球市场的竞争形式多种多样，例如在一些国家进行市场竞争，跨国企业会遇到更为开放自由的市场，竞争更为激烈；而有些国家的市场竞争则会有更多的政府干预，政府既是裁判员又是参与者。由于各国社会环境的差异性，跨国企业的海外经营方式必须因地而异。

（二）反全球化

虽然全球化趋势成为主流，但有关全球化的争议依然普遍存在。反对者提出以下三方面问题：一是全球化威胁国家主权。批评者认为，国际贸易协定的存在，尤其是那些旨在降低贸易壁垒的协定，使得主权国家不能相对自由地进行政治决策，例如本土目标和政策无法正常实现、小国对大国经济过度依赖以及文化同质性问题。二是全球化带来了经济增长与环境压力。反对者认为经济全球化过于强调经济快速增长，导致过快消耗不可再生资源，对环境造成极大破坏，不符合绿色发展和可持续发展道路，例如向河流和海洋排放有毒物质以及空气污染等。三是全球化造成了日益扩大的贫富差距。各类指标显示，全球化导致国家之间以及国家内部的贫富差距扩大，原因在于全球化加剧了全球市场竞争，使得本身能力较弱的个人和企业在全球化大环境中的处境更加艰难。

全球化与反全球化一直都是相辅相成、相伴相生的。经历全球新冠疫情深度冲击的全球经济复苏乏力，各国政治保守势力和贸易保护势力抬头，局部冲突和区域战争扩散风险居高不下，全球供应链受到严重破坏，反全球化浪潮此起彼伏。当今世界百年未有之大变局加速演进，中华民族伟大复兴正处于关键时期，中国企业国际化的进程面临改革开放以来前所未有的机遇与挑战。

二、政治与法律环境

本部分旨在分析跨国企业如何在不同政治与法律环境中经营。诚然，有些国家的政治与法律环境比较类似，比如澳大利亚和新西兰，但是通常情况下，跨国企业需要处理多样化的政治与法律环境，尤其是新兴经济体的企业到发达国家投资时，面临着更严格的法律管制。

（一）政治环境

1. 政治意识形态

政治意识形态（political ideology）是指政府阐明政治社会纲领的目标、理论、意图的思想集合，从而规定社会的运行方式。跨国企业在制定全球战略时必须深入了解拟开展业务的国家或地区的政治意识形态对商业环境的影响。

2. 政治风险

政治风险是指国家政策的改变给跨国企业带来的潜在损失。一国的政治决策、政治事件或政治环境影响商业环境，可能使跨国企业失去部分或全部的投资价值，或者迫使跨国企业接受较低的投资回报率。通常来讲，政治风险分为两大类，即宏观政治风险和微观政治风险。前者影响在该国的所有企业，例如新任领导人提出全新执政理念，后者则是对某些特定企业产生影响，例如差异化的税收政策。丹尼尔斯（Daniels）等人进行了更为细致的划分，认为政治风险主要包括四大类：系统性（systemic）、程序性（procedural）、分配性（distributive）、灾难性（catastrophic）。宏观经济和社会政策的改变引发系统性风险，但是该类风险并不一定减少投资利润，例如市场化改革促进了外资企业在中国市场的蓬勃发展。司法不公或政府腐败等政治行为都会引发程序性风险，提高跨国企业的交易成本。分配性风险来源于政府对外资利润的征收形式的变化。灾难性的政治风险属于宏观风险，对企业乃至国家经济的影响都是毁灭性的，如种族与军事冲突、政权更迭等。2011年年初利比亚发生政变和军事冲突，导致大量外资企业被迫紧急撤侨，大量物资设备被损毁。

（二）法律环境

1. 法律体系

法律体系是指某一国家规范个体与组织行为的准则、实施法律的过程及解决纠纷的程序等。由于传统、习俗等方面的原因，不同国家的法律体系呈现出差异性。跨国企业在制定全球战略时，需要了解不同的法律体系以及与商业实践相关的规定与要求。比如，英美法系的基础是传统、判例与习俗，代表国家有英国和法国；大陆法系的基础是现有的法律法典和程序，代表国家有德国、法国、日本等。

2. 全球战略中的法律议题

全球战略的诸多细节必须考虑法律环境。第一，商务运营考虑。商务运营考虑聚焦管理者的日常经营活动。跨国企业的建立、合同的签订和实施、人员的聘用和解雇、企业的关闭、当地利润汇回母国等，都要符合当地的法律法规。第二，战略考虑。战略考虑则更多关注企业长远议题，包括在哪里生产、怎样推销以及如何保护产品的独特性等。第三，知识产权考虑。知识产权是指创造性的想法、经验以及能够提高个人、组织或国家竞争力的无形资产，它难以创造却易于模仿。跨国企业在进行全球研发工作或在全球范围内推广新产品时，必须注意各国对知识产权保护的态度以及知识产权法律的完善程度。

聚焦中国8-1　美国商务部“实体清单”对华为业务的冲击及其应对

三、经济环境

不同国家的经济发展水平、经济效益以及经济潜力存在差异，因此，准确估计一国的商业吸引力对做出正确的投资决策至关重要。

（一）经济环境衡量指标

管理者通过不同的指标来衡量一个国家的经济效益和经济发展潜力。传统的经济衡量指标包括商品与服务流通总量的货币价值（比如国内生产总值）等。其他经济特征，包括通货膨胀、失业、债务、收入分配、贫困、劳动力成本、生产率等，也是重要的经济指标。非正式的衡量指标，包括手机的数量、无电地区人口、矿物储量等，也有一定参考价值。只有多角度分析多国的经济水平，跨国企业才能找出最适合自身产品的海外市场。比如，位于青岛的中央空调企业海信日立（Hisense Hitachi）通过对全球潜在市场的人均国民收入和行业增长率两大指标的量化分析，在2018年前后明确了其海外事业部未来十年的重点发力对象为中东欧的几个国家。

（二）国际经济环境分析

跨国企业不仅要从基本的指标中分析出各国市场潜力，而且要关注各国的经济体制及其动态变化，找出其演化路径，寻求本企业未来的商业机会。经济体制是经济结构和经济过程的集合，能够指引一国的资源分配和经济活动运行，主要包括市场经济与计划经济两大类型。市场经济的主要特征为生产资料个人所有和较少的政府干预。计划经济是指政府决定几乎所有的经营活动。在混合经济体制中，政府对经济政策的制定干预较强。以中国为代表的新兴经济体正在不断涌现，其特征是政府逐渐放松管制，市场制度日益成熟。对跨国企业而言，该类经济体的市场尚未完全开发，潜力较大，抓住先发优势就有可能在该类市场站稳脚跟。此外，跨国企业在选择投资区位时，还需考虑各国之间的经济自由度差异（Deng et al.，2018）。

新时代中国企业的全球化发展不同于以往西方国家的企业国际化。第一次世界大战之前欧洲强国的跨国公司，借助殖民扩张等手段，经营重心往往在国外。第二次世界大战之后的美国跨国公司，依靠本国强大的政治军事经济霸权和世界领先的技术实力，立足本土、全球扩张。我国是综合国力不断提升的新兴经济体，坚持社会主义市场经济体制，企业国际化道路不能照搬欧美企业，必须紧紧依托国内市场和资源，将中国超大规模市场优势转化成在全球市场的国际竞争力，并在逆境中锤炼“逆商”，走出一条新型国际化道路。2022年党的二十大报告强调：“加快构建以国内大循环为主体、国内国际双循环相互促进的新发展格局。”新时代中国企业国际化必须在新发展格局中主动作为。

四、文化环境

文化植根于历史，跨国企业只有真正了解并适应东道国本土文化，才能减少贸易摩擦。管理者在选择海外投资区位时必须关注母国与东道国之间的文化差异，减少外来者劣势带来的额外成本（Zaheer，1995）。

文化是指某一社会具体的行为规范，反映了该社会的价值观、态度和信仰。在一国内部，人们的重要特征基本类似，比如价值观、语言等。文化具有多样性的特点，可进一步划分为各种亚文化。此外，某些文化特征甚至超越国家边界，将不同国家的群体紧密联系起来，比如儒家文化对东南亚国家的华人影响深远。例如，无论是在哪个国家，城市和乡村的居民在观念上都存在很大差异，不同国家的城市居民在观念上的一致程度可能超越某一国家的城市与乡村居民的一致程度。因此，跨国企业的管理者不仅要对东道国的整体文化有所把握，对特定地区和特定人群的价值观念也必须有所了解，因为文化的冲击对企业国际商务的影响有时是致命的。

霍夫斯泰德基于IBM全球员工价值观调查形成的文化模型，是跨国文化因素分析的重要模型。它主要从六个维度对文化进行分析，包括个人主义（individualism）、权力距离（power distance）、阳刚气质（masculinity）、不确定性规避（uncertainty avoidance）、长远规划（long-term orientation）、放纵自我（indulgence）（Hofstede et al.，2010）。处于个人主义较强环境中的员工重视自身价值和利益的实现，而处于集体主义环境中的员工则偏重组织利益的实现，因此，跨国管理人员要因地制宜，选择最能激发工作潜能的激励方式。权力距离是指上下级相互影响的程度，反映员工与上级之间的社会距离、员工对组织不公平行为的接受程度。亚洲国家相对而言权力距离较大，下级较少直接称呼上级名字，而以姓氏加职级取代。权力距离的地区差异性使得不同东道国的管理者在处理上下级关系问题上更为谨慎。阳刚气质表明人们追求经济效益的欲望较强，而柔性气质则表明人们追求舒适的工作环境以及良好的工作氛围，因此，阳刚气质文化中的企业到柔性气质国家进行跨国经营时，必须考虑刚柔结合，满足当地员工的情感需求。不确定性规避是指每个国家对不确定性的偏好程度。例如，美国文化是不确定性规避程度较低的文化，其员工往往更倾向于接受新鲜事物并富于冒险精神；而日本则是不确定性规避程度较高的国家，员工更追求安逸生活和终身雇佣。长远规划是指对于长远战略及其延迟满足的接受程度，在对长远规划接受度较高的国家，对于团队的激励可使用股权激励等，回报周期长的研发投入也可以较高，而在经济相对落后和政局动荡地区，企业则往往采用每周乃至每日结算的形式支付员工工资。放纵自我则是指对天性的放纵和宽容。在放纵自我程度较高的社会，个人主义色彩也更强烈，企业的管理应该更加人性化，同时更应加强风险防范。

五、技术环境

技术环境指与企业跨国经营活动直接相关的技术领域的发展。尤其是在数字经济时代，信息技术变革对于企业跨国经营活动的影响更为深远。由于通信和运输技术的极大进步，任何国家的消费者都可以了解全球产品与服务，也可以快速获得低成本、高质量的商品。例如，在澳大利亚悉尼街头的诸多西餐厅中，中国游客可以很方便地扫码，使用微信支付、支付宝支付或者银联支付工具买单。互联网的高速发展和跨境电商平台（比如亚马逊和希音）的出现，使得新创企业可以进行高风险的国际商务，这类企业称为国际新创企业或天生全球化企业（McDougall et al.，1994），比如本章引导案例中的Power-Solution。根据阿里巴巴2022财政年度报告：截止到2022年3月底，全球约13亿年度活跃买者在该集团旗下所有电商平台的全球成交额为1.3万亿美元（中国2021年国内生产总值约合18万亿美元），其中3亿年度活跃买者来自海外。跨境电商平台大量采用竞价排名、直播等新型促销方式，在为小微电商创造国际商务机会的同时，平台治理水平和垄断势力也影响到国际市场的竞争格局与秩序（Deng et al.，2021）。除了跨境电商以外，社交媒体的全球扩张速度也远超传统行业企业，比如成立于2012年的字节跳动，截止到2023年2月，其以抖音为代表的产品和服务已覆盖全球150个国家和地区、75个语种（官网数据），其英语版短视频应用TikTok成为海外市场最受欢迎的同类产品之一。

六、钻石模型

1990年，波特提出“国家竞争优势理论”（Porter，1990），该理论即钻石模型（diamond model），回答了为何某个国家的某个行业能够获得国际性的成功进而获得垄断优势的问题。例如：为何日本的汽车工业在成本和市场份额上处于优势地位？钻石模型认为，四个关键要素（生产要素，需求状况，相关和辅助行业，企业战略、结构和同业竞争）和两个辅助要素（政府、机会）的共同作用非常关键，如图8-1所示。

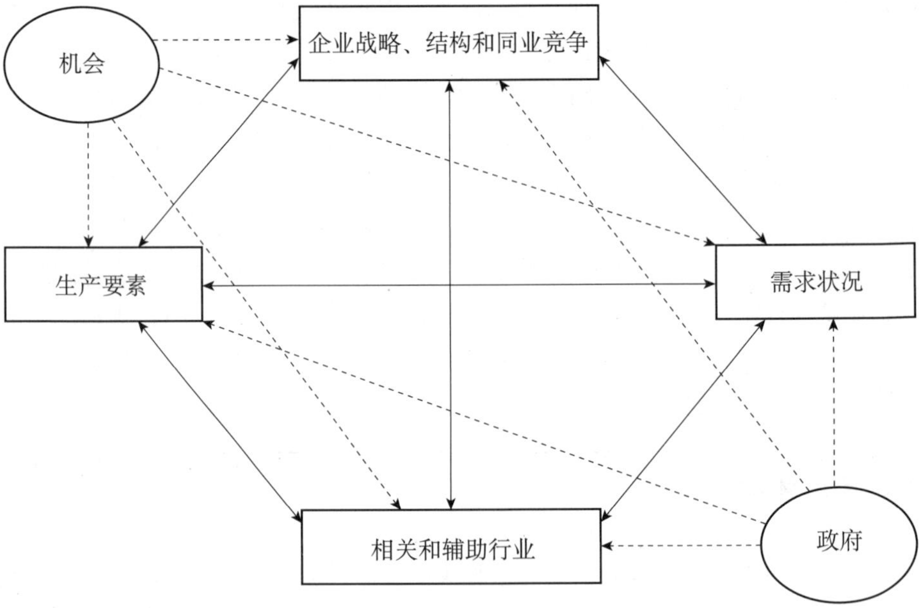

图8-1 钻石模型

资料来源：Porter M E. The Competitive Advantage of Nations. London：MacMillan，1990.

生产要素即地区市场要素的丰富程度，包括自然资源、技术资源、资本资源等。在需求状况方面，高标准的本地顾客能提高产品质量，促进产品创新，从而塑造本国产品的特色。相关和辅助行业即国内具备优势的关联和辅助行业，如深圳在制造组装电子产品上的优势，需要依赖周边强大的产业集群和供应链优势，而后者恰恰是全世界其他地区无法比拟的。企业战略也是一国竞争优势的来源，如德国和日本企业中有工程师背景的管理者身居高位，而在美国则是有财务背景的管理者占据优势。政府可在构建一国竞争优势方面提供重要保障，这一作用在新兴经济体中至关重要。中国通过实施改革开放政策，使产业和企业融入国际资源和市场大循环，带动了产业进步和企业发展。2022年党中央发布《关于加快建设世界一流企业的指导意见》，提出要加快建设一批产品卓越、品牌卓著、创新领先、治理现代的世界一流企业，为企业在新时代提升国际竞争力提供了明确指引。

波特的钻石模型针对的是某个国家某一行业的竞争能力分析，然而这种竞争能力是否可以复制到其他国家有待考证。例如，瑞典的特种钢技术是支撑精密仪器的基础，一旦进行海外市场投资，是否有水平相当的配套行业加以支撑？如果将辅助技术一并转移至海外市场，是否会增加额外成本？另外，该国家和行业竞争能力的动态性有待考察。中国市场经历多年的改革开放和技术进步，近年专利申请总数全球第一，也形成了不少行业（比如电动汽车、移动通信技术）的国际影响力，但是企业核心研发能力仍然偏弱。尤其是制造业出口中约 40%为贴牌生产和加工贸易，严重依赖海外品牌和渠道，形成的路径依赖影响了企业自身研发能力的提升和全球价值链地位的攀升（Deng et al.，2022），一旦关键零部件进口受阻，整个产业的组装和出口优势就有可能消失殆尽。

第 2 节　进入海外市场的动机

一、配适环境

跨国企业选择进入海外市场或是进行海外市场转移时会考虑环境因素。首先，政治环境和法律环境的改变会影响全球投资。美国和欧洲国家对中国发起轮胎反倾销调查，巨额的反倾销税使得中国轮胎行业不得不考虑将出口目的地转移至与中国和美国都有良好外交关系的国家。比如，山东青岛森麒麟轮胎公司在泰国设立了先进的生产线。而对于高新技术行业的企业来说，选择知识产权保护更为完善的国家进行研发是必要的选择。其次，文化环境也影响海外投资方向。通常，跨国企业会选择文化差异较小的国家进行海外贸易，因为相似的文化背景使企业不易触碰禁忌。再次，经济环境的变化影响跨国企业的海外战略。例如，中国市场劳动力成本的升高使得很多制造企业将工厂转移至东南亚各国。2015 年中国工人每天的平均工资是 27.5 美元（国家统计局，2016），远远高于印度尼西亚的 8.6 美元以及越南的 6.7 美元。在这样的背景下，越南成为诸多中资企业的热门投资地。最后，技术进步不断推进企业国际化的步伐，例如互联网技术的不断发展推动跨境电商的出现，淘宝、京东等推出天猫国际、全球购等全球购物渠道。

二、规模经济

企业的销售额取决于消费者的消费欲望和购买力。显然，进入全球市场可为跨国企业提供更多潜在的有购买力和购买欲望的消费者。尤其是无形资产比例较高的企业大多依靠新产品进行创收，海外销售能够使企业迅速回本。此外，海外销售不仅能提高企业整体销售额，还能降低产品的单位成本，实现规模经济效应。众多知名跨国企业的海外销售收入占比达到一半以上，包括德国的大众汽车、瑞士的雀巢、美国的 IBM 等。2018 年，中国的小米手机超越三星，成为印度智能手机市场最大的品牌。中国汽车工业协会统计数据显示，2022 年我国以上汽、奇瑞、吉利为代表的汽车企业，出口量达到了 311.1 万台（其中新能源汽车 67.9 万台），同比增长 54.4%，成为仅次于日本的世界第二大汽车出口国。纵观世界上著名百年老店的发展，无一不是通过拓展海外市场实现规模经济和扩大品牌影响力，可以说国际化是成为世界一流企业的必由之路。2022 年美国《财富》杂志公布的世界 500 强企业中，中国企业有 145 家上榜，虽然其人均财务指标或海外影响力仍然有很大进步空间，但大部分企业都已开展海外业务并积极寻求增长机会。

三、获取资源

首先，海外市场能够提供丰富的资源，企业通过进入海外市场能够获取所需的原材料、产品、服务及零部件。例如在电子集成电路行业，2020 年全球出口国主要包括新加坡、韩国、马来西亚和美国，这决定了以相关产品为原材料的中国企业必须同这些国家的企业从事直接或间接国际贸易。其次，跨国企业通过海外上市能够获取海外资本。中国的很多知名企业选择了海外上市，不过国际政治关系对在海外上市的中国企业影响很大。五家国有企业——中国人寿、中国石油、中国石化、中国铝业、上海石油化工股份在 2022 年 8 月宣布，将从美国纽交所退市。再次，选择性的海外投资能够帮助企业获取先进的知识、技术和管理经验。新兴经济体或者发展中国家的跨国企业制定全球战略的一大目的就是获取技术，比如三一重工与中信产业投资基金于 2012 年共同收购德国普茨迈斯特 100%股权，以成为全球混凝土泵行业领导者。最后，跨国投资在一定程度上能够达到避税目的。跨国企业如果能够在税率较低的国家和地区进行投资，就可以利用税率差异达到跨国合法避税目的。

四、地域优势

地域优势来源于约翰·邓宁（Dunning，1977；1981）提出的国际生产折衷模型，该模型认为对外直接投资的一大诱因是特定市场的地域优势。地域优势是指在东道国投资能够享受到的独特利好，比如自然资源禀赋（原油、煤炭、水产等）、市场潜力（GDP、销售市场、购买力等）、政策便利（税收优惠等）、政府红利（政府干预度、政权稳定等）、劳动力成本、竞争程度等。某些特定的行业必须寻求海外市场，例如，航运行业的特殊性质使得新加坡、鹿特丹等港口成为首选；石油行业对地域的依赖性很强，这使得跨国企业选择沙特阿拉伯、利比亚等石油资源丰富的中东或北非国家进行投资。海外市场的巨大潜力也吸引着全球投资者，如庞大的消费市场使美国成为世界消费品进口大国，而世界装配中心的地位使中国成为世界工业品进口大国。此外，政府支持性的政策同样吸引着海外投资者。例如，中国国家发展改革委和商务部联合发布的《鼓励外商投资产业目录》不断更新，一直鼓励高新技术类外资企业到中国从事生产和研发活动。

第 3 节　进入海外市场的模式

一、非股权模式

非股权模式包括出口、许可使用权与特许经营权、管理合同、交钥匙合同、研发合同等。

（一）出口

出口是指将一国的产品和服务销售给海外买家，包括间接出口和直接出口两种方式。间接出口指将产品委托出口代理商出口；直接出口则是跳过本国代理，与海外买家进行直接销售（国外分销商、国外零售商、最终用户、互联网直接销售等）。相比其他形式的进入模式，出口是风险最小的海外市场进入模式。根据经典的乌普萨拉国际化过程模型（Uppsala internationalization process model），跨国企业由于缺乏全球知识和经验，倾向于首先采用出口模式进行全球扩张，以免因全球市场的不确定性而遭遇损失（Johanson & Vahlne，1977）。随着互联网和新兴数字技术的普及，数字平台上的产品出口呈加速增长趋势。通过亚马逊、阿里巴巴国际站等跨境电商平台，广东等地相当多的小微企业成立五六年就可以把产品出口到五六十个国家，这在传统出口企业中是不可想象的业绩。基于敦煌网的大数据统计研究发现，跨境电商平台上的出口商海外扩张速度越快，越有利于在激烈的市场竞争中生存（Deng et al.，2021）。

（二）许可使用权与特许经营权

许可使用权（licensing）是指通过许可协议，许可方允许被许可方在一段时间内在特定区域使用许可方的无形资产（如品牌、商标）。作为交换，被许可方需要按规定支付专利使用费。许可使用权可以是排他性的（许可方在特定时期特定区域不可将无形资产使用权授予其他企业）或非排他性的（许可方可以将无形资产使用权同时授予多个企业或个人）。无形资产主要包括专利、文学音乐等作品的版权、商标、特许权、程序等。跨国企业内部签订专利使用权转让协议，在一定程度上能够达到跨国避税的效果，通过将专利使用权转移给税率较低国家的子公司或分公司，支付的专利费能够在税前扣除，从而减少高税率国家的企业的税费支出。

特许经营权（franchising）是许可使用权的一种特殊经营方式，特许方不仅授予被特许方无形资产的使用权（通常指商标），还会指导被特许方的生产经营活动，如麦当劳为加盟者提供经营指导。某种意义上，特许方与被特许方属于联盟关系，原因在于双方的依赖性很强，各自负责最终产品的一部分。特许经营权的方式在动漫文化产业和快餐行业比较常见。比如，《哈利·波特》电影里的同款魔杖，几乎只有在北京环球影城奥利凡德特许经营店才可以买到。又如，根据麦当劳 2021 年年报信息，该公司全球营收中约 56%来自特许经营店。2017 年，麦当劳将中国内地和香港的 20 年特许经营权整体打包，中信集团通过其下属企业获得 52%股权，成为大股东，而麦当劳仅保留了 20%的股权。

（三）管理合同

管理合同（management contract）是指企业将自身的人事和行政管理能力输出到国外，从而获得一定报酬。合同通常为 3～5 年，按照工作量收费，不与利润挂钩。例如，英国机场管理局（BAA）拥有成功的机场管理经验，长期为美国印第安纳波利斯、意大利那不勒斯以及澳大利亚墨尔本提供机场管理服务。该类进入模式的优势在于：提供方无须资本投入即可获得海外收入，而海外企业可以在不丧失所有权的前提下获得先进的管理经验。该类进入模式在酒店行业更为常见，通过管理合同，酒店能够获得高质量的管理经验，提高竞争力（Dev，2002）。

（四）交钥匙合同

交钥匙合同（turn-key contract）是国际业务的形式之一，是指跨国企业为东道国建造工厂等项目工程，一旦工程建造、投入使用前的安装调试等工作完成，就将项目的所有权和管理权移交东道国企业。交钥匙合同的顾客一般是东道国政府机构，尤其是在想要快速完善基础设施、公共服务以及产业化的发展中国家。中国中铁、中土集团承建的亚吉铁路和招商局集团承建的白俄罗斯中白工业园就属于此类合同。该类合同的特点是规模较大，大多数合同金额上亿美元，也有的数十亿美元，只有大型跨国企业才能承担如此巨大的承包项目。正因为此类项目的金额巨大，前期可行性研究十分重要，否则易造成巨额财务亏损。

（五）研发合同

研发合同（R&D contract）是企业为了在全球范围内获取先进技术、提高企业的生产力和产品的国际竞争力，与东道国企业、高校、研究机构等签订的技术研发合作合同。例如，2022 年法国施耐德电气与中国科学院城市环境研究所签约合作，双方将共建绿色低碳设计创新中心，在绿色标准等领域开展产学研合作。

二、股权模式

股权模式包括合资企业、跨国并购、绿地投资等。

（一）合资企业

合资企业（international joint ventures）指两家及以上的企业共同成立一家公司，并共同持有该公司股权。合资企业具备两大优势：组织合法性和组织学习。通过与东道国企业合资，外资企业能够更快获得当地利益相关者的认可。例如，韩国现代与北汽集团于 2002 年合资建立的北京现代汽车，充分抓住了北京 2008 年奥运会重塑北京出租车市场的机遇，在中国市场上获得了成功。此外，合资企业加强了母公司之间的合作学习。在与韩国现代汽车、德国戴姆勒汽车、美国康明斯等世界一流企业合作学习以后，北汽集团在自有品牌汽车的开发上获得了较好成绩。然而合资企业也存在一些问题：一方面，合资方越多，管理越困难，合资项目的一方如果不能保质保量完成任务，就会影响后续其他国家企业系列活动的展开；另一方面，合作双方技术溢出的存在可能会导致“教会徒弟饿死师傅”的后果。

（二）跨国并购

跨国并购是指来自某国的企业到海外并购现有企业的部分或全部股权，通常是在规模或绩效上占据相对优势的企业并购相对劣势的企业的股权。该类投资又被形象地称为“棕地投资”（brownfield investment）。2016 年是改革开放以来我国企业对外投资并购活动非常活跃的一年，共完成并购 765 起，涉及 70 多个国家和地区，总金额达 1 353.3 亿美元，数量金额均创历史之最。中国化工以 430 亿美元收购瑞士先正达公司是当年全球跨境并购第二大项目。推动跨国并购的原因有多种。首先，跨国并购可以帮助跨国企业获取某些难以获得的资源，例如高水平的知识型人才以及先进的技术（比如 2010 年吉利收购沃尔沃汽车、2017 年美的并购德国库卡）。其次，如果进入一个新领域的成本和风险较高，跨国并购不仅可以获取被并购方的商誉和品牌认可度，还可以使用被并购方的分销渠道。比如，2016 年海尔全资收购通用电气家电事业部，扩大了在欧美中高端家电市场的影响力；2019 年蚂蚁金服全资收购英国跨境支付公司万里汇，向消费者、中小企业及在线商户提供更快捷实惠的跨境线上支付解决方案。当然，跨国并购会带来管理上的困难，企业需要花费更多的时间、精力整合被并购企业。

（三）绿地投资

绿地投资（greenfield investment）是指跨国公司在东道国新设立的、全部资产所有权归跨国公司所有的企业。驱动跨国企业选择绿地投资的原因很多。首先，多数情况下，企业并不能找到合适的被并购方。当地政府为了鼓励自由竞争，可能会出手干预跨国并购行为。其次，跨国并购的失败率很高。被并购方通常是经营出现问题的企业，想要使其扭亏为盈非常困难，因为可能遇到工会阻挠裁员、品牌影响力下跌、管理效率低下、核心员工流失等问题。此外，并购方与被并购方的管理融合是一大难点。文化差异导致管理者的行事方式存在差异，容易引发冲突，影响决策的实施。基于上述跨国并购的劣势，绿地投资不失为一种可行的海外市场进入模式。根据联合国贸易与发展会议公布的《2024 年世界投资报告》，2023 年全球外国直接投资下降 2%，发展中国家下降了 7%。对基础设施发展至关重要的国际项目融资受到的冲击尤其严重，下降了 26%。尽管如此，绿地投资项目公告是一个亮点，项目数量增加了 2%，增长集中在制造业，打破了该领域长达十年的逐步下降趋势。此外，增长集中在发展中国家，这些国家的项目金额增加了 15%。

第 4 节　公司层国际化战略

企业在海外市场经营时，面临公司层与业务层国际化战略选择。业务层国际化战略选择与本书第 4 章讨论的业务层战略基本一致，但是公司层国际化战略呈现出明显不同的特征，因此本节将重点讨论公司层国际化战略。

一、全球整合和本土响应的压力

跨国企业制定全球战略时面临两方面的压力：全球整合（global integration）和本土响应（local responsiveness）。全球整合和本土响应的压力对企业价值链的整合提出较高要求。一方面，从产品与服务供给角度来看，企业需要整合全球最佳资源为其所用，大规模提供标准化产品以取得规模经济效益。另一方面，从下游购买需求角度来看，企业需要依据地区特点提供差异化产品。跨国企业需要把握两者之间的平衡。

（一）全球整合的压力

全球整合的压力主要来自市场的全球化以及标准化带来的高效率。一方面，有相当多的消费者愿意接受全球统一的标准化产品，例如苹果手机、抖音、Office 软件、大疆无人机。技术的进步加速了消费者偏好的趋同。另一方面，物流运输技术的进步使得标准化的产品能够在全球范围内流通，通信技术的进步使得买家有机会在更广的范围内搜寻最佳产品。

标准化是供给的内在驱动力，原因在于标准化能够促使跨国企业生产低成本、高质量的产品，实现规模经济。标准化还可以提高投入效率，支持产品升级和打造低成本的生产流程，从而实现更低的产品价格。例如，标准化生产机器设备的跨国企业在原材料购买上可以实现较大折扣，对材料也能实现流水线管理，降低生产成本。因此，通过在全球范围寻找合适的生产地点，跨国企业可以为市场提供高质量的低价商品，从而加速全球整合的过程。

（二）本土响应的压力

本土响应的压力主要来源于两个方面：消费者需求差异和当地政策差异。首先，虽然传媒以及技术的进步促使消费标准化，但是由于文化烙印、历史遗产和民族情结，各国的消费偏好仍然存在差异，消费者总会选择与日常生活习惯更为贴近的产品。因此，跨国消费习惯的差异促使企业的价值创造活动必须迎合当地需求，例如美国人由于汽油便宜而偏好大排量汽车，英国市民则由于停车位紧缺而偏好两厢小型汽车。此外在某些行业（如食品行业），标准化的产品并不能带来企业的高效益，例如雀巢食品的口味会根据当地顾客的偏好进行改良，以增强市场认同。其次，虽然经济一体化、法律接轨以及政府放松管制等趋势缩小了各国之间的差异，但不同国家在具体政策制定以及执行方面仍存在差距。例如，各国卫生保健行业的标准差异较大，使得跨国医药公司进入各国市场时，必须更加关注当地药品监管部门的流程以及产品改良。

二、公司层国际化战略的类型

针对不同的全球整合和本土响应的压力，跨国企业可以采取四种战略：国际战略、多国战略、全球战略以及跨国战略。

（一）国际战略

国际战略（international strategy）旨在通过海外市场扩张，来实现对产品核心竞争力的最大化利用。该战略依赖当地分支机构在总部的监督下进行价值管理活动。虽然分支机构可根据当地环境及时调整产品和服务，但最终控制权仍然掌握在总部手里，因为总部对企业的核心竞争力有更准确的认识。实施国际战略的前提是企业具备其他市场同类竞争者所没有的核心竞争力。当全球整合和本土响应的压力均较小时，跨国企业倾向于该种方式。该战略往往通过出口产品和服务来实现，因此也可以称为出口战略，比如本章引导案例中的 Power-Solution 出口深圳生产的太阳能灯具到国外无电地区。传音作为一家天生全球化企业，将在中国生产的手机销往非洲，并针对非洲市场研发深肤色人像技术等，成为撒哈拉沙漠以南非洲市场的第一手机品牌。

（二）多国战略

实施多国战略（multi-domestic strategy）的基础是不同国家有独特的市场特质。国家边界使得总部不能对国外分支机构进行有效监督，跨国企业必须打造高度自由化的分支机构，使其具备应对当地市场变化的能力。因此，多国战略要求总部放权给国外分支结构，使其能够根据当地情况及时调整价值活动。如果当地政府鼓励本土化生产，那么分支机构应该利用当地优惠政策建立本土工厂；如果当地消费者喜欢通过与人打交道而不是大众传媒的渠道获取信息，那么分支机构应该建立销售部门。在采用多国战略的企业，更多参与本地价值链工作是本地分支机构的权利，并不是总部单方面的行为，例如海尔巴基斯坦工厂的经理应有权根据当地炎热天气来决定空调外挂机的耐热材料。多国战略可以帮助企业降低政治风险、提高本土声望、加快创新等，但同时也会带来较高的成本。差异化的产品需要不同的原材料、生产工序、销售模式等，对成本较为敏感的跨国企业来说，多国战略并非良策。当全球整合压力较小而本土响应压力较大时，跨国企业倾向于采用多国战略，如快餐企业肯德基在中国市场积极进行本土化，推出了“老北京鸡肉卷”等本土韵味十足的餐品。

（三）全球战略

全球战略（global strategy）强调通过在供给侧整合全球范围资源，提升整体绩效。它与多国战略形成鲜明对比：在产品生产方面，全球战略要求管理者选择最优生产地点实现效率最大化；在销售方面，全球战略要求标准化的营销模式。对于某些产品来说，全球化是唯一选择，如原油、钢铁、糖、小麦等，全球买家对这些产品的需求类似，而且买家在挑选这些产品时，价格几乎是唯一考虑因素。对选择全球战略的跨国企业来说，首要任务是通过标准化程序获得收益，即选择资源密集、成本较低的地区进行产品生产，如中国石油的海外产地集中在中东与北非等地区石油资源丰富的国家。虽然全球战略能够带来成本优势，但是标准化的产品使其在面对本土市场环境突变时缺乏能动性。当全球整合压力较大、本土响应压力较小时，跨国企业可以选择全球战略。

（四）跨国战略

跨国战略（transnational strategy）的背景是：当今相互连接的消费者、产业、市场要求跨国企业的价值活动不仅能够将其核心竞争力最大化，而且能够应对本土需求。跨国战略是全球整合与本土响应双重压力下的折中策略，兼具多国战略差异化（市场敏感度）和全球战略标准化（效率）的特点。跨国战略的优势在于兼顾效率和灵活性，劣势在于成本较高，因为建立集团信息系统、培养网络协作的理念以及在多模式下运营都需要较高的成本。当全球整合和本土响应的压力都较大时，企业会选择跨国战略。跨国战略强调互动性的全球学习，本土化经营管理经验通过学习吸收最终可以整合为集团知识，提升集团的核心竞争力。此外，在跨国战略中，创新思想并无固定的从上到下（总部到分支）或者从下到上（分支到总部）的流向，而是从发起者到接收者。分支机构作为独立的竞争支点而存在，成功的管理经验可以被总部学习借鉴，进而扩散到其他区域。近十年西方发达国家的跨国公司开始在中国、印度等大型新兴经济体进行本土研发并反哺本国市场，形成反向创新。比如美国强生制药联合中国传奇生物就抗肿瘤药CAR-T开发达成合作，并于2022年获得美国食品药品监督管理局批准上市。

具体的全球整合压力-本土响应压力战略矩阵如图8-2所示。

全球整合压力 \ 本土响应压力	低	高
高	全球战略 世界是统一的市场，总部控制全球生产，追求标准化	跨国战略 兼具全球整合和本土响应，灵活的价值链保证本土响应，复杂的协调机制推动全球整合
低	国际战略 利用现有的核心竞争力去探求海外市场机会	多国战略 依赖国外分支机构的自主权调整产品和流程，满足当地市场需求

图8-2　全球整合压力-本土响应压力战略矩阵

资料来源：Daniels J D，Radebaugh L H，Sullivan D P. International Business：Environments and Operations. 15th ed. London：Pearson Education Ltd.，2015.

案例分析

招商局集团在全球积极履行社会责任和国家使命

招商局集团创立于 1872 年，作为驻港中央企业，在香港积极发挥优势，履行社会责任。一是树立在港中资企业形象，严格遵守香港本地法律，坚持以市场原则办事，聚焦主业、稳健经营、业绩突出，成为在港中资企业的一面旗帜。二是支持香港航运中心建设，招商轮船是全球最大、世界一流的超级油轮船队和超级矿砂船队经营者，招商港口是全球领先的港口运营服务商，在全球 20 个国家和地区投资有 52 个港口，为巩固和提升香港的国际航运中心地位做出了贡献。三是高度重视香港本地人才，做好“人心回归”，抓住少数关键人才着重培养，充分利用职工联谊会等平台，激发青年员工的爱国热情。四是携手港企对外拓展，积极响应国家“一带一路”倡议，主导中白工业园、吉布提自贸区、多哥等重大项目，为香港企业在世界市场的拓展提供了平台。

其中，招商局吉布提港口项目还生动体现了新时代央企在海外的国家使命担当。吉布提地处非洲东北，是国际航运主航道的咽喉，具有重要的战略地位，是“一带一路”关键节点。招商局港口购得吉布提港有限公司 23.5%的股份，成为吉布提港的第二大股东，并牵头与吉布提政府签署吉布提自贸区投资协议，截至 2022 年 8 月，在自贸区落地 192 家入园企业。该项目的推进，使中国在吉布提的影响力明显提升，两国政府的合作关系更加紧密，两国人民的友谊日益增进，有利于保障海上经济命脉畅通。

资料来源：招商局集团公司治理与管理模式课题组．招商局集团公司治理与管理模式探索与实践．北京：机械工业出版社，2019.

思考题

1. 招商局集团在全球积极履行社会责任，有助于适应哪些环境？
2. 招商局集团在吉布提市场的进入模式是什么，该模式有何优劣势？

本章小结

全球化加深了国家之间的相互依赖，国际商务是全球化的实现机制。全球化战略需考虑国家（地区）政治与法律环境、经济环境、文化环境、技术环境等。

管理者不仅需要通过经济分析判定国家潜力，还需观测未来的经济走向，指出未来的投资方向。企业进入海外市场的主要动机包括配适环境，实现规模经济，获取资源，获得地域优势。

企业进入海外市场的模式总体分为两种：非股权模式和股权模式。前者主要包括出口、许可使用权与特许经营权、管理合同、交钥匙合同、研发合同等，后者主要包括合资企业、跨国并购、绿地投资等。总体来说，股权模式风险更高。

全球整合压力及本土响应压力使得跨国企业在公司层国际化战略上必须有所抉择，其可采取的应对战略主要包括国际战略、全球战略、多国战略、跨国战略四类。

思考题

1. 大量中资企业从美国股市退市，给其他中资企业传递了什么信息？

2. 以中国和美国为例，分析两国的知识产权政策对海外企业到当地投资的影响。

3. 从动因角度分析中国企业对外直接投资区位的选择标准。

4. 天生全球化企业回归母国市场时会遇到哪些冲击？

5. 分析 2022 年紫金矿业跨国并购加拿大新锂公司的动因。

参考文献

［1］Daniels J D，Radebaugh L H，Sullivan D P. International Business：Environments and Operations. 15th ed. London：Pearson Education Ltd.，2015.

［2］Deng Z，Jean R J B，Sinkovics R R. Rapid Expansion of International New Ventures across Institutional Distance. Journal of International Business Studies，2018，49 (8)：1010－1032.

［3］Deng Z，Liesch P，Wang Z. Deceptive Signaling on Globalized Digital Platforms：Institutional Hypnosis and Firm Internationalization. Journal of International Business Studies，2021，52 (6)：1096－1120.

［4］Deng Z，Ma X，Zhu Z. Transactional Dependence and Technological Upgrading in Global Value Chains. Journal of Management Studies，2022，59 (2)：390－416.

［5］Deng Z，Zhu Z，Johanson M，et al. Rapid Internationalization and Exit of Exporters：The Role of Digital Platforms. International Business Review，2022，31 (1).

［6］Dunning J H. Trade，Location of Economic Activity and the MNE：A Search for an Eclectic Approach. The International Allocation of Economic Activity，1977：395－418.

［7］Dunning J H. International Production and the Multinational Enterprises. London：Allen & Unwin，1981.

［8］Hofstede G，Hofstede G J，Minkov M. Cultures and Organizations：Software of the Mind. 3rd. ed New York：McGraw-Hill，2010.

［9］Johanson J，Vahlne J E. The Internationalization Process of the Firm：A Model of Knowledge Development and Increasing Foreign Market Commitments. Journal of International Business Studies，1977，8 (1)：23－32.

［10］McDougall P P，Shane S，Oviatt B M. Explaining the Formation of International New Ventures：The Limits of Theories from International Business Research. Journal of Business Venturing，1994，9 (6)：469－487.

［11］Porter M E. The Competitive Advantage of Nations. London：Macmillan，1990.

［12］UNCTAD. World Investment Report 2018：Investment and New Industry Policies. Geneva：United Nations，2018.

［13］Waters M. Globalization. New York and London：Routledge，1995.

［14］Zaheer S. Overcoming the Liability of Foreignness. Academy of Management Journal，1995，38 (2)：341－363.

第三篇 实施篇

第9章

知行合一：战略执行与控制

战势不过奇正，奇正之变，不可胜穷也。

——《孙子兵法》

不打无准备之仗，不打无把握之仗，每战都应力求有准备，力求在敌我条件对比下有胜利的把握。

——毛泽东

学习目标

- 了解战略思考与战略规划的关系
- 了解战略执行的重要性，以及战略制定与执行的关系
- 了解战略与组织结构的匹配关系
- 掌握平衡计分卡及各指标间的关系

引导案例

创新中成长的美的集团

美的诞生与上市

1968年5月，何享健和23位北滘镇居民以“生产自救”的名义筹集5 000元，组建了“北滘街办塑料生产组”，何享健担任组长。

改革开放初期，外商投资企业多选在家电行业，港澳同胞返乡探亲带家电成为时尚。何享健敏锐地意识到家电将会成为中国巨大的潜在市场，于是把电风扇作为企业发展的突破口。1981年8月，“美的”商标正式注册，何享健担任顺德县美的风扇厂厂

长，“美的”从此诞生。

1985年4月，美的成立空调设备厂，引进技术和管理方法，组装生产窗式空调机。随后，美的进一步多元化，进入了暖风机、电饭煲、电机等家电领域。1993年11月，美的电器在深圳证券交易所挂牌上市，成为中国第一家乡镇企业改制的上市公司。

多元化与事业部制

1996年，美的有1万多名员工，生产经营空调、电风扇、电饭煲等产品，销售额达29亿元。当时，何享健一人管理生产和销售，每天有看不尽的文件，签不完的字，集权式管理导致美的跟不上市场的变化，空调跌出行业前三位。何享健打算借鉴日本松下电器经验，美的高层经过调研和反复论证，决定在1997年初导入事业部制组织结构，总体思路是：美的集团总部集中抓总体战略决策、人事以及市场协调工作；按照经营业务和产品不同，组建空调、家庭电器、压缩机、电机、厨具事业部，事业部在集团统一领导下，拥有较大的经营自主权；事业部下设市场、服务、计划、财务、经营管理五大职能，直接管理多家业务相关企业。美的据此拟定《分权手册》，其总原则是“集权有道、分权有序、授权有章、用权有度”。

1998年9月美的下发执行《分权手册》。《分权手册》明确规定了美的集团和事业部间的权限划分，详细阐明了管理流程中重要决策权归属，即集团战略与目标管理，规章制度、公文、会议及新闻宣传，人力资源管理，工资、奖金、员工福利，财务管理，资金管理，资本管理，投资管理，生产制造与技术，市场营销，总务，研究开发及科技与知识产权管理，审计监察，其他等14大类217项，对涉及经营管理的各项决策权限分为提议、提案、审核、裁决、备案等方面做了详细规定，使其具有可操作性。上至何享健下至各层级管理者，都清楚各自责任权限，何时自作决策、收放权力。

《分权手册》亦讲求责权利一致原则，事业部总经理拥有很大的权力和利益，也承担相应的责任。在年初，事业部总经理与集团总部签订责任状，明确年度业绩指标，到年终，依据业绩指标进行考核。美的集团制定了《集团-事业部分权手册》、经营信息报送规范，建立起会议制度，如月度经营汇报会、年度/半年度经营总结会、高层经营管理人才述职质询会，以及项目投资、财务管理、审计监督等制度，实行严格的责任追究机制。

职业经理人与管理者收购

事业部制让美的实现了从集权到分权、从人治到法治的转变。被赋予较大权限的职业经理人在经营管理实践中锻炼、提高了能力，逐步成为美的的中坚力量，形成了优秀的职业经理人团队。1998年，美的营业收入达50亿元，空调产销100多万台，比上年增长80%；电风扇产销1 000多万台，居全球销量榜首；电饭煲产销量稳居行业首位。此后，美的开疆拓土，开始了持续十年的收购与合作联盟。

2000年，美的管理层与工会共同组建顺德市美托投资有限公司（简称美托公司），其中何享健等21名高管持股超过70%；同年12月，美托公司再次受让北滘经济发展总公司1万股，美托公司持股比例超过20%，成为粤美的（在原广东美的电器企业集团基础上经改组设立的股份有限公司）第一大股东，美的完成了管理者收购。

何享健的企业家精神

何享健以企业家的洞察力和创新力，在每个重要转折点上都抓住了机会，通过改制使美的成为中国第一家上市的乡镇企业，通过事业部制组织改造实现了从集权到分权、从人治到法制的转变，通过管理层收购实现从乡镇企业向民营企业的转变。2018 年纪念中国改革开放 40 年之际，何享健因其“突出示范和引领作用”而被国家授予“改革先锋”称号。

迄今，美的在全球拥有超 400 家子公司、33 个研发中心和 43 个主要生产基地，业务覆盖 200 多个国家和地区，全球员工数量超过 19 万。美的以“科技尽善、生活尽美”为愿景，致力于“联动人与万物，启迪美的世界”。美的的“双智”战略发展为“人机新世代”战略，致力于打造国内首家自主兼备“制造业知识、软件、硬件”三位一体的工业互联网平台 M・IoT。时代在变，其不断创新让生活更美好的初心不变。

第 1 节　战略执行

一、从战略思考到战略制定

前面各篇章包括了战略管理概述、战略分析和战略制定等内容，实际上是从战略思考到战略规划的过程。战略管理学家明茨伯格说明了战略规划和战略思考的不同：战略规划是一种程序化、已知战略的分析过程，其产出是计划；战略思考是一种综合性思考，运用到洞察力和创造力，其产出是“企业的综合性思维”。作为一种特定的思维方式，战略思考包括五个要素。

（1）系统思维。战略思考建立在系统思维的基础上，战略思考者具有完整的端到端集中创造的系统思维模式，了解各部分之间的依存关系。彼得・圣吉在《第五项修炼》一书中就系统思维做了全面阐述。

（2）聚焦意图。战略思考是意图导向型，传递的是方向，它是与众不同的、对未来的一种独特的竞争思考。战略意图提供一个焦点，让公司所有员工形成合力，积聚力量和精力，抵御诱惑，长期关注目标直至实现目标。

（3）明智机动。在聚焦战略意图的背景下，需要有明智的机动，即管理者拥有识别、抓住不可预期的机会并呈现机会的能力。这不仅要关注预期战略，还要留出新战略出现的空间。其意图不是把握相对熟知和固定的事物，而是去发现什么、为什么以及如何去实现。这种意图不是来源于管理者的预见，而是他们的经历和体验，动态系统的视角驱使管理者按照发展性问题、愿望、挑战和个人意图去思考。

（4）适时思考。战略意图意味着现实和意图之间存在差距，意味着现有能力和资源是不足的，这就要求公司必须去创造资源。战略思考通常是适时思考，将过去、现在、未来联系起来，即适时思考运用了制度记忆和广泛的历史情景，去考虑构建未来，这要求组织从自己和他人的历史中选择适合的类比方法，又能充分熟知这些事件中的范式。

（5）假设驱动。战略思考的最后一个要素是将这一过程视为假设驱动的过程，体现的是一种“科学方法”，即提出假设并加以验证。在信息迅速增长，思考时间越来越短的环境下，提出好假设并进行验证的能力是非常关键的。

二、从战略制定到战略执行

战略制定与战略执行是战略管理过程中两个紧密关联的环节和活动，两者的区别见表 9－1。

表 9－1　战略执行与战略制定的区别

类别	战略制定	战略执行
力量	行动之前部署力量	行动中管理和运用力量
关注点	注重效果	注重效率
过程特点	思维过程	行动过程
方法	好的直觉和分析技能	具体的激励和领导技能
协调人数	几个人协调	众多人协调

成功的战略制定并不一定能保证成功的战略执行，只有两者都有效才可以实现组织的目标。实际上，做一件事情（战略执行）总比决定做这件事情（战略制定）要困难复杂得多，所谓“纸上得来终觉浅，绝知此事要躬行”。有学者在 1985—1990 年调研了来自四个行业的 200 多家企业，研究结果表明，企业维持高业绩或者由不佳业绩提升至高业绩取决于四项关键活动，即形成明确的战略方向、构建高效的组织、建立一种适应的文化，以及在满足顾客需求与降低成本之间做出决策。在这四项活动中，第一项活动属于战略制定范畴，其他三项活动则与战略执行有关。由此可见战略执行的重要性。战略执行的重要性具体可从以下三个方面说明。

1. 战略执行的时间周期

战略执行比战略制定需要更长的时间。战略制定通常比战略执行更具有时间约束性，战略制定会持续几周或几个月，战略执行可能会持续几年。持续的时间越长，需要应对的竞争对手反应与不可预见的因素会更多。例如竞争对手的行动会与之前预测的相反，因此企业必须随时做出或者调整相关的反应。在较长的时间周期内，企业会有关键人员的调整、资源重新分配等改变，这进一步增加了战略执行的难度。

2. 战略执行的相关人员及任务复杂性

一般来说，战略执行比战略制定所涉及和影响的人员要多。这会引起很多问题，包括对拥有很多参与者的不同战略执行活动的管理与控制。大量的人员会增加管理多样性和解决冲突的难度，同时需要对不同组织以及职能部门的活动执行者进行协调。总之，大量的参与人员增加了战略执行的复杂性。

3. 顺序思考与同步思考的必要性

战略执行者在相关工作中必须能够顺序思考和同步思考，这对战略执行具有决定性作用。顺序思考是一个逻辑过程，表明执行决策与活动之间的顺序关系，如 A→B→C→D 是一个连续的因果链。管理者必须首先决定 A，或者说决定执行过程中首先需要做的是什么。然后问题是“A 对 B 的影响是什么”或者“如何开展或改变 B 来支持 A”。例如，如果 A 代表公司战略，B 代表组织结构，问题就是战略如何驱动结构改变，或者结构如何构建或调整以支持战略的需要。一旦 A-B 关系确定，下一个逻辑顺序就是改变或调整 C，依次会影响 D、E、F 的选择。这样一个有计划的、逐步分析的逻辑顺序，对合理地形成连贯的战略执行至关重要。

管理者仅仅顺序思考是不够的，同步思考整个活动和因果链也是十分必要的。例如，当理性地分析公司战略与组织结构（A+B）时，管理者不但要看到战略执行的某个部分，还必须具有关注整个战略执行的全局意识。当思考 A-B 关系时，必须同时思考 C、D、E，甚至 X、Y、Z。唯其如此，才能确保战略执行的有效性。

三、战略执行与战略制定的匹配关系

如前所述，战略制定和战略执行是战略管理过程中两个紧密关联的环节和活动，只有两者相互匹配，既制定良好的战略，又保证战略有效执行，才能实现战略目标。否则，两者任何一方出现问题，都将对战略结果产生影响。表 9-2 说明了战略执行和战略制定匹配的四种情况。

表 9-2 战略执行与战略制定的匹配

		战略制定	
		好	坏
战略执行	好	成功	摇摆
	坏	艰难	失败

（1）成功象限表示战略制定和战略执行双好。公司即便受到外部环境各种因素的影响，仍能够顺利实现其战略目标。

（2）摇摆象限表示不好的战略制定和好的战略执行。公司可能遇到两种情况：一种情况是公司战略执行有效，克服了战略制定不足而获得成功，或者发出可能失败警告而避开失败；另一种情况是公司在战略执行中失败。针对两种情况，公司要做出及时准确的判断，主动采取措施规避失败风险。

（3）艰难象限表示好的战略制定和不好的战略执行。公司可能过分注重战略制定，忽视战略执行，一旦出现问题，公司通常重新制定战略，而不是找出战略执行中的问题，最终可能导致失败结局。

（4）失败象限表示战略制定和战略执行双差。公司的战略管理过程无效，结果只能是失败。

总之，战略执行与战略制定同为战略管理过程的两个环节，既有区别又有联系，只有两者都好，才能保证战略管理过程的有效性，最终实现战略目标。

四、战略执行的关键领域

在战略执行过程中，应当关注公司关键领域与战略目标相一致，与战略执行相匹配。具体来说，战略执行的关键领域包括治理结构、战略领导力、战略性创业以及组织结构和控制等。

（1）治理结构。在当今商业环境下，公司能否持续发展的关键在于是否充分考虑到所有利益相关者。由于潜在利益冲突的存在，公司面临着如何同时满足不同利益相关者利益的挑战。不同利益相关者的目标通常各不相同，每一个利益相关者都希望战略决策者采取有利于自己目标实现的做法。公司治理结构某种程度上平衡了利益相关者的利益，从而确保战略目标的实现。第 10 章将详细讨论公司治理的内容。

（2）战略领导力。战略领导力是战略领导者预测事件、展望未来、保持灵活性并促使他人进行战略变革的能力。战略领导力作为竞争优势的潜在来源，主要由公司高层管理团队承担。战略管理过程中的决策包含了公司文化和道德因素，涉及公司和利益相关者之间的互动。换句话说，决策是公司所有员工所遵循的核心价值观的产物。在当今动荡复杂的环境下，战略决策者必须意识到其决策会不同程度地影响到资本市场、产品市场以及组织的利益相关者，而且要考虑到道德因素。战略决策者如果没有意识到上述现实，那么在商业道德实践方面，公司将处于竞争劣势地位。第 11 章将详细讨论战略领导力的内容。

（3）战略性创业。创业和创新是当今社会经济发展的主要驱动力量，战略管理过程是寻求外部机会威胁和内部优势劣势匹配和平衡的过程，因此，战略制定和执行必须要捕捉和利用机会，即从战略角度进行创业和创新活动。第 13 章将详细讨论战略创业与创新的内容。

（4）组织结构和控制。战略和组织结构之间存在相互作用的关系，组织结构总是源于或跟随公司战略的选择，在有些情况下，组织结构也会影响当前的战略行动和未来的战略选择。

关于战略与组织结构的匹配关系、战略控制等内容将在本章第 2、3 节详细讨论。

第 2 节　战略与组织结构

一、组织结构与战略匹配

战略和组织结构之间的关系本质上是公司战略改变需要组织结构进行相应调整，组织结构源于或跟随公司的战略选择，同时组织结构也会影响当前战略行动和对未来战略的选择。研究表明，大多数公司的发展历程都反映了战略与组织结构的特定模式。

美国哈佛商学院的钱德勒教授发现，公司倾向于以某些可以预知的模式发展壮大，先是通过数量，然后是地域，接下来是整合（纵向和横向），最后是多元化。钱德勒将上述发现解释为：公司战略（成长模式）决定组织结构。图9-1为战略与组织结构发展模式。

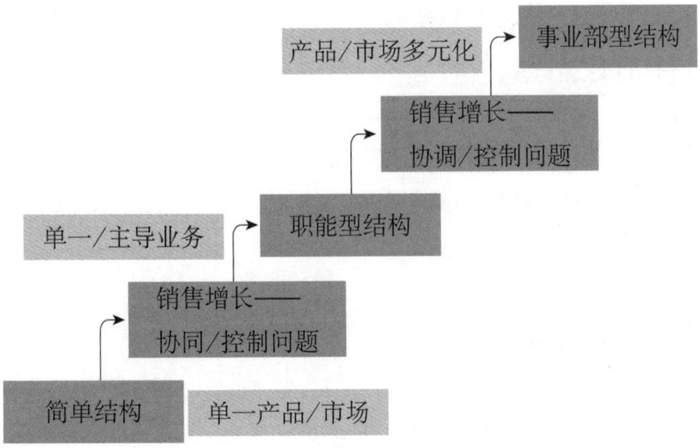

图9-1 战略与组织结构发展模式

值得注意的是，公司往往存在着战略的前导性和组织结构的滞后性现象。战略前导性是指公司战略的变化快于组织结构的变化，组织结构滞后性是指企业组织结构的变化慢于战略的变化。为此，公司在战略制定时，要认识到组织结构变化的滞后性，尽量缩短组织结构的滞后时间，但也不要操之过急。总之，要确保战略与组织结构相匹配。

另外，汤姆·彼得斯在出版的《追求卓越》一书中指出，研究表明，很难看到战略决定了什么独特的结构方法。战略的关键问题在于执行和保持适应——实施战略，保持灵活。20世纪50—60年代出现分散化的浪潮，70年代是缺乏效率的矩阵型结构，但结构问题仅仅是影响管理效果的要素之一。任何明智的组织方法，都应包括相互依存的七个变化要素（7S），硬的即战略（strategy）、结构（structure）、系统（system）以及软的作风（style）、员工（staff）、技能（skills）和共享价值观（shared values），见图9-2。

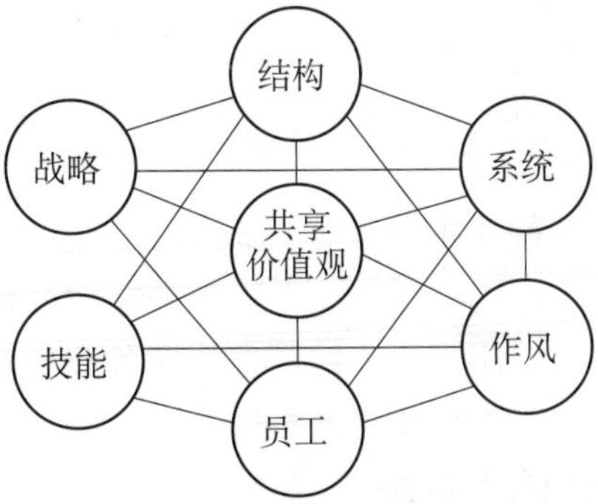

图9-2 7S模型

二、典型的组织结构类型

1. 简单结构

简单结构是指公司所有者兼经营者直接做出所有主要决定，并监督所有活动，员工在此框架下主要作为执行层，辅助并延伸管理者的监督职能，提供各类服务。通常，公司的所有者兼经营者直接参与公司的日常经营活动。

这种结构的特征是：关系多为非正式的、规则较少，任务的专业化程度有限，信息系统较为简单；管理者兼经营者与员工之间进行频繁的、非正式的沟通，工作协调容易。简单结构适用于集中战略和业务层战略，实施这些战略的公司只为单一地域市场提供单一产品，如本地餐馆、理发店等。

随着公司逐渐发展壮大，复杂性不断增加，带来管理和组织上的挑战，公司倾向于从简单结构发展为职能型结构。

2. 职能型结构

职能型结构由一位总经理和有限的员工组成，在占主导地位的职能领域（如生产、财务、营销、研发、工程和人力资源）设置职能型管理者。

职能专业化分工促进了职能领域的知识分享，为职能人员的职业生涯规划和专业化发展提供了有利条件。但是职能型组织结构不利于组织内部不同职能部门之间的沟通和协调。职能型战略有利于多元化水平较低的业务层战略和部分公司层战略。从简单结构向职能型结构转变时，公司应避免阻碍创新的官僚制度。

3. 事业部型结构

事业部型结构由一个公司总部和几个运营部门组成，每个运营部门都是一个独立的业务或利润中心，公司总部授权部门经理负责本部门的日常决策和运营。

事业部型结构的特点是公司总部集中重大政策决策权，把部门运营权力下放到部门经理，从而调动了部门管理者的积极性，确保了责权利一致。事业部型结构适合于进行多元化经营的大公司。

三、业务层战略与职能型结构的匹配

公司可以利用不同形式的职能型结构，支持成本领先战略、差异化战略以及整合成本领先/差异化战略。

1. 利用职能型结构实施成本领先战略

公司利用成本领先战略向行业中典型顾客提供标准化的产品和服务，图 9-3 显示了实施成本领先战略所采用的职能型结构。在这种职能型结构中，运营是主要职能；强调生产过程而非新产品研发；由相对集中的员工协调各职能；规范化的程序允许低成本文化；整体结构是机械式的，职位角色高度结构化。

2. 利用职能型结构实施差异化战略

实施差异化战略的公司试图向具有独特需要的顾客提供非标准化的产品和服务，以不同的方式为顾客创造价值。图 9-4 显示了实施差异化战略所采用的职能型结构。在

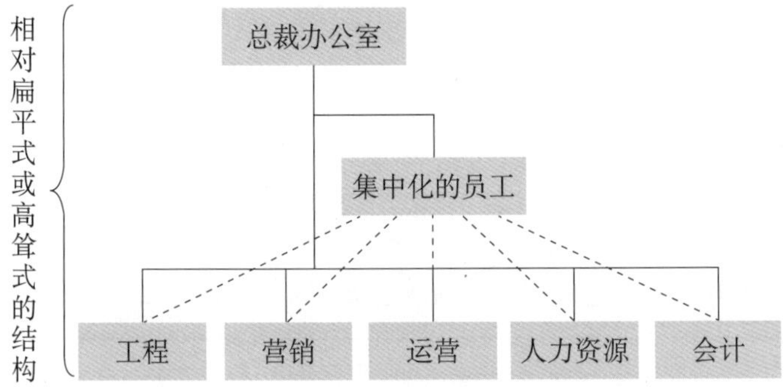

图 9-3　实施成本领先战略的职能型结构

这种职能型结构中，研发和营销是主要职能；强调新产品研发；有些职能是分权化的；研发和营销由集中化的员工完成；有限的规范化使新产品设想更容易产生，变革易于实施；整体结构是有机式的，职位角色不具有结构性。

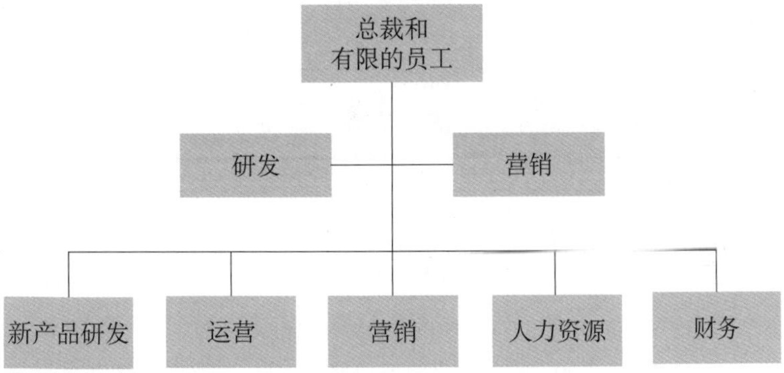

图 9-4　实施差异化战略的职能型结构

四、公司层战略与事业部型结构的匹配

1. 运用事业部型结构的合作形式实施相关约束型战略

运用事业部型结构的合作形式实施相关约束型战略是指通过水平整合促进事业部之间相互合作。图 9-5 显示了实施相关约束型战略的事业部型结构的合作形式，在这种事业部型结构中，结构整合策略将所有部门紧密地联系在一起；公司总部强调集中化的战略规划、人力资源管理和营销，以促进部门合作；研发通常是集中化的；报酬是主观的，除了与部门业绩有关，还与公司总体业绩相关；强调合作共享的文化。

2. 运用事业部型结构的战略业务单元形式实施相关联系型战略

战略业务单元形式是指由公司总部、战略业务单元以及战略业务单元的部门三个层次组成的事业部型结构，图 9-6 显示了实施相关联系型战略的事业部型结构的战略业务单元形式。在这种事业部型结构中，战略业务单元内部各部门间是整合的，但业务单元之间相互独立；总部最重要的职能是战略规划，战略业务单元自己预算；公司总部员工是战略业务单元和部门的顾问，不介入产品战略。

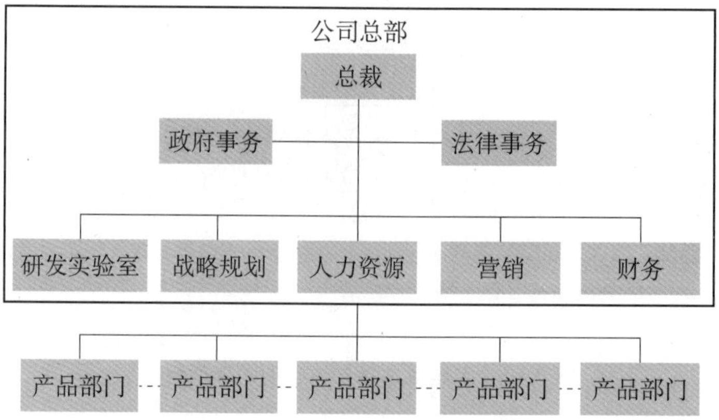

图 9-5 实施相关约束型战略的事业部型结构的合作形式

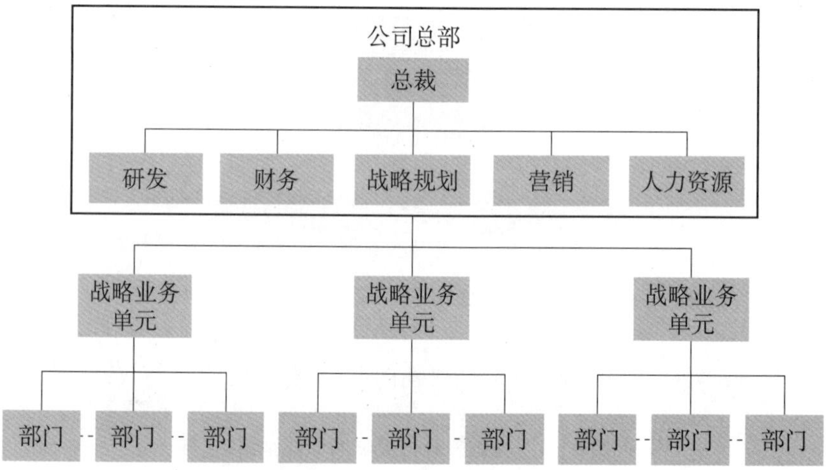

图 9-6 实施相关联系型战略的事业部型结构的战略业务单元形式

3. 运用事业部型结构的竞争形式实施非相关多元化战略

实施非相关多元化战略的公司希望通过高效的内部资本配置或者业务的重组、收购和出售创造价值。图 9-7 显示了实施非相关多元化战略的事业部型结构的竞争形式。在这种事业部型结构中，公司总部只有少数员工；财务和审计是公司总部最重要的职能；当公司收购和剥离资产时，法律事务职能尤为重要；各部门是相互独立的，以便于财务评估；部门自行负责战略控制，但由总部控制现金流；各部门为争夺公司资源而相互竞争。

五、国际化战略与全球结构的匹配

1. 运用全球地理区域结构实施多国战略

图 9-8 显示了实施多国战略的全球地理区域结构，在这种结构中，圆圈表示运营的分权化；强调迎合地区或国家文化所造成的需求差异；公司总部在各个独立分支机构间协调财务资源；组织类似于一个分权化的联盟。

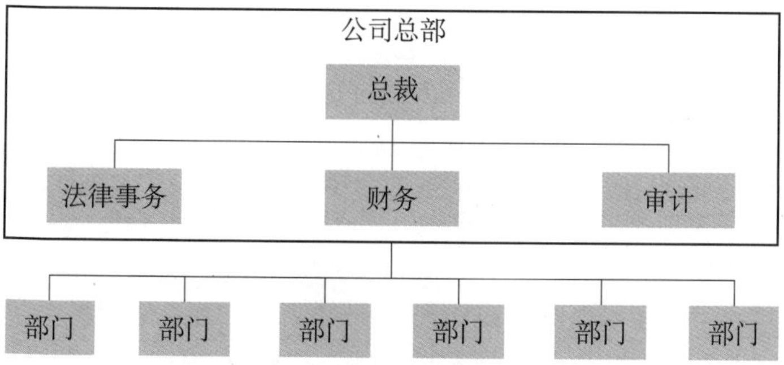

图 9-7 实施非相关多元化战略的事业部型结构的竞争形式

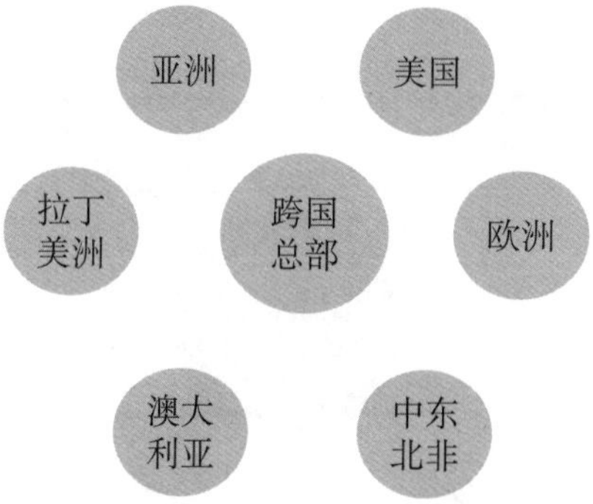

图 9-8 实施多国战略的全球地理区域结构

2. 运用全球产品分区性结构实施全球战略

图 9-9 显示了实施全球战略的全球产品分区性结构，在这种结构中，全球总部集中协调全球产品间的信息流；公司总部利用内部协调机制促进全球性的规模经济和范围经济；公司总部以合作方式配置财务资源；整个组织类似于一个集权化的联盟。

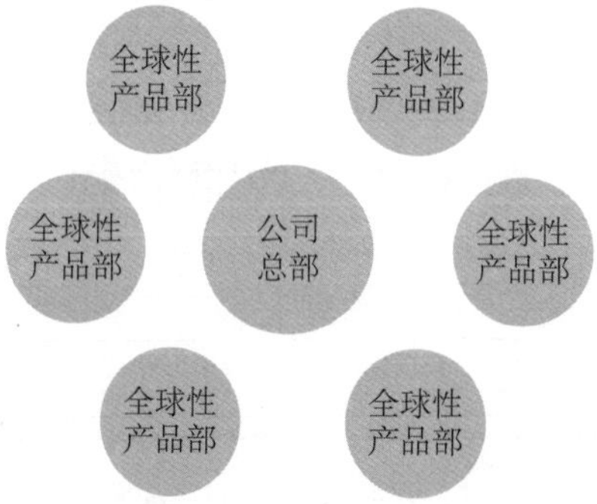

图 9-9 实施全球战略的全球产品分区性结构

3. 运用混合结构实施跨国战略

图 9-10 显示了实施跨国战略的混合结构，这种组织结构同时具有集权与分权、整合与非整合、规范和非规范的特点，总之，要实现三个方面的平衡。

4. 国际合作战略中的分散式战略网络

图 9-11 显示了国际合作战略中的分散式战略网络，包括许多不同地区的中心企业，以便管理合作公司间的多元化合作协议，确保公司在不同国家进行竞争。不同国家

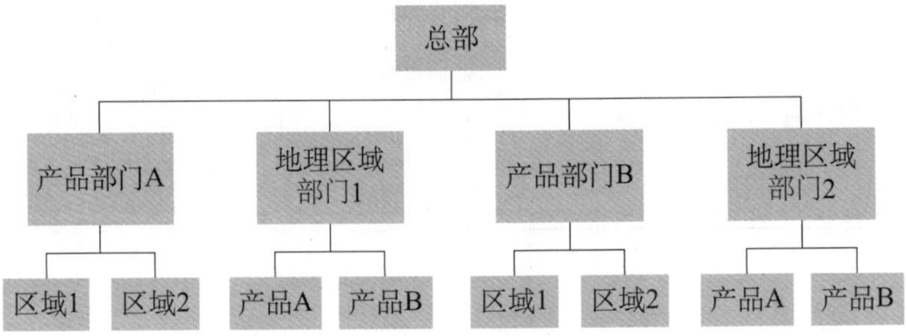

图 9-10　实施跨国战略的混合结构

间制度的差异增加了管理国际网络的难度，只有细心管理才有可能获得成功。

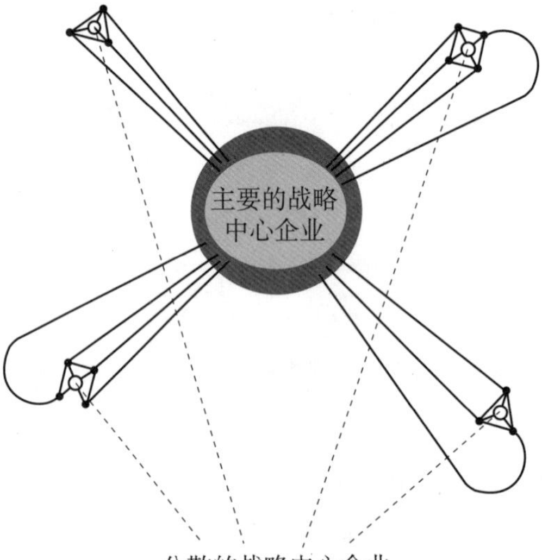

图 9-11　国际合作战略中的分散式战略网络

第 3 节　战略控制

一、战略控制

1. 战略控制的广义和狭义之分

广义的战略控制是公司控制，也称组织控制，是指监督战略执行进程，及时发现和纠正偏差，使战略执行结果符合预期战略目标的过程。换句话说，组织战略控制要求公司能够保证战略方向正确，并按照正确的方向有效地贯彻实施。因此，有效的战略控制需要分析战略是否按照原计划进行，需要分析战略是否取得了预期的效果，上述所有活动都应在战略执行过程中进行，而不能等到战略执行完成以后才进行。

狭义的战略控制（简称战略控制）是指它作为控制的手段之一，与财务控制一起支持和监督战略执行。

2. 战略控制和财务控制

战略控制是基于公司外部环境的机会与威胁（应该做的事情）、内部的优势与劣势（能够做的事情）的符合性和匹配程度，对公司战略执行的有效性做出主观定性的判断。有效的战略控制可以帮助公司了解做什么才能取得成功，还可以评估公司对战略执行所需条件的专注程度。比如对于业务层战略来说，战略控制用于研究价值链的主要活动和辅助活动，以证实关键活动得到了重视和适当的执行。

财务控制主要指一系列客观指标，对比已经建立的量化标准，定量地衡量公司的经营业绩。指标中既有会计指标，如投资回报率、资产回报率，又有市场指标，如经济附加值。在使用财务控制指标时，公司不仅要把业绩与前期结果进行比较，还要与竞争对手以及行业平均业绩标准进行比较。在经济全球化的今天，人们已经能够利用先进的技术发展更为成熟的财务控制。

战略控制和财务控制对组织控制来讲十分重要，任何组织的战略有效性都取决于这两类控制的有机结合。

二、平衡计分卡

1. 平衡计分卡的含义

平衡计分卡（balanced scorecard）作为战略执行、控制及绩效管理的系统工具，自 20 世纪末开始流行，成为公司业绩评价的主要方法和工具。这一概念最早由罗伯特·卡普兰和戴维·诺顿在《哈佛商业评论》杂志上发表的一篇论文中提出，即任何单一的绩效指标都难以反映组织的绩效全貌，必须用一套“平衡”的指标体系确保组织的健康发展。

平衡计分卡要求组织运用一整套财务和非财务指标来部署、测量组织的战略和目标，包括财务、客户、内部业务流程和学习与成长四个领域及其测量指标，见图 9-12。平衡计分卡将组织的绩效状况综合地反映在一份文档上，一目了然，便于管理者理解和把握组织的经营状况。确定绩效指标的过程是一种系统的、演绎性的努力，出发点是组织的使命、愿景及其实现的关键战略和手段，这意味着导入平衡计分卡要求设立目前尚不存在的绩效指标。

2. 四类绩效指标的逻辑关系

平衡计分卡的四类绩效指标基于如下逻辑：

（1）财务方面的绩效指标所关注的是股东的利益，为股东创造价值在于公司是否取得令人满意的投资回报，这是组织能否存在和发展的条件。

（2）公司在财务方面的成功取决于为客户创造价值，因而客户满意成为财务成功的前提条件。

（3）客户满意应当以一种有效的方式实现，必须确保内部关键过程表现良好。例如，通过信息和互联网技术改进高效率地服务客户，为客户创造价值，并更好地转化为股东价值。

（4）为客户创造价值必须是持久的。外部环境在变化，客户需求也在变化，这意味着现在给客户创造的价值不会持久不变，为此必须对组织及其员工在创新、学习与成长

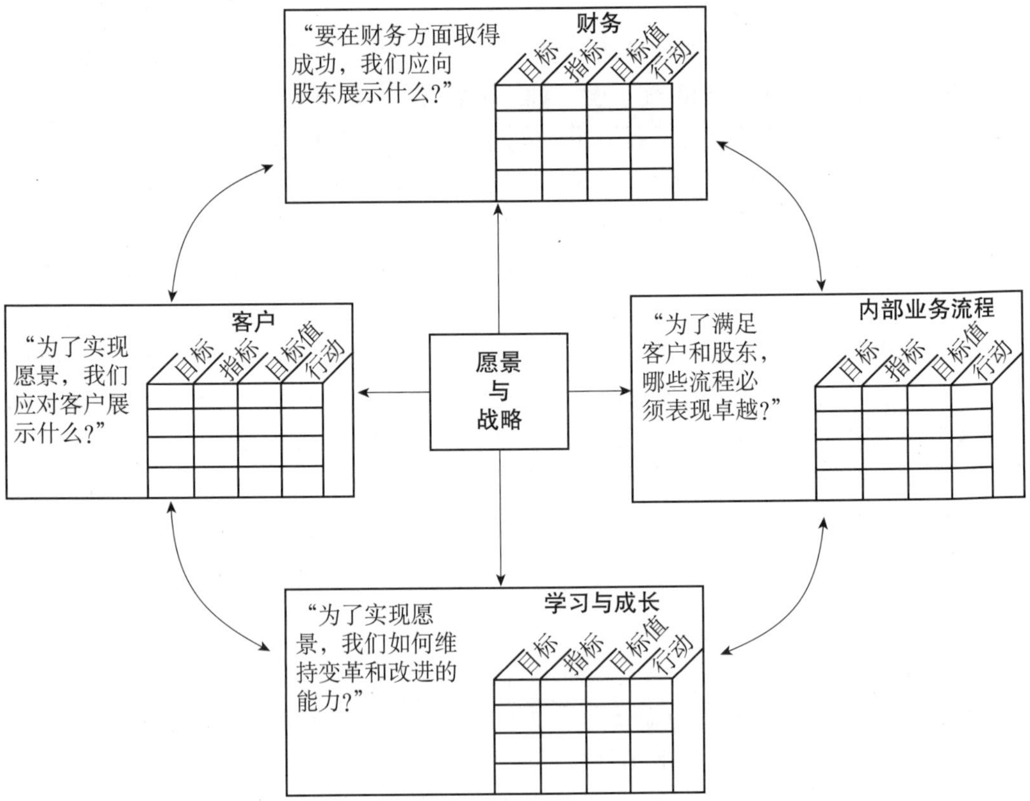

图 9－12　平衡计分卡示意图

方面提出要求。

总之，平衡计分卡兼顾了利益相关者的利益，包括定性指标和定量指标，考虑了现在与未来，真正做到了平衡，可以全面反映出组织的综合绩效水平。平衡计分卡可在组织中自上而下地层层展开，将组织各个部门的经营活动置于组织愿景和战略框架的指导之下。

案例分析

中国农业银行江苏分行战略引领追求卓越的发展之路

截至 2020 年底，中国农业银行江苏分行（以下简称"江苏农行"）存贷款总量分别达到 19 165 亿元、13 882 亿元，中国工商银行、中国银行、中国建设银行存贷款规模占江苏同业和全国农行系统十分之一，连续多年保持同业第一，江苏农行 2018—2020 年三年规划目标圆满实现。

从战略思考到三年规划

立足江苏经济转型、城市发展的机会以及江苏农行在县域、零售领域的竞争优势，江苏农行提出了打造"城市主流银行、县域领军银行和最大最强零售银行"的愿景，将自身锚定为国家重大战略的参与者、产业转型升级的推动者、普惠金融的践行者、乡村振兴的助力者、美好生活的共创者。

2017年11月，江苏农行研究制定三年发展规划。江苏农行党委强调，2018—2020年三年发展规划要把握四个方面：一是准确把握外部经营环境的深刻变化；二是多维度设定目标；三是明确未来三年的重点工作；四是明确主要工作措施，围绕奋斗目标、重点工作、推进路径，制定切实可行的工作措施，优化完善组织、资源和机制配套。

2018年，2018—2020年三年发展规划印发实施。江苏农行以规划为引领，突出规划的导向作用，强化规划的宣讲、传导和执行，确保全行能够沿着规划设定的战略方向，高效推进规划重点工作，达成规划目标。同时，注重战略的动态管理和优化，及时修正、调整完善。

从战略行动到协同整合

依据三年规划的战略目标、战略重点和战略举措，围绕建设愿景，江苏农行各层次各条线采取行动，在各个细分市场打造竞争优势，力求协同整合，坚持客户驱动的创新与联动是其主要做法之一。

支持乡村振兴，助推美丽乡村建设。在服务乡村产业振兴方面，围绕江苏8个千亿级特色农业产业，江苏农行加快推进农业园区基础设施、入园企业、新型农业经营主体、特色场景等金融服务；在助推美丽乡村建设方面，江苏农行助力36个特色小镇、124万亩高标准农田工程建设，实现高标准农田整县推进示范项目信贷全覆盖；在“三农”金融服务模式创新方面，江苏农行在所有县域支行增设了普惠金融部，组建了312个专业团队，全面提升支行直营直销能力。

对公与零售并重，更加重视零售。江苏农行扎根零售业务的主流市场，确保市场领先地位。响应金融科技发展、客户投资需求旺盛、利率市场化等变化，零售业务由原来的网点经营模式向“线上＋线下”一体化经营模式转变。

支持重点产业，创新业务产品。江苏农行与江苏省政府、13家市政府全部签订了战略合作协议，积极支持国家战略和重大项目，如服务南京江北“芯片之城”、南沿江高铁、京沪高速扩建、禄口机场改扩建、连云港港口等一批有影响力的重大项目。

坚持提升服务外向型经济功能，从“保抢挖”到“积累首单经验”。江苏农行坚持以客户为中心，通过创新驱动、挖掘潜力，实现从单一产品向综合服务转变；从传统外贸外资客户延伸至中资内贸客户；从传统收入结构向多元化盈利模式转变；实施部门、分层、本外币、境内外联动机制，“保抢挖”拓展客户：保有重点、抢有标准、挖有目标，拓展合作广度和深度。总结出提升市场竞争力的“积累首单经验”做法，抢占市场先机，落地多笔首单业务，辖内快速复制推广。

从以上率下到独特基因

江苏农行“一张蓝图绘到底”，离不开独特企业文化与精神的激励，离不开全行干部员工的无私奉献，离不开组织制度的保障。

文化若水，润物无声，企业文化是企业的灵魂、基因和软实力。苏州分行是江苏农行企业文化的优秀代表和践行者。在改革开放的进程中，苏州孕育出“三大法宝”，即“张家港精神”“昆山之路”“园区模式”，形成了江苏农行独特的企业文化。

一代人有一代人的使命，一代人有一代人的担当。干部人才队伍建设，事关事业的薪火相传，事关江苏农行的前途命运。江苏农行干部想干事、能干事、干成事，各层级、各岗位的干部凝聚力、执行力、战斗力强，是江苏农行高质量发展始终走在前列的重要基础。

“一套体系、一个机理、一个声音”是完善江苏农行绩效管理体系、优化绩效考核分配的重大举措，以便发挥传导经营思路、约束经营行为、激发员工潜能的作用。

为了保障战略执行和目标的达成，江苏农行把打好防范化解重大风险攻坚战作为重中之重，提出建设案防风控“责任、监督、执行、纠偏、问责、协防”六大体系。

战略引领，再开新局

2020 年 11 月，习近平总书记在视察江苏时，提出赋予江苏新的历史使命，即“在改革创新推动高质量发展上争当表率，在服务全国构建新发展格局上争做示范，在率先实现社会主义现代化上走在前列”。

2020 年，江苏农行启动了 2021—2023 年新三年规划编制工作，面对不断变化的未来环境，江苏农行将继续勇于探索创新，强化战略引领，发扬江苏农行精神，补齐短板、巩固优势、争先进位，进一步提升市场竞争力和价值创造力，不断推动高质量发展。

思考题

1. 中国农业银行江苏分行是如何执行战略的？
2. 中国农业银行江苏分行的战略文化和绩效管理体系是什么？

本章小结

本章首先探讨了战略思考与战略规划的区别和联系。战略思考侧重于对未来的设想，强调识别机会和灵活应对变化的重要性；而战略规划则是一个系统化过程，将战略思考转化为具体行动计划，通过详细分析、资源分配和目标设定为企业提供实现愿景的路径。接着，本章区分了战略执行与战略制定，并指出战略执行过程中需关注的关键领域。战略制定聚焦于确定企业的长期目标及其达成策略，而战略执行确保这些策略得以实施。有效的战略执行不仅依赖于具体的行动指令，还涉及组织文化、领导力及沟通机制等多个方面，需要全体员工的参与和支持，并建立有效激励机制来保证成员朝着共同目标努力。此外，本章深入解析了战略与组织结构之间的匹配关系。一个组织的结构应支持其战略目标的实现。最后，本章介绍了战略控制的概念、类型以及一种重要的战略绩效管理方法——平衡计分卡。战略控制旨在确保企业达成既定战略目标。平衡计分卡作为一种全面评估工具，不仅关注财务指标，还关注客户、内部业务流程、学习和成长等方面，可以帮助企业更好地理解战略执行情况并据此进行必要调整，促进持续改进和战略成功。这种方法为企业提供了一个多维度审视自身表现的机会，有助于推动其实现战略目标。

思考题

1. 说明战略思考与战略规划的区别和联系。

2. 简述战略执行的重要性。它与战略制定有什么区别和联系？

3. 说明战略与组织结构的匹配关系。

4. 什么是战略控制？

5. 什么是平衡计分卡？其各类指标之间有怎样的关系？

参考文献

[1] 明茨伯格，阿尔斯特兰德，兰佩尔．战略历程：修订版．北京：机械工业出版社，2006.

[2] 彼得斯，沃特曼．追求卓越．北京：中信出版社，2012.

[3] 戴维．战略管理：第 8 版．北京：经济科学出版社，2001.

[4] 希特，爱尔兰，霍斯基森．战略管理：概念与案例：第 12 版．北京：中国人民大学出版社，2017.

[5] 希特，弗里曼，哈里森．布莱克威尔战略管理手册．北京：中国工信出版集团，电子工业出版社，2015.

[6] 毛基业，李晓光．中国创业故事．北京：中国人民大学出版社，2022.

第10章

正理平治：公司治理

上下同欲者胜。

——《孙子兵法》

华为不追求短期利益，我们追求的是长期可持续发展。

—— 任正非

学习目标

- 掌握公司治理的定义及主要理论
- 掌握两大公司治理问题与基本对策
- 理解公司内部治理结构与外部治理机制
- 了解公司治理的基础设施
- 了解国有企业改革的进程和目标及党组织在公司治理中的作用等，更好地理解加强党的领导的意义

引导案例

国美电器控制权争夺战

国美电器（于2017年更名为国美零售），成立于1987年1月1日，2004年在香港上市（股票代码：00493），是中国最大的以家电及消费电子产品零售为主的全国性连锁企业之一，旗下拥有国美、永乐、大中、三联等全国性和区域性家电零售品牌，创始人黄光裕2004年至2006年蝉联国内首富。2008年，国美集团董事局主席黄光裕因涉嫌经济犯罪被拘留调查，后被暂停国美电器行政职务。2009年1月18日，黄光裕辞去国

美电器所有职务，由之前的总经理陈晓出任国美电器董事局主席兼总裁。国美内部轮番上演商业大戏，以陈晓为代表的管理层（或者说小股东）与以黄光裕为代表的大股东之间的矛盾在这一时期激化，引发了对公司控制权的激烈争夺，这次争夺充分反映了个人社会资本与组织社会资本契合度对企业实际控制权的影响。

第一阶段（2008 年 11 月—2010 年 5 月），黄光裕入狱，创始股东失去控制权。自 20 世纪 80 年代创立国美电器，黄光裕牢牢掌握国美的控制权，但在 2004 年国美上市后，股权结构从绝对集中转向相对集中，作为创始股东的黄光裕单纯靠股权已无法完全控制国美，还需要动用社会资本。黄光裕的个人社会资本主要基于家人及老乡、同学等建立，在国美电器早期发展中曾起重要作用；而作为电器零售商，国美的组织社会资本来源于核心利益相关者，即供应商、员工等。据此可见，黄光裕个人社会资本与国美的组织社会资本的对象来源差异较大，有效性区域小，社会资本契合度低，个人社会资本没有嵌入国美，国美对黄光裕的依赖度不高。2008 年底黄光裕以及其关系网络主要成员入狱，黄光裕个人社会资本的主要部分缺失，其社会资本控制链断裂，剩余的个人社会资本难起作用，导致银行缩紧贷款、供应商缩短还款周期、小股东抛售股票等，其公司控制权受到质疑。

与此同时，国美 CEO 陈晓积极构建个人社会资本，争夺国美电器的实际控制权。陈晓是永乐家电创始人，2006 年国美收购永乐，黄光裕任国美董事会主席，陈晓任 CEO。在黄光裕因涉嫌经济犯罪被捕后，陈晓出任 CEO 和董事局主席。然而陈晓仅拥有公司 1.47%的股权，与黄光裕的股权相差悬殊，股权控制处于不利地位，于是他只能借助社会资本控制手段实现其意图，社会资本控制权成为控制权争夺的关键。在出任董事局主席期间，陈晓主要通过三条途径积极构建社会资本并提高个人社会资本与组织社会资本的契合度：(1) 引入贝恩资本构建与中小股东的社会资本；(2) 通过股权激励方案笼络国美电器管理层，构建了与企业员工的社会资本；(3) 实施战略调整，优化与供应商的关系。从上述三条途径可以看出，陈晓个人社会资本与国美电器组织社会资本契合度比较高，从而使其在黄光裕社会资本尚未重构之前，以仅拥有国美不到 1.5%的股权夺得了国美的实际控制权。

第二阶段（2010 年 5 月—2010 年 10 月），黄光裕和陈晓展开控制权之争。2010 年 5 月 11 日国美电器股东周年大会，黄光裕夫妇连续投出 5 票否决票，其中包括否决董事会任命贝恩资本董事、总经理竺稼等 3 人为非执行董事。但以实际控制人陈晓为代表的管理层认为，贝恩资本要求更多的董事席位来保证其投资利益是合理的，并紧急召开董事会会议一致同意推翻股东大会的决议，重新委任竺稼等 3 人为非执行董事。5 月之后，双方通过公开信方式展开论战，相互指责，黄光裕提出举行临时股东大会、撤销陈晓的公司职务、更换执行董事等动议。8 月底，黄光裕之妻杜鹃出狱，积极与中小股东投资者、供应商沟通，这使得黄光裕可以重建社会关系网络，增强原本减弱的社会资本。同时，黄光裕喊出“只反陈晓，不反贝恩”的口号，在后期获得了贝恩资本的支持，在一定程度上降低了陈晓的社会资本强度。此外，黄光裕对陈晓的“夺权”“篡位”等指责引起了社会对陈晓的舆论批判，杜鹃作为黄光裕代言人的回归，获得了社会公众和更多基层员工的支持。尽管如此，在 9 月 28 日国美电器特别股东大会上，黄光裕仍然落败，除撤销增发股票外，黄光裕其他提案被否决，陈晓留任董事局主席，仍然是国美实际控制人。

第三阶段（2010 年 10 月至今），陈晓出局，黄光裕方重获控制权。尽管黄光裕方在 2010 年 9 月 28 日的股东大会上未能如愿，但大股东并没有完全失去对董事会的影响力。11 月 10 日，国美电器公告表示，国美已经与黄光裕的控股公司 Shinning Crown 订立了具有法律约束力的谅解备忘录，双方约定将许可的董事会最高人数从 11 人增加到 13 人，新增加的两名董事人选均由大股东方面提议，黄光裕方两名亲信进入董事会，其中黄光裕律师邹晓春被任命为执行董事，黄光裕胞妹黄燕虹被任命为非执行董事。2011 年 3 月，国美电器发布公告称，陈晓辞去国美董事会主席、执行董事、执行委员会成员兼主席及授权代表职务，同时国美董事会宣布委任张大中为国美电器非执行董事及董事会主席。至此，黄光裕在 2010 年 9 月 28 日股东大会上提出的 5 项提案基本实现。国美电器大股东与管理层之间的控制权之争基本结束，国美的实际控制权重新回到黄光裕手中。

2021 年 2 月 16 日，入狱十余年的黄光裕出狱，高调宣布回归国美。第二天，他放言："力争用未来 18 个月的时间，使国美恢复原有的市场地位。"但 18 个月后，国美在他的带领下表现并不出色，之前许下的豪言壮志宣告失败："我们对执行的困难预料不足，加之疫情长时间扰动，导致现实与这一目标有一定差距。"昔日的零售巨头，如今已风雨飘摇。

资料来源：赵晶，张书博，祝丽敏，等．个人社会资本与组织社会资本契合度对企业实际控制权的影响：基于国美电器和雷士照明的对比．中国工业经济，2014（3）：121－133．赵晶，郭海．公司实际控制权、社会资本控制链与制度环境．管理世界，2014（9）：160－171．祝继高，王春飞．大股东能有效控制管理层吗?：基于国美电器控制权争夺的案例研究．管理世界，2012（4）：138－152，158.

第 1 节　公司治理概述

一、公司治理的定义

从公司治理的实践及这一问题的产生和发展来看，可以从狭义和广义两个方面来理解公司治理的定义。狭义的公司治理是指所有者（主要是股东）对经营者的一种监督与制衡机制，即通过一种制度安排，合理地配置所有者和经营者之间的权力和责任关系。它是借助股东会、董事会、监事会、经理层所构成的公司治理结构来实现的内部治理。其目标是保证股东利益的最大化，防止经营者对所有者利益的背离。

广义的公司治理不局限于股东对经营者的制衡，还涉及广泛的利益相关者，包括股东、雇员、债权人、供应商和政府等与公司有利害关系的集体或个人。公司治理通过一套正式或非正式的、内部或外部的制度或机制来协调公司与所有利益相关者之间的利益关系，以保证公司决策的科学性与公正性，最终维护各方的利益。因为在广义上，公司已不仅是股东的公司，还是一个利益共同体的公司，其治理机制也不限于以治理结构为基础的内部治理，而是利益相关者通过一系列的内部、外部机制来共同治理，治理的目标不是股东利益的最大化，而是所有利益相关者的利益最大化。要实现这一目标，公司治理就不能局限于权力制衡，而必须着眼和确保企业决策的科学性与公正性。不仅需要建立完备有效的公司治理结构，而且需要建立行之有效的公司治理机制。在此基础上，学术界还产生了泛广义的公司治理概念，这一概念认为公司治理是董事和高级管理人员为了股东、职员、顾客、供应商及提供间接融资的金融机构的利益而管理与控制公司的制度或方法。也就是说，泛广义的公司治理概念在涵盖狭义与广义的公司治理内涵的同时，还包括企业的战略决策系统、企业文化、企业高管控制制度、收益分配激励制度、财务制度、人力资源管理制度等。

二、公司治理的理论

1932 年，伯勒（Berle）和米恩斯（Means）合作出版了《现代公司与私有财产》一书，正式拉开了公司治理理论研究的序幕。经过 90 多年的发展，公司治理理论取得了极其丰硕的成果。这里主要介绍两种公司治理理论：委托代理理论和利益相关者理论。

（一）委托代理理论

委托代理理论是制度经济学契约理论的主要内容之一，委托代理关系是指一个或多个行为主体（股东等）根据一种明示或隐含的契约，指定、雇用另一些行为主体（经理等）为其服务，同时授予后者一定的决策权，并根据后者提供的服务数量和质量支付相应的报酬。授权者就是委托人，被授权者就是代理人。

委托代理理论的主要观点如下：委托代理关系是随着生产力大发展和规模化大生产的出现而产生的。一方面，生产力发展使得分工进一步细化，权利的所有者由于知识、能力和精力的原因不能行使所有的权利；另一方面，专业化分工产生了一大批具有专业知识的代理人，他们有精力、有能力代理行使好被委托的权利。

20 世纪初，伴随着规模庞大的开放型股份制企业的大量出现，企业的股权日益呈现出分散化趋势。股份制企业中作为企业所有者的股东所拥有的企业控制权比例越来越小，而企业的经营管理者几乎完全拥有企业的控制权和支配权。所有权与控制权分离的直接后果是委托代理问题的产生，即作为委托人的股东怎样才能以最小的代价，使作为代理人的经营者愿意为委托人的目标和利益而努力工作。从委托人方面来看，第一，股东或者因为缺乏相关的知识和经验，以至于没有能力来监控经营者；或者因为其太繁忙，以至于没有时间、精力来监控经营者。第二，对于众多中小股东来说，由股东监控带来的经营业绩改善是一种公共物品。对致力于公司监控的任何一个股东来说，他要独自承担监控经营者所带来的成本，如搜集信息、说服其他股东、重组企业所花费的成本，而监控所带来的收益却由全部股东享有，监控者只按他所持有的股票份额享有收益。这对于他本人来说得不偿失，因此股东们都想坐享其成“搭便车”。在这种情况下，虽然加强监控有利于公司绩效和总剩余的增加，但只要每个股东在进行私人决策的时候，发现其行为的私人收益小于私人成本，他就不会有动力实施这种行为。从代理人方面来看，第一，代理人有着不同于委托人的利益和目标，所以，他们的效用函数和委托人的效用函数不同；第二，代理人对自己所做出的努力拥有私人信息，代理人会不惜损害委托人的利益来谋求自身收益的最大化，即产生机会主义行为。在所有权分散的现代公司中，同所有权与控制权分离相关的所有问题，最终都与代理问题有关。

（二）利益相关者理论

1984 年，弗里曼出版了《战略管理：利益相关者管理的分析方法》一书，明确提出了利益相关者理论。利益相关者理论是指企业的经营管理者为综合平衡各个利益相关者的利益要求而进行的管理活动。与传统的股东至上思想相比，该理论认为任何公司的发展都离不开各利益相关者的投入或参与，企业追求的是利益相关者的整体利益，而不仅仅是某些主体的利益。

企业的利益相关者是指那些与企业决策行为相关的现实及潜在的、有直接和间接影响的人和群体，包括企业的管理者、投资人、雇员、消费者、供应商、债权人、社区、政府等，既包括股东，又涵盖股东之外与企业发展相关的群体。每个利益相关者都希望组织在制定战略决策时优先考虑自己，以实现自己的目标，但这些利益相关者的利益及所关心的焦点存在很大的差别，且往往互有矛盾。公司不得不根据对利益相关者的依赖程度做出权衡，优先考虑某类利益相关者。“股东优先”的治理模式正是因此而产生的。然而，企业虽是由出资者设立、以盈利为出发点，但其毕竟存在于社会之中，与社会及其他社会成员之间存在千丝万缕的联系。而且这些利益相关者都对企业承担着不同的风险，企业的生存和发展取决于其能否有效处理同各个利益相关者的关系，而股东只是利益相关者之一。因此从利益相关者视角来分析企业的公司治理问题，如今得到了普遍认可。

三、公司治理的重要性

公司治理被人们高度重视的实践根源在于，公司发展所产生的各式各样的问题引起了股东、经理、员工等利益相关者的不满。因此，需要通过良好的公司治理机制，促进企业的股权结构合理化、加强企业的内部控制、降低企业的代理成本，以增强企业的核心竞争力、提高经营业绩，从而实现企业的可持续发展。随着全球经济一体化的发展和现实经济环境的变化，现代公司治理面临着更多问题，如何建立有效的公司治理机制引起了国际社会越来越多的关注。市场环境的快速变化与竞争的加剧，使许多国家与企业组织都清楚地认识到，良好的公司治理既需要国家强制性法规的作用，也需要那些与市场环境变化相适应的、具有非约束性的、灵活的公司治理原则。

公司治理问题的根源是公司制度本身，因此公司治理是针对公司制度的治理。然而企业制度的不断演进，导致了公司治理制度安排并非一劳永逸，而是随企业内外部环境动态变化。一方面，企业需要基于自身特点及股东权责分配过程建立不同的公司治理机制。另一方面，公司治理模式因不同国家的制度环境差异而具有明显的国别差异，并在一定程度上成为特定国家的政治、法律、经济、历史和文化等环境因素的产物。受到制度环境、资源稀缺性、竞争全球化等的影响，公司治理具有动态发展的特征，这对学者和企业家持续关注公司治理问题提出了要求。

第 2 节　两大公司治理问题

公司治理问题主要包括代理型公司治理问题和剥夺型公司治理问题。代理型公司治理问题面向的是股东与经理之间的关系，即传统意义上的委托代理关系；而剥夺型公司治理问题则涉及股东与股东间的利益关系。就本质而言，这两类公司治理问题都属于委托代理问题，只不过第一类问题是公司所有者与经营者的代理问题，而第二类问题是大股东与中小股东之间的代理问题。可以将第一类公司治理问题形象地称作经理人对于股东的“内部人控制”问题，将第二类公司治理问题称为终极股东对于中小股东的“隧道挖掘”问题。

一、经理人对于股东的“内部人控制”问题

按照委托代理理论，现代企业可以看作一系列委托代理契约的集合。在这些契约中，所有者与经营者之间虽然具有委托代理关系，但是由于委托人与代理人间存在目标利益不一致与信息不对称的问题，企业的外部成员（如股东、债权人、主管部门等）无法实施有效的监督。企业的内部成员（如厂长、经理或工人）能够直接参与企业的战略决策，掌握了企业大部分的实际控制权，他们可能在公司战略决策中追求自身利益，甚至内部各方面联手谋取各自的利益，从而架空所有者的有效控制，并以此来侵蚀外部人（股东）的合法权益，这就是所谓的“内部人控制”现象。

当前一般认为内部人控制问题的主要表现如下：过高的在职消费，盲目过度投资；信息披露不规范、不及时；经营者的短期行为，过度耗用资产，工资、奖金等收入增长过快，侵占利润；资产转移，敷衍偷懒；大量拖欠债务，甚至瞒报亏损；等等。国有资产流失、会计信息失真是我国国企改革过程中的“内部人控制”问题的主要表现形式。

（一）“内部人控制”问题的背景

“内部人控制”最早由日本经济学家青木昌彦提出，他在研究苏联、东欧国家在体制转轨过程中出现的一些特有情况后发现，从 20 世纪 80 年代起，这些国家开始在经济转型过程中直接套用西方发达国家的公司治理模式，试图构建自己的公司治理系统，但由于历史、文化、制度和习俗等多方面的不同，并未取得预期的效果。针对这些问题和现象进行研究后，青木昌彦、钱颖一等提出了较具代表性的“内部人控制”的公司治理理论。

“内部人控制”是转轨过程中所固有的一种潜在的可能风险。在一般的公司治理模式中，经理层的“偷懒”以及“道德风险”问题可以由外部（或市场）抑制其发生，如竞争性的劳动力市场、有效率的资本市场等。但是，由于体制转轨过程中存在路径依赖，要在制度转型时期重建新的公司治理机制必然会遇到相当大的阻力。内部人控制造成的直接后果就是企业所有者的利益遭到内部人的侵害，企业效率遭受损失。青木昌彦主张寻找一种监控企业的特殊外部机制，在这种机制下，即便在经理和员工不愿放弃其既得利益的情况下，治理机制依然可以有效地发挥作用。

（二）“内部人控制”问题的成因

“内部人控制”问题的形成，实际上是在所有权和经营权分离的公司制度下，委托代理关系所带来的必然结果。虽然从某种意义上讲，所有者与经营者利益一致、目标相同，公司经营好坏与两者息息相关，但两者实际上并非相同的利益主体：所有者的目标较为单一，追求企业利益最大化；而经营者的目标更为多元化，既追求个人收入，也追求权力、地位与在职消费等。当两者之间发生利益冲突时，经营者往往会利用控制公司的特殊地位和拥有公司大量信息的有利条件，设法弱化所有者的约束，放弃甚至侵害所有者的权益以实现自身利益的最大化。

另外，公司治理机制的不完善为内部人控制提供了有利条件。通过对股份制企业的运行状况进行研究分析可以发现，许多公司的内部治理结构是扭曲的。一些股东大会流于形式，公司并没有把股东大会作为最高权力机构，董事会凌驾于股东大会之上，甚至是董事长兼任总经理独揽大权，董事会、监事会成员由股东大会选举产生的比例也不高，难以产生监督和制衡。

（三）“内部人控制”问题的基本对策

当前，公司治理中存在的“内部人控制”问题虽然出现在企业内部，根源却在于企业外部的制度和机制，即外部职责的懈怠和治理功能的缺失。要解决“内部人控制”问题可从以下几方面着手。首先，完善公司治理体系，加大监督力度。在明确股东会、董事会、监事会和经理层的职责的基础上，使其运作流程更加规范，信息更加透明、公开。这既有利于监管企业的日常经营活动，也能为建立更好的经理人激励机制提供条件。其次，强化监事会的监督职能，形成企业内部权力制衡体系。吸纳具有良好专业素质的外部人员担任独立董事，以此削弱监事会对董事会的依附，从而加强对企业经理人员的监督。监督机构独立运作，与日常经营相互制约、相互扶持。从长远看，这有助于形成内部人不同利益集团间的监督制衡机制。最后，完善和加强公司的外部监督体系，使利益相关者参与到公司的监管中，再结合经济、行政、法律等手段，构建对企业经营者的外部监督机制。例如，银行参与公司治理和监管就有天然优势。银行一般能及时了解公司的财务状况，从而克服信息不对称条件下对公司经营者的行为难以监督的问题。

二、终极股东对于中小股东的“隧道挖掘”问题

在传统的公司治理理论中，一般都是将如何保障公司股东利益不被侵占作为关注的重点，相应的治理结构和治理机制也都基于此种考虑进行设计。但在现实世界中，许多公司都存在一个或几个具有绝对影响力的大股东，对于那些数量上占绝大多数的中小股东而言，他们实际上只拥有名义上的控制权，与其所承担的实际风险并不对等。在这种股权结构下，委托代理问题主要集中体现为大股东与中小股东之间的利益冲突。尤其是当资本市场缺乏对中小股东利益的保护机制时，对公司经营活动具有控制力的大股东就更加不易受到约束，他们可以牺牲众多中小股东的利益，通过追求自利目标而不是公司价值目标来实现自身获利最大化。当公司有大股东存在时，公司的主要代理问题将不再是管理人员与股东之间的冲突，而是控股股东与中小股东之间的利益冲突。因此，此时公司治理的重点应是如何防止大股东利用对企业的控制权对其他中小股东利益的侵占。除了法律法规层次上明确对中小股东保护的条款外，还需要从公司治理的制度设计层次增加对这类弱势群体的保护，以防止“隧道挖掘”行为的出现。

（一）控制权增强机制

一般而言，大股东通常采用三种基本的控制权增强机制来获得超过现金流权的公司控制权：（1）构建金字塔结构；（2）发行类别股票；（3）交叉持股。其中，金字塔结构指公司股权组织结构，它是控制性股东控制上市公司的有效链式结构。在金字塔结构中，终极股东一般处于控制链的顶端，而上市公司常常处于最底端，有一个或多个并非被终极股东完全控制的企业位于两者之间。如果位于金字塔结构顶端的终极股东持有公司 A 50%的股份，而公司 A 又持有公司 B 50%的股份，并且公司 A 和公司 B 的其他股份由分散的小股东持有，那么终极股东在拥有 25%现金流的情况下就控制了公司 B。通过金字塔控制链，控制性股东可以轻易地控制上市公司，并且这种情况下控制性股东的控制权和现金流权存在较大的偏离。金字塔结构是一种最为普遍的控制权增强机制。此外，大股东还常常通过发行具有不同投票权的股票来获得对上市公司的控制权，这是控制性股东控制公司最直接的方式。一般而言，这种机制可以保护公司创始人的利益不被机构投资者剥夺，却提高了公司的投票权和现金流权的偏离程度。交叉持股的公司股权结构是一种和其他公司股东联合的控制机制，在亚洲较为常见。

（二）“隧道挖掘”与控制权私利

基于前述控制权增强机制，掌握了控制权的大股东较大程度地实现了投票权和现金流权的分离，这给予了他们剥夺中小股东利益的空间。这种行为被称作“隧道挖掘”，也被称作大股东的“掏空”行为，即大股东为获取私人利益而做出通过隐蔽渠道侵害上市公司利益的行为。大股东能够侵害上市公司，主要是因为控制权私利的存在。

公司大股东获取控制权私利的主要方式包括关联交易转移利润、非法占用上市公司资金、融资分红、高管的高薪水和特殊津贴等。控制权私利的表现除了货币收益外，还

有大股东自身权力地位的巩固、巨大的成就感、声誉等非货币收益。控制权私利可以有多种形式，但其本质是相同的，即控股股东因处于控制地位而获得的其他中小股东无法获得的且不是所有股东按持股比例分享的私有收益。控制权私利是大股东在掌握控制权之后的一种“控制权成本”的补偿。适当范围的控制权私利可以激励大股东并且使其控制权成本得到补偿，对公司价值产生正向效应；而超出适当范围的控制权私利会损害企业价值和投资者利益。

（三）“隧道挖掘”问题的基本对策

大股东通过各种“隧道挖掘”行为侵占公司及中小股东的利益已经不是个别现象，其带来的问题已经非常严重，相关部门必须对此高度重视。“隧道挖掘”行为不但严重损害了广大中小股东的利益，造成了明显的不公平结果，打击了广大中小投资者参与资本市场的积极性，而且严重阻碍了金融市场平稳健康的长远发展。大股东掠夺小股东现象的普遍存在说明在公司治理机制中需要健全对大股东行为的制约机制。

为了保护中小股东的利益，在关注外部法律环境的同时还应当调整上市公司的内部治理结构。从外部法律环境来看，国家或地区实施的对投资者权利进行保护的法律及执行力度，决定了该地区的投资者保护程度。投资者保护水平高，就能够限制控股股东的掏空行为，有利于提升公司价值，促进资本市场的发展。从内部治理结构来看，上市公司的股权制衡和董事会独立是有效保护中小股东的方式。股权制衡是指公司中其他股东对控制性股东的制约能力，一般用前几大股东和第一大股东的股权之比来衡量公司的股权制衡程度。上市公司的股权制衡可以有效控制大股东的掏空行为，提高公司的价值。另外，保持董事会的独立性也是保护中小股东权益的重要内部治理机制之一。公司的控制性股东在选择董事会成员和管理层时可能表现出较为严重的干预倾向，从而影响董事会的独立性，对中小股东的权益维护产生潜在威胁。当前公司一般通过设立独立董事来保持公司董事会的独立性，但由于国家制度环境及公司治理结构等差异，独立董事的独立性和监督职能的履行效果受到了质疑，因此，建立有效的董事会独立性维护机制还需要在未来的公司治理研究中进行进一步的研究与探索。

第 3 节　公司内部治理结构与外部治理机制

一、公司内部治理结构

公司内部治理结构是指主要涵盖股东会、董事会（监事会）、高级管理团队以及公司员工之间责权利相互制衡的制度体系。由于经理人员与股东利益不一致、合约不完备和信息不对称所产生的不确定性，委托代理问题不太可能仅通过签订合约的手段来解决。这样在公司内部就需要一个制度机制来约束经理人员的败德行为。所以，在实践中股东并不是将公司的控制权直接交给经理人员，而是以一种信托关系首先交给董事会，董事会再通过委托代理关系聘用经理人员进行经营管理。为了使公司能够有效地运作，各层权力机构应明确自身的权利与义务，避免出现越级管理现象。

（一）股东会

1. 股东与股东会

股东是出资设立公司并对公司债务负责的人。股东向公司投资，从而持有公司股票，并且凭借持有的股票行使其权利，享受法定的经济利益，并承担相应的义务。股东可以是自然人，也可以是各种类型的法人实体。股东与其所持股的公司互为独立的法律人格并互为权利义务关系，是相互独立的两个民事主体。股东拥有公司，公司拥有法人财产。基于此，二者之间存在互动关系。

一般来说，股东主要是通过参与股东会来行使权利。股东会有两个基本特征：一是股东会是公司内部的最高权力机构和决策机构；二是股东会是公司的非常设机构，除了每年的例行年会和特别会议外，股东会并不会在公司出现。股东会是股东表达意见的主要渠道。在股东会上，股东不但可以对公司的经营方针做出决策，还可以通过改选董事会来对经理层施加压力。也就是说，股东虽然没有权力直接解聘不称职的经理人员，但他们可以通过手中的投票权威胁董事会，使公司的董事会更加尽责，进而使得经理人员不敢随意侵占股东的利益。

2. 机构投资者

机构投资者是指利用自有资金或者从分散的公众手中筹集的资金专门进行有价证券投资活动的法人机构，包括证券投资基金、社会保障基金、商业保险公司和各种投资公司等。随着公司投资者中机构投资者规模的扩大，机构投资者的所有权不再被视为被动的，而是可以通过股东大会参与公司管理，这就形成了机构投资者的行动主义，使公司治理变得更加有效。

机构投资者的行动主义的内涵包括：（1）机构投资者与所投资公司的董事会举行一对一的例会，即参与和对话；（2）机构投资者积极在股东会上行使表决权；（3）机构投资者积极关注所投资公司的董事会成员构成；（4）机构投资者联合向公司管理层提出公司战略和经营建议。机构投资者行动主义的目的是影响所投资公司的未来发展，包括公司战略、公司经营绩效、公司兼并或转让战略、内部控制、公司治理原则、薪酬计划、公司履行社会责任的方式等。

（二）董事会

董事会是由股东会选举产生的，负责公司及其经营活动的指挥与管理。它对股东会负责，是股东会闭幕期间公司常设的权力机构，是集体行使权力的机构。股东会所做的关于公司重大事项的决定，董事会必须执行。

1. 董事及其分类

董事是指由公司股东会选举产生的具有实际权力和权威的管理公司事务的人员，是公司内部治理的主要力量，对内管理公司事务，对外代表公司开展经济活动。担任董事职位的人可以是自然人，也可以是法人。但法人担任公司董事时，应指定一名有行为能力的自然人为代理人。

董事按照其与公司的关系分为内部董事与外部董事。内部董事也称执行董事，主要指担任董事的本公司管理人员，如总经理、常务副总经理等。外部董事是指不在本公司担任除董事以外的其他职务的董事，如其他上市公司的总裁、公司咨询顾问和大学教授等。

此外，公司的外部董事还可以进一步分为关联董事和独立董事。关联董事是指虽然不在公司中担任其他职务，但仍与公司保持着利益关系的董事，如公司关联机构的雇员或咨询顾问等。独立董事才是真正具有独立性的董事，他们不仅是公司的外部董事，而且与公司或公司经营管理者没有重要的业务联系或专业联系，并对公司事务做出独立判断，如大学教授、退休的政府官员等。

2. 专门委员会

为了更有效地解决公司内部治理问题，董事会一般下设几个专门委员会，分别从事相关方面的工作。董事会的这些专门委员会原则上应由独立董事构成，由他们召开会议，承担各自的工作。其中，最常见的如审计委员会、薪酬与考核委员会、提名委员会与战略决策委员会。

（1）审计委员会。其主要职责：1）检查公司会计政策、财务状况和财务报告程序；2）与公司外部审计机构进行交流；3）对内部审计人员及其工作进行考核；4）对公司的内部控制进行考核；5）检查、监督公司实际或潜在的各种风险；6）检查公司遵守法律、法规的情况。

（2）薪酬与考核委员会。其主要职责：1）负责制定董事、监事与高级管理人员考核的标准，并进行考核；2）负责制定、审查董事、监事、高级管理人员的薪酬政策与方案。

（3）提名委员会。其主要职责：1）分析董事会构成情况，明确对董事的要求；2）制定董事选择的标准和程序；3）广泛搜寻合格的董事候选人；4）对股东、监事会提名的董事候选人进行形式审核；5）确定董事候选人并提交股东大会表决。

（4）战略决策委员会。其主要职责：1）制定公司长期发展战略；2）监督、核实公司重大投资决策等。

（三）经理层

经理层由负责公司日常经营管理和行政事务的经理人员组成。这些经理人员是由公司董事会聘任的在法律法规及公司章程规定和董事会授权范围内代表公司从事业务活动的高级管理人员。

1. 经理人的职权

在我国，总经理虽受聘于董事会，其职权的主体部分却不为董事会所授权。经理的职权包括：

（1）主持公司的生产经营管理工作，组织实施董事会决议；

（2）组织实施公司年度经营计划和投资方案；

（3）拟订公司内部管理机构设置方案；

（4）拟订公司的基本管理制度；

（5）制定公司的具体规章；

（6）提请聘任或者解聘公司副经理、财务负责人；

（7）决定聘任或者解聘除应由董事会决定聘任或者解聘以外的管理人员；

（8）董事会授予的其他职权。

同时，考虑到各公司的情况不同，公司章程对经理职权另有规定的，从其规定。

2. 经理人的薪酬激励

经理人的激励约束机制是公司治理结构中的一个核心问题。传统上，薪酬激励一直是委托人用来解决代理问题的主要手段。一般来说，在对经济利益无限追求的前提下，一个设计合理的薪酬机制能够使经营者努力工作，为委托人创造更大的财富。

（1）年薪制。所谓年薪制是指以企业经营者为实施对象，以一个经营周期即年度为单位，确定经营者的基本报酬，并视其经营业绩发放风险收入的一种薪酬制度。这一制度将经营者的收入与其经营业绩挂钩，体现出经营者人力资本的价值，从而能更好地发挥经营者的积极性和创造性。

年薪制的根本缺陷在于易导致经营者的短期行为。由于年薪制中的经营者收入以年度来计算，主要取决于当年企业的经营效益，因此经营者有可能削减企业某些支出或选择那些回收期短的投资项目，这显然不利于企业的未来发展。

（2）股权激励。为了弥补年薪制的缺陷，公司一般会对经理人实施股权激励。股权激励是一种通过经营者获得公司股权的形式给予企业经营者一定的经济权利，使他们能够以股东的身份参与企业决策、分享利润、承担风险，勤勉尽责地为公司的长期发展服务的激励方法。

一般来说，股权激励兼具报酬激励和所有权激励的双重作用。公司经营得好，公司股票的价格就能不断上涨，经营者就可以通过出售股权获得可观的收益；相反，公司经营不善，股票价格就难以上涨，甚至还会下跌，在这种情况下，经营者就可能遭受损失。因此，股权激励的目的是通过报酬机制把经营者的行为与公司所有者的利益联系在一起。同时，一旦经营者购买了公司的股票，他们就处于和普通股东同样的地位，成了企业的所有者。作为企业的所有者，他们当然期望公司能实现利润的最大化和资产的保值增值，因此，股权激励可以通过所有权机制保证经营者行为与所有者的利益一致。

股权激励的具体方式有多种，包括股票期权、股票增值权、虚拟股票、业绩股票及限制性股票、延期支付、经理人持股等。

二、公司外部治理机制

从科学决策的角度看，公司内部治理结构不能解决公司治理的所有问题，还需要若干具体的超越内部治理结构的外部治理机制。外部治理机制主要是指企业内部的各种监控机制以外的对公司发挥监控和约束作用的各种市场机制（如产品市场、资本市场、经理人市场）。

（一）产品市场

产品市场的竞争对经理人的约束主要来自两个方面。一方面，在充分竞争的市场上，只有最有效率的企业才能生存，作为企业的经理人自然面临更大的压力。企业的经理人如果不努力的话，企业就可能破产，经理人自己也可能失业。在生存的压力下，经理人会付出更大的努力，而且产品市场的竞争越激烈，经理人的这种压力就越大。也就是说，市场竞争越激烈，经理人败德行为的空间就越小。

另一方面，产品市场的竞争可以提供有关经理人行为的更有价值的信息。如果企业所在的行业没有竞争，全行业只有一家企业，企业的股东就很难评判经理人工作的好坏。但是，如果同时有几家企业在同一行业竞争，并且影响企业收益和成本的因素是相同的，那么企业的股东就可以通过把自己的企业与其他企业进行比较来获得经理人工作优劣的更准确的信息。有了产品市场上的比较，股东就可以把经理人的报酬与同行业其他企业经理人的业绩相联系，也就可以为经理人提供更强的激励。

（二）资本市场

资本市场也称控制权市场。资本市场对经理人行为的约束是通过接管和兼并方式进行的，也就是在资本市场上争夺企业控制权。简单地说，当公司现有经理人经营不努力时，企业的业绩就可能下降，股票价格就会下跌，股票的价值也会小于可能的最大价值。这时，会有人通过资本市场上的收购，获得这家公司的控制权，经营无方的管理者将被替换，以期待公司改进管理后实现增值。

即使收购不成功，在位管理者也会因面临被替换的威胁而主动改善其经营行为。此时，即使没有其他激励措施，经理人也可能付出更多的努力，从而使其行为与股东利益和公司价值最大化目标更趋一致。因此，收购和重组的威胁被认为是控制经理人行为的最有效的方法之一。

（三）经理人市场

存在于公司所有者和管理者之间的委托代理问题会因为管理者对自己职业生涯的关注而得到缓解。管理者对自己职业生涯的关注主要来源于经理人市场。经理人市场之所以对经理人的行为有约束作用，是因为在竞争的市场上声誉是决定个人价值的重要因素。经理人如果不努力，其业绩表现就会不佳，声誉就会下降。同时，经理人必须关心自己的名声，因为声誉好了才会有人愿意聘请他，他也才能获得更高的报酬。

第 4 节　公司治理的基础设施

影响公司治理效率的因素不仅包括公司内部治理结构和公司外部治理机制，还包括公司治理的基础设施。公司治理的基础设施主要包括公司信息披露制度、评价公司财务信息和治理水平的信用中介机构、保护投资者利益的法律法规、政府监管以及媒体和专业人士的舆论监督等。公司治理的一个重要目标是提供高质量的公司信息，前述几个方面可以围绕确保披露高质量的公司信息而有机地联系起来。但是，信息披露质量很难保证，因此需要会计、审计等信用中介机构进行评价，为披露的公司信息出具独立意见。但有了这些信用中介机构并不能保证公司披露的信息一定真实可靠，一旦出问题，就可能要诉诸事后的惩罚机制，也就需要法律法规的介入。如果有完善的投资者法律保护，并且有公正透明的执法程序，一旦出现信用中介机构伙同公司欺骗信息使用者尤其是投资者的情况，相关法律制裁机制便立即启动，可以最大限度地挽回投资者的损失。除此之外，还需考虑从公司信息的产生到披露过程中的政府监管和专业人士的舆论监督，他们可以在事中控制信息披露的质量。因此，我们可以把公司治理的基础设施统一到公司信息披露的分析框架中（如图 10－1 所示）。

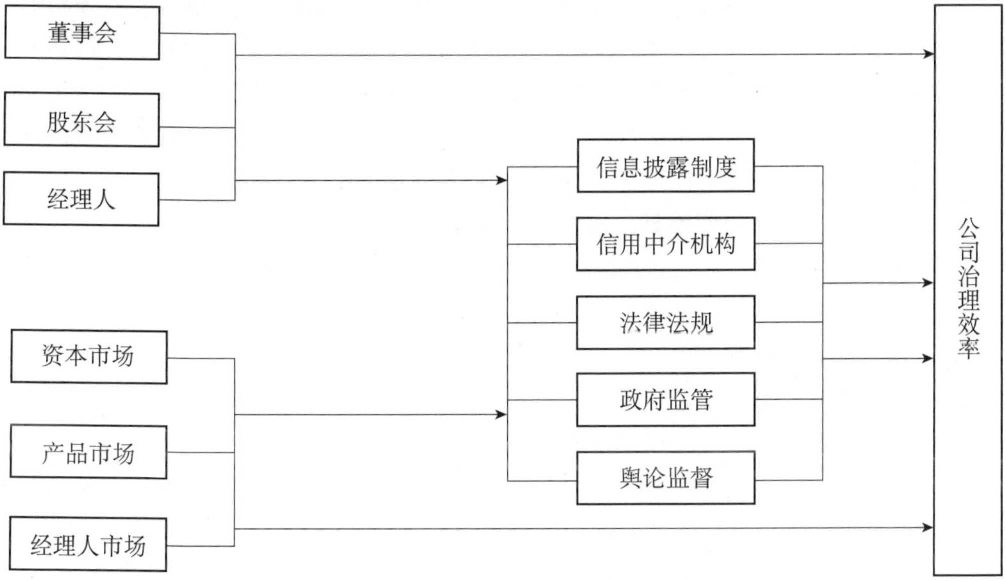

图 10－1　公司治理效率影响因素的分析框架

资料来源：高闯．公司治理：原理与前沿问题．北京：经济管理出版社，2009.

一、信息披露制度

信息披露制度是上市公司为保障投资者利益、接受社会公众的监督而依照法律规定必须将自身的财务变化、经营状况等信息和资料向证券管理部门和证券交易所报告，并向社会公开或公告，以使投资者充分了解情况的制度。它包括公司证券发行前的信息披露和上市后的持续信息公开，主要由招股说明书制度、定期报告制度和临时报告制度组成。信息披露制度的特征主要包括信息披露义务的强制性和自愿性、信息披露内容的多样性和信息披露时间的持续性等。

信息披露在公司治理结构中的作用表现在以下几方面：

1. 信息披露在内部治理结构中的监督作用

如何监督高级经理人员和大股东的行为是公司治理的关键。监督需要信息，尤其是公司财务方面的信息。财务信息通过对一个企业财务状况、经营成果和现金流量的披露，降低了股东与经理人员之间以及大股东和中小股东之间的信息不对称，从而比较有效地降低了经理人员和大股东的机会主义行为。

2. 信息披露在内部治理结构中的激励作用

信息披露特别是财务信息的披露为激励经理人员提供了依据。激励经理人员的关键在于如何评价经理人员与其签订的报酬契约。财务信息披露是对经理人员进行评价的基础，对经理人员真实、客观的评价可以起到降低道德风险、提高激励效果的作用。

3. 信息披露在内部治理结构中的契约沟通作用

企业是一系列契约关系的联结。财务信息为企业各种契约的签订、执行与监督提供基础性数据，并成为企业契约的重要组成部分，可以降低契约沟通成本（如签约成本和监督成本）。同时，契约是不完备的，缔约各方不可能对所有情况事无巨细地进行约定，因此，公司股东、董事会和经理人员必然为获得财务信息相关的各种权利展开沟通和博弈。内部治理结构各个契约环节的有效运行，如股东控制权和投票权的行使，董事会决策权的实施和经理人员薪酬计划的制订，同样以信息披露为依托。信息披露有效缓解了内部治理结构中的契约摩擦和沟通摩擦，降低了公司治理成本。

4. 信息披露有助于外部治理机制的有序运作

公司外部治理机制的有效运作同样需要相关、可靠、及时和充分的财务信息。

二、信用中介机构

信息披露制度旨在向公司利益相关者提供必要的信息，而信用中介机构可以让公司利益相关者相信公司所提供信息的真实性和可靠性。信用中介机构需要保持足够的独立性，对公司披露的信息出具客观公正的评估报告，对公司的利益相关者负责，避免他们的利益受到损害。主要的信用中介机构包括会计师事务所、投资银行和律师事务所等。一般而言，这些信用中介机构在担保公司信息披露质量方面很守信用。如果它们对公司披露的虚假信息表示认可，就会面临承担相应法律责任的风险，可能会受到政府部门的民事或刑事起诉，后果严重，所以，它们在工作中一般会严格遵守工作准则和职业道德。

1. 会计师事务所

会计师事务所一方面为公司起草和审查财务报告，另一方面要查找公司账目的漏洞，防止虚假信息的出现，从而保证真实、准确地描述公司财务状况。专业会计师是保证会计师事务所信用的关键，他们通过审计服务建议公司建立严格的内部程序，以保证审计结果或审计的财务报告达到最低质量标准。

2. 投资银行

投资银行是主要从事证券发行、承销、交易、企业重组、兼并与收购、投资分析、风险投资及项目融资等业务的非银行金融机构。投资银行主要由一些专业金融投资分析师组成，他们能够对公司进行深度投资分析，评价公司的投资价值，这种能力是一般投资者所不具有的，因此，投资分析结论对广大投资者的投资决策有重大影响。另外，有投资银行参与的企业兼并、收购和重组等业务可以充分体现出其公司治理功能。

3. 律师事务所

律师事务所是第三个主要的信用中介机构。尽管与会计师事务所、投资银行相比，投资者对它们并不是很关注，但在发达的证券市场中，它们的作用不容忽视。律师事务所会综合考虑接受发行公司准备的相关文件，提醒发行公司和投资银行遵守信息披露制度。

信用中介机构独立性的制度安排对于其信用机制的建立至关重要。而这种制度安排是否有效，一方面取决于信用中介机构人员的职业操守和专业能力，即进行专业业务服务既要有专业胜任能力，又要有独立的地位，并保持合理的职业谨慎；另一方面取决于相关的制度设计。这样，如何通过制度安排确保信用中介机构的独立性就成了公司治理中信用中介机构信用机制建构的核心。

三、法律法规

公司治理是以法治为基础的，公司法、银行法、证券法、破产法、劳动法等法律均会对公司治理产生重大影响。投资者法律保护主要是指一个国家的法律法规对投资者的保护条款及这些条款的执行情况。对中小投资者的法律保护越完善，公司价值就越高。对小股东的权利保护较好时，普通投资者预期他们未来的投资收益被大股东剥夺的可能性较小，从而更愿意购买这些公司的股票。相反，对小股东的权利保护较差时，普通投资者面临着很大的被大股东欺诈的可能性，因而不能实现他们应该得到的未来收益。在这种情况下，普通投资者愿意为这些公司的股票支付的价格就低，在极端的情况下甚至可能迫使一些公司退出股票市场。

四、政府监管

政府监管的必要性和重要性如下：一是信息不对称问题导致市场失灵，需要政府监管；二是法律的不完备性需要通过政府监管加以弥补。我国还处于转型期，市场缺陷无法通过市场本身来克服，必须借助公共权威机构即政府。一个有效的政府是市场经济转型的前提条件。同时，政府为了促进就业、实现经济增长、获得税收，必然要关注公司稳定和公司各方的利益，也就必然要对公司实施监管。

有效的政府监管体系应包括以下四个方面：

1. 法律监管

法律具有权威性与强制性，对公司治理中各主体和客体的行为具有最高权威的强制性约束，是其他形式监管的依据和基础。法律监管应从两个方面进行：（1）制定法律规章，即立法监管；（2）法院执法，即司法介入监管。

2. 行政监管

法律监管有其不足之处：（1）法律规章的制定不完善、不健全；（2）司法介入监管一般是被动的和事后的，不利于保护受损人的利益。因此，有必要引入能主动执法的机构，即政府各级行政机关。行政监管就是指各级行政机关依照法律的授权和规定对公司治理中各主体和客体的行为所进行的监管。行政监管的主体主要有证监会及其派出机构、财政部、国务院国资委、银保监会等。

3. 市场环境监管

这是指政府通过对市场环境的营造来达到公司治理的目的。良好的公司治理依赖于充分竞争和完备的市场体系（如竞争的产品市场、资本市场、经理人市场、劳动力市场），以及健全的破产机制等，这些都是有效的公司治理体系的重要组成部分。培育和建设良好的市场体系需要依靠政府的支持、引导和监管。

4. 信息披露监管

上市公司信息披露的管理体制是一国或地区对上市公司信息披露行为所采取的管理体系、管理结构和管理手段的总称，是上市公司监管体制的重要组成部分。负责上市公司信息披露监管的管理机构主要包括证券主管机关和证券交易所。

五、舆论监督

舆论监督的实施主体主要分为两个层次，即公众层次和媒体层次。公众作为舆论监督的主体，是舆论话题的发现者与提供者。而媒体一方面是公众舆论监督的实现途径和输出管道，另一方面是舆论监督话题的发现者与提供者。可以说，媒体在舆论监督中负有双重任务。

媒体监督具有全方位性和独立性，它无处不在，对公司治理主体和客体构成现实和潜在的监督。它通过对公司的一些重大违法事件的揭露来提高监督效率。同时它还对行政监管行为进行监督，通过对公司违规行为的调查和披露，迫使行政监管部门提高监管效率，迫使立法机关加快立法进程，从而促进了行政监管效率和法律监管效率的提高。

公众监督对公司治理的影响主要来自专业人士的作用，包括公司治理、公司财务等方面的专家和学者。他们对上市公司治理评价以及虚假信息披露等问题的分析发挥了专业人士积极的公司治理监督作用。

第 5 节　国企改革与国有企业公司治理

国有企业作为整个国民经济的主要支柱，其治理制度的不断完善是伴随着国有企业改革的步伐而逐步展开的。我国在不断的改革实践中，积累了大量的公司治理经验，形成了一整套具有中国特色的公司治理模式。2015 年 9 月，中共中央办公厅印发《关于在深化国有企业改革中坚持党的领导加强党的建设的若干意见》（以下简称《若干意见》），强调把加强党的领导和完善公司治理统一起来，明确国有企业党组织在公司法人治理结构中的法定地位。2016 年 10 月，习近平总书记在全国国有企业党的建设工作会议上的讲话中提出国有企业的两个“一以贯之”，进一步强调坚持党对国有企业的领导：坚持党对国有企业的领导是重大政治原则，必须一以贯之；建立现代企业制度是国有企业改革的方向，也必须一以贯之。2017 年 5 月，《国务院办公厅关于进一步完善国有企业法人治理结构的指导意见》提出，“将党建工作总体要求纳入国有企业章程”，“要充分发挥党组织的领导核心和政治核心作用”。2017 年 10 月修订的《中国共产党章程》确立了党组织在国有企业中“把方向、管大局、保落实”的重要职能。近年来，越来越多的国有企业把党组织引入公司治理。党的十九届五中全会指出，实现“十四五”规划和二〇三五年远景目标，必须“坚持党的全面领导”，“贯彻党把方向、谋大局、定政策、促改革的要求”。对于国有企业而言，党组织具有政治核心地位，加强党建是国企“十四五”时期的重要议题。因此，国有企业中党组织参与公司治理成为重要的公司治理研究主题。

国有企业党组织治理是指党组织通过与董事会、监事会和经理层的“双向进入、交叉任职”的方式和“讨论前置”制度，参与公司重大决策，从而形成一种有中国特色的国有企业治理制度安排。学者对党组织在公司治理中的嵌入形式和影响进行了检验。在嵌入形式方面，雷海民等（2012）对党组织的嵌入形式进行了非参数检验，发现党委书记、总经理、董事长三职合一不利于提高企业运营效率，而党委书记不兼任董事长或总经理，同时总经理兼任董事长，最有利于提高企业运营效率。马连福等（2012）研究发现党委会“双向进入”与公司治理呈倒 U 型关系，与董事会效率正相关；“交叉任职”可以显著影响公司治理水平，但董事长担任党委书记不利于公司治理水平的提高。在嵌入影响方面，以往研究关注了党组织对国有资产或股权转让溢价、雇员数量、高管薪酬、董事会决议的影响。陈仕华和卢昌崇（2014）发现在并购过程中，国有企业党组织参与治理能够防止国有资产的低价转让，抑制国有资产流失问题，但也有可能因为索价高于市场水平而不利于并购交易的正常进行，因此建议政策制定者及学者更多关注党组织参与治理的“度”，研究如何做到参与而不干预。马连福等（2013）的研究表明，国有上市公司党委会通过“双向进入、交叉任职”的方式参与治理一方面会增加员工数量、形成冗员，另一方面降低了高管人员的绝对薪酬，抑制了高管攫取超额薪酬的行为，缩小了高管与普通员工间的薪酬差距。柳学信等（2020）认为党组织治理通过“双向进入、交叉任职”和“讨论前置”的方式影响董事会决策，通过行使否决权阻止了一部分政治上存在问题的议案进入董事会决策流程，提高了决策效率，因而在董事会决策过程中异议减少。总而言之，确保党组织有效嵌入公司治理结构，需要处理好三重关系，即处理好党对国有企业的领导和建立现代企业制度的关系、处理好党委会与董事会的关系、处理好党组织与外部环境影响的关系。我国国有企业党组织治理是伴随经济体制改革和国有企业改革不断发展至今的，具有深厚的历史渊源，对完善中国国有企业公司治理制度特别是国有企业的决策机制有着重要意义。

案例分析

雷士照明：战略成功与治理困境

1998 年，吴长江、杜刚、胡永宏在广东聚首，共同创立了雷士照明。三人在创业初期并无太多资源可用。在艰苦的创业期，他们同吃同住，经常“在面包车上啃馒头”，熬过了最初艰难的发展阶段。从创立之初，吴长江就一直想要建立一个“全产业链”的企业，但是在1998—2005年这7年间，雷士照明打造了一个在当时看来颇为前卫的“轻公司”：雷士照明只拥有少量的实物资产以满足制造需求，同时与公司的供应商和经销商建立极为紧密的合作关系。为了打造独特的品牌，雷士照明拿出了大量的资金扶持各地的经销商。作为交换，经销商必须专营雷士照明品牌。如果你想购买雷士照明产品，就需要到雷士照明的专卖店去，在杂货店里找不到雷士照明的踪迹。但每年无偿提供给下游数千万元乃至上亿元的资金，对于一家年销售额刚刚突破10亿元的公司而言，是一个沉重的负担。2005年底，吴长江、杜刚、胡永宏在这个问题上产生了根本性的分歧。吴长江认为企业应该将收益再投资，继续这种模式，另外两位创始人则希望停止“烧钱”，将获得的资金以股利形式发放。依照股权投票，杜刚和胡永宏的意见占得上风。气愤之下，吴长江以8 000万元的价格将自己的股份出售给杜刚和胡永宏。

出人意料的是，在吴长江出售股份一周后，雷士照明的经销商齐聚惠州，“逼宫”杜刚和胡永宏，要求雇用吴长江为企业的总经理。由于无法接受这一条件，这次退出的人变成了杜刚和胡永宏，他们决定以相同的价格出售自己的股份，吴长江需要在半年内分别付给另外两位股东各8 000万元。虽然吴长江夺得了控制权，可随之而来的是资金紧缺。用吴长江的话说，那半年间“什么都不管，就是想办法怎么找钱”，从投资人、银行、朋友，甚至是高利贷者那里借钱。

2006年8月，还没弄清资本市场规则的吴长江在资本掮客的介入下，接受了软银赛富2 200万美元的投资，这极大地缓解了雷士照明的财务窘境。阎焱在美国获得经济学博士学位，曾经在世界银行担任经济学家，看重资本市场的游戏规则。阎焱领导的软银赛富希望吴长江减少一些随性之举，从而控制投资风险，这让以“袍哥”自居的吴长江颇为不满。

软银赛富的投资确实提高了雷士照明的规范化程度，借助软银赛富在帮助企业上市方面的经验，雷士照明于2010年成功在香港上市。次年，衣锦还乡的吴长江将公司总部搬回了自己的老家重庆万州。出人意料的是，随后因为需要配合当地警方审查其他案件，按照港交所规定，他必须辞去董事长职位。在获得软银赛富的支持后，董事长随后由战略投资方施耐德电气的人员接任。这直接触动了经销商和吴长江的神经：前者担心机构投资者为了短期利益减少对渠道的财务支持，后者担心自己无法重掌雷士照明。警方结束调查之后，吴长江立刻调动自己在公司的旧部，配合主要的经销商和供应商，发动集体行动，进行新一轮的“逼宫”，迫使软银赛富和施耐德电气重新选举他为董事长。这次集体动员期间群情激愤，工厂停工，上下游声称将停止与雷士照明合作，导致雷士照明股价暴跌。地方政府也不得不协助解决事件。最终双方达成和解，吴长江达成了自己的目的，重掌雷士照明。

2012年7月这次胜利似乎给了吴长江很大的启示。他意识到自己对雷士照明的控制能力，即使他持股比例并不高（不足20%，软银赛富是第一大股东，持股35%），但也足够改变这艘大船的航向。为了彻底赶走束缚自己的软银赛富，吴长江和德豪润达的王冬雷达成合作，后者收购吴长江手上的雷士照明股份并向吴长江定向增发自己的股份，德豪润达成为雷士照明的控股母公司，吴长江则成为母公司的第二大股东。同时，作为德豪方面的第一大股东，王冬雷与吴长江在私下达成了所谓“君子协定”，王冬雷承诺吴长江在雷士照明的领导地位，同时保证不插手雷士照明事务。

从后来的披露看，吴长江后来的行为更为大胆：通过多种方式，为自己控制的公司进行利益输送，掏空了雷士照明；他还嗜赌成性，欠下亿元赌债，拿公司资金为自己还债；故意绕开财务制度，为自己的家族成员牟利。因此，王冬雷希望罢免吴长江的董事长职务，夺回控制权。

为了达成夺得控制权的目的，王冬雷方面做了大量准备。目睹了两次“逼宫”，王冬雷充分意识到公司的控制权并非简单等同于股权。2013 年末，王冬雷动用多种利益手段来分化和获取经销商的支持，大量有影响力的经销商选择与王冬雷合作。

2014 年 8 月，王冬雷利用股权正式罢免了吴长江的董事长职务。作为应对，吴长江试图再次组织大规模的“逼宫”，获得公司和上下游的支持。但是这一次，一些经销商站在了对手那一边。供应商内部也发生了分裂，为数不少的上游企业认为吴长江长期拖欠账款，不值得再次支持。广州的生产基地也充分尊重董事会决议，支持大股东德豪润达。这一次，王冬雷获得了胜利。在双方对决的过程中，王冬雷揭露了吴长江的不端行为，最终引起了检方的重视。2014 年 11 月，吴长江因涉嫌挪用资金罪被逮捕，王冬雷正式接手雷士照明。

资料来源：赵晶，王明．利益相关者、非正式参与和公司治理：基于雷士照明的案例研究．管理世界，2016 (4)：138－149，167.

思考题

1. 公司战略投资人和创始人之间为何经常发生矛盾？
2. 案例中出现的第一类代理问题（“内部控制人”问题）是什么？
3. 案例中出现的第二类代理问题（“隧道挖掘”问题）是什么？

本章小结

从狭义角度讲，公司治理是指所有者（主要是股东）对经营者的一种监督与制衡机制，即通过一种制度安排，合理地配置所有者和经营者之间的权利和责任关系；广义地讲，公司治理不局限于股东对经营者的制衡，还涉及广泛的利益相关者，包括股东、雇员、债权人、供应商和政府等与公司有利害关系的集体或个人。现代公司分散的股权结构、分离的所有权和控制权以及市场信息的不对称等，是公司治理问题产生的主要原因。公司治理问题主要包括：公司所有者与经营者间的代理问题，即经理人对于股东的“内部人控制”问题；大股东与中小股东间的代理问题，即终极股东对于中小股东的“隧道挖掘”问题。

解决公司治理问题依赖于健全的公司治理制度安排：涵盖股东会、董事会（监事会）、高级管理团队以及公司员工之间责权利制衡安排的内部治理结构；来自产品市场、资本市场、经理人市场对公司进行监督和约束的外部治理机制；包括信息披露制度、评价公司财务信息和治理水平的信用中介机构、保护投资者利益的法律法规、政府监管以及媒体和专业人士的舆论监督等公司治理基础设施在内的公司治理机制。它们共同构成了影响公司治理效率的关键因素。

党组织嵌入公司治理结构是党对国有企业全面领导作用的集中体现，也是中国特色公司治理制度形成的重要标志。

思考题

1. 根据委托代理理论，委托代理问题产生的原因是什么？

2. 比较分析两大公司治理问题的成因和应对措施。

3. 如何理解国有企业公司治理的独特性和现实性？分析其对国有企业改革的意义和作用。

参考文献

[1] Berle A A，Means G C. The Modern Corporation and Private Propetry. New York：MacMillan Company，1932.

[2] Coase R H. The Nature of the Firm. Economica，1937，4（16）：386－405.

[3] Coase R H. The Nature of the Firm：Influence. Journal of Law，Economics，and Organization，1988，4（3）：33－48.

[4] Coase R H. The Firm，the Market，and the Law. Chicago：University of Chicago Press，1988.

[5] Eisenhardt K M. Agency Theory：An Assessment and Review. Academy of Management Review，1989，14（1）：57－74.

[6] Freeman R E. Strategic Management：A Stakeholder Approach. Boston：Pitman，1984.

[7] Freeman R E. The Politics of Stakeholder Theory：Some Future Directions. Business Ethics Quarterly，1994（4）：409－421.

[8] Jensen M. C. Agency Costs of Free Cash Flow，Corporate Finance and Takeovers. American Economic Review，1986，76（2）：323－329.

[9] Jensen M C，Meckling W H. Theory of the Firm：Managerial Behavior，Agency Costs and Ownership Structure. Journal of Financial Economics，1976，3（4）：305－360.

[10] Meyer J W，Rowan B. Institutionalized Organizations：Formal Structures As Myth and Ceremony. American Journal of Sociology，1977，80（2）：340－363.

[11] 陈仕华，卢昌崇．国有企业党组织的治理参与能够有效抑制并购中的“国有资产流失”吗？．管理世界，2014（5）：106－120.

[12] 李维安．公司治理学．2 版．北京：高等教育出版社，2009.

[13] 林毅夫．关于制度变迁的经济学理论：诱致性变迁与强制性变迁．（2015－03－29）．http：//www. doc 88. com/p－1068553734626. html.

[14] 柳学信，孔晓旭，王凯．国有企业党组织治理与董事会异议：基于上市公司董事会决议投票的证据．管理世界，2020，36（5）：116－133，13.

［15］雷海民，梁巧转，李家军．公司政治治理影响企业的运营效率吗：基于中国上市公司的非参数检验．中国工业经济，2012（9）：109－121.

［16］马连福，王元芳，沈小秀．中国国有企业党组织治理效应研究：基于“内部人控制”的视角．中国工业经济，2012（8）：82－95.

［17］马连福，王元芳，沈小秀．国有企业党组织治理、冗余雇员与高管薪酬契约．管理世界，2013（5）：100－115，130.

［18］宁向东．公司治理理论．北京：中国发展出版社，2006.

［19］苏国勋．理性化及其限制：韦伯思想引论．上海：上海人民出版社，1988.

［20］赵晶，张书博，祝丽敏，等．个人社会资本与组织社会资本契合度对企业实际控制权的影响：基于国美电器和雷士照明的对比．中国工业经济，2014（3）：121－133.

［21］赵晶，王明．利益相关者、非正式参与和公司治理：基于雷士照明的案例研究．管理世界，2016（4）：138－149，167.

［22］赵晶，郭海．公司实际控制权、社会资本控制链与制度环境．管理世界，2014（9）：160－171.

［23］赵晶．公司治理：原理与案例．北京：中国人民大学出版社，2021.

第11章

高瞻远瞩：战略领导力

小胜靠智，大胜靠德。

——《世说新语》

优秀的公司赚取利润，伟大的公司赢得人心。

——雷军

学习目标

- 理解战略领导力的定义、构成要素及特征
- 解释战略领导力对公司成长的重要影响
- 分析 CEO 和高层领导团队的关键作用
- 阐述高层领导团队对战略变革产生的影响
- 阐述战略型领导者的素质以及如何培育战略领导力

引导案例

任正非的战略领导力

2018 年 1 月，美国政府首次公开反对华为和 AT&T 签约合作，禁止华为手机进入美国市场，揭开了美国政府全面抵制华为的序幕；2018 年 8 月，美国总统特朗普签署《2019 财年国防授权法案》，禁止美国政府机构和承包商使用华为的某些技术；2018 年 12 月，华为副董事长、首席财务官孟晚舟在加拿大温哥华被捕；2019 年 5 月，美国政府将华为及其 70 家附属公司列入管制“实体清单”，禁止美国企业向华为出售相关技术和产品；同月，谷歌公司暂停与华为的业务合作……

纵观华为的发展历程，来自政策环境、技术更替、市场需求、竞争环境、合作环境等方面的不确定性，以及来自国际市场、政治、经济等各个方面的不确定性似乎无时、无处不在。为什么华为能屡次化险为夷、以令人惊叹的速度迅速崛起，成为全球领先的信息与通信解决方案供应商？华为的掌舵者——任正非的战略领导力被认为是华为多次成功应对危机的关键因素。任正非的战略领导力体现在其倡导并践行的“灰度管理思想”上。

早在 1995 年起草《华为基本法》时，任正非就与“人大六君子”提出了灰度管理思想。后来，任正非在 2009 年 1 月 15 日召开的全球市场工作会议上发表了题为《开放、妥协与灰度》的讲话，完整地诠释了其灰度管理思想体系：一个清晰的方向是在混沌中产生的，是从灰色中脱颖而出的，而方向是随时间与空间变化的，它常常又会变得不清晰，但并不是非白即黑、非此即彼。合理地掌握合适的灰度，可以使各种影响发展的要素在一段时间内和谐共存。这种和谐的过程叫妥协，这种和谐的结果叫灰度。

灰度管理突破了将一切事物“一分为二”或“非黑即白”的简单思维。任正非认为，一个领导者重要的素质是把握方向和节奏。灰度中的“灰”是一种颜色，是黑与白的融合，意味着企业的生存环境和未来不是简单的、纯粹的、易于辨别的，而是多元的、复杂的、存在不确定性的。“灰”又是与白之间的过渡，它混沌、模糊，同时也蕴含着多重元素，在混沌的表象下实则孕育着活力和生命力。妥协、宽容与开放不是灰度的本质，而是把握灰度的手段与工具。灰度的“度”是很难把握的，需要管理者具有非凡的智慧与能力。把握灰度需要的不是手段，也不是科学，而是一门领导艺术。正如任正非所说：任何黑的或白的观点，都是容易鼓动人心的，而我们恰恰不需要黑的或白的，我们需要的是灰色的观点。介于黑与白之间的灰度，是很难掌握的，这就是领导与导师的水平。管理上的灰色，是我们的生命之树。

任正非的华为管理实践，其基本色调就是灰度。灰度既是其世界观，是其思维方式，也是其经营管理的基本假设、理念与哲学。企业家自身的特质必然会影响乃至决定企业的底蕴与特质。正是因为这一点，华为不怕被外界黑，无论是浓彩泼墨，还是写意描白，都改变不了华为。正是任正非的灰度管理理论，浇灌出了华为这棵常青之树。

资料来源：大冲突下的华为：华为“灰度”哲学．（2020－09－18）．https：//baijiahao. baidu. com/s? id＝1678174279152833059&wfr＝spider&for＝pc.

从引导案例可见，战略领导者的工作是极富挑战性的，需要领导者拥有独到的管理与战略思维，不断根据变化的游戏规则调整企业的战略。在华为进入“无人区”之后，基于灰度理论，任正非为华为指明了未来的方向。本章讨论的主要议题是有效的战略领导力对企业的生存与发展至关重要。

第 1 节　战略领导力的内涵

一、战略领导力的定义

随着技术的进步和数字化时代的到来，企业生存与发展的环境存在很多不确定性。

2020年初以来，频发的“黑天鹅”事件让人们切身感受着VUCA时代的巨大变化，突如其来的新冠疫情在全球蔓延，地区保护主义和逆全球化思潮加剧带来全球产业链的动荡。鲍勃·约翰森（Bob Johansen）用VUCA来描绘一个易变的（volatility）、不确定的（uncertainty）、复杂的（complexity）和模糊的（ambiguity）世界，这样的世界让企业的运营变得更加复杂、更需要相互依赖，要求企业既要有灵活性又要有适应性。战略领导者能够通过对环境的预测，把控企业的发展方向，为企业制定适合的发展战略。同时，也正是由于环境的不确定性，要求战略领导者在战略制定和执行的过程中保持灵活性，针对环境的变化及时进行战略调整。

战略领导力是一种可以预测事件、展望未来、保持灵活性，并促使他人进行战略变革的能力。战略领导力的主体是领导者，它是战略领导者所具有的核心能力。作为领导力与战略的有机结合，战略领导力是领导者在战略制定、执行和控制方面所展现的能力。除了对全球竞争环境下不断产生的变革进行处理外，战略领导者还应管理他人、管理整个组织而不是一个职能部门。通过有效地影响他人，战略领导者与其共同创造所需要的战略变革。

战略领导力其实就是企业领导者引领企业战略变革的能力。当然，进行战略变革还涉及战略领导力的诸多特质。对于战略领导力的界定，学者们往往将组织作为一个整体来看待，通过战略领导者系统的策略来引领组织走向未来。同时战略领导者必须对组织的长期利益和短期利益进行协调，使企业实现可持续发展。对战略领导力的描述是基于未来的，企业必须要配置好自有的当期资源来规划组织的未来。

Instagram刚成立时只有13位员工，公司创始人希望公司能够长期存在并不断发展。因此当大名鼎鼎的Facebook愿意出10亿美元来收购这家新创公司时，其创始人不仅没有拒绝，反而在被收购后仍作为一个独立的公司，为Facebook做出了不可忽视的贡献，发挥了自身的价值。Instagram的创始人实现了成就非凡事业的愿望，而这就是一种战略领导力。

二、战略领导力的构成要素

战略领导力作为领导力的一个子集，其构成要素既包含与战略相关的展望、前瞻的能力，也包含领导力中执行、变通的能力。成功而有效的战略领导力需要为企业寻找适宜的使命、愿景、价值观，更重要的是，需要确保其使命、愿景、价值观得到良好的实现。前瞻眼光固然重要，但更重要的是引导并激励所有成员进行有效的实践。很多企业做到了前一点，却忽视了后一点。乐视的创始人贾跃亭非常善于为企业规划使命、愿景，正因为如此，他才能吸引大量资本、人才并创建公司，可是他没有成功地进行战略实施，导致后期出现高层出走、资金链断裂等一系列问题。因此，战略领导力包含战略规划力、战略决策力、战略创新力、战略执行力和战略保障力这五个构成要素。

战略规划力是战略领导力的前提，是指领导者明确组织发展方向、制定正确的战略规划的能力。面对外部环境的不确定性，领导者要能够识别出组织发展的机遇，兼顾个人价值、组织成员价值和组织整体价值，设计组织的愿景，为组织规划出合适的发展路线，制定相应的发展战略。

战略决策力是战略领导力的核心，是指领导者为实现组织目标，在资源调配、实现途径等方面做出判断和进行决策的能力。由于组织所拥有的资源是有限的，领导者要能够根据所制定的战略目标来配置各种关键资源。

战略创新力是战略领导力的动力，是指领导者不断推动管理变革和创新以提升组织竞争力的能力。在当今这个技术飞速发展的时代，外部环境日新月异，企业需不断寻求创新、推动变革，才能不断发展进步，在行业内保持领先地位。

战略执行力是战略领导力的基础，是指领导者决定业务方向，规划和实施业务布局，统领业务发展，以实现战略目标的能力。业务是战略实施的基础，应将抽象的战略具体化为企业的业务，使战略目标的实现可视化。

战略保障力是战略领导力的保障，是指组织对环境的应变能力、组织调整变革的能力以及组织为战略提供所需的管理职能和资源保障的能力。钱德勒指出，“战略决定组织，组织跟随战略”，这表明战略与组织之间存在相互协同关系。因此，战略领导力的构成除了包含领导者自身所具备的能力之外，领导者所带领的组织也应具备支持力，与领导者共同为实现战略目标而努力。

三、中国企业家战略领导力的特征

战略领导力要求领导者对事物发展具有整体掌控能力，能够把握发展方向，在进行全盘考虑后做出权衡。对于事物的发展或者企业的发展方向，领导者应具有出色的预见性。战略领导力还要求领导者具备充分的主观能动性，适应社会的变化，并且能够根据经济发展方向和形势，引领企业的发展方向。如今，中国企业家普遍愿意回馈社会；注重创新、善抓机遇，努力发展持续竞争优势；更加敬业，热爱事业并坚韧执着；更善思考、重视学习，注重自身素质和能力的提升。中国企业家战略领导力的特征总结如下：

（一）全局性

战略领导者应具有把握整体的能力，处理问题时需要站在全局的高度，有一个全面的考虑，最终进行全面的权衡。在面临诸多选择时，战略领导者应明确事务的轻重缓急，抓住企业的发展重点与发展趋势，从而制定出适合企业长远发展的正确决策。

战略领导者在决策的过程中，其个人素质与品质格外重要。具有包容精神的领导者在分析问题时善于容忍质疑并听取不同意见与建议，有利于企业文化的塑造与发展方向的选择，有利于有效决策的制定；富有责任心的领导者勇于承担责任与压力，能够经受住重大的考验与磨砺，从而成为困境中支持企业渡过难关的中坚力量；具有敏锐观察力的领导者能够准确地找出问题的根本原因，有独到的见解和非凡的智慧，有利于提高全体的工作效率，制订出最优决策方案。

（二）前瞻性

海尔集团创始人张瑞敏认为，面对高度不确定的环境，战略领导者要按《易经》中的“三易”原则来应对——“变易”“不易”“简易”。具体来说，“变易”指外部环境的变化并不是我们能决定的，但我们可以在变化中形成自己的定力，这个定力就是“不易”，也就是采取外部高度不确定形势下的确定性战略，然后用“简易”的方式去迅速落地。“不易”或者说确定性的战略，是公认的、不变的规律。因此，企业需要不断地适应时代变化并进行转型，每一次转型相当于对原来企业的一次扬弃。

由此可见，优秀的战略领导者对事物的发展有着良好的预见力，对企业在前进道路上遇到的所有机会与经历的种种困难有敏锐的感知，能够准确地预测事物的发展方向，敏锐地找出影响企业发展的根本原因，从而能够从社会经济以及政策背景中看到企业未来的机遇或障碍，带领企业及时抓住机遇；抑或使企业在困境到来之前做好预防措施，使其在迅速发展的过程中能够更快地、损失更小地渡过难关。

（三）创造力

在全球化背景下和转型时代，领导者的使命就是“适应变化，引领变革”。在激烈的竞争环境中，领导者要能够适应社会的变化，引领企业的改革与创新，通过在产品开发、技术革新、人才培养等方面的优秀创造力，掌握市场的主动权，顺应时代发展的潮流，使企业在瞬息万变的社会中屹立不倒。

（四）执行力

不论企业有多么精美的战略构想，如果无从执行或执行不力，都难以成功。一个出色的战略领导者应能够制定出可操作性强的战略，并领导全体员工推动企业向着战略目标不断前进。在这期间，领导者的领导艺术与号召力尤为重要。如何调动员工的积极性，将员工的个人利益与组织利益相结合，促使员工更有动力地为企业奋斗，是领导者应该掌握的领导艺术。

四、公司成长与战略领导力

战略领导力兼具战略和领导的属性，为公司的发展提供了强有力的支撑。战略领导力首先为公司确立了发展方向，在面对不确定的外部环境时，战略领导力推动企业进行变革，以使其适应不断变化的外部环境。同时，战略领导力还促进了企业的创新，为企业的持续发展注入活力。在遇到危机时，发挥战略领导力的关键作用能帮助企业顺利渡过难关。

阿里巴巴创建伊始，马云便向员工定义了企业的发展目标——成为最伟大的电子商务公司，这不仅增强了员工的信心，也为员工指明了方向。马云发挥其战略领导力，确立了企业的发展目标，引领了企业的发展方向。

战略领导力能够推动战略变革，帮助企业适应瞬息万变的外部环境。在如今这个复杂多变、竞争加剧的时代，一成不变的企业是无法生存和发展的，企业的战略要随着外界环境的变化进行变革。杰克·韦尔奇从 1981 年开始担任美国通用电气的 CEO，他上任伊始就开始了长达近 10 年的全面变革，因为他发觉随着外部需求的不断增加、竞争的不断加剧，通用电气的很多产业无法形成有效的竞争力，甚至在未来几年将丧失竞争力。为了颠覆原有的官僚体制，韦尔奇大刀阔斧地进行改革，将原来上百个业务部门精简为 13 个，而这 13 个业务部门在各自的市场上都是数一数二的。韦尔奇通过发挥战略领导力，对企业战略进行重大变革，帮助企业更好地适应环境、提升自身竞争力，使通用电气成为世界上最大的提供技术和服务业务的跨国公司之一。

战略领导力还能够促进创新，保持企业发展活力。创新不仅仅针对产品技术，企业价值链上的创新如财务、供应链等方面的创新，也有助于企业保持发展活力、发展竞争优势。1953 年，日本丰田的副总裁大野耐一为了实行更灵活高效的战略，没有照搬美国汽车工业先进的生产方式，而是采取了一种更加灵活、更能够适应市场需求以提高产品竞争力的生产方式，也就是准时制（JIT）生产方式，通过保持物流和信息流在生产过程中的同步，实现了在需要的时候按需要的量生产所需的产品。这种生产方式能够使库存最小，甚至实现零库存，有利于追求生产经营全过程的合理性、高效性和灵活性。大野耐一从战略角度出发，通过对生产方式进行创新，让丰田获得了竞争优势，保持了企业的发展活力。

在企业遇到危机的时候，领导者通过发挥战略领导力也能够帮助企业渡过难关，而企业渡过危机所发挥的战略领导力主要是通过领导者调整企业战略方向、推动战略变革或者进行创新体现出来的。20 世纪 80 年代，个人计算机已经成为当时的热门产品，而 IBM 还执着于大型机，最终失去了增长的最佳机会。1994 年底，IBM 累计亏损 150 亿美元，市值从 1 050 亿美元暴跌至 320 亿美元，遭遇了有史以来最大的困境。郭士纳临危受命担任 IBM 的 CEO，他将这家曾经的信息产业硬件巨头转型为向客户提供产品和服务的整体解决方案供应商，开启了信息产业的电子商务时代。郭士纳通过发挥其战略领导力，帮助身处困境的公司向 IT 服务业进行战略转型，不仅成功帮助 IBM 摆脱了危机，还使其一跃成为新时期企业创新的标杆。

聚焦中国 11-1

宁德时代——修己达人 奋斗创新

提到宁德时代，人们想到的是其耀眼的成就：全球每 3 辆新能源汽车就有一辆搭载宁德时代电池；连续 5 年电池装机量位列全球第一；全球首家推出 CTP 技术并实现量产；全球首家量产车规级 811 电池；研发出全球最长寿命电池并应用于晋江储能电站；在化学体系上取得世界性突破，率先推出钠离子电池；打造全球首个可适配绝大多数新能源汽车的换电品牌 EVOGO 并投入使用；建设全球第一家电池灯塔工厂和零碳工厂……

宁德时代创始人、董事长曾毓群，仅用 6 年时间，就带领公司打破了日韩在动力电池上的垄断地位，成为全球第一并蝉联至今。而这家企业深耕的宁德，曾是福建经济倒数的城市，如今成为全球锂电池新能源行业的心脏。

2011 年，虽然国家已经开始新能源汽车十城千辆的试点，但不少人对其前景并不乐观，疑虑主要来源于决定车辆性能最重要的构成单元——电池。彼时，LG、三星、松下三足鼎立，垄断了绝大部分市场，我国在动力电池上并不具备优势。然而，已经掌握全球尖端消费类电池技术的曾毓群充满信心，他常言："日本人发明了锂电池，韩国人把它做大，中国人要把它做到世界第一。"凭着一腔热血，他毅然带领团队回到家乡宁德开启二次创业。

获得主机厂，尤其是海外主流主机厂的信任并不容易，更何况是在一个全新的领域。当宝马试探着伸出合作的橄榄枝，曾毓群清楚此时必须全力以赴。他带领团队夜以继日，啃下宝马给的 800 页德文技术文件，把每一个标准细节吃透，最终以卓越的产品品质赢得宝马的信任，一举拿下其 75%的订单。正是这样的精益求精，令宁德时代陆续获得了全球几乎所有主流车企和各领域企业的青睐，产品远销全球 53 个国家和地区。

在曾毓群心中，修己、达人、奋斗、创新凝练了宁德时代的企业文化。"宁德时代的责任就是为员工提供世界一流的创新研发平台，为中国培养出最优秀的工程师。"目前，宁德时代建有一支上万人的研发团队，拥有及正在申请的国内外专利超过 1 万项。他们中许多人已成为我国新能源产业的中流砥柱。创新科技有多大，新能源事业有多大，宁德时代就有多大的潜力，宁德时代希望为人类新能源事业做出卓越贡献。

资料来源：闽商风采 | 曾毓群：修己达人 奋斗创新．(2022 - 06 - 16)．https：//mp. weixin. qq. com/s? __biz = MzI2OTE3OTQ1MQ = = &mid = 2651895639&idx = 2&sn = 2ac878b514b50ab06126d8c82aa5ff50&chksm = f1005803c677d115e4ae00dd47485aadaa74977f5b684d0f644998df75dbf3ad49b7b63bb9bf&scene=27.

第 2 节 战略领导团队

一、战略领导团队的内涵

战略领导团队是由对组织、部门、产品线或业务部门具有战略意义的一群人组成的团队。若想判断一个团队是不是战略领导团队，最简单的方法就是思考这个团队的工作是否为组织的长期成功服务。一个团队可能会参与开发和更新公司的下一代产品，可能会负责设计和实施一个持续的改进流程，或者可能会重新设计组织的物流模型，这样的团队往往是项目驱动的，其寿命也是有限的，但是如果它们为组织长期的生存发展服务，那么这样的团队也是战略领导团队。当战略领导团队有具体且有意义的目的、切实的绩效目标、技能互补的团队成员、可管控的时间付出、相互问责制、激励和调整团队的机制时，它往往可以获得成功。

公司 CEO 是公司战略的决策者，中高层管理团队是公司战略的实施者，但这并不意味着只有他们才是战略领导团队的成员。事实上，只要成员所在的团队对组织的发展和成功有战略意义，这些人就都是战略领导团队的一分子。当来自组织顶层的信息与来自底层的信息相结合时，战略领导团队的作用能最好地发挥出来。因此，只有 CEO 和高管团队是优秀的战略领导者还不够，战略领导团队中的每个成员都应该具有一定的战略领导力。

二、CEO 与高层领导团队的关键作用

战略管理涉及组织中的每个人，但是相较而言，CEO 与高层领导团队的战略领导力对于企业的生存和发展更为重要。从外部环境来说，企业面对的是纷繁复杂的外部环境，CEO 与高层领导团队需要有火眼金睛，既能灵活地捕捉机遇，又能敏锐地察觉挑战。从内部环境来说，CEO 和高层领导团队是企业的核心，负责制定企业的目标以及有效地实施战略，并且有自由裁量权，这种自由裁量权既能成就企业也能让一个企业式微。所以说高层领导团队是企业的大脑。

CEO 与高层领导团队对于企业的生存和发展发挥着关键作用。CEO 与高层领导团队既要对董事会负责，也要重视其他利益相关者；既要争取让企业能够获得超额利润，也要平衡各方的利益以创造更高的价值；既要通过协调各方利益确定公司战略的发展方向，也要监督战略的制定并持续推进战略的实施。

如今，新冠疫情的暴发和与之相随的全球性突变，正使世界面临着一场出乎意料且影响深远的危机。这场危机将产生前所未有的政治、经济和社会后果，许多国家可能面临经济衰退、企业倒闭、大规模失业、债务水平上涨等一系列难题。如何领导公司渡过这一危机同时为将来做好准备，对高层领导团队来说是一项艰苦卓绝的任务。当前的危机需要企业更深入地关注 CEO 与其他高层领导团队成员之间相辅相成的关系，因为在危机情况下 CEO 和高层领导团队的成员需要协同一致、相互支持，才能使公司的有限资源得以充分有效的利用。尽管 CEO 拥有职位上的特殊性，并被视为企业高层领导团队的领导者和塑造者，但 CEO 个人的智慧毕竟是有限的。在环境不确定的情况下，CEO 需要高管领导团队成员提供信息支持和心理支持，需要经常地向高层领导团队成员寻求建议，充分运用集体的智慧，进行高瞻远瞩的战略决策。CEO 与高层领导团队的关键作用体现在以下几个方面。

（一）决定企业的战略方向

企业的战略方向确定了企业运营的活动背景，界定了企业的形象和特征。CEO 和高层领导团队通过对公司内外部环境进行分析，根据企业现有的资源和经营环境，决定企业的战略方向，确立公司的长期发展战略。企业的战略方向要体现在企业的使命、愿景和价值观中。使命能够帮助企业界定其经营范围和有别于竞争对手的独特目的；愿景能够帮助企业激励员工不断突破现状，持续进行创新和变革；价值观能够规范企业的行为，确保企业以合理、合规、合法的途径沿着战略方向前进。

李艾科于 2010 年 11 月成为惠普 CEO，2011 年 9 月被解雇。李艾科之所以无法胜任惠普的 CEO，并不是因为他缺少创新能力和管理能力，而是他对企业发展方向把控

不足。李艾科上任后，通过与公司员工、顾客的交流最终确定了聚焦于适应云计算的新软件开发战略，并采取其他辅助措施对公司进行大刀阔斧的改革。虽然这一战略有助于惠普重塑创新文化，但是大幅度和大范围的结构调整使得公司的原有力量遭到侵蚀。新战略使企业在短期利益上存在重大缺陷，股东的不信任和公司股价大跌迫使他不得不离开惠普。由此可见，公司有愿景、使命和新的战略方向只是万里长征的第一步，如何采取有效的手段成功地领导核心团队、员工、投资人甚至是顾客，使他们不仅相信目标会实现而且愿意为达到预期目标而努力奋斗才是管理者面对的更重要的课题。

（二）开发和管理人力资本和社会资本

对于企业来说，人力资本是指公司中具有经济价值的劳动力的知识和技能，是企业发展所必须投资的一项资源。21 世纪的竞争，归根到底是人才的竞争。全体员工在技术和技能上的量级提升可以为企业实现质级飞跃奠定有力的基础。企业在人力资本方面的持续投入和累积有利于为企业塑造良好的企业形象，不仅能够给顾客和投资人专业、可靠的感觉，而且能够为选取企业领导者的继承人提供便利。企业的不间断学习能促使企业跟紧时代步伐，保持灵活性、韧性和适应能力，由此促进企业的成功。

在阿里巴巴构建的独特的合伙人制度里，有两个人是终身合伙人，一个是马云，另一个是蔡崇信。蔡崇信在加入阿里巴巴之前已经是年薪百万的高薪人士，他能够舍下一切加入刚刚成立的阿里巴巴，除了看好互联网的发展前景外，马云的个人魅力及其创始团队的创业激情是一个重要的因素。当年，蔡崇信在找投资机会时找到了马云，在与马云交流过后他决定投资这家企业，但投资的不是金钱，而是他自己。一家企业的成功，除了要有激情有理想，还要有专业的人才，马云带来了前者，而蔡崇信带来了后者。正是这样的一个组合奠定了阿里巴巴成功的基础。

从企业内部和外部的关系角度出发，社会资本可以分为企业内部的社会资本和企业外部的社会资本。企业内部的社会资本是指企业内部存在的人际关系网络，它有利于促进企业成员之间的信任与合作，促进企业各部门之间的沟通与协调，增强企业内部的人际关系和企业的内部凝聚力。它通常包括员工之间、员工与各层级管理者之间、管理者之间以及部门之间的社会资本。企业外部的社会资本是指企业与社会之间存在的社会关系网络，它有利于企业吸收外部的各种稀缺资源。CEO 和高层领导团队若能开发和管理好与外部利益相关者的关系，这些外部利益相关者也能成为企业的社会资本。与外部利益相关者保持良好的关系，有利于企业及时准确地监控外部环境、识别重大事件，从而增强组织的计划和决策能力。顾客是外部利益相关者的重要组成部分，企业要重视其作用，并将其转化为社会资本。企业目标的实施主体是企业，实施受体是顾客，顾客是检验企业战略实施成败的关键。多承担社会责任，多让利于社会公众，提供更优质的服务，能够帮助企业降低战略在实施受体中推广的难度。

（三）监督战略的制定和执行

CEO 和高层领导团队在确定了企业的战略方向，有效地开发和管理了人力资本和社会资本后，要依据其战略方向和所获资源来制定战略并监督战略的执行。战略制定是指认定企业任务，识别外部机会和威胁，确定内部优势和劣势，确定长期目标，制定可供选择的战略，以及选择具体实施的战略的过程。战略制定是企业基础管理不可分割的一部分，是科学和艺术的产物，需要不断完善。在战略制定过程中必须考虑技术因素带来的机遇和威胁，技术进步可以极大影响企业的产品、服务、市场、供应商、竞争对手和竞争地位。

战略执行是实施战略规划以实现企业战略目标的过程。一旦企业明确了其战略目标，就必须关注如何加以实施，将其转化为实际行为并确保实现。战略执行是一个自上而下的动态管理过程，自上而下主要是指在企业高层管理人员同意战略目标后，将其传达到中下层，并在所有工作中进行分解和实施；动态主要是指在“分析—决策—反馈—重新分析—重新决策—重新执行”的战略执行过程中实现战略目标。CEO 和高层领导团队需要时刻监控战略的制定和执行过程，根据公司所处的内外部环境变化及时进行调整，保证企业朝着既定的战略目标发展。

（四）开发和保持企业的核心竞争力

核心竞争力是使企业拥有竞争优势的资源和能力，是企业从其他竞争对手中脱颖而出并且保持长期优势的根本所在。企业的核心竞争力通常存在于企业的某项或多项职能领域中，例如，宜家家具的设计、丰田汽车的生产和物流、宝洁的市场营销分别是各自核心竞争力所在。值得注意的是，企业的核心竞争力在新旧技术和经济动力转换时期可能成为组织创新的包袱，因为企业的核心竞争力过去往往是企业的现金牛，是不可割舍的业务，这使很多原本有竞争优势的巨头陷入自设的窘境，这是 CEO 和高层领导团队需要关注的一点。

（五）创建有效的组织文化

组织文化是指组织成员共同接受的内部成员共享的价值观念、行为准则、意识形态等群体意识。组织文化可以指导组织的整体价值观以及组织中每个成员的价值取向和行为取向，使其符合组织设定的目标。组织文化能够约束和规范每个员工的思想、心理和行为。组织文化的约束不是像制度一样的严格约束，而是一种群体行为规范和道德规范的软约束。组织文化还具有凝聚功能，这意味着当价值观被组织中的员工认可时，它就会成为联结其成员的黏合剂、向心力和凝聚力。

组织文化的激励功能是指组织文化具有使组织成员从内心产生进取情绪的作用。组织文化的辐射功能是指一旦组织形成一个相对固定的模型，它不仅会在组织中发挥作用，影响组织的员工，而且会通过各种渠道影响社会。组织文化的调整功能意味着组织文化可以帮助新成员尽快适应组织并使其价值观和组织相匹配。在组织变革的过程中，组织文化也可以帮助组织成员尽快适应改革后的形势，减轻变革带来的压力和不适。综上，有效的组织文化对于企业来说具有重要的正向作用，CEO 和高层领导团队维持有效的组织文化也对公司的发展进步发挥着重要作用。

在当今这个不断创新的时代，组织文化对于创新的支持力应有所界定。鼓励创新实际上是一种对未来的投资，这是一种富有前瞻性的投资。然而，创新有可能是对企业原有业务结构的推翻和重构，鼓励创新是一种赋予创新团队自主权的活动，赋予创新团队更多的自主权可能给企业带来原有结构的破坏。企业是否能够容忍创新带来的破坏，是否能够应对创新失败的代价，这是一个值得商榷的问题，CEO 和高层领导团队需要做出决策并不断在维持原有结构和鼓励创新之间找到合适的平衡点。

（六）规范企业道德准则

不道德的行为会对企业的发展产生负面影响，具体体现在企业领导者和企业员工两个方面。CEO 和高层领导团队的重要领导作用是为企业确定使命、愿景，这往往与他们的个人特质有着密切的关系，要求他们有强大的人格感召力和道德品质，才能团结和带领企业员工实现企业的目标，并将带有道德准则的企业文化内化于企业日常运营的方方面面。这种道德品质具体体现在 CEO 和高层领导团队不以自己的优势和特权谋利，忽视投资者、顾客、员工、合作伙伴的利益；CEO 和高层领导团队以身作则，在工作、为人、经营、合作等方面为企业员工树立典范。

在公司内部，员工是企业战略的具体实施者；在公司外部，员工代表的是整个企业。员工作为企业战略的具体实施者，是关系战略领导力的使命、愿景能否实现的重要一环。员工的不道德行为经过社会公众的检视可能会产生蝴蝶效应，重创企业形象，对企业的日常经营产生消极影响，从而产生澄清和处理成本，甚至导致重大的公关危机，最终影响企业目标的实现。

CEO 和高层领导团队作为公司的重要领导者，必须在道德准则的遵守上起到正面的作用，积极引导企业和员工遵守道德准则，使企业内部各层级的员工实施战略的行为符合伦理。这种正向引导有利于企业树立积极正面的形象，在外部利益相关者中获得良好的印象，从而有利于企业社会资本的获取和开发。

三、高层领导团队与 CEO 继任

作为战略的主要制定者和推动战略的实施者，高层领导团队在企业管理中发挥着决定性的作用，是企业战略变革的关键因素之一，而高层领导团队的认知和高层领导团队的异质性与继任问题对于企业的战略变革有着重要影响。

（一）高层领导团队的认知

战略变革是企业适应不断变化的外部环境、实现可持续发展的必要途径，而战略变革认知研究的一个关键假说是：环境不是由客观决定的，而是管理者通过其认知在主观层面改变了客观环境。从管理者认知的角度来看，管理者不可能观察到企业内部和外部环境的各个方面，他的选择是由其个人认知基础和观察现象的价值构成的“过滤器”，吸收了管理者所获得的信息。研究表明，高层领导团队的战略决策在一定程度上也会反映出其个人特征，他们将自己的偏好有意或无意地带入决策行为。

高层领导团队的变动也会带来认知的改变，并影响整个团队的认知结构，从而在决策的过程中形成认知复杂性，而这种认知复杂性对于企业来说有利也有弊。认知复杂性使决策者能够在有限理性下全面理解团队的综合信息，更好了解企业的现状，并将动态环境变化与整个团队成员相匹配，将主观认知转化为实际的战略变革行动。但是，认知复杂性使成员容易发生认知冲突，从而导致情绪冲突。当情绪冲突无法有效解决时，冲突就会阻碍变革。

（二）高层领导团队的异质性与继任问题

由于内部和外部环境的复杂性，管理者的认知具有局限性，管理者的偏好也会对企业战略产生影响，这要求我们不能仅仅将目光放到 CEO 身上，应该关注整个高层领导团队。

高层领导团队的变动会带来认知的变动，随着认知的变动，高层领导团队会产生异质性。新成员的到来导致高管进入高层领导团队的时间不一致，因而经历了不同的发展阶段和事件，致使他们对内部和外部环境以及战略变化有着不同的理解，这也导致了异质性的产生。很多学者认为，高层领导团队的异质性不仅使信息的收集路径增加，而且对信息的解释更加全面。它可以帮助决策者生成各种战略解决方案并对其进行全面评估，从而确保决策质量并促进组织发展。

图 11－1 展示了高层领导团队的异质性与 CEO 继任对战略的影响。

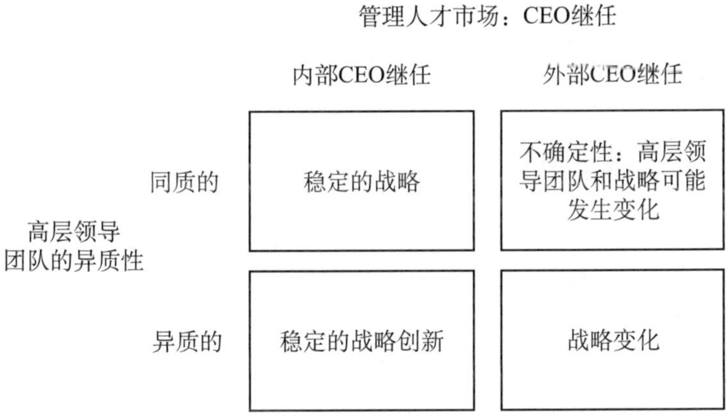

图 11－1　高层领导团队的异质性和 CEO 继任对战略的影响

资料来源：Hitt M A，Irelanad R D，Hoskisson R E. Strategic Management：Competitiveness and Globalization：Concepts and Cases. 12th ed. Cengage Learning，2016.

高层领导团队的异质性是指其成员之间人口背景特征的差异化，如年龄、教育水平等，以及重要认知概念、经验、价值观等的差异化。这些差异会对团队内部的沟通交流、决策效率以及团队凝聚力产生影响，进而对企业的战略变革产生影响。从图 11－1 可以看出：当高层领导团队是同质的且由企业内部人员担任新的 CEO 时，公司的战略倾向于保持稳定；当高层领导团队是同质的但由企业外部人员担任新的 CEO 时，公司的战略以及高层领导团队都会产生不确定性，可能会发生变化；当高层领导团队是异质的且由企业内部人员担任新的 CEO 时，公司的战略也会发生变化，更偏向于稳定的战略创新；而当高层领导团队是异质的且由外部人员担任新的 CEO 时，相对最容易发生战略变化。

异质性的高层领导团队给企业的战略变革带来了显著优势。异质性的高层领导团队拥有更广泛的信息来源渠道、更多的信息流入、更多元的知识和技能与更丰富的社会资本。然而，高层领导团队的异质性也可能导致冲突。高层领导团队的异质性越大，团队

聚焦中国 11－2　阿里巴巴引咎辞职门

成员针对战略决策的差异化观点也就越多，就越有可能产生冲突。因此，利用好高层领导团队丰富的资源和解决好多样化的团队冲突是通过高层领导团队的异质性促进战略变革的关键，通过高效的高层领导团队资源整合和有效的团队冲突管理来共同推进企业战略的变革。

第 3 节　战略领导力的开发

一、战略型领导者的素质

在当今这个全球化、信息化迅猛发展的时代，国内外企业间竞争日趋激烈，战略管理逐渐成为组织生存和发展的关键所在。这要求组织的领导者具备较强的战略素质，成为战略型领导者。战略型领导者的素质主要包括以下几个方面。

（一）拥有坚定的战略导向

作为战略型领导者，应该拥有坚定的战略导向。战略帮助企业明确了发展方向，是企业及其员工的行动纲领，是决定企业成败的关键因素。因此，战略对于企业的重要性不言而喻。战略导向是指企业的所有活动都以企业战略为指导，其全部经营管理活动都要与企业的发展战略保持一致，从而形成一种合力，帮助企业取得更好的绩效。因此，战略型领导者应坚持战略导向，以战略引领企业发展，最终实现战略目标。

（二）识别动态竞争环境

战略型领导者要能够识别动态竞争环境。当今世界的经济格局发生了深刻的变化，企业之间的竞争不断加剧。随着科学技术的不断进步，企业也在不断变革，其竞争环境发生了巨大的变化。企业之间的竞争范围不断扩大，由产品竞争逐渐转变为商业模式竞争。随着全球化的深入、企业竞争对手的不断增多，国内企业间竞争逐渐转变为国际企业竞争。企业竞争对手的界限也越来越模糊，除了同行业竞争之外，跨行业竞争的趋势愈来愈明显。总而言之，企业之间的竞争越来越复杂，且在不断变化。因此，战略型领导者应具备识别动态竞争环境的素质，关注竞争环境，注意现有竞争对手动向，识别潜在竞争对手。

（三）激发组织中的创新精神

战略型领导者要能够激发组织中的创新精神。创新是国家和民族发展进步的灵魂和不竭动力。对于企业来说，创新是其寻找生机和出路的必要条件。在如今这个不断发展变化的时代，一成不变的企业是无法存活的，企业唯有不断创新才能生存和发展，保持竞争力。创新除了体现在企业所提供产品的更新换代上，还体现在其他方面。企业可以针对商业模式进行创新，其内部管理模式也可以创新。对于一个企业来说，不光领导者和管理者要具有创新意识，企业内部的其他员工也应具有创新精神，为企业的创新出谋划策。作为战略型领导者，除了自身要具备创新能力外，也要不断激发组织中其他成员的创新精神，激励创新行为，促进整个组织创新能力的发展，通过创新为组织求生机、谋发展。

（四）具有国际化思维

在全球化时代，战略型领导者要具有国际化思维，拥有多元文化管理方法。随着全球化的不断深入，企业不能将目光仅仅停留在国内市场，而是要具有国际化思维，关注国外市场和竞争对手。在当今的竞争环境下，企业要么自身就是跨国企业，要么就是在与跨国企业竞争。对于跨国企业来说，国际化思维能够帮助战略型领导者聚焦国内外市场的共同点和不同点，将一体化和本土化进行有机结合。对于现阶段还未在其他国家开疆拓土的企业来说，国际化思维能够帮助战略型领导者将目光放得更长远，学习国外企业的先进之处，借鉴国外企业的经验教训，时刻关注与本公司竞争的跨国企业的动向，为企业日后的国际化做准备。同时，随着企业的国际化，企业根据自身需要会聘用来自不同文化背景的员工，从而使团队内部的多元文化越来越明显。由于组织中存在显著的文化差异，成员的期望和需求不尽相同，这使工作的复杂性和不确定性增加，可能导致企业经营管理的冲突和混乱。然而，有研究表明，如果管理得当，使企业中的多元文化通过相互融合而产生文化协同效应，那么这对于企业的管理效率和经营绩效都会有所帮助，甚至能够增强企业的竞争优势。因此，多元文化作为一把双刃剑，如果能被战略型领导者通过恰当的管理方法加以利用，就可以对企业的发展产生促进作用。

二、战略领导力的培育

随着社会的发展，企业间的竞争不断细化与深化，企业的战略领导力也在竞争中不断被进一步明确和提升。战略领导力除了指企业领导者与非领导者在权力上的划分，还包括企业领导者对企业战略选择、企业发展导向、企业文化构建、企业团队管理、企业精神等各方面的综合领导能力。企业的战略方向依赖于企业领导者的战略领导力。所以，企业的战略领导者必须具有战略思维模式的整体性，并且具有预测发展趋势的领导力。因此，卓越的战略领导者是公司机器的中央控制台，是公司持续健康成长的关键所在，其决策直接影响企业的方向与前景，成为企业发展不可或缺的中坚力量。

培育战略领导力要改变领导者的思维习惯。领导者应摆脱仅考虑其职能的习惯，并能够发展宏观视角。他们需要将公司作为一个系统进行整体观察，基于公司的价值而不仅仅是领导者个人的职能来进行评估。领导者还应建立长期导向的意识，将目光放长远，关注企业的长期发展，而不仅仅是注重短期的既得利益。同时，他们还应学会从周围获得线索，并对当下情况进行反思。对于新技术新思想，领导者应快速学习，适应其中存在的不确定性并对其加以灵活应用。在处理不确定性时，就算面临困难和失败，领导者也应坚持不懈。

（一）成长型思维模式

斯坦福大学心理学教授卡罗尔·德韦克提出“固定型思维”与“成长型思维”两种思维模式。其核心思想是：如果一个人的思维是固定型的，意味着他相信天赋是与生俱来的，再多的练习也不会帮助他提升；如果一个人的思维是成长型的，意味着他相信天赋只是一个起点，练习会让一切变得不同。可见成长型思维是培育战略领导力的底层思维，是领导者持续学习与成长的动力。

固定型思维的领导者，希望能够带领企业的成功来彰显自己的伟大。相对于成长和创新来说他更担心别人怎么看待自己，拒绝冒险，更希望事情在自己的掌握中。成长型思维的领导者，更希望招募比他优秀的人才，相信人的潜能和发展潜力——无论是看待自己还是他人。在他看来，公司不是突显自己优越性的工具，而是可以促进成长的发动机——可以促进他自己、员工以及公司的成长。

外界环境的变化给企业的发展带来很大的挑战。例如，在比尔·盖茨时代，微软成为世界第一大市值公司，到达了浪潮之巅，但到达高点之后就不可避免地走向低谷。当移动互联网的浪潮席卷而来时，苹果、谷歌等顺势而起，微软却面临 PC 业务饱和、错失移动互联网和社交媒体大好时机的窘境。纳德拉领导微软建立一种成长型思维模式，通过创造积极的内部文化来激发员工创新的灵感。在纳德拉的领导下，“一个公司、一个微软”的企业文化在微软快速扎根。2018 财年微软年营收 1 103.6 亿美元，微软成功跻身年营收超千亿美元的企业之列。2021 年 10 月 29 日，微软股价市值逼近 2.5 万亿美元，一举超越苹果，重新登顶全球市值第一。千亿美元的年收入、Azure 的快速增长，表明微软转型成功，也确立了其在云计算领域的地位，微软正在重回巅峰时代。正是由于拥抱了成长型思维模式，微软才有了凤凰涅槃般的重生。

（二）刻意练习

为担任战略领导者做好准备，领导者应有机会解决困难和模棱两可的问题。他们中的一些人不可避免地会在这个过程中犯错误，因此要让他们有机会继续尝试并从错误中吸取教训。技能提升是需要练习的，所以领导者需要有机会尝试所学的技能，从错误中吸取教训并重复尝试以掌握技能。有效的战略领导力培育必须纳入刻意的实践。

通过让领导者面对压力和挑战，帮助其提高判断和决策技能。将领导者暴露于具有挑战性的任务、紧迫的期限和不熟悉的问题，利用压力激发领导者的创造力，帮助他们发展应对压力的能力。让他们处于最高管理层，有助于培养他们应对挑战和压力时的心理弹性。

（三）反思性学习

培育战略领导力还需要领导者能够思考所面临的问题，利用批判性思维寻求解决方案。这要求领导者能够反思他们面对的问题和情况，反思性学习的过程有助于培养理性和逻辑思考的能力。同时，领导者在处理困难问题时可能会遇到压力和困难，他们可能会对这些压力和困难产生情绪反应，这些情绪反应可能会妨碍他们的判断。反思性学习的目的是使他们能够以合乎逻辑的理性方式处理难题，在处理困难和紧急情况时能够评估自己的弱点，寻求改进的机会并保持客观性。

为了使反思性学习更有效，领导者在自我反思期间应该得到导师的协助和支持。导师和被指导者共同分享经验有助于丰富被指导者的技能。导师还可以在被指导者感觉到压力和困难的情况下提供情感支持。正如我们之前提到的，培育战略领导力应该通过在练习中创造压力和挑战来积累经验，导师可以帮助学员反思他们的经历，并帮助他们找寻解决困难的方法。指导是有助于反思性学习的机制，可以帮助管理者避免对困难产生消极情绪反应。导师应将刻意练习、积累经验和反思性学习结合起来，以使它们对被指导者产生积极影响。

IBM 这个历史悠久的国际知名企业在过去几十年的跌宕起伏中积累了丰富的经验、教训与智慧，并将其凝聚在 IBM 的领导力培训里，启发和培养了一批批 IBM 领导团队，帮助这个巨人不断浴火重生。

IBM 有一个“长板凳”接班计划，该计划要求主管及以上层次的员工将培养手下员工作为自己业绩的一部分。这实际上是一个完整的管理系统。接班人的成长关系到自己的位置和未来，经理层会尽力培养他们的接班人，帮助同事成长。制订该计划的领导者显然对公司职员之间的利害关系有着十分敏锐的嗅觉，这一方案不仅有助于提升公司的整体业绩，还能培养出一大批具有领导能力的人才。这种源源不断的人才输送成为公司长久运行的不竭动力，是 IBM 长盛不衰的秘诀。

聚焦中国 11-3　玻璃大王——曹德旺

案例分析

“铁娘子”董明珠

提到格力电器，人们会不约而同地想起格力电器的董事长——董明珠。她曾被评选为 2013 年“全球最佳 CEO”，2014 年被联合国聘为“城市可持续发展宣传大使”，位居福布斯发布的 2017 中国最杰出商界女性排行榜首位，列 2019 年全球最具影响力女性榜第 44 位。在她的领导下，格力连续 9 年登上美国《财富》杂志“中国上市公司 100 强”。

作为一名女性领导者，董明珠以“刚柔并济”的管理思想塑造了格力电器的管理风格。任职期间，她从来没有陷入性别文化认知的固有思维泥沼，而是充分利用性别优势展现自己作为女性领导者特有的领导力特征。一方面，董明珠是一个非常强调制度的人，在领导格力组织文化构建的初期便体现出刚毅果决的领导力特征。她坚持“制度是刚性的，一旦制定就要严格执行，任何人和事都概莫能外”，她从来不搞特殊化，公平公正，绝无例外。另一方面，董明珠将柔性领导力很好地嵌入了格力的管理模式。她带领格力建立了一套系统的人才管理制度，建有 16 个研究院，152 个研究所，1 411 个实验室以及 1 个国家重点实验室，为科研人才提供了宽广的发展平台，以“研发经费不设上限”的理念激发员工的科技创新能力。用丰厚的奖励激发内部员工的潜力，鼓励员工建言献策。她将创新人才的成长与企业的发展进行了“情感捆绑”，让所有真心实意为格力贡献的员工均有机会得到相应的物质回报。可以看出，董明珠在发挥女性领导力的过程中，体现出了女性特有的民主性管理风格与情感关怀特质。

在遭遇电器行业大萧条之时，董明珠敏锐洞察环境的变化，带领格力电器坚定不移地走自主创新、技术创新的道路，以期在行业中形成差异化优势，变被动为主动。她认为，自主创新是中国品牌走出去的关键，也是我国产业向高端化转型的重要一步。只有让产品具备核心竞争力，才能真正成为一个优秀的品牌，成为一个引领者，而不是跟随者。与此同时，她从幕后走到了台前，以企业形象代言人的身份出现在大银幕上。后来，面对疫情的影响，董明珠参与直播带货，为消费者提供了一个新的了解格力的渠道。她以“让世界爱上中国造”“为中国制造正名”的决心，坚定走自主创新、产品创新之路的信念，借着格力向全社会喊出了“让天空更蓝，大地更绿”的口号。

董明珠依靠以制度为中心的刚性管理和以人际关系为导向的柔性领导，带领格力完成了创新型组织文化构建，使得格力成长为中国空调行业的领军企业。她在组织文化构建及企业发展的不同阶段，展现出了不同的领导力特征。从初期个人文化植入时以现实为导向的现实性与刚毅果决，到中期以人际关系为导向的民主性与情感关怀，再到之后以未来为导向的战略远见与变革意识。

在董明珠的领导下，格力在核心技术、研发平台、管理环境、文化氛围等方面，充分展示了坚定的自主创新意识和强大的自主创新能力，成为中国制造自主创新和高质量发展的样本。

资料来源：孙红霞．女性领导力是怎样炼成的：以格力电器董明珠为例．商场现代化，2018（13）；吴蔚．格力代言“让世界爱上中国造”．（2022－11－01）．http：//www. cinic. org. cn/zgzz/pp/1371162. html.

思考题

1. 董明珠的领导风格有哪些主要特点？
2. 作为格力的掌门人，董明珠的战略型领导力体现在哪些方面？
3. 格力为什么能令“让世界爱上中国造”极具影响力？

本章小结

战略领导力是一种可以对未来进行预测、展望，保持灵活性，并促使他人创造所需要的战略变革的能力。战略领导力的主体是领导者，是战略领导者所具有的能力。作为领导力与战略的有机结合，战略领导力是领导者在战略制定、执行和控制方面所展现的能力。战略领导力的构成要素包含战略规划力（前提）、战略决策力（核心）、战略创新力（动力）、战略执行力（基础）和战略保障力（保障）这五个方面。

战略领导力兼具战略和领导的属性，为公司的发展提供了不可或缺的支持。战略领导力首先为公司确立了发展方向，在面对不确定的外部环境时，战略领导力推动企业进行变革，使其适应不断变化的外部环境。同时，战略领导力还促进了企业的创新，为企业的持续发展注入活力。在企业遇到危机时，战略领导力也能发挥作用，帮助企业顺利渡过危机。

战略领导团队是由对组织、部门、产品线或业务部门具有战略意义的一群人组成的团队。根据战略领导团队的定义，只要成员所在的团队是对组织的发展和成功有战略意义的，这些人就都是战略领导团队的一分子。但是相较而言，CEO 与高层领导团队的战略领导力对于企业的生存和发展更为重要。作为企业的眼睛和大脑，CEO 与高层领导团队在决定企业的战略方向，开发和管理人力资本和社会资本，监督战略的制定和执行，开发和保持企业的核心竞争力，创建有效的组织文化，规范企业道德准则等方面发挥着关键作用。

高层领导团队的认知、高层领导团队的异质性和继任对于企业的战略变革都有着重要的影响。高层领导团队的战略决策在一定程度上会反映出其个人特征，他们将自己的偏好有意或无意地带入决策行为。高层领导团队的变动也会带来认知的改变，并影响整个团队的认知结构，从而在决策的过程中形成认知复杂性，进而影响企业的战略变革。高管团队的变动也会使团队产生异质性，而异质性的高管团队加上由外部人员担任公司新的 CEO，企业的战略最容易发生变化。

在当今这个全球化、信息化迅猛发展的时代，国内外企业间竞争日趋激烈，这要求组织的领导者具备较强的战略素质，成为战略型领导者。作为战略型领导者，应拥有坚定的战略导向。面对企业之间越来越复杂的竞争形势，战略型领导者应具备识别动态竞争环境的素质。同时，战略型领导者要能够激发组织中的创新精神以保持企业的竞争优势。随着全球化的深入，战略型领导者也要具有国际化思维，拥有多元文化的管理方法。

培育战略领导力要改变领导者的思维习惯。领导者应摆脱仅考虑其职能的习惯，并能够发展宏观视角。在培育战略领导力时，需要拥抱成长型思维模式，通过刻意练习和反思性学习促进战略领导力的提升。

思考题

1. 阐述战略领导力的构成要素和特征。

2. 领导者的不同素质和品质对于战略领导力的发挥会产生什么影响？

3. 高层领导团队的异质性对于企业战略的变革是利大于弊还是弊大于利？

4. CEO 的战略领导力会对组织中的其他成员（如高管团队、基层员工）产生什么影响？

5. 如何培育战略领导力？

参考文献

[1] Johnson G. Managing Strategic Change：Strategy，Culture and Action. Long Range Planning，1992，25 (1)：28 - 36.

[2] Norzailan Z. Strategic Leadership Competencies：What Is It and How to Develop It? . Industrial and Commercial Training，2016，48（8）：394－399.

[3] Hambrick D C，Snow C C. A Contextual Model of Strategic Decision Making in Organizations. Academy of Management Proceedings，1977（1）：109－112.

[4] Bonardi J P，Hitt M A，Vera D，et al. Call for Papers-Special Issue on Strategic Leadership and Strategic Management. The Leadership Quarterly，2018，29（2）：253－364.

[5] Mitchell R，Boyle B，Maitland E，et al. How Subsidiary Top Management Teams Influence Strategic Change and Organizational Performance in Transition Economics. http：//www. docin. com/p－1575149818. html.

[6] Ma S，Seidl D. New CEOs and Their Collaborators：Divergence and Convergence between the Strategic Leadership Constellation and the Top Management Team. Strategic Management Journal，2018，39（3）：606－638.

[8] 常诚，陈晓梅．高管团队异质性与企业战略变革．价值工程，2014，33（9）：118－120.

[9] 小成靠智，大成靠德！曹德旺的“商道”极具格局，让人佩服不已.（2021－11－21）. https：//baijiahao. baidu. com/s?id=1717016580781950203&wfr=spider&for=pc.

[10] 霍国庆，苗建明．战略领导力模式研究．领导科学，2009（4）：4－7.

[11] 揭筱纹．企业家战略领导能力与企业发展：基于两个农业龙头企业的案例研究．管理案例研究与评论，2009，2（1）：27－37.

[12] 刘彦声．罗伯特・A. 伯格曼教授专访“战略领导力”：指引大公司保持优势的秘诀．清华管理评论，2018（5）：5－8.

[13] 诺曼，张劼．快速培养战略领导者．管理@人，2008（12）：52－55.

[14] 孙红霞．女性领导力是怎样炼成的：以格力电器董明珠为例．商场现代化，2018（13）.

[15] 吴蔚．格力代言“让世界爱上中国造”.（2022－11－01）. http：//www. cinic. org. cn/zgzz/pp/1371162. html.

[16] 赵锴，杨百寅，李全．战略领导力、双元性学习与组织创新：一个理论模型的探析．科学学与科学技术管理，2016，37（3）：168－180.

第四篇

探索篇

第12章

智能互联：数字化战略

阡陌交通，鸡犬相闻。

——《桃花源记》

朋友，我相信，到那时，到处都是活跃的创造，到处都是日新月异的进步。

——方志敏

学习目标

- 了解数字经济的含义和数字经济时代的特征
- 掌握网络效应、长尾效应的基本内容
- 掌握四种基本的互联网战略
- 了解传统企业数字化转型的必要性和步骤

引导案例

人人网沉浮记

2015年1月30日，人人网（renren. com）向用户发布消息称，将逐步关闭网站的“站内信”功能。此举引发了人人网用户的激烈反对，人人网即将谢幕的传言甚嚣尘上。消息发出后，人人网迎来了巨量老用户的回归。大批曾每日登录人人网的80后和90后，都在冥思苦想几年前的账号密码以重新登录，缅怀与抢救自己的青春记录。人人网CEO陈一舟不得不发表公开信，表示此举只是网站的功能升级，没想到会引起这么大的反响，并承诺将永久保留“站内信”内容。

陈一舟对在线社交平台的兴趣由来已久。1999年从斯坦福大学MBA毕业后，陈一舟就和伙伴回国创办了 ChinaRen 网站，口号是“建造全球最大的华人虚拟社区”；其后陈一舟又在社交网络服务领域有过多次尝试。2004 年，美国哈佛大学的学生马克・扎克伯格创建了后来举世闻名的社交网站 Facebook，发展大学生社交网络。受 Facebook 的启发，2005 年底，陈一舟推出了 5Q 校园网，瞄准大学生群体的实名社交需求。

与陈一舟同时在研究 Facebook 模式的，还有本科毕业于清华大学、从美国中断博士学习回国创业的王兴。2005 年 12 月，校内网（Xiaonei. com）上线，最初的用户限制为清华大学、北京大学、中国人民大学三所高校的学生；随后校内网把熟人社交模式推广到全国高校，用户只有用学校的 IP 地址或学校域名的邮箱才能成功注册。当时，互联网上最热门的社交产品是诸如博客、在线论坛（BBS）、QQ 等社交平台，主打陌生人社交。大学是一个人从单纯的高中学习向复杂的社会生活过渡的重要阶段，大学生结识新朋友、交流、分享的需求都非常强烈。这种需求需要在一个更为安全、互信的网络环境中实现。瞄准了这一市场空缺，校内网凭借实名制大学生社交定位一炮而红。发布仅三个月，校内网就迅速吸引了 3 万用户，2006 年更是实现了用户量的暴增。大学生们在校内网上展示自己的真实姓名和头像，撰写日志，分享照片，与朋友交流得不亦乐乎。

然而，面对用户暴涨带来的海量服务器和带宽需求，校内网却在融资上遇到了麻烦，资金难以为继。对社交网络有很高敏锐度的陈一舟，决定不惜一切代价收购校内网。2006 年 10 月 23 日，陈一舟任董事长兼 CEO 的千橡互动集团正式收购校内网，并宣布将 5Q 校园网并入校内网，实现资源整合。校内网一举垄断国内的大学生在线社交市场。2007 年，校内网相继开通了港澳台和海外大学的社交网络服务，同年宣布进军白领和高中生市场。2008 年，校内网正式开通手机版，同年实施开放平台战略，邀请第三方公司加入平台提供服务。2009 年，校内网正式更名为人人网，新的名称既象征着网站是一个人与人沟通的平台，又喻示着网站的目标市场正式跨出校园，走向社会。2010 年底，人人网注册用户 1.7 亿，活跃用户过亿，人均月访问次数达到 26.3 次，达到了“人人天天用人人”的盛况。

发展势如破竹的人人网受到资本的青睐。2008 年 4 月，日本软银集团押宝中国社交网络平台，领投了对人人网母公司千橡互动集团的 4.3 亿美元投资。2010 年 12 月千橡互动集团正式更名为人人公司，并于 2011 年 5 月 4 日在美国纽约证券交易所上市。上市的首个交易日，人人公司的市值一度高达 74.82 亿美元，成为仅次于腾讯、百度的中国第三大互联网公司。

2011—2012 年，人人公司同时面临着融资和上市后来自股东的盈利压力，以及来自微博、微信等新生代社交网络平台的强势进攻。人人公司急于寻找将人人网流量变现的盈利模式，却因为缺乏战略定力，在多个业务领域创造过短暂的辉煌后又惨淡收场。2007 年，人人公司成立了游戏部门，推出了一系列广受欢迎的在线游戏。2012 年，游戏业务占到人人公司总营收的 57.8%。然而就在同年，人人公司旗下游戏产品由于违规操作，被苹果应用商店大规模下架，对人人公司的游戏业务造成了重大打击，从此一蹶不振。接下来，人人公司在 2014 年开展校园分期贷款，2016 年追赶网络直播风口，2017 年转战二手车金融市场，2018 年进军区块链，追赶着互联网时代一个又一个新的浪潮，生怕错过每一个赚钱的业务模式。如今打开人人网的主页，网红直播视频令人眼花缭乱，人人网的宣传口号也从原来的“上人人，找同学”变成了“高颜值直播交友平台”。人人网与实名制社交渐行渐远，甚至连社交底色也逐渐褪去，失去了留住用户的核心优势。用户的流失，使得人人网众多依靠流量开展的业务也日益衰落。

2018 年 8 月，陈一舟于人人网上发文《人人网的明天，由你定！》，承认对人人网运营的失败。三个月后，人人公司宣布将人人网社交平台业务相关资产以 2 000 万美元的现金加 4 000 万美元的股票对价出售给北京多牛互动传媒股份有限公司。多牛公司主营游戏与娱乐媒体，希望借人人网的加入，将内容文娱产业与社交融合发展。人人网曾经的 CEO 陈一舟说：“很高兴为人人网社交平台业务找到一个新的归宿和起点。”

资料来源：爱范儿．陈一舟：人人网被骂太多 关于未来想听老用户的意见．（2018－08－05）．http：//tech. 163. com/18/0805/18/DOFEUUFH00097U7R. html；Ann. 人人网远去．（2018－11－15）．http：//news. iresearch. cn/content/201811/278498. shtml.

第 1 节　数字经济时代

数字经济是继农业经济、工业经济之后的主要经济形态。随着互联网、大数据、云计算、区块链、人工智能、物联网等数字技术加速创新，基于数字经济产生的新商业形态和新商业模式层出不穷。习近平总书记在 2022 年第 2 期《求是》杂志刊发的重要文章《不断做强做优做大我国数字经济》中强调，发展数字经济意义重大，是把握新一轮科技革命和产业变革新机遇的战略选择。数字经济健康发展，有利于推动构建新发展格局，有利于推动建设现代化经济体系，有利于推动构筑国家竞争新优势。党的二十大报告指出，要“加快发展数字经济，促进数字经济和实体经济深度融合，打造具有国际竞争力的数字产业集群”。

一、数字经济的含义

数字经济是一种广义的经济形态，指的是以数字化的信息和知识为关键生产要素，以现代信息网络为重要载体，以信息通信技术的应用为特征所进行的各种经济活动，以及在此基础上形成的各种经济关系的总和。数字经济既包括由信息通信技术所搭建的基础设施，如互联网、物联网和区块链网络；又包括在基础网络上搭建的商业平台、终端硬件、软件和应用程序；还包括在网络上进行活动的个人，以及各行各业进行数字化转型的社会实体。

互联网及其他信息技术的蓬勃发展，促进了信息的积累和知识的产生，加速了人类社会向数字经济时代的转变。互联网是数字经济中最有活力的元素，已经深刻改变了人们的生活方式和商业运营逻辑。人类社会凡是需要与外界交互的各个方面，都受到互联网的影响。在线社交成为日常生活中必不可少的一部分，几乎人人都在使用互联网即时通信软件、社交网络平台；人们也经常性地进行在线娱乐，在网络上打游戏、观看视频、欣赏音乐；企业通过互联网组织生产和销售，人们在网络上既可以购买到种类繁多的商品，也能点外卖、叫出租车，还可以在网上理财；政府也通过互联网提供更为便捷的在线政务服务，人们足不出户就能接收到各种公告和信息，进行政务手续的网上预约、办理和查询。随着第五代移动通信技术的发展，以及大数据、云计算、人工智能、区块链、物联网等先进信息技术的成熟和商业化应用，数字经济将带来更深刻的社会变革。

二、数字经济时代的特征

（一）数据、信息和知识成为企业竞争中占主导地位的资源

数字经济时代，数据、信息和知识成为重要的生产要素。一方面，经济主体在网络上的活动产生了海量数据，互联网使得信息传播的速度和广度都得到极大的提升；对数据、信息的搜集、存储和处理技术也飞速发展，知识的生产和更迭速度越来越快。企业得以利用数据、信息和知识创造更多的财富。另一方面，数据、信息和知识作为一种生产要素，它们的再生产过程和使用过程都不会造成原有信息或知识的消耗，因此这种资源使用的边际成本很低；进一步地，对数据、信息和知识的利用，还会产生新的数据、信息和知识，实现价值增值。基于以上特性，数据、信息和知识成为数字经济时代驱动经济发展、形成企业核心竞争力的主导资源。

（二）信息技术的应用成为企业竞争的必要条件

在数字经济时代，互联网成为企业运营的基础设施。在此基础上，物联网、云计算、人工智能、区块链等新一代信息通信技术也在发展并迎来大规模的商业应用。数据的搜集、存储、分析能力将成为企业核心竞争力的重要来源。原本产业链条中的信息中介被线上技术取代，企业通过去中介化，得以有效降低中间性交易费用。典型例子如互联网平台企业，通过技术直接连接供给者和消费者，绕过传统处于中间环节的经销商，利用互联网的连接性创造价值。

（三）企业和地区间的协作扩大

现代信息通信技术使得企业间的协作成本下降，企业越来越依靠与其他企业、地区之间的协作来完成价值链条上的经济活动。通过互联网，企业能有效协调和管理不同主体和地区间的生产经营活动，企业的生产分工和市场销售都得以在全球范围内展开。在此基础上，全球经济一体化的进程也将大大加快。通过大数据、人工智能等技术，企业更容易搜集到境外消费者的数据，并基于数据进行快速学习，大大降低由于对境外市场不熟悉而造成的外来者劣势。

（四）创新加速

在数字经济时代，“互联网＋”成为一种普遍现象，为各行各业带来新的商业机会。

随着互联网和新一代信息通信技术向各个商业领域渗透，新的市场、产品、商业模式不断涌现。海量的数据资源与数据分析能力成为企业创新的重要驱动因素。

三、数字经济时代的战略变化

（一）企业竞争力的变化：网络效应

社会网络是由社会中的人或组织相互连接而成的。在网络中，活动主体相互依赖、相互作用，形成一个有机的整体。互联网的威力，在于通过现代信息通信技术提供了一种更为高效的方式连接社会主体，使社会网络在连接的广泛性和紧密性上都有了极大的飞跃。互联网的普及以及商业应用，使得以网络效应为基础的竞争变得越来越重要。

1. 网络效应的概念

网络效应指的是，在网络中一个活动主体的行为对其他活动主体会产生积极的影响，使他人的福利增加，因此网络的价值随着用户数量的增加而增加，每一个新用户的加入都会给已有用户带来价值。以电话网络为例，当安装电话的用户很少时，使用电话的价值并不高；而电话越普及，电话网络的价值就越高。网络效应是一种规模经济，但与传统的由生产规模产生的规模经济不同，网络效应是由网络的用户规模带来的，因此也被称为需求方规模经济。现代信息通信技术使得网络用户之间的连接能力和连接成本大大降低，因此网络效应在互联网活动中体现得尤为明显。

2. 网络效应的来源

（1）直接网络效应。直接网络效应指的是一个产品的用户规模会对产品价值产生直接影响。使用同一产品的用户可以直接为其他用户带来价值，因此用户越多，产品的价值就越大。典型的例子如互联网、电子邮件、即时通信软件等产品。

（2）间接网络效应。间接网络效应指的是一种基础产品的价值取决于该产品的辅助产品的数量与多样性。基础产品和辅助产品之间存在互补性，共同为用户提供价值。一种产品的互补品越多，则该产品的价值越大。典型的基础产品与互补品的例子有智能手机与第三方应用软件。

（3）交叉网络效应。交叉网络效应是在双边市场中存在的一种特殊的网络效应。在双边市场中有两组不同类型的用户，他们通过共有平台互动，满足彼此的需求。一类用户的数量变化决定了另一类用户的收益变化。典型的双边市场是互联网交易平台，例如在线购物平台淘宝网，网上店铺和消费者是双边市场的两类不同用户，店铺的数量越多，消费者的选择越多；消费者的数量越多，网络对店铺的吸引力也越大。双边市场也可以拓展为多边市场，比如网上订餐服务，就有餐饮店、送餐员和消费者三组不同类型的用户，相互作用。

3. 网络效应下的竞争特点

（1）网络增长具有临界规模。网络必须达到一定的规模，用户加入网络才能获得价值。当网络的用户规模达不到临界值时，用户加入网络的成本将大于从网络中取得的收益。当网络超越临界规模之后，用户规模和网络效应间将产生正向的相互作用：用户越多，网络的价值越大；而网络的价值提升，又将吸引更多的用户加入。因此企业需要尽快突破网络的临界规模，进入用户增长的良性循环。

(2) 先动优势与赢者通吃态势明显。先进入市场的企业，更有可能率先积累用户，使网络达到增长的临界规模。一旦达到临界规模，网络效应的作用凸显，企业就有能力吸引更多的用户。因此网络效应能帮助先进入市场的企业建立起竞争的门槛。在其他条件近似的情况下，新用户将总是选择最有价值的网络即规模最大的网络加入。网络规模和用户价值的正反馈机制，会不断增强网络的竞争力，表现出“赢者通吃”的态势。

(二) 市场的变化：长尾效应

1897 年，意大利经济学家帕累托发现财富在人口中的分配是不平衡的，小部分的人口（约 20%）享有大部分的财富（约 80%），这被称为二八定律。二八定律反映了少数的人或事物可以造成主要的影响这样一种现象，在商业中有着广泛的应用。企业遵循二八定律进行产品和目标市场的选择。少数主流产品的销量很高，带来大部分的收入和利润，是企业选择经营的品类；其余的非主流产品的销量很低，被企业摒除在经营范围之外。

长尾效应则是在互联网条件下，对企业经营的二八定律的颠覆。“长尾”的理念由克里斯·安德森（Chris Anderson）于 2004 年提出，他指出在互联网时代，企业需要认识到小众市场的威力。长尾市场由无数个小众市场组成。长尾产品的数量多，流行度低。如以产品为横轴，流行度为纵轴，这些产品在统计图上的表现是横坐标的长度长，纵坐标的高度低，像一条长长的尾巴，因此称为“长尾”。

在传统条件下，生产和销售长尾产品会增加企业的成本，而销量又达不到一定规模，因此长尾产品往往被企业放弃。然而在互联网条件下，长尾市场爆发出的能量不可小觑。一方面，互联网的非实物性使得产品的存储、展示成本大大降低。互联网是一个无穷无尽的展示平台。受到物理空间和时间的限制，传统零售业只能展示一定数量的商品；娱乐场所只能容纳一定数量的人群；电视台只能播放 24 小时的节目。同时，传统经济还受到地理区域的制约，产品或服务都需要找到本地的客户。网络经济则不受这些限制。

另一方面，互联网的全球连接性使商品能够接触到的顾客范围大大扩展。即使是看似小众的需求，放在全球市场这一大范围下，需求总量也不容忽视。每一个人的需求都会与主流需求有些许不同之处。当产品的成本足够低，流通的渠道足够广时，任何小众产品都会找到市场。众多小市场所共同占据的市场总量，可以与主流市场相匹敌，甚至超越主流市场。因此，互联网时代是发挥长尾效应的时代。

克里斯·安德森在《长尾理论》一书中，以图书市场为例，介绍了长尾令人吃惊的规模。在美国的大型实体书店售卖的图书大概有 10 万种，而市场上流通的书籍总量实际上超过了 300 万种。限于印刷、仓储和展示成本，出版商和实体书店均采取以畅销书为主的经营策略。数字出版商和在线书店则不受这些限制，网上书店亚马逊年销量的近 1/4 是由排名 10 万位以后的书籍贡献的。

在数字经济时代，长尾效应将得到更有效的开发。全新的通信技术让生产端与消费端可以进行更多的沟通与融合，未来产品将出现更多的客户定制，而不是由供应商设计后让客户选择。产品的供给将体现出多样化、个体化和小型化的特征；现代信息通信技术可以将世界任何地方的供给者和消费者连接起来，因此生产将更加分散。

聚焦中国 12-1　加快数字化发展 建设数字中国

第 2 节　数字化的企业战略

一、线上战略

（一）线上战略的含义

线上战略是指在开放的网络环境下，企业基于浏览器/服务器应用方式，使客户不谋面地进行各种商贸活动，实现网上交易、在线电子支付以及各种商务活动、金融活动和相关的综合服务活动的商业战略。线上战略典型的应用有电子商务，比如中国的淘宝网、京东商城，购物者在线上完成产品的搜寻和比较、下单购买，最后留下评价和反馈。

1994 年，时年 30 岁的杰夫·贝索斯是华尔街上一家投资银行的高级副总裁。当得知互联网用户每年近两倍的增长率时，他意识到其中蕴含着巨大商机，于是放弃了高薪的职位，转而投身于他认为可在网络上畅销的产品——图书。对于图书这种遍布全球的资源，如果以人为的方式去排序分类，显然不可取。而利用电子计算机强大的排序和组织能力可以短时间内完成图书的分类。并且图书容易包装，方便配送，人们也不必再跑到书店费时间寻找想要的书了。正因为贝索斯看到了线上销售图书相对于线下的优势，他创立的亚马逊在短短几年内快速发展，造就了互联网的神话，贝索斯本人也被誉为“电子商务之父”。贝索斯这种通过线上渠道来销售图书的战略，就是线上战略。

回想 20 世纪 90 年代初期互联网走向商业应用，很多传统行业从线下搬到了线上。新浪、网易、搜狐等把传统新闻业从线下变成线上，淘宝把集市从线下放到线上，京东把电器商城从线下搬到线上，58 同城网和赶集网把原来报纸分类信息从线下搬到线上……毫不夸张地说，整个互联网历史的发展过程就是一个各行各业逐步从线下到线上的过程。

从一定程度上来讲，线上战略的推出使人们的行为方式发生了巨大的变化。但线上战略只是改变了人类满足需求的方式，并没有改变人类的基本需求。以前购物需要去商场，现在在网上就可以挑选；以前看新闻是订阅报纸，现在用手机就可以浏览全球资讯；以前支付要当面付钱，现在通过手机或电脑就可以进行支付……仔细观察就可以发现，线上战略只是把原来线下进行的活动搬到了线上进行，也就是说改变了活动的进行方式或途径，并没有改变活动本身。

（二）线上战略的优势

1. 降低成本

线上战略将传统的商业流程数字化、网络化，用信息流代替了实物流，大大地减少了人力和物力成本。相对于传统的门店销售模式来说，在电商平台上，厂商省去了房租、装修的费用，宣传费用和销售费用也得以降低。在此基础上，产品的价格就有更大的调整空间。在线战略的成本优势使得企业可以提供更高性价比的产品和服务，一方面企业能通过在线战略提高利润，另一方面消费者也因为能享受到更便宜的价格而转向线上购买。

2. 突破地域和时间约束

消费者去实体商场购物，不但价格较贵，还很花费时间，一些想要的商品也可能无法就近购买。同时，在不同的实体商店进行商品的搜索、比价，成本很高。通过线上渠道，消费者可以很容易地接触到世界各地的商品提供者，不必亲自到实体商店挑选货品。线上服务也不受时间的限制，消费者可以 24 小时随时随地完成购买。在线战略既突破了地域的限制，也节约了时间，还能让消费者获得更便捷的消费体验，因此受到广大消费者的欢迎。

二、线上＋线下战略

（一）线上＋线下战略的含义

线上＋线下战略，即 Online to Offline（O2O）战略，指的是企业通过互联网、大数据、云计算、人工智能等先进技术手段，将线下的商务机会与互联网结合，让互联网成为线下交易的信息展示及服务平台，使线上交易、线下体验深度融合。线上＋线下战略的兴起与网络支付技术的发展密不可分。企业将线下产品及服务在线上进行展示，并通过在线支付功能“预约消费”。以团购、在线订餐等为代表的线上购买、线下体验模式，采取的就是典型的线上＋线下战略。

近年兴起的“新零售”模式也是线上＋线下战略的一种应用。单纯的线上销售模式具有自己的短板。一方面，由于互联网和移动互联网终端大范围普及所带来的用户增长以及流量红利逐渐萎缩，传统电商所面临的增长瓶颈开始显现。另一方面，传统的线上电商从诞生之日起就存在着难以补平的明显短板：相对于线下实体店给顾客提供产品或服务时所具备的各种感官体验，线上渠道始终没有找到能够提供真实场景和良好购物体验的路径。新零售是将线上、线下的优势结合，依托互联网及大数据等信息通信技术，将线上服务和线下体验进行深度融合的一种销售模式。

成功实施线上＋线下战略，关键是线上线下信息的管理和融通。第一，不管客户是在线上下单还是线下下单，流程都是统一的；第二，无论客户是找线上客服还是线下经销商，企业都能第一时间得知客户在本店的行为信息；第三，服务体验是全流程的，客户随时随地都能在线上看到自己产品的服务状态，咨询问题；第四，不仅线上线下产品或服务一致，价格也应该一致；第五，线上线下的体验还要求能及时引导客户在线上与线下之间进行无缝切换。

（二）线上＋线下战略的优势

1. 集合线上线下优势

线上模式强调信息的交互，线下模式则能突出体验。对用户而言，用户可以通过网络平台获取关于商家以及产品和服务的大量信息；同时，很多网络平台都会提供优惠折扣，比如团购、积分兑换等；此外，用户也可以直接在网上与商家进行沟通、议价，并且可以快捷地下单付费。这种模式将线上模式的优势和线下模式的优势汇集起来，为消费者提供来自两种模式的优质体验。企业通过线上的展示宣传和线下的实体体验，能够有效提升其产品在消费者中的认知度；线上的模式方便企业与客户沟通，还能跟踪交易的进程，并记录消费者的基本信息及购买行为，有利于其为客户设计心仪的产品和服务；线下的模式能够拉近企业与客户的距离，更容易获得客户对于产品和服务的真实感受。

2. 提升需求响应和货品流通效率

通过线上平台，海量的商品供应与客户对于商品的需求能够进行快速的适配，从而高效地引导线下消费。线上＋线下战略既能快速为商家带来销售收益，又能快速满足消费者的需求。另外，在向新零售转化的过程中，企业推出场景式营销来提升消费者的购物体验。这不仅解决了传统营销产品筛选人工成本高、市场定位不准确等问题，还明显缩短了供应链，加快了资金周转速度。同时，企业借助大数据等技术，收集与分析顾客的需求偏好和消费习惯，进一步将顾客的消费体验优化升级。

聚焦中国 12－2

小米集团：线上＋线下全渠道营销

小米集团的销售模式就是线上＋线下战略的典型例子。小米把零售全渠道从上到下分为三层，分别是米家有品、小米商城和小米之家。米家有品和小米商城是线上电商，小米之家是线下实体商店。

米家有品和小米商城充分发挥了线上优势，商品品类十分丰富。米家有品的商品种类达到 20 000 种，除了小米旗下品牌，还出售第三方品牌的产品，涵盖了衣食住行等各类产品；小米商城销售小米公司旗下小米、红米、米家品牌的 2 000 种商品。

而线下的小米之家只有大约 200 种商品，定位是集品牌展示、体验咨询与销售功能于一体的体验店铺。消费者来到小米之家，可以接触实物产品，避免了线上购物看得见摸不着的尴尬；同时，在线上看中的产品，在小米之家立即就能拿到，避免了物流的等待时间。在这个梯度的全渠道中，小米之家作为实体体验店有一个重要的工作，那就是从线下往线上引流，向用户介绍更丰富的小米产品系列。用户在小米之家购买商品时，店员会引导用户在手机上安装小米商城的 APP，如果用户喜欢小米的产品，下次购买就可以通过手机完成。而实体店内没有的商品，消费者也可以扫码，在网上购买。

三、平台战略

（一）平台战略的含义

了解平台战略，首先需要明确，平台并不是一个新的概念和模式。货币产生前人们交换物品的“集市”，现如今依然存在的“菜市场”，都是一种平台。通俗地讲，平台即服务于人们进行各类交易的固定场所或虚拟空间，与每一个人的生活都息息相关。随着互联网技术的发展与普及，借助网络搭建虚拟的网上平台，人们可交换、买卖的资源与形式变得更加广泛。网络平台的社会作用即为用户提供虚拟的空间，通过网络技术，不断吸引新的用户、对用户进行匹配并提供配套服务以降低交易各环节成本，使交易各方获利。

平台战略指的是企业以用户价值为核心，将具有不同需求的用户集中在一个虚拟的空间（即平台）中，构成双边或多边市场，并根据双边市场需求异质性提供对应的双边连接方式和配套服务。目前许多成功的互联网公司均采取的是平台战略。国外的Facebook、亚马逊、优步、爱彼迎，国内的阿里巴巴集团旗下的淘宝、天猫等电子商务网站，以及拼多多、滴滴打车、微信、抖音等等，均采取的是平台战略。

平台具有明显的网络效应。用户群体借助平台进行交流和交易，用户规模对平台的价值起关键影响作用。除了扩大用户规模，平台还需要建立快速的沟通渠道，促进用户之间的互动。一个好的平台也需要为用户群体提供全方位的服务。平台提供的衍生产品会为平台带来间接网络效应，增加平台的稳定性。以淘宝网为例，为促进交易的达成，淘宝网开发了在线聊天软件阿里旺旺以促进买卖双方交流，接入了第三方支付平台支付宝以提高支付的便捷性和安全性。

（二）平台战略的优势

1. 重组产业链，降低运营成本与交易成本

平台战略是一种新的商业模式，它充分发挥互联网的连接作用，以连接提供价值，以网络效应为竞争的基础。企业本身不做生产，只搭建平台，联系生产者和消费者，因此是一种轻资产的运营模式。采取平台战略的企业，利用互联网技术使交易联系更加便捷，交易过程更加简化，降低了连接成本。由此，产品或服务的价值可以更多地在生产者和消费者之间分配，因此互联网平台能吸引更多的使用者，扩大市场规模，促进交易。例如，百度搜索降低了人们搜寻信息的成本，滴滴出行降低了乘客打车、司机揽客的成本，大众点评降低了人们搜寻餐厅等线下服务的成本。

关于重组产业链，出版业的平台战略是一个非常经典的例子。传统出版业的价值链是这样的：先是作者生产内容，然后出版社出版，接下来经销商和零售商负责各个渠道的销售，最后读者购买。但是线上阅读平台出现后，平台方直接对接书籍的生产者和消费者，对原本单向又冗长的价值链作出重新整合。这样一来，消费者可以更低价格获得更广泛的阅读资源，作者的回报周期缩短，企业得以减少管理成本，并在较短时间内出版更多读物。

2. 发掘新的商业机会

当平台建立起庞大的供给和消费网络后，企业可以持续开发网络的价值，发掘新的商业机会。苹果公司最初的利润主要来源于手机制造与销售，互联网络的普及使苹果公司注意到手机使用者对软件服务的需求，大数据时代的到来更是直接催生了用户对云存储、数据整合类软件的迫切需求。因此，苹果公司开始研发自己的软件，向用户提供多种资源，如提供音像资源的 iTunes，提供云存储服务的 iCloud，提供各类免费和付费软件的应用商店 App Store 等。另一个例子是以搜索引擎服务起家的百度公司。百度目前已经发展为集合搜索、广告、社群、游戏、生活服务等为一体的大型平台。依托现有的平台规模，百度可以继续开发更多的业务和产品，持续为公司创收，使其始终保持商业活力。

聚焦中国 12－3

海尔“创客”平台

平台战略也可以应用于非互联网企业。海尔公司是传统家电企业的代表，一直致力于扩大规模，提升产品和服务质量，实现规模效应。随着互联网的出现，企业的传统商业模式受到冲击，海尔注意到部分互联网企业借助平台战略取得了重大成功，便开始思索将平台战略引入传统制造企业。海尔率先提出了“人人创客”的理念，搭建了“创客”（创业者）平台，由传统制造企业转变为一个由小微创业企业和“创客”构成的巨大平台。海尔自身也完成了从产品制造者到创客创造者的转变，其平台战略实现了平台、小微企业和创客的结合，三者均以用户需求为导向，持续为海尔创造价值。

四、互联网生态战略

（一）互联网生态战略的含义

生态一词多用于生物界，指生物与环境构成的统一整体。生态体现了资源共享、协同发展的理念。1996 年，美国学者詹姆斯·穆尔在《竞争的衰亡》一书中首次提出了商业生态系统的概念。穆尔认为，商业生态系统是由组织和个人所组成的经济联合体，成员之间存在共生关系，彼此互利地生存在一起。互联网生态战略则是指企业通过互联网、物联网、区块链、大数据、云计算、人工智能等技术，将不同业务网络联系在一起，共同为用户提供价值的一种战略。互联网生态战略可以看作企业多元化战略的一种新形态。传统的多元化战略以企业的核心竞争力为基础拓展业务，在多元业务的经营上产生协同。互联网生态战略则是以企业所拥有的用户资源为核心，深度挖掘用户的需求，通过多元业务提升用户体验。

生态战略对互联网平台型企业尤为有用。平台型企业的核心资源是其用户网络，生态战略可以充分发挥用户网络的价值，把不同网络的资源整合在一起，实现平台间的相互导流，使不同业务组合在一起，创造具有全新价值和全新体验的产品。比如上文提到的苹果公司和淘宝网，都是借助已有的平台，利用互联网技术将多个业务网络有机结合在一起，使得各个平台的资源、用户能够相互导流，实现数据和技术共享，从而使平台服务更加全面，整个企业生态的网络效应得到加强。

（二）生态战略的优势

1. 业务协同，跨界发展

生态战略下，企业各业务之间并不是资源掠夺的关系，而是资源共享、协同成长的关系。生态战略下的各业务不是独立发展的，而是为彼此赋能，实现跨界重组，打造新的生态型产品，提升用户价值。互联网巨头阿里巴巴基于电子商务业务建立起了庞大用户网络，打造电子商务服务生态体系。围绕核心用户需求，阿里巴巴开发了与之相关联的互联网金融平台、社交平台、物流平台，并开发了战略咨询、广告推广等服务，形成商业生态。总的来看，阿里巴巴以电商、物流、互联网金融作为三大支撑点，运用互联网、云计算、大数据以及人工智能等技术丰富其服务种类，提高其服务质量，使消费者、商家都能通过平台和衍生服务获益。

2. 推陈出新，持续进化

生态战略型企业的产品是不断进化的，且随着市场需求的变化及时淘汰旧业务，推出新产品。苹果的 iPhone、iPad 和 iMac，甚至未来的 iTV 和 iCar，都是在生态下的衍生。类似诺基亚、柯达这种采取专业化战略的企业，虽在一定历史阶段取得巨大成功，但自进化与自创新的能力受限，当企业成长到一定规模后，就会受到行业规模、经济周期及破坏式创新等各种威胁，而无法找到新的突破点。

聚焦中国 12-4

美团的平台+生态战略

美团结合使用平台战略和生态战略，成为数字经济时代的本地生活服务巨头。通过搭建技术平台，美团将吃喝玩乐等多个品类的商家与消费者连接在一起。美团通过技术支持，一方面为商家提供广告推广服务，一方面通过大数据分析为用户进行精准推荐，使双方交易更加便捷高效。

围绕平台消费者的本地生活需求，美团不断延展其服务场景，打造一站式生活消费生态。美团开发了外卖平台、点评平台、生鲜零售平台、打车平台、酒店旅游平台等一系列服务平台，并通过美团 App 聚合在一起。美团生态实现了本地生活消费者的高度复用，各个子业务之间相互赋能、协同发展，为消费者提供一站式的生活服务。比如大众点评丽人频道，是美团旗下大众点评网的子平台之一，内容涵盖美容、美发、美甲等。2017 年底，“她经济”开始展现出市场活力，而互联网下半场的到来，也意味着传统美业即将在营销拓客、人员管理、店铺运营方面发生巨变。一直以来致力于用技术创新来变革传统产业的美团点评，推出了“新美业”业务，以“新场景、新服务、新运营”为核心，从“店、码、人”三个核心点切入，满足商家解决新的营销形式、人员发展以及运营工具的需求，帮助其在行业转型升级中脱颖而出。大众点评依据已有的平台、技术、资源、数据为美业商家提供技术支持和方案策划的过程就是一个赋能过程；反过来，美业商家选择加入大众点评，也为大众点评带来了新的用户。

第3节　传统企业的数字化转型

一、数字化转型的必要性

如今，互联网、云计算、大数据、人工智能、区块链、物联网等信息通信技术，在电子商务、金融服务、政府监管等方面产生了颠覆性的变化，数字经济的社会认知度趋高。早在1996年，尼古拉·尼葛洛庞帝就在其《数字化生存》中预言了今天的数字经济时代，提出数字化生存是现代社会中以信息技术为基础的新的生存方式，将对人类的生产生活方式产生巨大影响。网络连接万物，汇聚了人类社会的海量数据和资料，为企业成长、创新提供了源泉。

从国家发展层面来看，企业是国家经济的微观主体，企业通过数字化转型增强竞争能力，是国家经济得以可持续发展的重要基础。习近平总书记在2021年主持中共中央政治局第三十四次集体学习时强调，“要推动数字经济和实体经济融合发展，把握数字化、网络化、智能化方向，推动制造业、服务业、农业等产业数字化，利用互联网新技术对传统产业进行全方位、全链条的改造，提高全要素生产率，发挥数字技术对经济发展的放大、叠加、倍增作用”，为企业数字化转型指明了方向。

从企业自身发展来看，身处数字经济时代洪流中的企业需要与时俱进，与时代发展的步伐保持一致，以获得持续的创新力和竞争力。现代用户对企业产品和服务的个性化、数字化、实时化的要求越来越高，人们总是想要设计更好、性能更佳、价格更低、获取更便捷的产品和服务。消费领域的巨大变革使企业很难再依赖单一的产品获得长久的成功，因为类似的好东西总是会通过互联网迅速传播，技术的快速更迭使得创新层出不穷，没有最好，只有更好。数字化转型是企业创新的有力武器。利用数字技术，企业的经营方式和目标市场可以发生巨大改变。比如，在线商城的崛起使线下销售渠道越来越难做，线上企业用数字化方式，让传统模式不可能实现的无限量的商品门类和快速查找商品的问题得以解决；共享模式以租代买，共享单车给传统的自行车制造厂商带来极大的打击。物竞天择，适者生存，在数字经济时代背景下，企业不进行数字化转型，就面临着被消费者抛弃，被同行业竞争对手超越，以致最终被迫出局的风险。

二、数字化转型面临的挑战

（一）目标不清晰

公司缺乏明确的愿景和战略转型路线图，不清楚自己通过数字化转型要到哪里去。很多中小企业受大时代背景和大企业行为的影响，也纷纷开展数字化转型，但是如果缺乏明确的目标，不明白到底该怎么开展数字化转型，可能会使得企业走弯路、走错路。数字化转型的关键是解决企业现有流程的痛点，不能为了转型而转型。同时要特别注意，数字化转型不应以企业的方便为中心，让顾客花费时间精力去适应新的流程，在产品和服务品质上没有提升。数字化转型应该以客户体验为中心，而不是给顾客制造麻烦。

（二）组织结构僵化

进行数字化转型的企业，如果仍然沿用旧的组织架构做新事情，将难以提升创新能力和资源整合能力。组织惰性使得企业不容易改变已有的工作活动模式与组织架构。而传统的多层级组织架构，在组织内部信息的共享、跨部门工作的协调、新知识的产生与创新上存在劣势。数字化转型践行以客户为中心的理念，需要打破数据壁垒，对传统的组织流程和架构进行解耦与重构。

（三）考核与激励体系过时

数字型企业需要更新其绩效考核度量标准。如果企业仍然使用传统的衡量指标，就会在一定程度上阻碍数字化转型的步伐。数字经济时代是全员创新的时代，鼓励创新，需要包容试错行为；创新很难被量化，也不能单纯地以绩效衡量。同样地，数字经济时代对企业部门间的协作与共享需求，也未能在传统的考核体系中体现。企业可以考虑用关键行为考核方法，鼓励创新与协作。

三、数字化转型的步骤

数字化转型不是一蹴而就的，而是一个循序渐进的过程，这个过程中的每一个环节都是数字化转型成功实现的关键。数字化转型需要围绕公司的核心定位进行，否则只能是一次短暂的改进而非彻底的转变。数字化转型的步骤大致可分为战略制定、战略实施、组织调整三个阶段。

（一）战略制定

战略制定过程要求公司管理者根据公司的现状与价值定位确立转型目标，选择合适的数字化转型方案。

1. 分析公司现状，对公司可能面临的挑战进行评估

数字化转型并不是任何公司在任何发展阶段都适合采取的。数字化转型不是简单的技术升级或者供应链优化，而是一种颠覆式的变革，需要公司领导者熟悉公司的发展现状，明确当前是否为企业亟待转型的时期以及当前发展阶段是否有足够的资金、人力支持其数字化转型。此外，如果想要对业务流程进行转型，就必须通过算法工具对业务流程建模，在模型基础上进行模拟与检验，这一过程便要求公司对自身情况做出评估。具体来看，数字化转型过程中的战略是否有意义，最终要看市场份额、销售利润等现实指标。

数字化转型还可能导致公司业务形态、组织架构甚至是企业文化的变革，在采取数字化转型战略前管理者应评估转型后公司可能面临的风险，若风险带来的成本远远大于转型带来的效益，则公司需要重新考虑数字化转型的可行性。

2. 选择数字化转型方案

在企业明确了主要挑战后，下一步应该评估各种转型方案，并结合自身特点选取合适的转型方案。方案的确定除了受领导者决策的影响外，一般需要依赖于专业咨询公司或提供数字化服务的公司。在方案确立过程中企业应该始终铭记自身的终极目标，即为客户、股东、企业长期发展创造价值。

（二）战略实施

1. 技术问题

公司实施数字化转型最大的挑战是缺乏专业知识与技术支撑其采取行动。资本雄厚的大企业可以组建自己的技术团队，构建自有的数字平台企业和数据库。例如海尔每年投入 2 亿元进行信息化建设，打造高效优质的信息高速公路，推动自身数字化转型。对于海尔这类大企业，识别、挖掘数字人才是构建数字化转型能力的关键。而对于中小型企业，特别是传统制造型企业，既缺乏足够的资本支持其从零开始组建技术团队，又缺乏互联网、人工智能、大数据相关能力，此时，合作伙伴对该类企业的数字化转型至关重要。合作伙伴可以为企业提供专业技术，如提供平台维护、数据分析等服务；合作伙伴还可以为企业提供咨询服务，优化决策方案。

2. 转变业务形态

企业进行数字化转型，应充分发挥数字化优势，转变具体的业务形态。每种业务形态都是与行业和时代相关的。以零售业为例，从最早期的货郎、市集，再到专卖店、大型超市，不同阶段的零售模式差异巨大。而像阿里巴巴、京东这样的数字化企业，又用电商这种新的业务形态对传统零售业进行了巨大颠覆。

（三）组织调整

企业数字化转型的核心是组织。数字经济时代，成功不再取决于各部门如何在职责范围内行事，而取决于整个组织团队如何配合协作，以及各团队对企业数字化的支持程度。企业转型需要经历阵痛，在推动相关部门数字化融合和数字化建设的进程中，注定会遭遇不同程度的各种阻力，如何有效化解这些阻力也是战略落地的重要步骤之一。

1. 让员工做好转型的准备

管理者应该向员工清晰传达数字化转型的计划和未来战略，获得员工的支持并给予适当的培训，帮助员工做好数字化转型的准备。

2. 组织结构扁平化，加强部门间的合作

数字化转型过程中企业的组织结构将由垂直化逐渐趋于扁平化，数据部门与业务部门的合作关系将取代传统业务部门之间的信息传递关系。企业在运作过程中，还要注意企业和部门间的摩擦力，需要有润滑剂进行润滑，才能推动相关变革的前进。

3. 培育数字化文化

企业数字化转型要想成功，还需要塑造适合的企业文化。数字化转型是企业的重大变革，其成功不单依赖于技术转型，更重要的是数字化文化的培育。数字化文化包括数据思维、用户思维、鼓励创新、协同共享、敏捷迭代等重要内容，为企业数字化转型提供思维方式和行为准则。

案例分析

网商银行：农村金融的数字化转型

浙江网商银行股份有限公司（以下简称“网商银行”）成立于2015年，是中国首批民营银行试点之一，也是第一家将核心系统架构在金融云上，没有线下网点的科技银行。

县域普惠金融蓬勃开展

农村金融的一大困境，在于农民缺乏现代金融所需要的抵押物，且大量的农户都是“征信白户”，信用评估难度较大，贷款风险较高。2016年末，网商银行成立农村金融部，致力于运用数字技术逐步建立农村信用体系，实现农村与城市无差别的金融服务。

2017年，河南省南阳市内乡县成为网商银行第一个数字化普惠金融的试点县。在获得农户授权的情况下，内乡县政府将涉及农户可公开的数据资源，如农村土地确权、种植情况、当年领取的农业补贴等信息，与网商银行共享。同时，网商银行通过自有渠道获得农户的交易、物流和支付等方面数据。以这两大类数据为基础，网商银行利用数据技术形成专属的信贷风控模型，为农户提供无须抵押的“310”信用贷款，特点是3分钟在线申请、1秒钟资金到账，全程0人工干预。

2018年，河南省开封市兰考县与网商银行合作启动了“普惠金融＋智慧县域”项目。兰考人可通过支付宝App上的“城市服务”频道，获取专属的“兰考普惠数字农贷”。此外，兰考县专门成立了信用信息中心，依托省农户和中小企业信用信息系统，开展针对农户、村、镇和企业的信用评定，为16万户农户建立了电子信用档案，覆盖90%以上农户；此外还录入了5 708家企业的信息。这些信用信息为网商银行的农村金融服务提供了很好的数据支撑。

此后，“兰考模式”在全国复制推广，网商银行的县域普惠金融业务快速发展。截至2021年底，全国28个省、自治区、直辖市超过1 000多个涉农县区与网商银行达成合作，开展县域普惠金融。

“大山雀”卫星遥感技术飞入田间地头

2020 年，网商银行正式宣布在农村金融领域推广代号为“大山雀”的卫星遥感技术。“大山雀”通过开源的卫星遥感数据和人工智能技术，识别农田面积、作物类型和生长情况，推算出农产品未来的产量和价值，作为确定贷款额度和还款期限的标准。

在“大山雀”系统中，网商银行建立了 28 个卫星识别模型，涵盖水稻、小麦、玉米等主粮作物，可以进行地块识别和全生长周期的识别，由此形成对农户生产经营状况的判断。同时，网商银行通过研究农业产业化发展趋势及特点，与不同区域和不同产业种植成本的差异，为不同的农业特色产业搭建了专属的风控模型，可以有效识别农户生产经营中的风险。通过卫星识别模型和专属风控模型相结合，网商银行就可以实现对农户的精准实时授信，确定贷款额度以及还款周期。

“大山雀”项目犹如在农村金融领域支起了一根“网线”，将天上的卫星和地里的农民奇妙地连接在一起。农户只要拿着手机，绕着自己的地走一圈，或者直接在支付宝 App 里把自己的地在地图上圈出来，网商银行的卫星识别模型就可以识别这块地的农作物面积、作物类型。卫星能够分辨出水稻、玉米、小麦、花生、烟草等多种作物，准确率超过 93%。为了确认农户圈出的地块是否准确，网商银行可以和农户在政府机构登记的土地确权、土地流转等数据进行交叉验证。截至 2021 年末，“大山雀”已布局全国 1 000 多个涉农县区，服务近百万农业种植大户。中国成为全球第一个将卫星遥感技术运用于数字普惠金融的国家。

资料来源：徐京悦，宋华，王阳雯，等．网商银行：金融科技如何助力乡村振兴？．中国人民大学商学院案例库，2022.

思考题

1. 网商银行在进行农村金融数字化转型方面具有什么优势？
2. 网商银行是如何开展县域数字普惠金融业务的？
3. 网商银行是如何利用“大山雀”技术赋能农村金融的？

本章小结

数字经济是一种广义的经济形态，指的是以现代信息网络为平台，以数字化的信息和知识为重要资源，以信息通信技术的应用为特征所进行的各种经济活动，以及在此基础上形成的各种经济关系的总和。数字经济时代具有四个基本特征：(1) 数据、信息和知识成为企业竞争中占主导地位的资源；(2) 信息技术的应用成为企业竞争的必要条件；(3) 企业和地区间的协作扩大；(4) 创新加速。

数字经济时代，网络效应和长尾效应将发挥重要作用。网络效应指的是，在网络中一个活动主体的行为对其他活动主体产生积极的影响，使他人的福利增加，因此网络的价值随着用户数的增加而增加，每一个新用户的加入都会给已有用户带来价值。网络效应可分为直接网络效应、间接网络效应和交叉网络效应。网络需要达到临界规模才能发挥出网络效应；在网络效应下，企业的先动优势明显，容易形成“赢者通吃”的竞争态势。

长尾市场由无数个小众市场组成。长尾效应指的是众多小市场所共同占据的市场总量，可以与主流市场相匹敌，甚至超越主流市场。在数字经济时代，长尾效应将得到有效的开发。

线上战略指的是在开放的网络环境下，企业基于浏览器/服务器应用方式，使客户不谋面地进行各种商贸活动，实现网上交易、在线电子支付以及各种商务活动、金融活动和相关的综合服务活动的商业战略。线上战略的优势有：(1) 降低交易成本；(2) 突破地域和时间约束。

线上＋线下战略指的是企业通过互联网、大数据、云计算、人工智能等先进技术手段，将线下的商务机会与互联网结合，让互联网成为线下交易的信息展示及服务平台，使线上交易、线下体验深度融合。线上＋线下战略的优势有：(1) 集合线上线下优势；(2) 提升需求响应和货品流通效率。

平台战略指的是企业以用户价值为核心，将具有不同需求的用户集中在一个虚拟的空间（即平台)，构成双边或多边市场，并根据双边市场需求异质性提供对应的双边连接方式和配套服务。平台战略的优势有：(1) 重组产业链，降低运营成本与交易成本；(2) 发掘新的商业机会。

互联网生态战略指的是以企业所拥有的用户资源为核心，深度挖掘用户的需求，通过多元业务提升用户体验的战略。互联网生态战略的优势有：(1) 业务协同，跨界发展；(2) 推陈出新，持续进化。

数字化转型在国家和企业发展层面都有重要意义。传统企业数字化转型面临着三个挑战：(1) 目标不清晰；(2) 组织结构僵化；(3) 考核与激励体系过时。数字化转型的步骤分为战略制定、战略实施、组织调整三个阶段。

思考题

1. 数字经济时代企业的战略思维方式与传统战略思维方式相比，发生了哪些变化？
2. 数字经济时代给传统企业带来了哪些挑战和机会？
3. 作为大学生，应该做怎样的知识储备与提升，以更好地适应数字经济时代？

参考文献

[1] 陈威如，余卓轩．平台战略：正在席卷全球的商业模式革命．北京：中信出版社，2013.

[2] 韩耀，唐红涛，王亮．网络经济学．北京：高等教育出版社，2016.

[3] 安德森．长尾理论．北京：中信出版社，2006.

[4] 马化腾，孟昭莉，闫德利，等．数字经济：中国创新增长新动能．北京：中信出版社，2017.

[5] 尼葛洛庞帝．数字化生存．北京：电子工业出版社，2017.

[6] 王阳雯．FinTech＋：金融科技的创新、创业与案例．北京：经济管理出版社，2018.

[7] 习近平．不断做强做优做大我国数字经济．求是，2022 (2)．

［8］穆尔．竞争的衰亡：商业生态系统时代的领导与战略．北京：北京出版社，1999.

［9］Armstrong M. Competition in Two-Sided Markets. The RAND Journal of Economics，2006，37（3）：668－691.

［10］Katz M L，Shapiro C. Network Externalities，Competition，and Compatibility. American Economic Review，1985，75（3）：424－440.

第13章

独具匠心：战略创业与创新

创业之难，既已往矣；守成之难，方当与诸公慎之。

——《资治通鉴》

经历九死一生还能好好地活着，这才是真正的创业成功。

——任正非

学习目标

- 了解战略创业的内涵和内容
- 理解战略创业的意义
- 掌握战略创业的不同模式
- 理解战略创业的不同组织形式
- 理解支持战略创业的不同创新形态

引导案例

薪火相传：雷神的诞生与繁衍

雷神科技公司（以下简称“雷神”）是海尔智能互联平台下的孵化小微，也是海尔平台上的第一家孵化小微，独立注册时间为2014年。2017年，创立仅三年时间的雷神就在新三板挂牌并进入创新层。2021，雷神启动上市辅导，正式开启IPO之路。令人惊叹的是，这家年营业额在创业当年即突破2.5亿元的公司，当时只有一个9人团队，其核心创业团队竟是毫无创业经验的三个“85后小李”——李艳兵、李宁、李欣以及“80后老上级”路凯林。

2013 年，海尔集团董事局主席、首席执行官张瑞敏率先提出“人人创客”的概念，鼓励和支持集团内部创业。彼时，家电市场在经历了“家电下乡”“以旧换新”等政策利好后，进入了疲软期，中国 PC 行业市场需求猛然陷于停滞。路凯林、李艳兵、李宁都是海尔集团笔记本事业部的老员工，凭借着多年在笔记本市场摸爬滚打的经历，他们敏锐的关注到游戏笔记本这一市场空白。专注于游戏笔记本的厂商少之又少，冠以“游戏本”称号的产品也多名不副实、饱受诟病，这不就是创业契机吗？多年的经验使得他们尤其明白解决用户痛点的重要性，于是，他们找到当时海尔集团负责用户交互的李欣，决定从用户需求入手，设计全新的、触动用户痛点的产品。果不其然，这一创业想法得到了主管海尔互联平台的周兆林的大力支持。

然而，对“第一个吃螃蟹”的雷神而言，“人人创客”理念的实现过程无比艰难。经过长达一年堪称艰苦的谈判，雷神小微的所有权归属终于得到了明确。海尔集团成为雷神的控股股东，为雷神项目提供了 187 万元的天使投资，“青岛雷神科技有限公司”由此诞生。公司成立后，海尔集团跟雷神的关系是纯粹的投资关系，小微团队享有日常经营的一切权力。在供应链上，海尔集团为雷神背书，为其获取了如允许与海尔相同账期等便利条件。在基础服务上，海尔集团为其提供了免费的创业培训、合同管理、法务、信息化、办公场所等各类服务。在宣传上，海尔不遗余力地在各种场合为雷神打广告，张瑞敏就不止一次在公开场合赞扬雷神，这大大提升了雷神的行业影响力。此外，海尔的文化和管理手段对雷神产生了很大的影响。路凯林多次表示：“雷神文化是以海尔文化为基础，鼓励创新和试错。海尔的很多管理手段雷神也在用，只是产生了变异，以适用于管理 90 后年轻员工。”

现如今，尽管轻资产运作的雷神已经成为海尔小微成功创业的一个样板，但雷神团队并不满足于此。如同海尔集团以“榕树”自居一样，雷神也在筹谋创造“第二曲线”孵化子公司，使自己成长为小行业平台。雷神互娱和雷神虚拟现实是雷神首批孵化的小微公司，雷神向这两个小微公司共投资 400 万元左右，分别持有两个小微公司 50%～55%的股权，雷神与两个小微公司也是单纯的持股关系，不干预两个小微企业的日常经营。这些小微企业如同当时的雷神一样，吸收着“榕树”的“养分”，柱根相连、柱枝相托。如何为枝杈持续提供充足养分，使雷神这棵“榕树”能够枝繁叶茂、蔚然成林？这些问题在路凯林脑中不断缠绕。回顾雷神一路走来的风风雨雨，他不禁感慨，“我们很享受攻克一个个创业难题的过程。都说创业难，守业更难，我怎么觉得，持续地创业，最难!”

第 1 节 战略创业概述

一、创业的内涵

(一) 创业

创业（entrepreneurship）是创业者或创业团队识别、捕获、开发创业机会的过程。

个人或组织在资源缺乏的情况下寻找市场中的新机会，并通过开发创业机会创造潜在价值。这些创业机会往往未被市场充分发现和挖掘，同时不会为企业的现有资源所约束。创业的表现和组合多种多样，包括创造新产品、提供新服务、应用新的生产方法、开发和使用新原材料、挖掘新的市场、重建新的产业组织等。

（二）创业机会

创业机会（entrepreneurial opportunity）是指将新产品和新服务推向市场并获得利润的可能性。在别人没有发现这些有价值的机会或者没有发现这些机会的潜在价值时，个人或组织追求并把握住这些机会，通过创新活动实现新的价值。创业机会的识别和开发过程本身具有高度不确定性（包括机会价值不确定性、资源效用不确定性、合作行为不确定性等），高度不确定性带来的风险要求创业者付出时间成本、承担财务压力、从事高强度工作等。同时创业是在不确定性情境下为获取超额收益而进行的创造性活动，本质上是一个创新的过程，对企业的创新能力提出了要求。

（三）创业的意义

自 2015 年《政府工作报告》首次将“大众创业、万众创新”上升到国家经济发展新引擎的战略高度，创新创业之火迅速呈现燎原之势。党的十八大明确提出实施创新驱动发展战略，将其作为关系国民经济全局紧迫而重大的战略任务。创新创业已经成为我国稳增长、保就业、促转型的重要抓手。首先，创业促进了经济的发展，企业家通过创造新的组织和新的输入组合促进了经济增长，目前创业创新已经成为我国经济持续发展的战略性驱动力。其次，创业对就业有很大的贡献，根据布奇（Birch）提供的报告，创业者最活跃的小企业群体为市场贡献了超过 60％的就业岗位。最后，创业对技术创新的推动作用十分明显。《企业技术创新能力提升行动方案（2022—2023 年）》指出，创新要素加速向企业集聚，各类企业依靠科技创新引领高质量发展取得积极成效，一批骨干企业成为国家战略科技力量，一大批中小企业成为创新重要发源地，形成更加公平公正的创新环境。

创业的类型多种多样，近年来制度创业、社会创业、技术创业和战略创业等较为前沿的创业形式越来越受到理论界和实业界的关注。其中，战略创业是指在位企业在战略层面的创业活动，是一种重要且有价值的创业形式。

二、战略创业的内涵

（一）战略创业

战略创业（strategic entrepreneurship）是指在位企业为追求竞争优势和战略目标，识别、捕获和开发市场中的新机会的过程。在位企业为了追求竞争优势，在外部环境中积极寻找新的创业机会，并通过内外部创业行动整合现有资源以开发和利用这些机会，从而创造新的价值和竞争优势。战略创业融合了企业面临的双重挑战，其核心是在位企业识别、捕获创业机会，实现价值创造。

战略管理是强调企业利用、开发现有的资源和能力获取竞争优势的行为，创业则是注重企业探索开发市场中的新机会以创造潜在价值的过程。战略创业是在位企业从战略管理的视角来考虑企业的创业过程，既体现了战略对优势的追求，也反映了创业对机会的把握。

（二）公司创业

公司创业（corporate entrepreneurship）是指现有在位企业以创新和先动的姿态行事，通过风险承担来寻求新产品、新市场与新机会的过程。公司创业强调在位企业必须保持初创企业的创新精神和企业家精神，持续寻求环境中出现的新机会。

公司创业的内涵与战略创业较为接近，均属于战略管理领域和创业领域交叉形成的管理概念，在许多情境下两个概念可以互换。不过相比于战略创业，公司创业更强调在位企业对机会的寻求和开发，而没有综合考虑战略管理对企业已有竞争优势维持的要求；同时，公司创业相对更强调通过内部创新和技术研发发现创业机会。目前大多数研究者并未严格区分二者的概念维度，本章对此也不作严格区分。

（三）战略创业的内容

战略创业可以进行多种不同的描述，包括持续再造、组织重塑、战略更新和领域重新定义。

持续再造（sustainable regeneration）是指在位企业定期推出新产品、新服务或者进入新市场的战略创业现象。在位企业开发新兴市场中的创业机会，并通过持续不断地创造新产品、新服务或者进入新市场的方式，利用企业的创新能力充分开发未被竞争对手发现的市场机会。持续再造是目前被广泛接受的战略创业形式。

组织重塑（organizational rejuvenation）是指在位企业通过改变其内部流程、结构和能力，寻求获取或维持核心竞争力的战略创业现象。组织重塑强调战略和组织的变革，通过改进特定的现有企业战略来维持或提高竞争力。组织重塑有利于赋予在位企业以企业家精神，帮助企业重新焕发创新活力，维持市场的优势地位。

战略更新（strategic renewal）是指在位企业通过从根本上改变其竞争方式来重新定义其与市场或竞争对手间关系的战略创业现象。战略更新强调通过创业活动改变组织内的已有关系或者组织与外部环境的关系，促进企业适应市场环境变化、实现快速迭代。战略更新包括重新定义公司的概念、再造组织和引进能促进变革的创新系统等。

领域重新定义（domain redefinition）是指在位企业在市场中寻找竞争对手尚未发现的新机会或未进入的新市场，通过重新配置现有产品或者创造新产品快速占领新市场的战略创业现象。在位企业主动创建或者进入一个未被竞争对手发现的新市场，有利于避开原有的激烈竞争。企业可以通过制定行业标准或者设置进入壁垒等方式，发挥其先发优势以取得竞争成功。

三、战略创业的意义

（一）适应企业竞争优势获取的逻辑转变

企业竞争优势获取由资源和能力逻辑转向需求和价值逻辑。随着高强度竞争环境的出现，企业赖以获取竞争优势的资源基础不断发生变化。企业难以通过少数核心资源和能力维持长期竞争优势，因而需要不断了解外部环境的变化，捕捉外部的新机会。战略创业将企业竞争优势的获取和创业机会的捕获结合起来，强调企业的战略行为应当以市场机会和客户需求为导向，以价值创造为落脚点，适应了企业竞争优势获取的逻辑转变。

（二）有助于企业实现创业与守业活动的动态平衡

创业侧重于通过对创业机会的识别和开发获取竞争优势，战略管理侧重于对现有资源和能力的整合并沿着机会开发的路径创造和维持竞争优势。企业如果仅关注机会的识别开发而忽视原有的业务结构和资源能力，容易脱离实际盲目投入。企业如果仅着眼于利用自身资源来维持竞争优势而忽视对新机会和新市场的识别开发，容易因循守旧。战略创业将创业机会的开发和原有竞争优势的维持结合在一起，既有助于企业通过创业活动捕获新的创业机会，也有助于企业通过新资源的获取或者资源新价值的赋予维持原有的竞争优势。因此，企业仅仅关注创业或者守业任何一个方面都不够，战略创业有利于实现二者的动态平衡。

（三）赋予在位企业创新精神和企业家精神

在新的竞争格局下，公司的生存和发展依赖于不断发现新的机会并通过快速创新捕获创业机会。在企业实践中，尽管许多大公司拥有丰富的资源和良好的声誉，或者充足的资金和完整的商业知识，也有更强的风险承受力，但在与小企业的竞争中并不总能占据优势。原因在于大公司内部高度的结构化和制度化逐渐削弱了其创新精神和企业家精神。诺基亚在智能机时代来临之际，因循守旧不愿放弃弊端显露的塞班系统，导致其战略更新迟缓，最终被市场淘汰。迅速发展的新创企业则具备更强的创新动力，小企业利用市场环境变化的时机及时把握新机会、新市场，可以实现对大公司市场份额和利润的快速抢占。战略创业赋予了企业更强的创新精神，有利于推动其永续发展，实现基业长青。

第 2 节　战略创业模式

企业的战略创业模式分为内部创业和外部创业两种。内部创业强调在位企业在内部营造创业氛围，促进创业活动的开展。外部创业强调在位企业将外部创业机会引入组织内部，并通过资源整合开发创业机会。

一、内部创业

（一）内部创业的内涵

内部创业（intrapreneurship）是指在位企业营造创业氛围以识别创业机会，并整合自身资源和能力以开发创业机会的过程。在内部创业的背景下，企业家必须配置内部资源、协调组织活动，并与企业各部门保持顺畅的沟通。

创新和研发是内部创业的重要路径。公司的创业精神基于有目的的创新，创新是展示创业精神的工具。在已成立的企业中，大多数创新都源自企业内部的研发活动。企业的研发投入不断地创造出突破性的新技术和新产品，有助于企业把握市场机会、维持竞争优势。除了创新与研发之外，公司内部创业还包括许多与组织更新相关的路径，例如启动各种类型的特殊项目、建立新的业务单元、重新定位公司的战略方向等。在位企业通过组织结构的设计和产品-市场定位的调整实现内部的重整优化，促进创业活动的开展。

开展内部创业活动充满了巨大的不确定性和风险，在位企业要把握好其重要的影响因素，才能顺利实现内部创业的过程，最终达到开发新机会、创造新价值的战略目的。首先，内部创业会受到组织结构的影响，如果组织结构过于严密和臃肿，内部创业者会被束缚住手脚。其次，企业文化对创新精神的追求会潜移默化地影响组织成员。如果企业文化过于强调稳定和风险规避，将弱化员工的内部创业倾向。最后，管理层偏好也会对内部创业活动产生影响。如果管理层倾向于控制企业，在一定程度上会阻碍具备高度创造性和破坏性的内部创业活动。

（二）内部创业的类型

内部创业大致可分为引导性战略行为与自发性战略行为两种类型。引导性战略行为是一个自上而下的渐进式创新过程，即通过有目的的战略规划指导战略创业行为。自发性战略行为是一个自下而上的过程，即通过自发的战略创业行为指导战略变革。

1. 引导性战略行为

引导性战略行为（induced strategic behavior）是企业高层管理团队有目的、有计划地通过一系列战略决策促进内部创业的过程。和自发性战略行为相比，引导性战略行为受到高层管理团队更为直接的影响，某种程度上是企业高管团队对公司内部创业的顶层设计和战略规划。当内部创业发生在中基层管理者或者普通员工中时，高层管理团队往往会通过各种管理机制的框架对其进行约束和管制。

企业风险投资（corporate venture capital）是指非金融在位企业以自有资本对外部企业进行股权投资以获取收益的行为，是企业通过引导性战略行为实施战略创业的重要形式。企业风险投资的形式主要有两种：第一种是把自有资金委托给专业的风险投资公司，使其按照委托方的战略规划进行管理和投资；第二种是在位企业直接成立独立的风险投资子公司，如百度的度小满金融、京东的京东数科等。一般来说，战略创业领域的公司风险投资主要指后者。公司风险投资子公司往往按照母公司高层管理团队的顶层设计和战略规划要求，通过组建合资企业、建立新企业或者控股新创企业等方式帮助在位母公司进行战略创业布局。后面将对企业风险投资团队作为战略创业的组织形式进行阐释。

2. 自发性战略行为

自发性战略行为（autonomous strategic behavior）是企业的中基层管理人员或者普

通员工不断追求创业设想，并且通过企业内部的既定程序或者组织结构实现创业设想的过程。与引导性战略行为由高层管理团队控制和指导不同，自发性战略行为鼓励公司所有成员为未来的战略变革做出贡献，并且强调在战略创业的过程中逐渐摸索公司的战略变革。

内部创业孵化（intra incubation）是指在位企业为鼓励员工的创新行为和创业活动而扮演孵化器角色的行为，是企业通过自发性战略行为实施战略创业的重要形式。在位企业通过设立创业基金、打造孵化平台等方式，为中基层管理人员和普通员工提供一个自我实现的舞台。企业内部成员通过平台或者制度表达自我的创业设想，这些自发性战略创业设想往往和企业现有的战略不同，有可能将企业引入新的蓝海市场，使企业获取新的竞争优势。企业通过制度规范筛选出具有潜力的创业项目并将其商业化，是获得创新速度和竞争优势的重要途径。

聚焦中国 13-1

上汽集团的“种子基金”

作为全国最大的汽车企业集团之一，上汽集团为鼓励创新创业、提升自主研发能力，斥重资打造“种子基金”，既支持“大鳄大咖”，也倡导“蚂蚁雄兵”。“种子基金”计划主要是鼓励员工利用企业设施，在非脱产时间进行创新研究。企业筛选验证其中有价值的项目，给予丰富的资源支持：从全程的行业专家精准匹配指导，到创意完善阶段每个项目 5 万元的资金支持，再到内部专业化设施设备的免费使用，种子阶段每个项目 50 万元的资金支持，以及最后成果推广阶段的信息、产业链配套支持等。

项目紧紧围绕上汽集团的战略方向，大多数项目在集团内部转化和转让，不仅营造了公司开放、包容的创新氛围，而且形成了一个相对完整和精细化的内部良性闭环。

资料来源：蔺雷．内创业如何与企业创新战略融合．清华管理评论，2020（10）：105-113.

二、外部创业

（一）外部创业的内涵

外部创业（external entrepreneurship）是指在位企业将外部的创业机会和优势资源引入组织内部，并通过资源能力的整合实现创业机会的过程。内部资源和能力的缺乏是限制许多企业开展战略创业的重要制约因素。因此，企业要想获得持续的竞争优势，不但需要充分开发内部资源，还需要将外部的资源和创业机会引入内部来实现快速的战略创新。

（二）外部创业的类型

外部创业主要包括合作战略和收购战略两种典型战略。合作战略是在位企业快速获得创新能力的一种方式，收购战略则是在位企业获得资源和创新知识的另一种方式。

1. 合作战略

（1）内涵。

合作战略（cooperative strategy）是指在位企业以共同利益为基础，和其他具备资源互补性的企业甚至竞争对手建立合作伙伴关系的过程。合作战略通常是以合作企业资源竞争优势的互补性为前提，同时强调资源共享和风险共担。

（2）类型。

1）合资企业（joint venture）。合资企业是指由在位企业和其他企业按照约定的出资额，共同出资、共担风险、共享收益而形成的新企业，属于较为典型的股权式合作联盟。

2）交叉持股（cross-shareholdings）。交叉持股是指在位企业和其他企业之间互相参股的合作战略形式。

3）特许经营（franchise）。特许经营是指在位企业通过法律协议，授予其他企业销售其产品或者利用其商标进行相同业务的经营的合作战略形式。

4）战略外包（strategic outsourcing）。战略外包是指在位企业将自己的非核心业务委托给外部专业化企业的合作战略形式。

5）价格联盟（price alliance）。价格联盟是指在位企业基于共同的目标和合作伙伴达成价格共谋协议的合作战略形式。

（3）意义。

首先，合作战略有利于促进企业之间的资源共享和优势互补。在市场逻辑从竞争转向合作、从封闭转向开放的前提下，在位企业与其他企业甚至竞争对手积极建立合作关系有利于实现优势互补，提高资源的利用效率。其次，合作战略有利于降低经营成本，分散创新风险。一方面，企业的创业活动具备高度的不确定性和风险性，通过合作战略，企业可以学习其他企业的先进经验，甚至共享资源和渠道，从而降低创新成本、分散创新风险。另一方面，传统的零和博弈思维常常导致恶性竞争，而合作战略是以企业的共同利益为基础，有助于同行之间找到最大公约数，回归合作共赢的道路。最后，合作战略有利于引入外部创业机会，增强协同效应。机会识别和开发是一个复杂的过程，合作伙伴通过学习效应和能力协同能够避免走弯路，提高机会识别和创新开发的效率。

（4）风险。

首先，不同企业的战略目标并不完全一致。虽然合作战略联盟内的企业是基于共同利益的需求，但是每一个企业的具体利益诉求是不同的。当它们试图达成共识时，本质上就存在矛盾和冲突。其次，合作者可能会窃取企业的资源和能力，导致企业核心竞争力的削弱和竞争优势的丧失。最后，合作企业之间面临着长期利益和短期利益的矛盾。短期利益往往比长期利益更加明确且易于追求，也许合作联盟的利益基础只是基于短期的共同目标，当短期的共同目标实现后，合作联盟的稳定性会受到很大影响。

2. 收购战略

（1）内涵。

收购战略（acquisition strategy）是指在位企业通过购买其他企业的部分或全部股

权，提高核心竞争力的外部创业战略。企业往往会将被收购公司的业务纳入其战略规划组合，从而达到引入外部创业机会、快速获得创新能力的战略创业目标。

（2）类型。

1）横向收购（horizontal acquisition）。横向收购是指在位企业对同行业内生产或销售同类产品的企业的收购行为。

2）纵向收购（vertical acquisition）。纵向收购是指在位企业对生产过程或经营环节紧密相关的产业链上下游的企业的收购行为。

3）混合收购（hybrid acquisition）。混合收购又称复合收购，是指在位企业对生产和经营彼此没有关联的产品或服务的企业的收购行为。

（3）意义。

首先，收购战略可以弥补企业资源和能力的不足，提高企业效率。收购战略可以帮助在位企业快速获得缺乏的资源，还可以帮助企业在更大的范围内进行专业分工，通过协同效应提高效率。其次，收购战略可以快速扩大企业规模，提高市场份额。企业通过收购可以快速拓展生产线，扩大企业规模。最后，收购战略可以引入外部的新机会和新技术。企业通过收购可以将外部有潜在价值的创业机会引入内部，缩短机会识别和开发的时间。同时，企业通过收购引入新技术，为企业绩效的提高和竞争优势的维持提供持久动力。

（4）风险。

首先，企业收购可能会用购买创新的能力取代从内部进行创新的能力。如果企业一直专注于通过收购获取创新资源，久而久之可能导致企业弱化自主研发能力。其次，企业收购面临着比较大的财务压力。最后，企业收购需要注意组织整合的问题。不同企业的组织结构、文化传统、管理制度等大相径庭，想要在短时间内成为“一家人”面临很大的难题。

第3节　战略创业的组织

从操作层面看，企业进行战略创业需要通过特定的组织或者团队实现。本节主要围绕跨职能团队、企业风险投资团队、独立团队和内部孵化团队四个较为常见的组织进行阐述。

一、跨职能团队

（一）内涵

跨职能团队（cross-functional team）是指在位企业将不同部门之间具备异质性知识和能力的员工组合起来实现战略创业的团队。在位企业的战略创业本质上是一种破坏式创新，需要将各类异质性的资源和能力组合起来，通过资源配置、行动协调和组织沟通实现决策转化进而识别和解决具体问题。战略创业往往难以仅靠单个常规部门的职能实现，而是需要不同的职能部门之间互相配合协作，如设计、生产、销售和财务等部门。

（二）意义

首先，跨职能团队有利于促进异质性资源和能力的整合，促进目标的达成。跨职能团队的成员来自不同的部门，异质性的团队结构有利于实现知识和技能的互补性，促进企业内部资源的整合与协同，从而为战略创业提供必要的基础。其次，跨职能团队有利于实现企业内部隐性知识的共享，促进学习效应。跨职能团队的优势在于可以使团队的每一个成员在交流与分享自身独特知识的同时，收获其他部门和团队成员的异质性知识。企业外部成员的加入还能为团队带来全新的思维和视角，进一步加强学习效应。最后，跨职能团队往往进行扁平化管理，有助于提高效率。团队的工作设计不需要按照原有的组织层级垂直进行，而是可以围绕提高创新能力、实现创新开发的核心目标通过非正式化的过程进行。

（三）应用

跨职能团队在企业中的应用非常广泛，在设计与实施全面质量改进方案、开发新产品和新技术、拓展新的生产线和新市场等战略任务中扮演着重要的角色。例如，IBM 为了 360 系统，曾组建一个大型的跨职能攻坚队。团队成员来自公司的各个职能部门和业务流程，有助于内部要素的统筹安排，从而促进创新能力的发挥。

二、企业风险投资团队

（一）内涵

企业风险投资团队（corporate venture capital team）是指非金融在位企业为对外部企业进行股权投资以获取收益而组建的特殊部门或者子公司。前面提到，企业风险投资是企业内部创业的重要方式。企业风险投资在企业的战略变革与布局、创新能力的获取和提升、创业机会的识别和开发方面扮演重要的角色。

（二）意义

首先，企业风险投资有助于在位企业实现战略性的目标。企业风险投资团队往往基于企业的战略目标进行驱动式和促进式的投资。企业风险投资在调整产品结构、优化战略布局和维持竞争优势等方面发挥着不可替代的作用。其次，企业风险投资是一个学习迭代的过程。企业风险投资团队作为企业战略创业的探索者，可以更有效地在市场中寻找、探索有潜力的新机会和新市场，逐渐跳出弱势的业务领域，寻找、识别具有潜力的新领域，从而促进企业内部的战略更新，推动企业变革与成长。最后，企业风险投资有利于在位企业快速获得创新能力，是获取未来技术的窗口。研究表明，企业风险投资在高科技行业备受欢迎。大公司更倾向于通过企业风险投资掌握拥有早期技术的技术开发商。

（三）应用

企业风险投资在大型企业特别是技术型企业中非常受欢迎，例如，国外的微软、诺基亚和朗讯科技等，国内的百度、京东和华为等都有自己的风险投资部门或者子公司。企业风险投资的形式主要有两种，即委托制和自建制。委托制是在位企业把自有资金委托给专业的风险投资公司，按照委托方的战略规划进行管理和投资。这种风险投资方式可以有效利用外部的专业化资源，但是严格意义上不属于企业战略创业的范畴。自建制就是在位企业成立风险投资部门或者直接成立独立的风险投资子公司，如百度的度小满金融、京东的京东数科等。一般来说，战略创业领域的企业风险投资主要是指这种情况。企业风险投资子公司往往按照母公司高层管理团队的顶层设计和战略规划要求来运营。特别地，企业可以通过风险投资团队进行合资或者并购，将企业内部创业与外部创业有机地结合起来。

三、独立团队

（一）内涵

独立团队（independent team）是指在位企业通过在内部开辟特区的方式进行战略创业的独立组织。在位企业一方面需要保持组织结构的稳定性，另一方面需要保持组织的创新性和灵活性。为了追求稳定和创新的战略平衡，在企业内部划分出一个独立的创业特区不失为一种破局办法。企业所建立的独立团队应当有开放的资源支持，同时应获得企业管理维度的特殊安排。

（二）意义

首先，组建独立团队有助于充分开发创业型员工的价值。对于创业型员工来说，除了物质奖励之外，提供一个专门的内部创业特区让员工大展拳脚具有更好的激励效果。其次，组建独立团队有助于实现区别化管理，提高创业效率。通过组建独立的创业团队，企业可以实现“一个企业，两种管理模式”的目标，在制度规范与资源分配上给予创业特区更大的倾斜，从而提高内部创业团队的效率。最后，组建独立团队有助于分权管理，赋予内部创业者更大的自由权。事事审批、层层申报的烦琐程序极大束缚了内部创业者的创新性和自由度。通过设立独立团队，企业从管控逻辑转变为开放赋能逻辑，通过理性的分权制度给予创业团队更大的创业空间。

（三）应用

通过组建独立团队实施战略创业逐渐得到企业界的关注，特别是在强调变革创新的互联网行业。在互联网等新兴行业里，一方面，开放、赋能、平等、创新等企业价值观得到普遍认同；另一方面，互联网企业的创新和变革需要更加强烈，在复杂多变的市场环境中及时把握创业机会尤为重要，因此不少互联网公司倾向于在企业内部建立独立特区来促进战略创业。例如，阿里巴巴推行的“大中台、小前台”的管理模式，一方面通过传统矩阵化管理模式固化核心技术与核心能力，实现标准化管理；另一方面鼓励支持内部创业团队充分发挥想象力与战斗力，实现价值创造。

四、内部孵化团队

（一）内涵

内部孵化团队（incubation team）是指在位企业为鼓励员工的创新行为和创业活动而建立的扮演孵化平台角色的团队。企业建立内部孵化团队是为了选择和培育有潜力的创业项目。在位企业通过设立创业基金、打造孵化平台等方式，为中基层管理人员和普通员工提供一个自我实现的舞台。企业内部的孵化团队通过新业务、新产品、新模式的创新尝试，为企业的持续发展和战略变革提供动力。

（二）意义

首先，内部孵化团队有利于企业内部知识的积累和扩散，有助于促进内部创业者的学习效应。企业通过组建孵化平台，为内部创业员工提供了一个交流、学习和尝试的场所，有利于促进内部知识的积累。其次，内部孵化团队有利于充分调动员工的积极性和主动性，充分挖掘人力资本。内部孵化团队为员工提供了一个自我价值实现的平台，有助于激发员工的内部创业动机，充分挖掘员工的创新能力。最后，内部孵化团队往往可以实现更多的资源聚集，有利于提高创新效率。

（三）应用

内部孵化团队在提高创新能力、促进技术商业化方面发挥着重要作用。企业内部成员通过平台或者制度表达自己的创业设想，有可能将企业引入新的蓝海市场，使企业获取新的竞争优势。企业通过制度规范筛选出具有潜力的创业项目并将其商业化，是获得创新速度和竞争优势的重要途径。进入 21 世纪，我国的大多数科技企业和互联网企业都建立了内部孵化团队，通过平台和生态的优势进行创新战略布局。根据科技部火炬中心近几年的数据，我国比较有潜力的创业独角兽大多诞生于互联网公司或者科技公司的内部孵化平台，如阿里巴巴的钉钉就是典型代表。

聚焦中国 13－2　钉钉诞生记

第 4 节　创新的形态

创业本质上是通过创业机会创造新事物，这个过程离不开创新，包括创造新产品、提供新服务、应用新的生产方法、开发新的市场、重建新的产业组织等。因此，创新是创业的本质特征，也是战略创业追求的结果。本节首先介绍几种典型的创新形态，之后介绍在数字化背景下涌现出的创新新形态——数字创新。

一、渐进式创新与突破式创新

（一）渐进式创新

1. 内涵

渐进式创新（incremental innovation）是指在现有知识基础上进行创新，对当前的产品生产线或技术作局部的小幅调整的改良式创新形态。企业的大多数创新行为是渐进式的，呈现逐渐演变和直线型发展的特点。渐进式创新形态往往与企业现有的市场领域与客户群体的变化相联系，主要按照市场需求和客户偏好逐渐进行技术与产品的改进，其本质上是内部引导型和外部追随型的创新形态。在家用电器等成熟的传统制造行业，渐进式创新较为常见。

2. 优点

首先，渐进式创新的成本比较低，并且小幅改进的产品生产便捷快速，便于企业开展营销活动，是成熟行业中企业之间竞争的有力武器。其次，渐进式创新大多以企业现有的资源和知识为基础，以主流市场的消费要求为导向，不会给企业带来很大的风险。最后，渐进式创新往往强调学习和模仿能力，在短期内对企业绩效有较为正向的影响。

3. 缺点

首先，渐进式创新的力度比较小，成果往往不太显著，大多是小幅的改良和优化，如果遭到竞争对手突破式创新的攻击，可能会丧失竞争优势和市场地位。其次，渐进式创新具有持续性和长期性，在短期内对企业创新能力的提高难以有质的影响。但是，渐进式创新有巨大的累积性效果，经过长期的积累能造就很大的优势。最后，如果渐进式创新作了过多的改变以至于公司难以消化吸收，那么也存在一定的风险。

（二）突破式创新

1. 内涵

突破式创新（breakthrough innovation）是指通过重大的技术突破并创造新知识的创新形态。突破式创新往往不是基于已有的资源和知识或者只依赖于现有公司的一部分资源和知识，就取得明显的突破性的创新成果。突破式创新大多具备革命性和非直线性的特点，一般是以新技术服务于新创造的市场，其本质上是内部自发型和外部引领型的创新形态。突破式创新往往存在于一些新兴行业，比如之前的 PC 市场以及现在的数字技术行业。

2. 优点

首先，突破式创新往往与科学技术的重大发明相联系，在经济方面对企业具有巨大的溢出效应，为公司带来收入和利润的增长，有利于企业的长远发展。其次，突破式创新对市场和消费者具有引领作用，为市场提供新功能，为客户提供新产品，在某种程度上可能引起行业的变革。最后，突破式创新是小企业在激烈的竞争中突出重围、获取竞争优势的方法，许多新兴行业的初创企业正是通过突破式创新来创造核心竞争力，从而获取市场地位的。

3. 缺点

首先，突破式创新是对原有市场、产品或技术的变革，有很大的难度。其次，突破式创新往往需要较多的人力物力投入，具有一定的不确定性，导致企业创新投入的风险较大。最后，突破式创新的收益往往在长期才能体现出来，在短期内难以及时回报企业投入，不符合企业在短期内的利润追求目标。

聚焦中国 13-3

中国高铁技术进步

高速铁路（以下简称“高铁”）的发展已经被广泛地认为是中国的一项伟大成就，其运营里程已经占到全世界的 2/3 以上。

中国高铁研发坚持政府主导，在不到 6 年的时间内跨越了三个台阶：第一个台阶，通过引进、消化、吸收、再创新，掌握了时速 200～250 公里高速列车制造技术。第二个台阶，在掌握时速 200～250 公里高速列车技术的基础上，自主研制生产了时速 350 公里高速列车。第三个台阶，中国铁路以时速 350 公里高速列车技术平台为基础，成功研制生产出新一代高速列车 CRH380 型高速动车组。

中国是世界上第一个以高铁替代传统铁路的国家，而在日本和欧洲高铁只被当作补充性线路。以高铁替代传统路线，意味着整个铁路网系统的创新变革，是世界铁路史上的一次突破式创新，其意义比肩第一次建设铁路网。

资料来源：路风．冲破迷雾：揭开中国高铁技术进步之源．管理世界，2019，35（9）：164-194，200.

二、维持性创新与破坏性创新

（一）维持性创新

1. 内涵

维持性创新（sustaining innovation）是指在位企业针对主流市场中的困境，对现有产品、服务、技术及管理方式进行改良的创新形态。维持性创新的目的在于保持既定的市场规则和模式，而非打破市场的现有格局和惯性。维持性创新有利于强化现有的企业格局和市场地位，因此受到行业主导者或既得利益者的欢迎。

2. 优点

首先，维持性创新有利于企业有效抵御行业既有竞争对手或新进入者的攻击。在位企业除了要面对行业内的竞争对手，还要面对新进入者的攻击。企业需要聚焦于自身的优势资源，通过维持性创新活动持续开发和保持核心竞争力，才能够抵御同行和外来者的攻击，维持竞争优势和行业地位。其次，维持性创新的导向往往是基于主流市场的需要，因此其改进成果更容易被市场主流客户接受。最后，与破坏性创新相比，维持性创新给公司带来的风险是可控的，一般不会产生大的动荡。

3. 缺点

维持性创新是在位企业在现有的行业规则之下，通过开发既有资源来维持和巩固竞争优势的过程。因此，当行业规则和价值创造模式被新进入者或者在位的变革者破坏的时候，行业中原有的领先者往往难以继续立于不败之地。此外，维持性创新并不适用于非优势企业或者新进入者。非优势企业要想挑战行业巨头的地位或者新进入者要想进入其他业务领域，往往面临着巨大的壁垒，维持性创新无法给予企业足够的颠覆能力。

（二）破坏性创新

1. 内涵

破坏性创新（disruptive innovation）又称为颠覆性创新，是指企业彻底打破现有模式和价值创造规则，并建立新模式和新规则的创新形态。破坏性创新可以大致分为低端破坏和新市场破坏。低端破坏是指在原有的价值网络和市场空间中对现有低端服务或客户的颠覆，而新市场破坏是指创造一个新的不同于传统的价值网络和市场空间。破坏性创新的目的在于打破既定的商业模式和市场格局，为企业争取更有利的甚至决定性的市场地位。因此，破坏性创新往往受到行业新进入者或者现有行业中试图后来居上者的欢迎，这些企业往往难以通过维持性创新打破行业壁垒和行业巨头的压制。

2. 优点

破坏性创新为后来者提供了一种颠覆现有市场、获取竞争优势的方法。行业主导者为了应对竞争对手或者新进入者的威胁，往往会采取设置行业壁垒、巩固核心能力等方式阻止后来者的侵入。如果后来者继续在已有的竞争市场中沿着传统的发展路径创新，就很难同在技术、资金和市场上均具备优势的在位大企业相抗衡。破坏性创新可以打破原有的规则和模式，一旦原有的市场基础被打破，在位大企业的优势基础将不复存在。尽管破坏性创新往往发生在新进入者和初创企业当中，但这并不意味着破坏性创新是后来者的专利。破坏性创新赋予大企业以新创企业的战略柔性和创新能力，在位大企业应当鼓励在企业文化、组织结构和管理制度上的变革，鼓励颠覆性技术的研发，通过引导消费者的需求或者改变现有需求满足的方式，来推动革命性的变革。

3. 缺点

首先，破坏性创新的过程是探索性的，创新结果存在不确定性。颠覆原有市场格局和价值规则是一个高度创造性的过程，需要高级管理层对创新战略的科学性和可行性进行高度把握和细致规划。如果管理层的战略规划失误，就可能引起企业动荡。其次，创新研发的过程较长、成本较高，企业的资金压力、外部市场的敌对行为、内部的不稳定因素等都会对创新活动产生负面影响。最后，市场回报难以预测。由于消费者惯性和市场规则的存在，企业的破坏性创新成果未必能得到市场的合法性认同和消费者的接纳。

三、封闭式创新与开放式创新

（一）封闭式创新

1. 内涵

封闭式创新（closed innovation）是指企业完全依靠内部力量实现技术研发和成果商业化的创新形态。封闭式创新强调企业内部对创新过程的严格控制，在创意产生、研发投入、成果商业化和知识产权管理等各个环节，企业都完全依靠内部的力量完成。在传统的控制逻辑和竞争逻辑中，封闭式创新的范式曾得到企业界的普遍认同。

2. 优点

首先，在封闭式创新形态下，企业通过大量的基础研究和技术研发取得发明成果，通过对新产品的商业化以及严格的知识产权制度来获取利润和维持竞争优势，之后继续加大基础研究，形成了研发投入—创新成果—获取利润—继续投入的良性循环。封闭式创新的优势在 20 世纪的许多企业中得到了证实。其次，封闭式创新强调企业对内部创新的投入和对核心技术的保护，有利于企业内部创新能力的提高。

3. 缺点

首先，封闭式创新强调企业对内部资源的依赖性，不利于企业引入外部优势资源。企业局限于内部既有的资源、知识和能力，削弱了其外部学习能力，可能导致企业不能快速响应外部环境的变化。其次，企业过于注重内部创新的安全性和隐蔽性，一定程度上阻碍了其与外部众多优秀且低价的同类创新成果之间的交流，可能导致企业闭门造车，脱离市场需求。最后，封闭式创新对于知识产权的保密制度使得技术研发人员成为企业的核心资源，一旦技术研发人员离职，就会给企业的核心能力带来威胁。

（二）开放式创新

1. 内涵

开放式创新（open innovation）是指企业利用和整合内外部资源进行创新和实现创新成果商业化的创新形态。开放式创新分为引入型和输出型，前者是指企业将外部有价值的创意、知识、技术等资源整合到企业内部进行创新的过程；后者是指企业将内部有价值的创意、知识、技术等资源输出到外部进行商业化和市场化的过程。开放式创新的重点在于不再严格把控企业的内部创新过程，而是将内部和外部的创新资源与市场化渠道整合起来实现创新目标。随着知识资源的扩散、人力资源的流动、创业机会的增多以及消费者主导时代的到来，开放式创新越来越受到企业的重视。

2. 优点

首先，开放式创新缩短了创新实践的进程，降低了创新成本。在封闭式创新形态下，企业的资源和核心能力只能依靠内部研发获得，基础研究的投入巨大。开放式创新则可以帮助企业利用外部成熟的技术和资源，并挖掘其潜在价值，有利于缩短自主研发的时间，降低创新成本。其次，开放式创新有利于分散创新风险，提高创新效率。企业加强和外部市场的合作既有利于将创新风险分散给不同的创新主体，也有利于通过分工合作提高创新效率。最后，开放式创新有利于提高创新的成功率。企业加强和外部环境的互动，有利于及时获悉市场最新需求和前沿技术的发展情况，从而避免闭门造车。此外，开放式创新有利于增强企业之间的学习效应和交互效应，从而提高创新的成功率。例如，美的集团建立了美的开放式创新平台（简称“美创平台”），聚焦智能家电、智慧家居、人工智能等多个领域的创新创业活动，整合内部资源、推动技术创新。借助美创平台实施开放式创新，美的集团脱颖而出成为业界翘楚。

3. 缺点

企业过于强调开放可能导致内部优势资源和核心竞争力的外流，对企业竞争优势的维持产生不利影响。此外，企业一味追求开放式创新也可能导致对外部资源的过度依赖，阻碍自主研发和创新能力的提升。

四、技术创新与商业模式创新

（一）技术创新

1. 内涵

技术创新（technological innovation）是指以创造新技术为目的或以技术资源为基础的创新形态。技术创新是一个从产生新产品或新工艺的设想到实现商业化应用的全过程，主要分为研发新的技术和创造性应用已有的技术两大类。

2. 优点

首先，技术创新是企业获取竞争优势的重要推动力。技术创新有利于提高产品与服务的差异化程度，从而提高产品和服务的创新溢价；生产技术的创新还可以有效降低产品成本，从而提高企业的市场竞争力。其次，技术创新有利于推动商业模式创新。企业的创新性技术在寻求商业化的过程中形成了技术创新网络，而技术创新网络为企业商业模式的变革提供了必要的资源，最终改变了企业的商业模式。数字经济时代许多高效便捷的商业模式创新，很大程度上得益于信息技术的发展。最后，技术创新有利于企业将技术开发与利润获取结合起来。技术创新强调将技术行为与经济行为结合起来，在注重技术开发的同时考虑开发成果的商业化价值，强化了技术研发过程中的经济价值取向。

3. 缺点

技术创新的投入成本较高，回报期较长，某种程度上会影响企业短期利益的获取。特别是对于资金、人才都严重不足的新创企业而言，通过技术创新获取竞争优势存在一定的难度。因此，企业应当根据实际情况选择适合自身发展的创新形态。

（二）商业模式创新

1. 内涵

商业模式是指企业价值创造、价值交付和价值获得的结构体系。商业模式创新（business model innovation）是指企业通过改变价值创造的基本逻辑来获取竞争优势的创新形态。商业模式创新可分为两类：一是商业模式构成要素本身的变化，如诺基亚由设备供应商向解决方案提供商的转变；二是商业模式构成要素之间关系或者动力的变化，如戴尔的定制化生产模式拉近了消费者与企业的直接距离。

2. 优点

首先，商业模式创新有利于企业整体的转型升级。外部环境的变化带来了市场基本逻辑的转变，企业发展日益从零和博弈走向合作共赢，从封闭管控走向开放赋能，从生产决定需求走向市场引领生产。企业适应外部环境的变化无法仅靠技术研发或营销投入等单一的环节调整，而是需要内部系统性的调整。商业模式创新涉及企业的方方面面，有利于促进企业适应市场价值创造逻辑的转变，是企业战略性转型升级的重要途径。其次，商业模式创新有利于推动新产品或新服务的产生，从而帮助企业获取和维持竞争优势。商业模式创新往往有利于促进企业的技术创新和服务创新，从而开发新的产品或者提供新的服务，为企业获取核心竞争力和竞争优势提供动力。最后，商业模式创新有利于企业更好地满足客户需求，实现客户价值。商业模式创新具备外向性和开放性，强调对外部环境进行解构。企业的商业模式创新以客户需求为导向，推动新的价值创造系统的产生。因此，商业模式创新的结果往往能促进企业更好地满足客户需求，实现客户价值。

3. 缺点

商业模式创新的过程涉及企业的方方面面，可能会对企业产生颠覆性影响。因此商业模式创新必须注意风险管理，在稳定和动荡中寻找最优的平衡点。如果过于追求商业模式创新，可能会导致企业脱离市场实际。

五、数字创新

（一）内涵

近些年来，计算机、移动设备、宽带网络、应用平台等数字技术和数字基础设施逐渐完善，加速了人工智能、区块链、云计算、大数据等新技术的出现。现代社会已经进入数字经济时代，数字技术渗透至企业的创新活动中，颠覆了创新的逻辑，涌现了数字创新的新概念。数字创新（digital innovation）是指利用数字技术进行创新的过程，既可以看作数字技术本身的创新，也可以理解为数字技术背景下的创新和活动。

（二）类型

数字创新主要包括数字战略创新、数字过程创新和数字产品/服务创新三大类。数字战略创新是指以人工智能、区块链、云计算、大数据等新兴技术为基础引领的战略创新过程。数字过程创新指应用数字技术改善甚至重构原有创新的流程框架。比如，企业使用新的数字化渠道、工具和相关方法改变企业的生产制造、交易方式、决策形式等活动，从而改善企业运营效率，提升创新过程绩效。数字产品/服务创新是指通过对数字和物理组件的重新组合，将数字技术嵌入产品或服务，衍生出了蕴含数字化新功能的新产品或服务。

（三）特征

数字创新具有技术性、开放性、收敛性和自生长性四大特征。第一，技术性是数字创新的核心特征。数字技术是指以大数据、物联网、人工智能、虚拟现实等为代表的新技术，不仅会影响组织创新情境，而且发挥着运营资源的作用，影响组织创新。数字技术的嵌入是数字创新的核心，也是数字创新的基本属性。第二，开放性是数字创新的过程特征，具体体现为创新平台化、创新分布化、创新组合化。创新平台化是指企业充分利用数字技术，通过平台汇集多元创新主体，实现跨组织边界的数据和流程共享。创新分布化是指数字技术的使用“民主化”了创新过程，将对创新活动的控制权分散到多个组织中。创新组合化则是指越来越多的企业通过将现有模块与嵌入式数字功能相结合来进行创新，实现了异质资源的整合。第三，收敛性和自生长性是数字创新的表现特征。收敛性是指数字创新加剧了行业边界的融合。在数字技术的可重编程性、可重组性、可供性，以及组合式数字创新的支持下，行业呈现出融合趋势，产业边界、组织边界、部门边界甚至产品边界等变得模糊。自生长性指数字创新具有自发迭代、难以预测的特征。数字技术固有的很多属性（如社会物质性、自增强性等）以及数字创新的开放趋势，推动了数字创新过程和创新成果互相塑造的过程，致使创新进一步激发创新，自发迭代。

案例分析

便利蜂：算法驱动的智慧零售创新

便利蜂成立于2016年，2017年将首家店铺开设在北京。截至2021年底，全国便利蜂总店铺数量达2 800家。2017—2020年，便利蜂已有三轮融资。作为一家天生的数字驱动型企业，便利蜂从诞生起就用数字思维搭建整个生态，以独特的经营模式和扩张策略脱颖而出，甚至引发了便利店行业的“蝶变”。

2017年2月，便利蜂位于北京中关村的首批5家店开业，便利蜂自此走上急速扩张之路。彼时，业内对“便利店无法快速开店”这一行规奉为圭臬，而便利蜂这一后起之秀竟打出“1年100家”的旗号，瞬间引来无数质疑。国际巨头7-11自2004年进入北京，14年才将店开到200家，便利蜂凭什么口出狂言？面对质疑，便利蜂创始人庄辰超不以为然，早在创业初期，他就给出了答案：“算法驱动。”

利用算法颠覆新店选址的传统经验。便利蜂基于用户画像数据和商圈数据，打破常规，根据实地调研勘测的人流量、人口特征情况以及商圈数据等，利用算法精准估计某地是否适合开店。精确选址、快速开店，既是为了形成规模效应与协同，也是为了“跑数据”——掌握足够的用户行为数据，进而反哺算法优化，形成良性循环。

通过算法解决人员培训的传统困境。在快速扩张的同时，一个困境摆在了创业团队面前：传统零售行业培养一个成熟的店长需要2～3年的时间，这就意味着大量店铺面临着有店无人的窘境。线上线下结合和机器学习的思路给解决这一问题提供了方案。新员工通过线上学习和线下实操的考试后即可上岗，并辅以自行开发的App和店长信息管理系统，保证店长能持续学习，将培训时间缩短至3个月。

依靠算法超越店铺运营的传统效率。有了店铺和员工，便利蜂需要进一步思考如何持续扩张和发展，既要重视质量，又要保障收益，效率显得尤为重要。便利蜂开发了相应算法，支持店铺高效运营。智能选品系统让便利店产品销路畅通，智能订货系统能有效对单一门店进行商品需求测算，物流运输规划系统能确保便利蜂的补货精确到日，电子价签、用户自助结算系统则大大提升了商品销售效率。

便利蜂将其发展战略概括为“便利＋”，即通过算法驱动来更好地满足用户即时消费需求的一种战略发展理念。作为便利店业态的创业者，便利蜂以消费者需求为核心，充分运用数字化手段整合和完善运营的各个环节，持续提供高品质的便捷服务，保持企业竞争力。然而，便利蜂的发展并不是一帆风顺，2022 年以来，网传便利蜂出现关店、裁员的消息。对此，便利蜂方回应消息不实，所谓关店潮只是疫情期间部分门店“冬眠”，公司正陆续同步推进复业。路漫漫其修远兮，连锁便利店的智慧新零售故事，将何去何从？

资料来源：石明明，王超，曾茂霞，等．便利蜂：数据驱动的智慧零售创新．中国人民大学商学院案例库，2020.

思考题

1. 便利蜂快速扩张的背后可能存在哪些风险和收益？
2. 便利蜂“算法驱动”的背后是否存在伦理问题？简析其应对方案。
3. 便利蜂快速扩张之后将如何进一步发展？设想其未来可能的成长路径。

本章小结

创业是创业者或创业团队识别、捕获、开发创业机会的过程。战略管理是企业利用内外部资源获取竞争优势的过程。战略创业将创业机会捕获和竞争优势获取两大目标结合起来，强调在位企业在战略的高度上进行创业活动。战略创业赋予在位企业创新精神和企业家精神，有利于适应企业竞争优势获取的逻辑转变，实现创业与守业活动的动态平衡。

战略创业主要可分为内部创业和外部创业两大类。内部创业强调在位企业在内部营造创业氛围，开发创业能力。内部创业大致分为引导性战略行为和自发性战略行为，前者以企业风险投资团队为代表，后者以企业内部孵化团队为典型。外部创业强调在位企业引入外部的创业机会和优势资源进行战略性创业与变革。外部创业主要包括合作战略和收购战略两种典型战略，前者包括建立合资企业、交叉持股、特许经营、战略外包和价格联盟等，后者包括横向收购、纵向收购和混合收购等。

企业进行战略创业需要通过特定的组织或者团队实现。跨职能团队通过员工的异质性知识和能力的组合实现创业活动，有利于提高企业内部的学习效应和创新效率。企业风险投资团队通过内部的战略行为引入外部的优势资源，有利于促进企业的迭代升级和寻找未来的创业风口。独立团队被赋予试错的特权，一方面有利于提高创业型员工的价值，另一方面在企业战略创业中发挥探索性作用。内部孵化团队通过企业创业项目的挖掘和培育提高企业内部创新能力，促进内部资源的积累和扩散。

创新是创业的本质特征，也是战略创业追求的结果。渐进式创新是一种改良式的创新形态，呈现逐渐演变和直线型发展的特点。突破式创新则具备革命性和非直线型的特点，对企业的影响更加深远。维持性创新强调对现有市场地位的维持，一般受到行业主导者或既得利益者的欢迎。破坏性创新强调对现有市场格局和价值规则的颠覆，往往受到行业新进入者或者现有行业中试图后来居上者的青睐。封闭式创新注重企业对创新结果和市场化过程的严格管控。随着外部市场的不确定性和开放性的增强，强调内外部合作的开放式创新受到理论界和实业界的关注。技术创新和商业模式创新是市场中较为常见的两种创新形态，前者强调技术开发和经济目标的结合，后者强调企业价值创造过程的变革。数字创新是指利用数字技术进行创新的过程。主要包括数字战略创新、数字过程创新和数字产品/服务创新三大类，具有技术性、开放性、收敛性和自生长性四大特征。

思考题

1. 什么是创业？什么是战略创业？
2. 为什么说战略创业对在位企业很重要？
3. 战略创业包含哪几种模式？不同模式之间有什么区别？
4. 内部创业的类型有哪些？
5. 常见的战略创业的组织有哪些？
6. 创新的形态主要分为哪几种？企业应如何进行选择？

参考文献

[1] 包建华，方世建，罗亮．战略创业研究演进与前沿探析．外国经济与管理，2010，32 (8)：1－9.

[2] 波特．竞争战略．北京：华夏出版社，2012.

[3] 戴维奇．“战略创业”与“公司创业”是同一个构念吗?：兼论中国背景下战略创业未来研究的三个方向．科学学与科学技术管理，2015，36 (9)：11－20.

[4] 董保宝，向阳．战略创业研究脉络梳理与模型构建．外国经济与管理，2012，34 (7)：25－34.

[5] 高闯，关鑫．企业商业模式创新的实现方式与演进机理：一种基于价值链创新的理论解释．中国工业经济，2006，11 (11)：83－90.

[6] 江诗松，龚丽敏，魏江．转型经济中后发企业的创新能力追赶路径：国有企业和民营企业的双城故事．管理世界，2011 (12)：96－115，188.

[7] 姜彦福，沈正宁，叶瑛．公司创业理论：回顾、评述及展望．科学学与科学技术管理，2006，27 (7)：107－115.

[8] 蔺雷．内创业如何与企业创新战略融合．清华管理评论，2020 (10)：105－113.

[9] 路风．冲破迷雾：揭开中国高铁技术进步之源．管理世界，2019，35 (9)：164－194，200.

[10] 罗珉，李亮宇．互联网时代的商业模式创新：价值创造视角．中国工业经济，2015，57 (1)：96－107.

[11] 斯晓夫，吴晓波，陈凌．创业管理：理论与实践．杭州：浙江大学出版社，2016.

[12] 唐未兵，傅元海，王展祥．技术创新、技术引进与经济增长方式转变．经济研究，2014，49 (7)：31－43.

[13] 威克姆．战略创业学：理论、案例与中国实践．大连：东北财经大学出版社，2014.

[14] 王凤彬，王骁鹏，张驰．超模块平台组织结构与客制化创业支持：基于海尔向平台组织转型的嵌入式案例研究．管理世界，2019，35 (2)：121－150，199－200.

[15] 魏江，邬爱其．战略管理．北京：机械工业出版社，2018.

[16] 希斯里奇，卡尼．公司内部创业．北京：中国人民大学出版社，2018.

[17] 希特，爱尔兰，霍斯基森．战略管理：概念与案例：第 10 版．北京：中国人民大学出版社，2012.

[18] 薛红志，张玉利．公司创业研究评述：国外创业研究新进展．外国经济与管理，2003，25 (11)：7－11.

[19] 杨俊，张玉利，刘依冉．创业认知研究综述与开展中国情境化研究的建议．管理世界，2015 (9)：158－169.

[20] 张玉利，李乾文．创业导向、公司创业与价值创造．天津：南开大学出版社，2009.

[21] 周文辉，李兵，周依芳，等．创业平台赋能对创业绩效的影响：基于"海尔＋雷神"的案例研究．管理评论，2018，30 (12)：276－284.

[22] Büschgens T，Bausch A，Balkin D B. Organizational Culture and Innovation：A Meta-Analytic Review. Journal of Product Innovation Management，2013，30 (4)：763－781.

[23] Ceccagnoli M，Higgins M J，Kang H D. Corporate Venture Capital as a Real Option in the Markets for Technology. Strategic Management Journal，2018，39 (13)：3355－3381.

[24] Covin J G，Miles M P. Corporate Entrepreneurship and the Pursuit of Competitive Advantage. Entrepreneurship Theory and Practice，1999，23 (3)：47－63.

[25] Foss N J，Lyngsie J，Zahra S A. The Role of External Knowledge Sources and Organizational Design in the Process of Opportunity Exploitation. Strategic Management Journal，2013，34 (12)：1453－1471.

[26] Hitt M A，Ireland R D，Camp M S，et al. Strategic Entrepreneurship：Entrepreneurial Strategies for Wealth Creation. Strategic Management Journal，2001，22 (6－7)：479－491.

[27] Hitt M A，Ireland R D，Sirmon D G，et al. Strategic Entrepreneurship：Creating Value for Individuals，Organizations，and Society. Academy of Management Perspectives，2011，25 (2)：57－75.

[28] Ireland R D，Covin J G，Kuratko D F. Conceptualizing Corporate Entrepreneurship Strategy. Entrepreneurship Theory and Practice，2009，33 (1)：19－46.

[29] Ireland R D，Hitt M A，Sirmon D G. A Model of Strategic Entrepreneurship：The Construct and Its Dimensions. Journal of Management，2003，29 (6)：963－989.

[30] Ketchen Jr D J，Ireland R D，Snow C C. Strategic Entrepreneurship，Collaborative Innovation，and Wealth Creation. Strategic Entrepreneurship Journal，2007，1

(3－4)：371－385.

［31］Kuratko D F. Corporate entrepreneurship 2.0：Research Development and Future Directions. Foundations and Trends in Entrepreneurship，2017，13 (6)：441－490.

［32］Kuratko D F，Audretsch D B. Strategic Entrepreneurship：Exploring Different Perspectives of an Emerging Concept. Entrepreneurship Theory and Practice，2009，33 (1)：1－17.

［33］Kuratko D F，Hornsby J S，Hayton J. Corporate Entrepreneurship：The Innovative Challenge for a New Global Economic Reality. Journal of Small Business Management，2015，45 (2)：245－253.

［34］Mazzei M J. Strategic Entrepreneurship：Content，Process，Context，and Outcomes. Entrepreneurship Theory and Practice，2018，14 (3)：657－670.

［35］Scarbrough H，Swan J，Amaeshi K，et al. Exploring the Role of Trust in the Deal-Making Process for Early-Stage Technology Ventures. Entrepreneurship Theory and Practice，2013，37 (5)：1203－1228.

［36］Schmidt G M，Druehl C T. When is a Disruptive Innovation Disruptive? . Journal of Product Innovation Management，2008，25 (4)：347－369.

［37］Teng B S. Corporate Entrepreneurship Activities through Strategic Alliances：A Resource-Based Approach toward Competitive Advantage. Journal of Management Studies，2007，44 (1)：119－142.

［38］Wright M，Hitt M A. Strategic Entrepreneurship and SEJ：Development and Current Progress. Strategic Entrepreneurship Journal，2007，11 (3)：200－210.

［39］Wright M，Clarysse B，Mosey S. Strategic Entrepreneurship，Resource Orchestration and Growing Spin-Offs from Universities. Technology Analysis & Strategic Management，2012，24 (9)：911－927.

［40］Yanadori Y，Cui V. Creating Incentives for Innovation? The Relationship between Pay Dispersion in R&D Groups and Firm Innovation Performance. Strategic Management Journal，2013，34 (12)：1502－1511.

第五篇

案例分析篇

综合案例 1

特高压输电工程启动的来龙去脉

忠诚报国的负责精神，实事求是的科学精神，敢为人先的创新精神，百折不挠的奋斗精神，团结合作的集体主义精神。

——特高压精神

1. 引言

特高压输电工程是以 1 000 千伏及以上交流输电技术和±800 千伏及以上直流输电技术（特高压输电技术）为基础，囊括基础研发、设备制造、建设运维等产业链上下游环节，具有技术攻关难度大、工程优化平衡要求高、设备自主研制挑战大、工程管理统筹协调难度大等特点的国家重点整体性工程。不同于以往的“引进、吸收、再创新”等技术赶超路径，特高压输电工程是在国际上没有成熟经验可借鉴的背景下，立足本国需求，坚持链长主导，通过自主研发和设备国产化实现自主创新的成功案例。2009 年，我国第一条 1 000 千伏晋东南—南阳—荆门特高压输电线路建成。截至 2023 年底，我国累计建成 39 条特高压输电工程，输电线路总长度超过 4 万公里，将西北地区的电能跨越千里的距离，输送到东南沿海地区，真正形成“全国一张网”。

特高压输电工程启动前，中国电网整体发展落后，面临跨区电网和配电网“两头薄弱”的难题。电网投资不足，网架结构薄弱，电网最高电压等级为 500 千伏，跨区跨省联网薄弱，远距离输电能力不足；装备水平较低，老旧设备多，存在电网“卡脖子”、低电压问题；安全形势严峻，供需紧张，电网事故与全国性“电荒”层出不穷。在这样的背景下，特高压输电工程的启动面临着许多战略分析与决策的难题，如此庞大的工程是如何跨过重重难关、顺利启动实施的呢？

2. 产业链创新势在必行

特高压输电工程产业链主要由上游的基础研发、中游的特高压设备制造、下游的工程建设与运维构成。其中，基础研发是产业链的开端，包括科研攻关、工程设计两个主要部分。特高压设备制造是特高压输电工程的主体，可进一步分为交流特高压设备和直流特高压设备，包括电源控制端、绝缘器件、输送端缆架、电器检测、智能电网等。处于产业链下游的建设与运维包括配网设备、输电网建设和运营维护环节。特高压输电工程具有如下特点：

第一，技术攻关难度大。作为世界级的创新工程，特高压输电核心技术和关键设备均为首次研制，从规划设计、设备研制、建设安装、调试试验到运行维护的全套技术需要系统开发，并要通过工程运行检验，挑战和风险巨大。

第二，工程优化平衡要求高。特高压输电代表了国际高压输电技术、设备研制和工程应用的最高水平，研究开发工作在时间维上涉及基础研究、规划设计、设备研制、建设安装、调试试验、运行维护全过程，在逻辑维上涉及问题提出、方案设计、模型化和最优化、方案决策、计划安排、组织实施全流程，在知识维上涉及电、磁、热、力等自然科学和项目管理、技术经济等管理科学，是一个复杂的系统工程。

第三，设备自主研制挑战大。基于我国相对薄弱的基础工业水平，在世界上率先自主研究开发一个全新的、最高电压等级所需的全套技术和设备，实现从模仿者、追赶者向引领者的角色转换，对国内研发能力、试验能力、生产水平、制造工艺等都是极大的考验，极具挑战和风险。

第四，工程管理统筹协调难度大。特高压示范工程覆盖链条长，参与主体多，组织管理和协调难度高。以特高压交流示范工程为例，工程涉及 500 多家建设单位、200 多家设备厂商，累计 10 多万人参与工程建设。此外，特高压示范工程横跨多个省市、输电线路长，施工难度和配合要求远远超过常规 500 千伏输电工程，工程的质量、进度控制和统筹协调难度大。

特高压输电工程产业链的上述特点意味着，传统产业链的组织和运行方式根本无法满足其要求，产业链创新成为必然。

3. 关键技术“不能买”也“买不来”

2005 年初，国务院在听取国家电网公司汇报后，指出特高压输变电技术在国际上没有商业运行，我国必须走自主开发研制和设备国产化的发展道路。当时，我国特高压交流输电技术面临既“不能买”也“买不来”的难题，从规划设计、设备研制、建设安装、调试试验到运行维护的全套技术需要系统开发，并要通过工程运行检验，实现全产业链的联通。

为什么特高压输电技术“不能买”？在电力技术和电工装备制造领域，我国长期被动跟随西方发达国家。特高压输电工程启动之初，国内 500 千伏工程设备及关键原材料、组部件仍主要依赖进口，走的是“引进、消化、吸收”的路线，产业基础薄弱、创新水平低下，导致产业链关键环节受制于人。我国发展特高压输电技术，为电气、机械、运输等行业的装备技术升级提供了工程依托和市场需求，可带动材料、控制、电子等领域的技术进步，提高相关行业的研究、开发、设计、实验和施工水平。因此，特高压工程承担着提升国内装备制造业水平的重任，必须要实现从规划设计、设备制造、建设安装、调试试验到运行维护的全产业链升级，补足产业链上的短板，解决产业链上的“卡脖子”技术问题。

为什么特高压输电技术“买不来”？20 世纪 60 年代末 70 年代初，美国、日本、苏联、意大利等国家开展了一系列特高压输电基础研究和设备制造，为特高压输电技术的发展和应用奠定了基础，但由于这些国家的经济增速放缓、市场需求有限、技术缺陷等因素，在成套技术和工程的实践上走得不远，并没有形成系统的成熟经验，更没有完整的技术标准体系以供参考。因此，中国决定建立特高压输电工程时，面临的是国际上已有一定的技术储备和鲜少的实践经验，同时中国地域辽阔、地形复杂，而特高压输电工程特别强调因地制宜，中国闯入了特高压输电工程建设的无人区，开启了从无到有、自主创新之路。

4. “西电东送”国家战略指引

我国能源资源主要集中在西部地区，其中，76%的煤炭资源集中在北部和西北部、80%的水能资源集中在西南部，绝大部分的风能和太阳能集中在西部和北部，东部地区的一次能源资源相对匮乏。然而，我国的用电负荷相对集中，70%以上集中在中东部，与能源富集区相距800～3 000公里，呈现出能源资源与需求逆向分布特征。在特高压输电工程建设之前，我国电力发展主要采取分省就地平衡的模式，即哪里缺电就在哪里建电厂。结果，就地平衡模式一方面导致了中东部地区土地资源紧张、大气环境恶化，环境承载能力接近极限；另一方面导致了能源输送过度依赖煤炭，铁路运力时常出现紧张局面。

在电力分省就地平衡模式难以为继的情况下，“西电东送”作为连接东西部能源经济的桥梁，在党中央、国务院的战略部署下应运而生。我国自20世纪70年代后期开始布局“西电东送”战略，80年代末90年代初“西电东送”三大通道已经初具雏形。然而，在跨省电力输送过程中，500千伏交直流输电技术虽然线路造价低且输电较为稳定，但是消耗功率较多，不能满足长距离大容量输电的需求，因此对西电东送的进一步发展带来了挑战。而特高压输电具有容量大、距离远、损耗低、占地少等特点，可连接西北部资源产区与中东部用电中心，有利于集约开发西北部能源，缓解土地和环保压力，促进东西部协调发展。加快推动特高压输电创新并推广应用，是实现能源资源在全国范围内优化配置、保障能源安全的战略途径。

5. 链长企业统领大局

国家电网公司具备独特的基础和优势，成为特高压输电工程产业链链长。20世纪末以来，我国社会主义市场经济蓬勃发展，电力工业在市场化道路上探索前行。1997年组建国家电力公司，2002年印发《国务院关于印发电力体制改革方案的通知》（国发〔2002〕5号），拉开了电力市场化改革的序幕，国家电力公司被拆分为“二五四”11家单位，包含国家电网和南方电网2家电网企业、中国华能集团等5家发电集团、中国电力工程顾问集团等4家辅业企业。

由于发电企业不具备建设输配电网的能力和资源，组织实施特高压工程的重担就落到了电网企业身上。与南方电网相比，国家电网覆盖地理范围更广，横跨省份更多。自国家电网成立以来，完成了东北、华东、华中、西北、华北等五家区域电网的组建工作，为更大范围内电力市场的建立创造了条件，也为实施特高压输电工程奠定了基础。而且，从技术和人才方面来看，国家电网拥有更强的实力。这些技术和人才的积累要归功于国家在特高压领域的战略决策。通过特高压输电技术的研究，国家培养了一大批理论水平高、实践经验丰富的专家和院士，奠定了特高压工作进一步展开的基础。

作为大型国有企业，国家电网拥有大局意识、责任感与使命担当，甘于奉献，敢为人先。特高压输电工程的决策论证过程中，评审会成为支持者和反对者争辩的平台。由于特高压输电工程投入巨大，其在论证过程中按照“交换、反复、比较”的思想举行了多次讨论会。2006 年，在国家电网举办的国际特高压研讨会上，国际大电网秘书长科瓦尔强调，“发展特高压，不存在技术可行性方面的问题”。我国发展改革委副主任陈德铭表示，“特高压交流试验示范工程是目前世界上电压等级最高、最具挑战性的电网工程”。随着一个一个特高压输电工程建成，专家质疑的声音在公开场合逐渐减弱，一步步走向共识，中国政府也决定开展特高压输电技术研究与试验示范工程建设。

资料来源：赵晶，刘玉洁，付珂语，等. 大型国企发挥产业链链长职能的路径与机制：基于特高压输电工程的案例研究. 管理世界，2022，38（5）：221-240.

案例思考题

1. 特高压输电工程启动前期我国电网关键技术面临着怎样的内外部环境？有哪些挑战与威胁？

2. 我国特高压输电工程产业链有哪些显著特点，国家电网公司为什么能够成为产业链链长？

3. 从战略规划、分析与决策视角谈谈我国特高压输电工程启动的来龙去脉给你带来了哪些启示。

综合案例 2

吉利并购全球

大概 30 年前，我创立了浙江吉利控股集团，（现在）它是中国乃至全球汽车产业的先驱者。

——李书福

1. 引言

浙江吉利控股集团（以下简称“吉利”）始建于 1986 年，总部设在杭州。集团从生产电冰箱零件起步，发展到生产电冰箱、电冰柜、建筑装潢材料和摩托车，1997 年进入汽车行业，一直专注于实业，聚焦于技术创新和人才培养，不断打基础练内功，坚定不移地推动企业健康可持续发展。吉利资产总值超过 5 100 亿元，员工总数超过 12 万人，连续 11 年进入《财富》世界 500 强。目前，吉利旗下拥有沃尔沃、吉利、领克、极星、极氪、莲花等汽车品牌。吉利旗下汽车企业在中国上海、杭州、宁波，瑞典哥德堡，英国考文垂，西班牙巴塞罗那及美国加利福尼亚州建有设计、研发中心，研发设计、工程技术人员超过 2 万人，拥有大量发明创新专利，全部产品拥有完整知识产权。在中国、美国、英国、瑞典、比利时、白俄罗斯、马来西亚建有世界一流的现代化整车工厂，产品销售及服务网络遍布世界各地。这样一个世界级的汽车帝国是如何在短短 20 年间打造出来的呢？这一切都要从吉利的创始人——“汽车狂人”李书福说起。

2. “汽车狂人”李书福

李书福 1963 年出生于浙江省台州市，创业之初，他不过是一个靠 120 元创业起家、在电冰箱行业赚到第一桶金、在海南地产热中摔过大跟头的年轻人。但是这个年轻人一直有一个执著的梦想：造中国自己的高档轿车。1993 年，李书福去某大型国有摩托车企业参观考察，看见摩托车产销两旺的势头，决定进入摩托车领域。为此，他以数千万元收购了浙江临海一家有生产权的国有摩托车厂，开始生产摩托车，该企业在短短几年内成为全国领先的摩托车生产企业。1997 年，李书福收购了四川一家企业并获得了该企业小客车和面包车的生产权，吉利由此正式进入汽车生产领域。同年，李书福在接受访问时说：“汽车有啥了不起，不就是四个轮子、两部沙发加一个铁壳吗？”引起一片哗然。随后，他又在一个汽车论坛上扬言：“（只要）我们中国人一开始造车，通用、福特就迟早要关门。”“汽车狂人”从此成了李书福的外号。

然而，汽车行业的人士很快发现，李书福不容小觑。1999 年，第一辆吉利汽车“豪情”以 5.8 万元的价格正式上市，拉开了中国汽车行业全面降价的序幕，加速了中国汽车的普及。2001 年，吉利成为中国首家获得轿车生产资格的民营企业。自 2002 年起，吉利开始频繁地与国际汽车企业开展技术合作，合作方包括意大利汽车集团、韩国大宇国际公司、德国瑞克等。通过国际合作，吉利在图纸设计、汽车造型、样车制作、整车开发等一系列流程上都有了质的提高。但是李书福并不满足于技术合作，而是决定通过并购从整体上提高企业的综合竞争力。

3. 试水跨国并购

并购英国锰铜公司 锰铜公司是一家拥有 70 多年历史的英国公司，由于经营不善，锰铜公司卖了很多业务，最终只剩出租车制造和零售业务。但由于规模太小、产品单一，在汽车这个竞争激烈、规模为王的领域，其实际业绩表现不佳。为了摆脱困境，锰铜公司开始寻找和国外制造商的合作以便在世界范围内扩大汽车市场。吉利在 2006 年开始接触锰铜公司。初涉海外并购，吉利非常谨慎，收购了锰铜公司 19.97%的股权。2013 年吉利按零现金/零债务模式以 1 104 万英镑收购锰铜公司控股的业务与核心资产。通过此次并购，吉利获得了锰铜公司的百年经验和优秀品牌，在国际化上迈出了实质性的一步。

并购澳大利亚 DSI 公司 澳大利亚 DSI 公司是全球第二大变速器公司，拥有 80 多年生产自动变速器的历史，具有深厚的技术积累与经验传承，是美国福特和克莱斯勒、韩国双龙等世界著名汽车公司的供货商。受 2008 年全球金融危机的影响，DSI 公司订单大幅减少，公司正常经营受到严重影响，效益下降明显，资金链断裂。2009 年 2 月 DSI 公司被迫进入破产程序。吉利拥有小排量小扭矩变速器的技术和生产能力，但是缺乏大排量大扭矩的技术和能力，为此，吉利一直瞄准世界上的先进技术，希望有机会弥补自身在高端变速器领域的短板。得知 DSI 公司宣布破产重组的消息后，吉利董事长李书福和公司高层果断决策，全资收购了 DSI 公司。

4. “惊险一跳”——全资收购沃尔沃

沃尔沃成立于 1927 年，总部设在瑞典哥德堡。安全、环保、品质作为品牌的核心价值，始终贯穿沃尔沃的发展历程。沃尔沃在全世界超过 100 个国家设立了销售和服务网络，拥有 2 400 多个销售点。1999 年，沃尔沃加入福特，成为福特旗下的一个成员。在加入福特的 10 年时间里，沃尔沃的经营出现了市场推广和产品开发方向受限、市场布局与品牌定位冲突、成本居高不下、动力研发与平台共享矛盾等一系列问题，沃尔沃汽车销量不但没有上升，反而呈现下降趋势。随着 2008 年全球金融危机的蔓延，沃尔沃轿车出现巨额亏损。2009 年 4 月，福特公开宣布出售旗下豪华乘用车品牌沃尔沃。

据了解，2002 年李书福就曾表露其收购沃尔沃的想法，金融危机的爆发和不断走低的美国汽车业，给了李书福机会。2006年，穆拉利从波音来到福特担任CEO，随即提出了“One Ford”战略，决定出售旗下多个汽车品牌。听此消息后，李书福欣喜若狂，2007年9月，福特美国总部收到一封挂号信，李书福通过公关公司向福特阐明了收购沃尔沃的想法，由于吉利名不见经传，收购意向并没有引起福特高层的重视。2009年10月31日，福特公司终于在众多竞购者中做出了选择，将吉利列为优先竞购者；同年12月23日，福特与吉利就出售沃尔沃轿车项目达成框架协议。

2010年3月28日，经过漫长的等待、努力后，吉利与福特正式签署最终股权收购协议，吉利以18亿美元的价格收购沃尔沃轿车公司，其中2亿美元以票据方式支付，其余以现金方式支付；收购后吉利拥有沃尔沃100%的股权以及相关资产。2010年8月2日，吉利和福特在伦敦签署交割协议，沃尔沃汽车公司成为吉利子公司。李书福说：“收购沃尔沃汽车对吉利的重要性不言而喻。它是吉利走向全球化的里程碑，帮助开拓了吉利的国际化经营道路；与此同时，吉利通过这起收购帮助自身快速进化，而沃尔沃汽车和吉利汽车之间实现的协同效应也为吉利未来的整体发展提供着持续动力。”

5. 投资全球——吉利的汽车版图

2016年，吉利提出了“20200战略”规划。李书福称，吉利将以安全、健康、新能源、互联网和自动驾驶作为企业发展的战略方向，全面布局，彻底转型，使吉利成为引领技术潮流和满足市场需求的新型汽车公司。在新能源汽车领域，吉利部署了“蓝色吉利行动”，目标是到2020年新能源汽车销量占吉利整体销量90%以上，实现新能源技术及智能化、轻量化技术在行业的领先地位。同时，吉利汽车集团到2020年实现年产销200万辆目标，进入全球汽车企业前十强，成为最具竞争力和受人尊敬的中国汽车品牌之一。

为了实现这一宏伟的战略目标，吉利进入了新一轮的跨国并购。2017年6月23日，经过5年的接洽和协商，吉利与马来西亚DRB-HICOM集团签署最终协议，以11.7亿元人民币收购DRB-HICOM旗下宝腾汽车49.9%的股份以及豪华跑车品牌路特斯51%的股份。2017年11月13日，吉利全资收购美国硅谷三大飞行汽车企业之一太力飞行汽车公司（Terrafugia）。2018年2月24日，吉利收购戴姆勒股份公司9.69%的股份，成为奔驰母公司的第一大股东，交易金额约为90亿美元，这是中国公司在西方汽车行业中最大的一笔投资。至此，李书福的汽车版图已经清晰，吉利“投资全球”的战略正式成形。

资料来源：毛基业，李晓光．创业中国故事．北京：中国人民大学出版社，2022.

案例思考题

1. 李书福很早就有“造中国自己的高档轿车”的梦想，并将这一梦想变成吉利的追求，对此你有何评论？

2. 李书福用30年的时间，将吉利从一个低价轿车制造企业打造成中国乃至全球汽车产业的先驱者，你认为他成功的关键要点有哪些？

3. 从李书福和吉利的发展中，你能获得什么启示？

综合案例 3

数码大方专精特新发展之路

不专不精不足以存活！以专精和客户价值为支撑并持续融入生态力量，与国际竞争对手在舞台上同台竞技！

——雷毅

1. 引言

北京数码大方科技股份有限公司（以下简称“数码大方”）成立于 2003 年，主要面向以装备、汽车、电子电器、航空航天为主的离散工业，为该类行业的研发制造提供数字化设计（CAD）、产品生命周期管理（PLM）、数字化制造（MES）等工业软件产品以及工业云的产品和服务。我国工业软件行业起步较晚，技术水平与国外差距较大，国内市场长期被海外巨头占领。但经过多年研发攻关与应用积累，数码大方打破了工业软件现有固化格局，在激烈的市场竞争中获得了一席之地。数码大方现已拥有超过 400 项专利及著作权，牵头和参与了 30 余项国家标准的制定，支撑了 50 余项国家重点科技攻关及示范应用项目，填补了国产三维 CAD 软件核心技术的产业缺口，夯实了国产工业软件的坚实基石，被评为国家重点专精特新“小巨人”企业。目前，数码大方的企业用户超过 40 万家，包括福田汽车、兰石集团、西电集团等中国 500 强企业；院校用户超过3 000 家，包括清华、北航、川大等知名院校。海外用户遍及 24 个国家和地区，包括丰田、霍尼韦尔等知名工业企业。数码大方这样一家资源受限的后发小型企业，是如何杀出重围实现逆风翻盘的呢?

2. 灵魂人物，引航掌舵

数码大方脱胎于北京航空航天大学（以下简称“北航”）。在中国，CAD 最早应用于航空行业，北航是中国 CAD/CAM 软件技术自主研发的发源地。数码大方创始人雷毅曾担任北航机械工程及自动化学院的院长，作为核心研发人员参与研制了中国第一个多面体实体制造原型系统 PANDA。随着研究工作的推进，雷毅发现我国工业软件的研发工作集中于高校，但工业软件的提升优化离不开现实中的运用迭代，高校中的创新花蕾经不起市场的风雨摧残。2003 年，怀揣着一腔热血，雷毅离开高校创办数码大方，在北京卫星大厦租下办公室，带领团队走上了国产工业软件的产业化之路。雷毅积累的科研经验和知识储备带领团队以攻克高附加值和高难度技术为方向进行自主研发，奠定了企业以技术创新为主导的战略方向。雷毅虽然是理工科背景出身，却深谙产业思维与战略布局的重要性，他强调数码大方需要关注上下游链条以及周边生态，形成技术杀手锏，填补产业空白，唯此才能在激烈的市场竞争中立于不败之地。

3. 专精特新，苦练内功

木板、三角板、丁字尺、计算尺、铅笔和橡皮，设计人员趴在图纸上制图绘图，这是老师傅们集体的工作回忆。然而，设计人员大部分的时间和精力花费在了绘制相同的门窗、螺钉、螺母等手工复制工作中。为了将设计人员从海量的简单复制中解脱出来，将精力用于创新设计等高附加值工作，政府提出了“甩掉绘图板”的号召。20世纪90年代，轰轰烈烈的“甩图板”工程推动工业领域发生了前所未有的技术革新，众多国产CAD软件如雨后春笋般涌现，数码大方正是其中之一。1997年，北京华正软件工程研究所结合国内制造企业行情，以实用和适用作为目标开发了一套“CAXA电子图板”二维CAD软件，并以功能丰富、方便易用、性价比强等特征迅速占领国内机械设计CAD市场。在不到一年的时间里，“CAXA电子图板”销售量就超过了一万套，真正做到了CAD软件的大众化。随着技术发展，工业软件技术逐渐由二维迈向三维，数码大方紧跟时代步伐，开启了攻克三维技术的历程。三维几何内核如同芯片之于计算机，是研发设计类工业软件中最核心的技术构成。但由于技术难度极高，三维几何内核的开发往往需要巨大的研发投入和长期的技术迭代，目前国内外成熟的几何内核寥寥无几，且主要掌握在达索、西门子等国外工业软件巨头手中。2003年，数码大方收购IronCAD，将CAM曲面和加工技术与IronCAD的实体研究相结合，成功完成了三维自主内核MEGA Kernel的研发，这充分印证了数码大方团队的技术实力，也成为数码大方在软件市场的立家之本。

数码大方重视技术，认为只要技术过硬，客户自然就会找过来。然而事实却并非如此。如果只做某一款产品，即使性能非常出色，给用户带来的价值仍然是有限的，这让雷毅开始思考：“我们还能为客户做些什么？”在与客户的持续沟通和交流中，数码大方发现，原来企业不仅缺乏进行设计绘图的工具型软件，还缺少能协调管理研发设计过程的管理型软件。比如，在与航空客户沟通的过程中，数码大方发现客户需要把数据传到机床，以往的传统方式是用光盘拷贝数据，但经常出现问题，发生数据遗漏现象。为了更加快速准确地传输数据，数码大方架构了网络DNC产品来采集机床数据并链接机床。而随着DNC在航空客户中的深入应用，客户又提出新的需求，希望能在机械加工和装配车间里实现排产、执行、监控，于是数码大方架构了MES系统来实现这些操作。这样一来，数码大方围绕客户生产制造实践中的痛点和难点进行产品线拓展与延伸，逐渐构建起产品矩阵，从单点技术服务商转型成为解决方案服务商。

然而问题总是接踵而至。一方面，由于国内制造企业的知识产权意识不强等原因，盗版一直是困扰雷毅的心结。市场上有超过1 000本与数码大方产品相关的图书，网络上更是随处可见数码大方的盗版软件，即便数码大方有知识产权，仍然挡不住软件盗版的迅速扩散。另一方面，随着技术发展，数码大方发现自身产品在技术方面已经逐渐接近天花板，迫切需要通过改变产品形态等方式破除技术继续发展的阻力。在种种问题的推进下，雷毅凭借多年的技术积累和产业远见继续做出战略抉择——产品云化、打造工业互联网。就像雷毅所说："要变形态，形态是什么？原来不是 Internet 的，有没有可能变成 Internet 的？如果能 Internet，客户的黏性好，还能够规避盗版，为什么不做？" 2011 年，数码大方于第十五届中国国际软件博览会上率先在国内提出"工业云"的概念，并在 2012 年和北京市计算中心合作承担了"中国工业软件云服务平台"项目，致力于工业软件在云服务平台上的应用和推广。

4. 生态协作，修好外功

数码大方一直坚持技术的自主研发，将核心技术掌握在自己手中，却从不固步自封，而是抱着开放学习的态度积极开展各种类型的技术交流活动，走"开放与融入"生态建设之路。为了推动技术水平的进一步提高，数码大方联合多家企业共建中国工程建设行业软件产业联合体、中国工业软件产业发展联盟、中关村未来制造业产业技术国际创新战略联盟等，与技术伙伴共同开发新产品或针对原有项目进行二次开发，并取得了相当多的技术成果。同时，数码大方一直积极联系高校，推动各类产教融合项目的开展。高校既是工业软件重要的应用场景，又是工业软件人才供给和科研基础的重要来源。数码大方与清华、北航等强校联合开展博士生培养计划，培育未来的工业软件人才，又与多所职业院校开展产教融合，在课程设置、实训基地、师资培训等方面帮助学校建设涵盖课程、实训、技能大赛等项目的应用型人才培养体系。

5. 协同配套，应用蜕变

雷毅经常和技术骨干强调"软件不仅是开发出来的，更是用出来的"，不能通过市场检验的产品称不上好产品。为了更好地提升用户体验，数码大方通过多内核引擎架构的技术创新解决了自主内核与国外软件的数据兼容和数据交换问题，帮助客户在自主内核与国际主流商用内核间自如切换使用。企业支持众多用户开发丰富的插件，以固化企业历史积累的生产经验和知识，实现知识经验的有效扩展和复用。为了更加符合国内工程师的设计习惯，企业结合国内客户的使用特点和需求对操作界面进行了适应性的技术改造和升级。数码大方还十分重视软件运维等后续服务，通过设立区域服务中心、派驻技术团队驻场开发等完善售后工作。

数码大方除了专注于自身能力提升，还积极反哺产业链上相关主体。基于技术溢出和发展新兴云技术等创新行为，数码大方聚焦于创新，与产业链其他主体形成创新能力协同，提供包含高技术水平的前瞻性配套产品。工业软件的广泛应用催化了技术横向从产业链研发设计、生产制造等核心环节向运行维护、报废回收等环节的延展，以及纵向从大型企业到上下游合作者的延伸，从而带动整体供应网络向高端化智能化迁移升级。展望未来，雷毅说，"对于数码大方来说，我们的目标不是北京最强、中国最强，而是要做到全世界最强”。数码大方能否保持一如既往的活力，抓住机遇、迎接挑战，在全球市场上与达索、西门子竞技，值得我们期待。

资料来源：赵晶，孙泽君，程栖云，等．中小企业如何依托“专精特新”发展实现产业链补链强链：基于数码大方的纵向案例研究．中国工业经济，2023（7）：180－200.

案例思考题

1. 数码大方从籍籍无名的企业到成为工业软件细分领域的国家专精特新“小巨人”，在此过程中你认为雷毅对公司战略方向的确定有何影响?

2. 在战略具体执行过程中，数码大方是如何管理运用好内外部资源以建立核心竞争力的?

3. 从战略制定、执行与控制视角谈谈数码大方的发展历程给你带来的启示。

综合案例 4

京东物流一体化数智供应链：助力客户降本增效

京东物流成立于 2007 年，最开始作为业务部门为京东商城自营业务提供物流服务。2007—2016 年，京东物流服务于京东商城内部。在消费互联网浪潮中，京东物流逐步建立了仓储网络、配送设施、自营配送队伍、全面质量体系以及以客户为中心的产品创新体系，成为电商物流标杆。2017 年 4 月，京东物流宣布对外开放，正式成立京东物流集团，从“企业物流”转型为“物流企业”。京东物流连接企业和产业，开始为外部客户、上下游产业链提供物流服务和供应链解决方案，提升上游供给侧的数字化、网络化和智能化水平。2021 年 5 月，京东物流在香港联合交易所上市。

京东物流从封闭走向开放，依托仓储、综合运输、配送、大件、冷链和跨境六大基础设施网络以及 5G、人工智能、大数据、云计算及物联网等底层技术，向外部客户提供仓配、快递快运、冷链、大件等各种标准化物流服务，并结合算法实践、海量数据和行业洞见为客户提供智能供应链解决方案，助力客户聚焦核心业务和降本增效。截至 2022 年第三季度，京东物流“以实助实”，已为 30 多万企业客户提供服务，外部客户收入占比超过七成，针对快消、服装、家电、家居、3C、汽车、生鲜等多个行业的差异化需求，形成了一体化供应链解决方案，大大提高了行业效率，为实体经济高质量发展贡献力量。

1. 三大能力奠定服务外部客户基础

2017 年以来，为满足不同行业的客户需求，京东物流基于十多年的经验和技术积累，形成了三大基本能力：以仓储为核心的高效协同的物流基础设施网络，以数据与算法驱动的运营自动化、管理数字化和决策智能化能力，以及基于需求理解的行业洞察与解决方案能力。

物流基础设施网络 京东物流从 2007 年开始投资建设六大物流基础网络（包括仓储网络、综合运输网络、最后一公里配送网络、大件网络、冷链物流网络和跨境物流网络），构筑自身的护城河。六大物流基础网络作为京东物流前行的基本盘，具有广泛、灵活、数字化、高度协同的特点，是京东物流的核心优势之一。基于强大的物流基础设施网络，京东物流提供五类服务，包括仓配服务、快递快运服务、大件服务、冷链服务和跨境服务（见图 1 和图 2），构成一体化数智供应链物流服务的基础。

运营自动化、管理数字化和决策智能化能力 运营自动化、管理数字化和决策智能

仓配服务	快递快运服务	大件服务	冷链服务	跨境服务
面向企业客户的综合性、一体化及可定制仓配服务	面向企业及个人客户提供快递、快运服务	面向企业及个人客户的一站式大件仓储、运输、配送及安装服务	专注于生鲜食品、医药物流，面向企业及个人客户的一体化冷链服务	面向境内外企业客户的跨境供应链服务
头程运输服务(工厂—仓库) **多级仓配服务(入库—出库—消费者)** **物流技术服务** 云仓技术服务 智能供应链管理服务 智能供应链硬件及方案 **增值服务**	**快递服务** 特快递/特惠送 同城速配 声线特快/生鲜特惠 京尊达 **快运服务(20kg 以上)** 特快重货 特快零担 大票直达 整车直达	**大件到仓服务** **大件商务仓** **增值服务京东服务+** 安装 维修清洁 退货	冷链仓储 冷链整车 冷链卡班 冷链城配 生鲜特快/生鲜特惠 医药零担 医药仓储 医药整车 医药冷链	跨境进口 跨境出口 海外物流 国际运输

图 1　京东物流五大服务

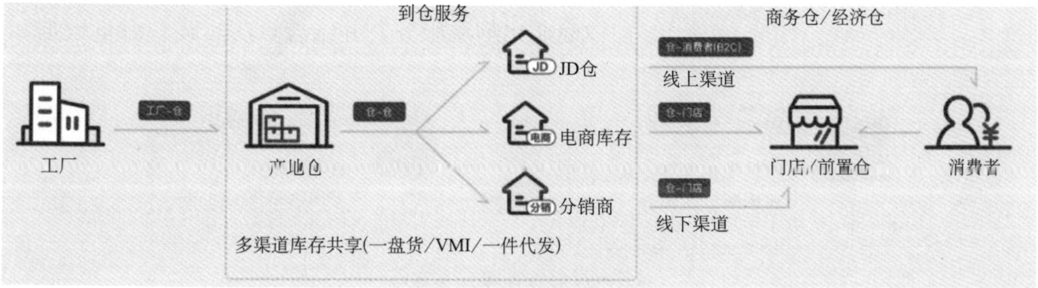

图 2　仓配服务流程

化能力得益于京东物流科技。基于专有软硬件技术，京东物流搭建了一套全面的智能物流系统，将物流科技创新应用于供应链服务的各个关键环节，与运营场景深度融合，从而提高运营效率。京东物流利用人工智能、物联网、机器人等优势及专业知识，帮助其他行业完成数字化转型并实现高质量发展。

行业洞察与解决方案能力　通过服务京东集团和外部客户，以及对数亿终端消费者的触达，京东物流形成了大量有关行业、终端消费者的商业认知和行业洞见以及直击行业痛点的解决方案（如快消、服装、家电、家居、3C、汽车和生鲜行业），使其能够敏锐、快速响应客户需求和行业中遇到的供应链难题。京东物流还将长期积累的行业服务、能力和解决方案标准化和模块化，进一步向中小客户渗透，例如通过标准化服务，覆盖仓储、运输、末端配送和逆向物流等全环节，帮助满足不同行业中小客户的需求和提升供应链的效率。

2. 京慧供应链平台助力客户降本增效

京东物流向外开放后，成立核心部门——价值供应链业务部，着手整合在京东商城积累的一体化供应链服务经验，致力于从客户需求出发，利用丰富的算法和海量数据从供应链规划、供应链计划、供应链执行三个层面输出一体化数字供应链解决方案，以及自身在软件、硬件以及服务方面积累的经验。2018 年底，京东物流孵化出综合性、平台级一体化供应链解决方案——京慧数字化供应链平台（简称京慧），帮助企业通过量化决策和精细化运营提高供应链综合管理能力，实现降本增效。随着 5G、云计算、大数据、人工智能、区块链等新一代技术的快速应用，2021 年 10 月京慧升级为数智化价值供应链平台，为企业提供仓网规划、商品布局、需求库存供应计划、智能预测与分析、供应链运营、供应链金融等一体化服务，助力企业实现数智化战略转型。

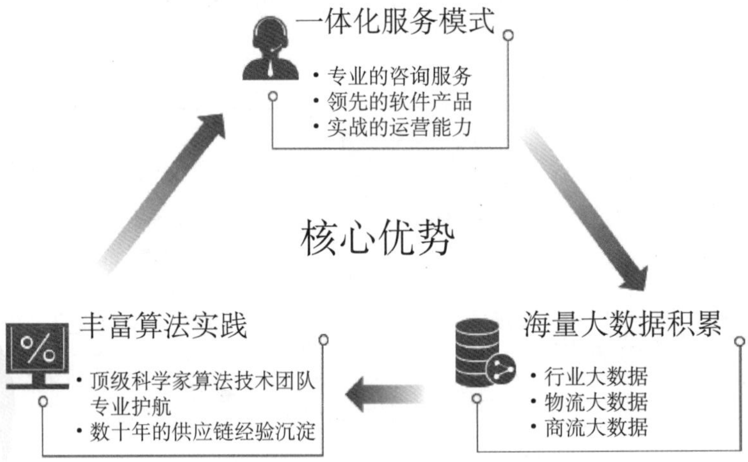

图 3　价值供应链核心优势

3. 赋能快消龙头更快一步

A 企业近年来在中国市场推出全面实施互联网＋战略以及体验战略，从原来的直销模式向 2C 模式转型。A 企业此前采用订单驱动模式，基于代理商订单驱动计划，再传递到工厂排产，通过不断提升安全库存量，确保到货率和用户体验。但这种模式不具备端到端数据整合、智能分析和预测能力，当遇到促销、上新等营销场景时，A 企业难以预测经营，为了不断供只能盲目增大库存，导致渠道库存周转天数居高不下，并且业务指标严重依赖订单员的个人经验，整体低效的手工计划流程大大降低了业务的增长速度。

京东物流依托京慧平台为 A 企业制订了供应链计划和执行方案，将大数据、人工智能与 A 企业独有的商业逻辑紧密结合，显著改善了 A 企业在供应链管理上无法适应电商时代市场多样化和复杂性等问题。具体来看，全面承接 A 企业的供应链分销计划工作，基于大数据智能算法能力为 A 企业定制开发全链路可视化的商品布局；转变为需求驱动的库存计划，基于智能预测渠道的精准库存计划和库存健康诊断系统指导工程生产、精准备货，实现库存周转大幅下降；智能补调与调拨系统推进现货交付，让履约时效迈向“小时”级；高效的数字集成计划系统，助力业务高速拓展；算法、策略系统化，沉淀供应链计划能力。截至 2020 年中，A 企业成品物流费用节约 10%以上，现货率提升至 99.5%及以上水平，产销高效协同实现库存周转天数降低 40%以上，分销计划运营效率提升 1 倍。通过专业定制化供应链服务，不仅让“快消品”实现了“快消费”，还实现了“快送达”，形成了一个融合共赢的零售商业新生态。

除了快消行业，京东物流与汽车（沃尔沃）、服饰（伊藤忠）、家电（美的）、3C（小米）、生鲜（助农项目）、电商（快手）等行业龙头或政府合作，深耕行业场景，沉淀行业经验，助力供应链提质增效。

4. 坚定道路，行稳致远

京东物流坚定一体化数智供应链物流服务战略，利用三种核心能力一方面服务于行业重点客户，探索新问题、新方案和新技术；另一方面通过解耦战略，将其长期积累的解决方案、产品和能力标准化和模块化，以更加灵活、可调用与组合的方式，适配不同行业的中小客户需求，从而助力更多企业通过供应链数智化变革实现降本增效。但在向外服务过程中也遇到了一些难题：

首先是数据信任。京东物流技术专家谈道：“数据信任是外部客户与京东物流合作之间的一大障碍。在客户眼中，京东物流突然转变为自己的合作伙伴，在心理上很难接受。”尽管京东物流强调自身定位是服务商，提供的是经验、物流基础设施、软件系统等，但如何在技术层面应用联邦学习以及通过解耦组合战略实现数字供应链服务标准化和定制化的结合，满足客户的业务需求、隐私保护、数据安全和政府法规的要求，是京东物流正在探索的路径。

其次是市场竞争。京东物流目前是中国最大的一体化供应链物流服务商，尽管在特定行业（如 3C、家电等）的供应链数智化转型中积累了优势，但如何提炼核心能力，在这些行业里做深、做精并拓宽行业范围，提高总营收和外部客户的营收占比，构筑行业壁垒，也是京东物流发展中遇到的瓶颈。

最后是产业渗透。单个企业的供应链数智化变革带动行业上下游的数字化发展，随之牵动产业的供应链数智化变革。在发展路径上，如何高屋建瓴地与产业相结合，在上下游产业布局层面上形成系统的一体化供应链解决方案，真正从行业走向产业降本增效，是京东物流的重大课题。

案例思考题

1. 京东物流采用了哪种数字化战略？
2. 京东物流如何赋能客户降本增效，实现供应链数智化升级？
3. 京东物流的商业模式创新体现在哪些方面？
4. 京东物流面临什么样的风险与挑战？如何应对？

附录一：京东物流 2018—2022 年营业收入①

单位：亿元

年份	一体化供应链收入	其他收入	总收入
2018	342	37	379
2019	418	80	498
2020	556	178	734
2021	711	336	1 047
2022	774	600	1 374

附录二：京慧供应链平台功能介绍

京慧供应链平台从供应链规划、供应链计划和供应链执行三个层面为客户提供服务。

供应链规划以企业发展方针为主导、智能算法及数字孪生技术为手段、实践经验为支撑，综合考虑企业历史数据、现在情景及未来需求，叠加京东仓运能力，为企业提供集咨询、设计、落地为一体的供应链战略规划方案。

供应链计划的重点在于需求管理、库存管理和供应管理，依托京东大数据平台与先进的算法能力，支持从需求计划、库存计划、供应计划到订单履约的端到端全流程供应链计划，为组织内部的跨部门计划及企业间的协同计划提供系统支撑。基于丰富的算法模型和计划策略、灵活配置的供应链模型与计划维度，以及强大的场景模拟能力，京慧向上承接企业战略，向下指导采购、生产、仓储、运输和交付的运营执行。在实际操作中，京慧从客户的前期需求预测环节就开始介入，结合营销策略与需求预测，安排品类、库存；销售开始之后，及时满足退换货需求，畅销时快速补货，滞销时迅速处理库存。

供应链执行的核心在于数据驱动决策，着眼于解决物流履约过程中计划制订难、临时调整难、仓运协同难、异常管控难、数据分析难五大难题。依托拥有丰富经验和专业的团队、强大的技术和算法能力以及全链路供应链产品体系，帮助企业用户实现物流计划智能排产、事件异常自动化响应、履约全程动态监控、业务流程可视化管理、多资源类型计划、运营数据多维度分析，满足客户不同阶段、不同层面的供应链产品需求，向企业用户提供数智化物流履约管理的全新体验。在执行阶段，京慧还可以帮助商家代运营，包括运营体系设计、入仓选品、分仓补货、仓间均衡等工作，定期进行库存健康分析及优化，通过降低人员培养和管理成本，优化成本效率。

---

① 2018—2020 年数据来自京东物流招股书；2021 年、2022 年数据来自京东物流财报。

图书在版编目（CIP）数据

中国企业战略管理/宋华等编著. -- 北京：中国人民大学出版社，2025.3. --（中国人民大学中国管理学系列教材/易靖韬总主编）. -- ISBN 978-7-300-33848-4

Ⅰ. F279.23

中国国家版本馆 CIP 数据核字第 2025WY2338 号

中国人民大学中国管理学系列教材
总主编　易靖韬
中国企业战略管理
宋　华　等　编著
Zhongguo Qiye Zhanlüe Guanli

出版发行	中国人民大学出版社		
社　　址	北京中关村大街 31 号	**邮政编码**	100080
电　　话	010－62511242（总编室）		010－62511770（质管部）
	010－82501766（邮购部）		010－62514148（门市部）
	010－62511173（发行公司）		010－62515275（盗版举报）
网　　址	http://www.crup.com.cn		
经　　销	新华书店		
印　　刷	北京市鑫霸印务有限公司		
开　　本	787 mm×1092 mm　1/16	**版　　次**	2025 年 3 月第 1 版
印　　张	20.5 插页 1	**印　　次**	2025 年 3 月第 1 次印刷
字　　数	469 000	**定　　价**	58.00 元

中国人民大学出版社　管理分社

教师教学服务说明

中国人民大学出版社管理分社以出版工商管理和公共管理类精品图书为宗旨。为更好地服务一线教师，我们着力建设了一批数字化、立体化的网络教学资源。教师可以通过以下方式获得免费下载教学资源的权限：

★ 在中国人民大学出版社网站 www.crup.com.cn 进行注册，注册后进入“会员中心”，在左侧点击“我的教师认证”，填写相关信息，提交后等待审核。我们将在一个工作日内为您开通相关资源的下载权限。

★ 如您急需教学资源或需要其他帮助，请加入教师 QQ 群或在工作时间与我们联络。

中国人民大学出版社　管理分社

教师 QQ 群： 648333426（工商管理）　114970332（财会）　648117133（公共管理）
教师群仅限教师加入，入群请备注（学校+姓名）

联系电话： 010-62515735，62515987，62515782，82501048，62514760

电子邮箱： glcbfs@crup.com.cn

通讯地址： 北京市海淀区中关村大街甲 59 号文化大厦 1501 室（100872）

管理书社　　人大社财会　　公共管理与政治学悦读坊